吴式颖　李明德

丛书总主编

外国教育通史

第三卷

中古时期的教育

（上）

史静寰　郑　崧　姚运标

本卷主编

GENERAL HISTORY OF
FOREIGN EDUCATION

北京师范大学出版集团
BEIJING NORMAL UNIVERSITY PUBLISHING GROUP
北京师范大学出版社

图书在版编目(CIP)数据

外国教育通史：全二十一卷：套装/吴式颖，李
明德总主编. -- 北京：北京师范大学出版社，2025.1.
ISBN 978-7-303-30486-8

Ⅰ. G519
中国国家版本馆 CIP 数据核字第 20251WL437

WAIGUO JIAOYU TONGSHI：QUAN ERSHIYI JUAN：TAOZHUANG

出版发行：北京师范大学出版社 https://www.bnupg.com
北京市西城区新街口外大街 12-3 号
邮政编码：100088

印　　刷：北京盛通印刷股份有限公司
经　　销：全国新华书店
开　　本：787mm×1092mm　1/16
印　　张：684
字　　数：9000 千字
版　　次：2025 年 1 月第 1 版
印　　次：2025 年 1 月第 1 次印刷
定　　价：4988.00 元(全二十一卷)

策划编辑：陈红艳　鲍红玉　　　　责任编辑：梁民华
美术编辑：焦　丽　　　　　　　　装帧设计：焦　丽
责任校对：段立超　王志远　　　　责任印制：马　洁

编委会

目 录 | Contents

导　言

　　一些学者将中古叫作中世纪；也有一些学者认为中世纪是适用于西欧的、特有的一个概念，在世界史中不宜使用。为避免歧义，在《外国教育通史》第三、第四卷中，我们使用了"中古"这一概念。至于中古史的起讫年代，学者一般认为从 5 世纪开始，到 15 世纪结束，它是人类社会发展进程中介于上古与近代之间的一个特定历史时期。

　　尽管如此，我们还是无法回避"中世纪"（the Middle Ages）这一概念。"中世纪"在学术界中常用，但含义并不清晰。这一术语是由意大利人文主义者弗拉维奥·比翁多（Flavio Biondo）在 15 世纪早期首次提出的。文艺复兴早期的历史学家在颂扬古典事物的同时，宣称历史上有两个时期：一个是古代，另一个是被称为"黑暗时代"的时期。他们认为历史已经从"黑暗时代"发展到了现代，古典主义复兴了，所以他们把这个介于古代和现代之间的时期称为"中世纪"。英文的"中世纪"来源于拉丁文词"medius"（"middle"，中间的）和"aevum"（"age"，年龄、时代）。英文中做形容词用的"中世纪"就直接用了这两个拉丁文词的复合变形"mediaeval"。因此，"中世纪"这一概念以西欧社会的历史发展模式为代表，根据线性发展的历史观，把社会演进看成以古希腊、古罗马为代表的古代社会经过中间阶段的过渡，进入由资产阶级政治、经济革命而确立的现代社会的历史过程。这就是所谓三期历史观，即古典文明的古代、中世纪和近现代。启蒙运动以后，"中世纪"一词逐渐被西方历史学家普遍采用，成为西方历史编纂学中用于历史分期的一个重要术语与概念。

由于这一历史过程在西方社会又表现为封建土地形式和生产关系占主导地位，因此"中世纪"又被定义为封建社会兴起、发展和衰亡的历史时期。在西方国家，"封建制度"或"封建主义"（feudalism）这一概念的出现发端于17世纪时学者对12世纪意大利伦巴德地区法律文献"封土之律"的研究，后其内涵不断扩充。西方学者一般将西欧封建社会理解成一种法律制度和政治制度，即9—13世纪建立在土地层层分封和逐级占有基础上的封君封臣制。在这一制度下，各级封建领主在其领地内拥有较为独立的政治权力和司法权力，中央王权或者说国家权力相对衰弱。这其实是一种狭义上的"封建制度"，不仅不具有普遍的世界意义，而且不能涵盖欧洲各国的历史。

马克思主义唯物史观诞生后，学者将"封建制度"理解成一种社会经济形态，一个介于古代奴隶制与近现代资本主义制度之间的人类社会发展阶段，从而赋予了它更为深刻的科学内涵。按照马克思主义唯物史观的理解，"大地产是中世纪封建社会的真正基础"[①]，是封建贵族榨取农民地租以及进行超经济剥削的先决条件，也是农民在人身上依附封建主（地主）的根源。"封建时代的所有制的主要形式，一方面是土地所有制和束缚于土地所有制的农奴劳动，另一方面是拥有少量资本并支配着帮工劳动的自身劳动。这两种所有制的结构都是由狭隘的生产关系——小规模的粗陋的土地耕作和手工业式的工业——决定的。"[②]马克思和恩格斯尽管主要依据西欧的封建社会来建构广义的"封建制度"的概念，但同时也力图将非西欧国家和地区的社会纳入比较思考。例如，在《经济学手稿（1857—1858年）》中，马克思明确指出西欧的封建制度与东方国家的家长制关系具有共同的本质属性，同样处于由小生产农业

---

① 《马克思恩格斯全集》第六卷，中共中央马克思恩格斯列宁斯大林著作编译局编译，290页，北京，人民出版社，1961。

② 《马克思恩格斯选集》第一卷，中共中央马克思恩格斯列宁斯大林著作编译局编译，71页，北京，人民出版社，1995。

和自然经济占主导地位决定的"人的依赖关系"之中。这种"人的依赖关系"不仅体现为家长制关系、封建制度，也体现为古代共同体、行会制度等。这样，马克思主义广义上的"封建制度"的概念可以涵盖中世纪世界上大多数的国家和地区，从而为我们研究世界中古史开辟了广阔的道路。

世界中古史涵盖了公元 500—1500 年世界不同国家和地区的社会形态，包括原始社会、奴隶社会、封建社会，表现了它们在各自历史和传统的基础上向现代过渡的不同发展过程。《外国教育通史》第三、第四卷的内容涉及公元 500—1500 年西欧、阿拉伯、拜占庭、波斯、基辅罗斯和莫斯科公国、印度、日本、撒哈拉以南非洲、拉丁美洲等国家和地区的主要教育思想与教育实践。

教育史的研究对象主要是人，是人的教育活动，包括教育思想活动、教育实践活动以及教育成果。任何时代的教育活动都离不开当时社会的物质、生产及其他对人的思想与实践活动有制约作用的因素的影响。特定社会的主导意识形态也为社会主流教育思想的形成与发展以及教育实践留下了时代和阶级的烙印。其中，教育思想更多地表现为人的精神追求，社会精神生活的特质深刻地影响着人们对教育实践活动的理论解释。

总览中古时期不同国家和地区人们的精神追求和生活特质，我们不难发现无论是西欧、拜占庭、波斯、阿拉伯、印度，还是撒哈拉以南的非洲、拉丁美洲，对神的崇拜与信仰都是人们精神生活的主要特征。宗教是人类文明的创造物，是人类区别于其他动物群体、具有高度精神机能和需求的表现形式。许多学者在对人类社会进行历史、文化的哲学思考时都非常重视宗教的因素。黑格尔认为宗教与哲学是同一的。宗教由于具有这种特性，因此是中古社会生活的主导意识形态。

《外国教育通史》第三卷集中描述与分析中古时期西欧的教育思想与实践，第四卷涵盖中古时期西欧以外主要地区和国家的教育思想与实践。

基督教是西欧中世纪封建统治的精神支柱，是西方社会文化的核心。虽然西欧中世纪的真正开始是公元 476 年西罗马帝国灭亡，但是第三卷关于中世纪西欧教育思想的研究把时间起点放到了公元 1 世纪——基督教作为犹太教的革新组织之一，在罗马帝国统治之下的犹太人聚集地孕育形成时期。这样做是为了完整表现基督教孕育、形成和发展的全过程，突出基督教如何在古代文明被毁、社会处于分裂的情况下获得对西欧文化教育和人们精神生活的统治权，同时可以将古罗马时代已经开始的基督教会中的一些重要神学理论争论包括进去。这会使人们加深对东、西罗马的分裂和这种分裂对基督教的影响，以及在中世纪的历史时空中，西欧的基督教与拜占庭的东正教在宗教、教育方面的不同思想和发展特征的了解。

不能否认，在中世纪早期，西欧教育经历了大破坏和大倒退。西罗马帝国灭亡了，城市衰败了，但是知识与教育的火种仍在。8—10 世纪是西欧中世纪发展的一个重要时期，世俗的君主努力推动知识与教育复兴。这一时期教育上出现了一系列重要人物，他们以查理曼大帝和阿尔琴为代表，前者有君主的远见和权威，后者有学者的才识和学问。这两方面力量相结合，努力将教会教育与世俗教育融会起来，以推动基督教世界的形成。因此，学校教育在内容、方法以及组织上也都带有鲜明的宗教特征。融合了罗马文化、"蛮族"文化和基督教文化的新的文化——拉丁基督教文化知识体系，成为学校教育的主要内容。有组织的宗教机构——修道院和主教区，成为教育复兴计划的主要实施者。

经过数百年的积累和准备，西欧在 11 世纪前后进入中世纪的繁荣期。众多因素导致了中世纪复兴的出现：由城市的形成导致的社会阶层的分化；由于教团组织的大量出现而表现出的教士对学术专业活动的重视，特别是由中世纪大学的建立带来的知识传播与扩散，以经院哲学的缜密思维和激烈争论磨砺出的理性主义的萌芽等是值得关注的因素。这一时期，城市已经成为西欧人生活中的一个重要组成部分。在这一时期西欧的学校体系中，宫廷学校和修道院已经失去了先前的重要地位，大学和骑士教育引人注目。如果说骑士教育只是宫廷教育的下移与扩大，那么大学的出现则是这一时期城市中教育发展的显著成果。因为城市中学校教育的发展，一个新的术语和新的社会阶层——"知识分子"，诞生了。一场新的具有革命意义的文化复兴运动开始孕育了。

西罗马帝国灭亡以后，东罗马帝国（拜占庭帝国）依然存在。按传统和政治制度，它是罗马的；但按语言和文化，它是希腊—东方式的。在西罗马的政治、经济、文化传统等被日耳曼等民族的武力入侵和社会的急剧变革破坏殆尽的时候，东罗马帝国始终保持着希腊化时期的基本特征。以希腊语为载体的希腊文化、精神和生活方式等不但仍然在东罗马帝国存在，而且在不断与东方文明古国的交往和接触中表现出综合东西方文明的特征。这使拜占庭帝国的文化教育在世界历史上，特别是在中世纪这一特定历史时段，具有不可忽视的历史价值；对于中世纪西欧、基辅罗斯以及伊斯兰世界的文化教育发展来说，影响尤为显著。

阿拉伯–伊斯兰文化的兴起是中古时期非常重要的文化事件。在辽阔的阿拉伯半岛，逐水草而居的阿拉伯人在先知穆罕默德的领导下，于 7 世纪以后建立起阿拉伯社会。然而，作为征服者，他们与征服西罗马帝国的日耳曼人不同。他们对被征服的民族，特别是文明发达程度高于自己的波斯人、埃及人、犹太人等，采取了更宽容、开明的政策——允许他们自由保留自己的宗教、风俗、语言、生活方式等。8—11 世纪阿拉伯帝国融会东西方文化而形成的阿拉伯文化对各知识门类都有杰出的贡献。阿拉伯人的教育思想十分丰富，特别是在道德教育、人格养成性教育等方面给后人留下了宝贵遗产。法拉比、安萨里、伊本·西那等人的教育思想反映了阿拉伯人的教育理念和在实践中形成的教育理论。

中古时期的波斯经历了从古典文明的高峰，到 7 世纪以后的阿拉伯-伊斯兰化，到 9 世纪开始的波斯文化的复兴，到 11 世纪以后的突厥化。在这个过程中，对于波斯文明发展来说，阿拉伯—伊斯兰化影响最大，因为它改变了波斯文明既有的性质与面貌，其影响延续至今。但是，波斯人在古典时期积淀的文明成果足以让他们在文化和教育领域在阿拉伯人和突厥人面前骄傲地屹立。此外，地处东西方交通中介地带的特殊地理位置，使得波斯一直能够对东西方文明成果兼收并蓄，形成开放、理性的文化精神。因此，在中古时期，波斯虽然在政治和军事上被异族征服，在宗教上放弃民族传统信仰——琐罗亚斯德教——而改奉伊斯兰教，在语言上接受阿拉伯语，但是仍然能延续开放与理性的文化传统。成熟与自信的文明在教育上体现为它既有的和新兴的教育制度与教育形式影响了阿拉伯帝国和突厥王朝，开放与理性的文化精神在教育上表现为对人的全面培养。值得注意的是，在上古和中古时期，波斯社会保持着与印度相似的严格的等级制度，这在教育上表现为教育的等级性与封闭性。

882 年，基辅罗斯建立，这是最早的东斯拉夫国家。9 世纪后期，由拜占庭传教士和斯拉夫地区的早期教育活动家西里尔（Cyril，827—869）、梅笃丢斯（Methodius，815—885）两兄弟创造的古斯拉夫字母（即西里尔字母）传入基辅罗斯，使古罗斯文化的创造、积累与传递方式和教育的内容与方式发生了质的转变，标志着古罗斯文化教育新阶段的开端。988 年，"罗斯受洗"意味着基辅罗斯将东正教确定为国教，基辅罗斯与拜占庭帝国的联系全方位加强，并且推动了基辅罗斯学校教育的产生。中古后期，处于封建割据的东北罗斯各公国遭受了鞑靼蒙古的入侵和长达两个半世纪的统治，文化教育发展缓慢，但是在反抗蒙古统治、争取建立统一的国家的斗争中，还是发展了颇有价值、兼具东西方特点的文化与教育。

印度文化具有多样性与宗教性。中古时期的印度教育深受婆罗门教、印度教、佛教、伊斯兰教、锡克教等宗教的影响，具有很强的宗教性，突出表现为对灵魂解脱、精神超越的重视。各种宗教和教派在宇宙观、人生观、价值观以及宗教经典、修行方式上的差异，决定了它们对教育目标、教育内容、教育方法等有不同观点，如对女性教育态度的差异。当然，在强调中古时期印度教育宗教性的同时，我们也不能忽视语言教育、科学教育、技术教育、艺术教育等世俗教育的发展。另外，种姓制度也决定了中古时期印度教育具有鲜明的等级性。

从文化发展的角度来说，中古时期的日本经历了跟随中国、疏离中国，进而形成具有自己特色的封建制度的过程。在这个过程中，日本教育从贵族教育转变为以佛教为主导的寺院教育，又从寺院教育转变为武士教育，儒学替代佛学成为教育的主要内容。日本本土的神道与外来的儒学、佛教在相互斗争中相互渗透，相互融合。到了江户时期，国学、儒学和洋学互争雄长，导致了明治维新。①

中古时期的非洲大陆北部地区因为阿拉伯帝国的征服与统治经历了阿拉伯—伊斯兰化。撒哈拉以南地区受外部影响较小，因此其社会经济与政治结构保持稳定，按照自身原有的历史逻辑发展着。但是，这种发展同样是不平衡的。从社会政治结构来看，氏族部落是主要形式，但也出现了一些王国，甚至帝国。不过，中古时期撒哈拉以南地区的经济发展水平是相对落后的，因此人们的生活严重依赖大家庭、村社、氏族等共同体。基于万物有灵观念的原始自然崇拜统治着人们的精神生活，也支配着人们的日常生活。这一时期这一地区的本土教育就是与此相适应的，既有共同性，也有差异性。这种传统教育具有满足这一地区部族社会生存和发展所需要的、不容否认的价值。

早在西方探险者到达之前，美洲大陆已经有了相当文明的古代文化，较具代表性的就是发祥于美洲中部和安第斯中部的三大文明和两大帝国，即今

---

① 滕大春：《外国教育通史》第三卷，418页，济南，山东教育出版社，1990。

中美洲和尤卡坦半岛的玛雅文明、今墨西哥的阿兹特克文明和今南美洲的印加文明,以及阿兹特克和印加两大帝国。三大文明中心有一些共同的特征,如以玉米为主的农耕文明,城市成为文明的中心等。除了这些共同特征之外,三大文明中心又各自有不同的发展方向,呈现出不同的发展样态:玛雅在文字、数学、天文历法和建筑方面建树卓著;阿兹特克尚武,试图建立军事强国;印加凭借其社会组织及管理在安第斯高原创建了古代美洲的宏伟帝国。①在不同的发展方向,三大文明孕育出了不同的文化和教育样态。

在叙述世界中古教育史时,我们需要摒弃欧洲中心、西方标准的倾向。中古时期世界各个地区和国家的教育史普遍体现了由小生产农业和自然经济占主导地位决定的"人的依赖关系",有着明显的宗教性、等级性、集体性。在落后的社会经济基础上,正规教育的发展还是非常有限的。但是,各个地区和国家在迈向马克思所说的人类社会发展的第二个形态——以物的依赖性为基础的人的独立性上进展程度不一。在第二个形态上,人类社会形成了普遍的社会物质变换、全面的发展、多方面的需求以及全面的能力体系(见马克思所著的《经济学手稿(1857—1858 年)》)。因此,各国和各地区从传统教育到近现代教育的过渡,也是速度不一的。

---

① 林被甸、董经胜:《拉丁美洲史》,13 页,北京,人民出版社,2010。

第一章

5—7 世纪的欧洲社会

公元 476 年，日耳曼民族首领奥多维克(Odovacar)废黜了西罗马帝国的最后一个皇帝——人称小"奥古斯都"(Little Augustus)的、年幼的罗慕洛斯·奥古斯图卢斯(Romulus Augustulus)。在世界历史上，人们通常把这一事件视为西罗马帝国灭亡和中世纪开始的标志。史学界对于西罗马帝国灭亡的原因研究颇多，且众说纷纭。英国史学家爱德华·吉本(Edward Gibbon)在其《罗马帝国衰亡史》中认为，罗马帝国衰亡的原因包括帝国本身内部的矛盾和腐败、基督教的兴起和发展、帝国皇帝间的长年战争，还有"蛮族"的入侵等。① 西罗马帝国灭亡后，西欧大地上建立起了许多小国家。这些小国家在与罗马帝国接触之前，都目不识丁，甚至都没有留下书面记载的历史。

第一节　民族大迁徙与西罗马帝国的衰落

公元前 1 世纪，经过长时间的征战，罗马成了地跨欧亚非的国家。公元

---

① 参阅[英]爱德华·吉本：《罗马帝国衰亡史》，黄宜思、黄雨石译，北京，商务印书馆，1997。

前 27 年，屋大维(Octavian)获奥古斯都(Augustus，前 31—14 年在位)称号，确立了元首制，共和国覆亡，罗马进入帝国时期。鼎盛时期的罗马帝国是人类历史上最庞大的国家之一。它的版图不仅囊括了整个地中海盆地，而且包括了今天法国、英格兰的一部分地区。在帝国初期的两个世纪，也就是从奥古斯都大帝到奥勒留大帝(Emperor Marcus Aurelius，约公元 180 年离位)统治时期，罗马帝国的版图从今天伊拉克的幼发拉底河畔延伸到大西洋海岸，覆盖北非的撒哈拉沙漠、欧洲中部的多瑙河和莱茵河以及英格兰的舍维山。在这广袤的土地上，罗马的统治较为稳固。"罗马的统治靠的是军队的强大、城市的合理管理和地方上层人士的忠诚。这些精英人士，无论母语是什么，都用拉丁语作为通行于帝国的语言。这种松散的统治之下，我们看到的却是一番繁杂的景象：各种语言、各个民族和各种宗教并行不悖。"①

　　罗马帝国自东向西的跨度约为 4800 千米，拥有 16000 多千米长的边界，人口超过 5000 万。在罗马帝国稳固统治的同时，其周边居住着大量强邻。罗马帝国在非洲诸省份的南边是埃塞俄比亚人、利比亚人、柏柏尔人、摩尔人等；罗马帝国北部地区高卢，经常面临着西方的苏格兰人和北方的皮克特人的侵扰，以及来自北方或南方的斯堪的纳维亚或萨克森民族海盗的抢劫；在欧洲心脏地带，众多的种族在蠢蠢欲动：东哥特人、勃艮第人、色林吉亚人、朱特人、汪达尔人、伦巴底人、法兰克人、盎格鲁人、萨克森人、西哥特人以及其他的"蛮族"人。"对罗马帝国来说，蛮族自始至终就是一个威胁。他们早在 1 世纪就击败了罗马军队；在 2 世纪和 3 世纪中期深入腹地。但是在 4 世纪晚期之前，罗马人总能够成功地把他们反击出境，或者将他们同化到自己的政治机构中来。然后到 4 世纪 70 年代就不是这么回事了。此时的帝国早已疲惫不堪、虚弱不已，而边境上又来了新的压力。罗马帝国比较富裕，农业

---

　　① [美]朱迪斯·M.本内特、[美]C.沃伦·霍利斯特：《欧洲中世纪史》，杨宁、李韵译，8页，上海，上海社会科学院出版社，2007。

产量也高，甚至连充满阳光的气候也对蛮族人有很大的吸引力。蛮族人把罗马帝国当作一个可以过上安乐生活的地方，而不是掠夺和破坏的对象。"①与此同时，对于罗马人来说，在和平时期，"蛮族"人不仅是贸易的伙伴，而且是不错的士兵。莱茵河和多瑙河边境的贸易活动十分活跃。罗马人虽然不能把武器直接卖给"蛮族"人，但是可以把贵重物品卖到河对岸，换来钱币。为了补充罗马军团士兵，奥古斯都最先提出了允许"蛮族"人定居帝国境内的政策，随后的皇帝们也采取了这一政策。结果是，许多"蛮族"人越过多瑙河、莱茵河，逐渐进入帝国境内，以"同盟者"的资格为帝国防守边区。到了公元3世纪，边境地区也成了罗马军队招募士兵的好地方，有的民族甚至被允许跨过罗马边境，在罗马境内定居，为罗马人抵御外族的侵略。②到4世纪后期，大范围移民定居开始的时候，巴尔干半岛和高卢东部大多数居民已是日耳曼人。这些"蛮族"人吸收了许多罗马文化，而且开始信奉阿里乌斯基督教，甚至罗马帝国许多政治和军事的高级职位也都由"蛮族"人承担。"罗马帝国曾经令蛮族人罗马化，而今，移入帝国内的蛮族人，则开始令罗马野蛮化了。"③

401年，西哥特人在其新的领袖阿拉里克（Alaric）的领导下，劫掠巴尔干半岛。西罗马帝国不堪忍受西哥特人的劫掠，于公元406年把驻守在莱茵河畔的驻军撤回，以加强意大利和罗马的戍守力量。结果，帝国的大门向"蛮族"人敞开。虎视眈眈的汪达尔人、苏维汇人、勃艮第人、阿兰人乘着罗马兵防虚弱，蜂拥而入。408年，阿拉里克率军直抵罗马城门。410年，阿拉里克再度率军围攻罗马，在不攻而胜的情况下，进入帝国首都，随后进行了3天的烧杀掠夺，只有圣彼得和圣保罗两座大教堂及教堂内的人幸免于难。后西

① ［美］朱迪斯·M.本内特、［美］C.沃伦·霍利斯特：《欧洲中世纪史》，杨宁、李韵译，39页，上海，上海社会科学出版社，2007。
② ［美］朱迪斯·M.本内特、［美］C.沃伦·霍利斯特：《欧洲中世纪史》，杨宁、李韵译，36页，上海，上海社会科学出版社，2007。
③ 李秋零、田薇：《神光沐浴下的文化再生》，69页，北京，华夏出版社，2000。

哥特人向北进入高卢和伊比利亚，在那里建立了西哥特王国。

罗马城的沦陷只是西罗马帝国土崩瓦解过程中的一个重要事件。从 5 世纪起，对罗马帝国虎视眈眈的"蛮族"人受西哥特人的影响，掀起了入侵罗马帝国的汹涌浪潮。西欧北部的不列颠受到皮克特人、爱尔兰人或凯尔特人、萨克森人、盎格鲁人等的入侵。大约从 409 年开始，罗马人便放弃了不列颠，不列颠逐渐被盎格鲁人、萨克森人和其他"蛮族"占领。406 年，汪达尔人和其他日耳曼人洗劫了高卢；409 年，侵袭了帝国富裕的西班牙地区；5 世纪 20 年代和 30 年代，渡过直布罗陀海峡，来到了非洲。430 年左右，汪达尔人联合摩尔人围攻希波城达 14 个月之久，年迈的奥古斯丁(Augustinus)激发并率领当地的居民奋起反抗。439 年，北非的迦太基也落入汪达尔人手中。汪达尔人以古城迦太基为中心，建起了王国，并建立了一支强大的舰队，掠海为生，经常神出鬼没地抢劫西班牙、意大利和希腊等地。罗马帝国与汪达尔人缔结和约，放弃了非洲，汪达尔人统治了北非。455 年，汪达尔人又背信弃义，乘罗马混乱之际，渡海北上，攻陷了罗马，劫掠达 15 日之久。罗马城及其文化遭受到了严重的破坏。

在日耳曼部族进攻罗马的同时，匈奴人也在积极地向西推进。451 年，当时欧洲中部诸多"蛮族"中的最强者——匈奴领袖阿提拉(Attila，433—453 在位)，在肆意蹂躏东罗马后，又凶残地洗劫了高卢地区，最后被罗马和西哥特联军击败。次年，阿提拉又卷土重来，再次率军侵略意大利，沿途经过的城市被他一一攻陷，并惨遭劫掠。罗马教皇利奥一世(Leo Ⅰ，440—461 在位)亲率元老院代表团，前去与阿提拉协商退兵事宜。由于天气酷热和军中出现了瘟疫，阿提拉不得不再次从西罗马帝国撤军。两年后，阿提拉去世，匈奴内部发生了分裂，匈奴人对罗马帝国的威胁才告解除，匈奴人也渐渐地融入欧洲其他已经定居的部族。此后，又有一些地区不断地沦陷，处于日耳曼部族的控制之下。"西罗马帝国在其风烛残年里的势力仅仅限于亚平宁半岛，在其他地方已经完全被蛮族出身的军事冒险家所占领。"①西罗马的日耳曼雇佣军甚至控制了政府和皇帝的人选，皇帝已经成为帝国西哥特人首相手下的傀儡。475 年，罗慕洛斯被拥立为皇帝；476 年，帝国军队最高统帅日耳曼人奥多维克认为不再需要靠皇帝来掩人耳目了，于是就废除了罗慕洛斯。这一事件标志着西罗马帝国的终结。

第二节　基督教产生与发展的社会基础

一、基督教产生的社会基础

基督教是信奉耶稣为基督的一种一神论宗教。基督教产生于 1 世纪的上半叶，即罗马奴隶制帝国初期。它最初流行于罗马帝国叙利亚行省内的巴勒斯坦下层犹太人中，在罗马帝国后期发展到地中海周围和亚美尼亚、埃塞俄比亚、高卢等地区。基督教产生于此时此地，有深刻的社会阶级根源和思想根源。

巴勒斯坦位于地中海的东岸，古称迦南，是犹太教和基督教的发源地。约在公元前 20 世纪的时候，有一个来自北方的强悍好斗的游牧民族进入迦南地，征服了土著居民迦南人，取得了立足之地。由于他们来自幼发拉底河彼岸，迦南人称之为"希伯来人"（意即"来自幼发拉底彼岸的人"），他们自称为"以色列人"。以色列人在迦南文化的影响下逐渐由游牧社会进入半畜牧、半农业社会，并繁衍为十二支族。公元前 1003 年，大卫（David）统一了十二支族，建立了以色列王国，定都耶路撒冷。

在罗马入侵前，巴勒斯坦地区的斗争十分尖锐。下层被压迫的居民中流

---

① ［美］朱迪斯·M. 本内特、［美］C. 沃伦·霍利斯特：《欧洲中世纪史》，杨宁、李韵译，3 页，上海，上海社会科学院出版社，2007。

行着一种反抗剥削阶级统治的秘密宗教。公元前 64 年，罗马军团在庞培 (Pompey)的率领下进攻耶路撒冷，屠杀了 1200 名犹太人，对巴勒斯坦人民进行残酷的剥削和压榨，激起了广大劳动群众的愤慨和反抗。公元前 27 年，屋大维建立罗马帝国，巴勒斯坦成为罗马帝国的一个附属国。公元 6 年，屋大维将巴勒斯坦的犹太和撒玛利亚划归罗马帝国的叙利亚行省管辖，犹太国正式灭亡。在罗马帝国的残酷统治和剥削下，犹太人不断掀起反对罗马统治者的斗争，多次发动起义，但均遭血腥镇压而归于失败，使犹太人生活在极端痛苦之中。恩格斯在评价当时整个罗马帝国的状况时写道："在城市里，是形形色色的破产的自由人，……此外还有被释放的奴隶和特别是未被释放的奴隶；在意大利、西西里、阿非利加的大庄园里，是奴隶；在各行省农业地区，是日益陷入债务奴役的小农。……对所有这些人说来，天堂已经一去不返；破产的自由人的天堂是他们先人曾在其中做自由公民的过去那种既是城市、又是国家的城邦；战俘奴隶的天堂是被俘和成为奴隶以前的自由时代；小农的天堂是已被消灭的氏族制度和土地公有制。所有这一切，都被罗马征服者用荡平一切的铁拳消灭净尽了。"①当时的历史事实表明："对于巨大的罗马世界强权，零散的小部落或城市进行任何反抗都是无望的。被奴役、受压迫、沦为赤贫的人们的出路在哪里？""这样的出路找到了。但不是在这个世界上。在当时的情况下，出路只能是在宗教领域内。于是另一个世界打开了。"②"他们既然对物质上的解放感到绝望，就去追寻精神上的解放来代替，就去追寻思想上的安慰，以摆脱完全的绝望处境。"③他们幻想有一个超世间的"救世主"来惩罚压迫者，伸张正义，以解救自己。基督教正是在这样的现实下产生

---

① 《马克思恩格斯全集》第二十二卷，中共中央马克思恩格斯列宁斯大林著作编译局编译，541页，北京，人民出版社，1965。

② 《马克思恩格斯全集》第二十二卷，中共中央马克思恩格斯列宁斯大林著作编译局编译，542页，北京，人民出版社，1965。

③ 《马克思恩格斯全集》第十九卷，中共中央马克思恩格斯列宁斯大林著作编译局编译，334页，北京，人民出版社，1963。

的。根据基督教产生的历史，恩格斯说，基督教"是被压迫者的运动：它最初是奴隶和被释放的奴隶、穷人和无权者、被罗马征服或驱散的人们的宗教"①。原始基督教倡导平等、博爱的精神，宣称人人都是上帝的子民，在上帝面前人人平等；认为现实世界充满了罪恶，耶稣为拯救人类而来到人间传播福音，世界末日即将来临，人人都要接受末日的审判，相信基督的人将会得救，进入"天堂"。这样的教义对穷人和奴隶而言，无疑有着较大的吸引力。因此，基督教很快在全国各地传播开来。

原始基督教是犹太教众多教派中的一个分支，到2世纪中期才成为独立的宗教。在犹太民族的生活中，律法有着重要的地位，既是宗教戒律又是民事法典。律法的解释者，即经学教师，逐渐成为人民的真正宗教领袖。犹太教逐渐成为信仰一部圣典及对这部圣典做了为数众多的传统解释的宗教，犹太民族也因此曾被称为"一部书的民族"。

希腊化文化的传入对犹太人生活的影响是深刻的，造成了犹太人之间的分裂，尤其是在马卡比家族的约翰·赫凯纳斯(John Hycanus，约公元前135—前105)统治后期，犹太教内部的分歧日益明显。此时的犹太教分为撒都该派、法利赛人及由少数人构成的艾赛尼派。艾赛尼派实行严格的财产公有制，信徒旅行时不带食物，只依赖各地教友的款待。他们宣告蓄奴是违背四海皆兄弟的。其中有些人放弃结婚。他们不举行宣誓，仅在入教时誓言：必须敬奉上帝，对人正直诚实，仇视恶人，帮助正直的人且保守本派的秘密。他们排斥以动物为牺牲，并且用讥讽的方法解释这种禁令。在其他方面，他们严格遵守犹太律法。艾赛尼中的大多数人生活于由工人和农民组成的小自治社团中。公元前直至4世纪，叙利亚和巴勒斯坦一带一直存在着一个自称拿撒勒派("拿撒勒"一词在希伯来文中是"持守某种教义教规的人"的意思)的犹太教

---

① 《马克思恩格斯全集》第二十二卷，中共中央马克思恩格斯列宁斯大林著作编译局编译，525页，北京，人民出版社，1965。

派别,其领导人是耶稣。他们同艾赛尼派一样,信仰弥赛亚降临和上帝之国即将来临的教义。从历史上看,耶稣领导的这个犹太教分裂派别显然是基督教的雏形。

就严格意义而言,基督教摆脱犹太教分裂派的地位是它在外邦人中传播以后,而基督教在外邦人中传播又是犹太人流散的结果。流散在巴勒斯坦境外各地的犹太人影响了罗马帝国的整个宗教生活,他们与希腊化思想的接触反过来又影响了犹太教本身。这些漂泊在外的犹太人在居住地遭受到种种歧视,但他们种族感极强,有着良好的品德和传教热忱,并以经营商业的才能和对宗教信仰的严肃态度成为社会上有影响的移民集团。这些犹太人在居住地也受到了希腊文化的影响。

这些流散在外的犹太人的宗教远比原始的犹太教简单:虔诚地相信"唯一的神",即上帝耶和华,并将从《圣经》中得到的启示作为生活的准则。他们既会讲希伯来语,也会讲希腊语。他们遵守"摩西律法",坚守安息日、受割礼。为了更充分地理解律法,落实律法,也为了祷告和崇拜,犹太人无论移居到何地,一般都建立犹太教堂。礼拜仪式非常简单,没有繁文缛节。仪式包括祷告、诵读律法和先知书、翻译并有时加以讲解(讲道),然后是祝福。这种宗教对外邦人有着强大的吸引力。除了那些完全皈依犹太教的外邦人外,犹太教堂还拥有一大批半规化的信徒,即"虔诚的人",这些人都是早期基督教传教的对象。这些犹太移民大部分处于社会的下层,有些还没有摆脱奴隶的身份,也有不少是新自由民和小商人。他们一般按照犹太民族的传统,注重对孩子的教育,其中有些人不仅能读希腊文,而且对希腊哲学也有研究。早在托勒密·菲勒狄尔夫斯(Ptolemy Philadelphus)统治时期(公元前285—前246),犹太教的《旧约》在埃及的亚历山大里亚就被译成了希腊文,即所谓"七十子译本",在讲希腊语的民族中广为流传。日后基督教走出犹太本土,到外邦传教时,这些希腊化犹太移民的后裔成了将基督教改造为世界性宗教的"铺路石"。犹太民族文化和希腊文化的交流为日后基督教迅速吸收新柏拉图主义和斯多葛派的营养成分创造了条件。

基督教在外邦人中传播带来的不容回避的问题是皈依者和犹太律法的关系问题。以色列古代律法对犹太基督徒具有约束力，这是毫无疑义的，但外邦基督徒是否也应该遵守呢？"如果将犹太律法强加给外邦信徒，则基督教只能是犹太教的一个宗派；如果外邦信徒不受犹太律法的束缚，基督教就可能成为一个世界宗教，但要失去大批犹太人的同情。"①深受希腊文化影响的使徒保罗（Paul）意识到，基督教思想同样适合于非犹太人，并开始向异教徒传教。保罗认为，耶稣的教义超越了各个民族的历史经验，新的基督教团体不是一个民族所独有的，而是一个世界性宗教团体。耶稣不仅实现了希伯来人对救世主的期望，而且满足了所有人的精神需求和期盼。所有人得救乃是因为自己的信仰（因信而生），而不是因为外在的宗教仪式。此外，保罗通过宣讲救世主死而复活，坚持认为摩西戒律已被新的基督教教义取代，从而使基督教与其犹太根源决裂，演变成一个新的宗教，这极大地增强了对基督教非犹太人的吸引力。

由于外邦人有了不受犹太律法束缚的自由，加上一些孜孜于传教的传教士的努力，因此基督教在外邦人的中下层人民中得以广泛传播，信教人数增加很快。据资料统计，到3世纪下半叶，罗马帝国信仰基督教的人数已占总人口的5%。在1世纪末至4世纪初，社会中上层人士逐渐加入基督教，此时的"教会已经因为阶级的对立和对于显贵人物的尊敬而腐败了；富人们在集会中占着优良的座位，穷人们则坐在地板上或站着"。② 面对基督教的发展，罗马帝国首先采取的是镇压措施。据教会记载，从基督教诞生至313年，罗马

---

① ［美］威利斯顿·沃尔克：《基督教会史》，孙善玲、段琦、朱代强译，28页，北京，中国社会科学出版社，1991。

② ［英］罗伯逊：《基督教的起源》，宋桂煌译，239页，上海，生活·读书·新知三联书店，1958。

帝国对基督教进行了 10 次大规模的血腥迫害活动。①

　　罗马军团可以毁掉基督教堂，处死公开的信仰者，但对没有公开表明信仰、仍分散在各隐秘场所继续自己信仰的数以千万计的基督徒，因无法辨别而无能为力。同时，基督教的信仰者一般都是因为对现实社会的一些问题感到无能为力，于是把生存的希望(这种希望往往是虚幻的)寄托于死后进入"天国"(或称彼岸世界)。到 3 世纪下半叶，罗马帝国已处于内忧外患之中，帝国上层社会的人士已开始信仰基督教。因此，在无法镇压基督教运动的情况下，罗马帝国转而开始在帝国境内争取日益增多的基督徒的支持。303—305 年戴克里先统治时期，发生了基督教会史上"虽然是最后一次，但也是最惨烈的一次"迫害。311 年，迦勒里乌以他自己和他的共治者莱西里乌、君士坦丁的名义颁布了一道一般性的赦令，即《宽容赦令》。此法令的颁布说明基督教在当时罗马帝国的社会政治生活中已经取得了举足轻重的地位。

　　311 年，君士坦丁的主要对手是马克森提。312 年，马克森提战败身死，高举基督教旗帜的君士坦丁部队终于取得了胜利，整个帝国西部归君士坦丁所有。君士坦丁相信自己的胜利是上帝赋予的，从而坚定了做基督徒的信心。313 年，君士坦丁与莱西乌斯在米兰会晤，联合发表了《米兰赦令》。"这一新政策既不是 311 年赦令所规定的仅给基督教以宽容，也没有规定基督教为国教。它宣布绝对的信仰自由，将基督教与罗马其他宗教置于完全同等的法律保护下。"②《米兰赦令》宣告，"为确保社会安宁"，信奉各个宗教的人都享有同样的自由，不受歧视。在迫害期间所没收的基督教集会场所一律无偿返还，教会的其他财产也同样返还。"这是罗马法制史上第一次承认基督教会可拥有财产。"③319 年，他再次命令非洲行省长官豁免神职人员的各种劳役，基督教

　　① 张绥：《基督教会史》，28 页，上海，生活·读书·新知三联书店，1992。

　　② [美]威利斯顿·沃尔克：《基督教会史》，孙善玲、段琦、朱代强译，36 页，北京，中国社会科学出版社，1991。

　　③ 张绥：《基督教会史》，37 页，上海，生活·读书·新知三联书店，1992。

神职人员与神庙祭司享有同等的免税特权；321年，他指示基督教会可接受临死者的遗产。君士坦丁最终在晚年正式受洗入教，成为第一位信奉基督教的罗马皇帝。基督教对君士坦丁也是感激至深，称其为"第十三位使徒"。随后，罗马帝国的皇帝加速推进基督教的发展及罗马境内的基督教化运动。390年，狄奥多西一世立基督教为罗马国教，宣布其他的异教崇拜是非法的。至此，基督教经过几个世纪的努力终于取得了最后的胜利。当然，基督教会在战胜敌人、获得自由的过程中，也逐渐处于罗马帝国的控制之下。

二、基督教的传播

基督教于1世纪形成，2世纪传播发展，3世纪形成燎原之势，4世纪被定为国教，到"公元500年后，西欧的基督徒中有更多的人已不再是罗马帝国的公民。到600年，罗马皇帝的权力只在意大利半岛的若干地区还得到承认。……在这样一个世界中，代表地方世俗统治者的教权和军权凌驾于政府官员之上，许多城市，特别是罗马的政权逐渐转移到主教手中。……只有主教才有资格和财力去实施原本由地方贵族负责的工作，诸如建造新运河、保障用水供应、维修防御工事等。他们也承担起举办慈善事业这类传统任务，包括赈济贫民、安置难民和救赎俘虏"[1]。基督教在"蛮族"中得以广泛传播，成为中世纪的主导意识形态。

基督教成为官方宗教后，在理论上、制度上、组织上的发展并没有迅速适应教众和影响范围的急剧扩张，其内部更是教派林立。324年，君士坦丁从政治上统一了罗马帝国后，便着手统一教会的工作，以便与大一统的政治秩序相适应，为帝国的最终统一提供精神信仰方面的有力支持。325年，君士坦丁亲自出面召集罗马帝国各地教会的近300名主教在尼西亚举行会议，解决

---

[1] ［英］约翰·麦克曼勒斯：《牛津基督教史》，张景龙、沙辰、陈祖洲等译，78页，贵阳，贵州人民出版社，1995。

各地教会在教义和教会体制上的分歧。会议最终通过的文件《尼西亚信经》成为对所有基督教会都有约束力的教义，为基督教走向规范化并最终成为国教铺平了道路。此后狄奥多西一世宣布阿里乌派非法，正统派取得最后的胜利。从此，阿里乌派在边界上的一些日耳曼部落中发展，正统基督教统治了整个罗马帝国。正是在与各种异端的斗争中，主教管辖下的组织坚强的大公教会、标准的信经、权威的正典和正统的教义产生了，从而使教会渡过了一次次难关，并为基督教在"蛮族"中的传播提供了组织和制度上的保证。

罗马帝国在"蛮族"的冲击下分崩离析，中央政府已不复存在，西欧的土地上建立了一系列"蛮族"国家。在"蛮族"的统治下，原本已开始衰退的希腊–罗马文化更是以加速的态势衰退。"旧罗马的上层阶级丢弃了他们的传统，而将日耳曼征服者的习俗吸收进来；罗马的学校关闭了，罗马法逐渐被废止。一直作为希腊–罗马艺术家主题的人的形象被简单的几何图形所取代。除了教士，几乎没有人能读能写拉丁文，而有学问的教士也是屈指可数。欧洲人的希腊语言知识几乎完全丧失，拉丁语的修辞风格也退化了。许多古老的古典文学著作或失传或没人去读。与拜占庭、伊斯兰和古罗马的高度文明相比，欧洲文化似乎差之甚远。"①"当时的日常生活，就体育、智育和德育来说水平的确都是很低的。人们常说，六至七世纪的欧洲又回到了野蛮状态，但那并不说明情况的真实性。更正确是说罗马帝国的文明已落到极端腐败的状态。野蛮状态是雏形的社会秩序，在它的范围之内还是有秩序的；但是欧洲的情况在支离破碎的政局下是一种社会混乱。它的风气不是茅屋乡村的风气，而是贫民窟的风气。在野蛮人的茅屋乡村里，野蛮人知道他是属于一个社团的，生活和行动有所约束；在贫民窟里，个人既不知道有更大的集体，也不知道

---

① ［美］马文·佩里：《西方文明史》上卷，胡万里、王世民、姜开君等译，262页，北京，商务印书馆，1993。

自己的行为与这集体的关系。"①

伴随着西罗马帝国的灭亡，西欧的法律体系和社会秩序都陷入了瘫痪状态，原有的学校也消失了，社会的文明水平急剧下降，古典的理性文化进一步停滞或丧失。"罗马帝国没有政治力量足以抵御北方的野蛮人，科学文明便沦入彻底毁灭的危险中；因为当时掌握王权的种族对于哲学的精细结构比希腊艺术的轻松形式还更不能欣赏和理解。"②基督教及其教会作为文明社会遗留下来的唯一的完整组织和政治—文化统一体，保存了古典文明的种子，并且为在痛苦挣扎中萌生的新文明提供了模式和方向。"如果说基督教在罗马世界中的基本态势是学习的话，那么在日耳曼西方的基本态势就是教导别人，它传授给日耳曼人的正是它过去从罗马人那里学来的东西。"③

面对古典文明的衰败、"蛮族"统治者的愚昧无知和四分五裂的"蛮族"王国，作为古典文明的承继者和载体的基督教，在发展壮大自身的同时，开始教化"蛮族"人，使其摆脱原始的野性，走向文明化，把整个欧洲统一在基督教的旗帜下，以形成一种新文明。

基督教在"蛮族"部落中的传播始于西罗马帝国灭亡之前。325年，在尼西亚会议后遭贬抑的阿里乌派在帝国境内难有立足之地，于是转向广大的日耳曼地区。结果先是西哥特人，后是东哥特人、汪达尔人、勃艮第人、伦巴底人等皈依了阿里乌派的基督教。罗马帝国灭亡之后，罗马教会以狂热的虔诚向所有的"蛮族"人开始了影响未来西欧文化走向的传教活动。

罗马帝国灭亡之后，"蛮族"建立的国家迅速发展了新的生产关系——封建生产关系，"蛮族"人也由过去的迁徙流动过上了稳定的定居生活。随着新

---

① [英]赫·齐·韦尔斯：《世界史纲：生物和人类的简明史》，吴文藻、谢冰心、费孝通等译，600页，北京，人民出版社，1982。

② [德]文德尔班：《哲学史教程》上卷，罗达仁译，353页，北京，商务印书馆，1997。

③ [英]约翰·麦克曼勒斯：《牛津基督教史》，张景龙、沙辰、陈祖洲等译，62页，贵阳，贵州人民出版社，1995。

的生产力的发展和生活的稳定，一些"蛮族"国家的首领为了加强自己对各氏族的统治权力，已逐渐意识到原有的原始多神教和风俗习惯等的种种弊端。5世纪末，活动于莱茵河下游尚未皈依阿里乌派的法兰克人，在首领克洛维(Clovis，约466—511)的领导下，逐渐强盛起来，统一了法兰克各部落，征服了深受罗马文化影响的高卢大部，建立了强大的法兰克王国。为了巩固统治，形成一个统一的封建国家，克洛维深感必须废除原有的多神教信仰，结果在多方影响下决定皈依基督教。

496年，克洛维通过他的妻子克洛西尔迪的努力，皈依了罗马教会，并下令全体士兵受洗入教。法兰克王国成为日耳曼各部族中最早皈依基督教的民族。511年，克洛维下令召开奥尔良宗教会议，会上制定的宗教法规被认为具有国家法律性质。基督教很快成为墨洛温王朝(Merovingian Dynasty，481—751)的国教，教会的财产和各种特权都受到了王国的保护。549年召开的又一次奥尔良宗教会议规定，国王有任命主教的权力；主教有权修改法官的判决；教会的产业永远属于教会；教徒死后其财产归教会所有；教会的产业免税，神职人员免除各种劳役负担。到7世纪中期，随着教会势力的扩大，主教权力的增强，基督教会实际上已经成为法兰克王国的一支举足轻重的政治力量，其法律也就成了国家法和宗教法的产物。到8—9世纪查理曼帝国时代，罗马教皇为皇帝加冕，称之为神圣罗马帝国皇帝，这意味着世界性的帝国依然存在，神圣罗马帝国便肩负着传播和捍卫基督教的精神责任。教皇为皇帝加冕的举措孕育着以后几百年"教权与皇权孰大孰小之斗争"。

基督教约在5世纪传入不列颠诸岛。432年，罗马教会任命出身于南威尔士的帕特里克到爱尔兰传教。他到达爱尔兰后，积极建立健全教会组织，推行教区体制，逐渐培养起了一种融合了爱尔兰文化特色的基督教福音(采用修道院式，不设主教管区，所有神职人员都归修道院院长管理)，并在爱尔兰教会和罗马教会之间建立起了精神上和组织上的联系。帕特里克死后，爱尔兰教会在费尼恩的领导下走向隐修主义，把教区制改变为修道院制和部落主教制。针对爱尔兰式的教会组织形式，596 年，罗马教皇格里高利（Gregory）派遣奥古斯丁率远征军到英格兰，奥古斯丁成功地使当时强盛的肯特王国在 597 年接受洗礼，肯特王国的主要城市坎特伯雷也成了英格兰的基督教中心。664 年，诺森伯里亚国王主持召开了惠特比宗教会议，最终决定承认罗马教会的最高权威。668 年，罗马教会任命狄奥多为坎特伯雷大主教。在狄奥多的努力下，爱尔兰修道院的学术传统及某些礼仪与罗马教会的基督教逐渐融合起来了，创造出了辉煌一时的爱尔兰文化。

在法兰克人的影响下，6 世纪，原先信奉阿里乌派的日耳曼部落，如勃艮第人、西哥特人、伦巴底人，都皈依了罗马教会。7 世纪后，基督教正统信仰在意大利、高卢和西班牙等地得以确立。8 世纪，日耳曼人原居留区也改信罗马宗教。从 9 世纪开始，罗马教会在丹麦、挪威、瑞典等北欧地区及波希米亚、匈牙利、波兰等东南欧地区，相继展开了传教活动，建立了教区和教会，使基督教得到普遍传播，确立了基督教一统天下的局面。随着教会势力的增强及其权力的扩大，罗马教会成了中世纪欧洲政治、经济和文化的中心。

就文化教育这一层面而言，面对粗俗落后的日耳曼人、古典文明一片败落的景象，尤其是面对文化水准还处于原始状态、根本就不可能欣赏和学习希腊罗马时代遗留下来的各种辉煌作品的"蛮族"人，在"蛮族"社会中的传教活动基督教无疑充当了文化启蒙者的角色。英国学者罗素认为："公元 6 世纪及以后几个世纪连绵不断的战争导致了文明的普遍衰退，在这期间，古罗马的一些残余文化主要借教会得以保存。……尽管如此，教会的诸组织却创始了一套稳固的体制，后来，使学术和文艺能在其中得以复兴。"①

---

① 孙绍武：《西方哲学史》，197 页，呼和浩特，远方出版社，2010。

第三节　基督教世界的文化与学术生活

中世纪早期阶段，随着西罗马帝国的崩溃，古代罗马世俗的、理智的和文化的成就实际上已经消失，拉丁学校和学术的长期衰落使西欧的教育、科学和文学到 6 世纪时几乎到了最低点，曾经属于拉丁文明的所有地区，包括意大利的大部分，已经成为理智和文化上的荒芜之地，残存的学术总体而言都是保守的、百科全书式的、衰落的，几乎全部保存在修道院和主教学校。529 年，信奉基督教的东罗马皇帝查士丁尼关闭了最后一所雅典学园，这标志着古典文化在罗马乃至整个西欧的终结。残存的希腊典籍大多数收藏在当时属于东罗马帝国(拜占庭)的小亚细亚各城市，与西方世界基本上隔绝了联系。高卢地区图尔主教格里高利撰写的《法兰克人史》清楚地表明了此时学术的衰落和教育的匮乏。格里高利谈到他的老师从未教过他文法或让他阅读世俗作家的著作，因而他自己对文学太无知，以致不能用正确的文法写作。他在《法兰克人史》一书的前言中写道："人文学科的学习，在高卢各城市中正在衰退，或者走向消亡……不可能找到一个教辩证法或文法的人，他能够用散文和诗篇描述这些事实。他们中大多数人为此悲叹说，我们的时代不幸啊！文学的学习在我们中间消失了。"①尽管如此，古代世界的精神文化终未完全断绝，一批文人、学者正努力地做着保存和传播古代文化的工作。"在由帝国到教会艰难转换的过程中，大部分知识和许多书籍遗失。但通过抄书员、学校、著名的教会人员以及名气不大但实用的教科书的作者们的努力，许多知识和书籍也得以拯救下来。"②

---

①　[英]博伊德、[英]金：《西方教育史》，任宝祥、吴元训译，96~97 页，北京，人民教育出版社，1985。

②　H.G.Good, *A History of Western Education*: *Vol. one*, New York, The Macmillan Company, 1947, p.64.

一、波伊修斯——"最后一位罗马哲学家和第一位经院哲学家"①

波伊修斯(Boethius，475/480—525，也译作鲍埃蒂、波爱修)出身于显赫的罗马贵族家庭，早年在雅典接受教育，受过文法、修辞和哲学的良好训练，因而在古典文化普遍衰落的时代，他是一位罕见的学术渊博的人。早在成年时期，波伊修斯就希望进入政界，引起了东哥特国王狄奥多里克的注意，并被任命为大臣，指导整个民事行政事务，后因被控参与谋反，被处死。他是一位对基督教怀有虔诚信仰，同时又十分尊崇希腊和罗马遗产，非常热衷于古典哲学的学者。学术持续衰落令波伊修斯忧心如焚。受希腊学术背景的影响，他感到有责任传播古典文化。早在500年，步罗马百科全书学术风气的后尘，波伊修斯着手编写自由艺术纲要的任务，试图总结传统"七艺"(文法、修辞、逻辑、算术、几何、天文和音乐)的内容，最后完成了"三艺"，即几何、算术和音乐。它们是中世纪学校广泛学习的内容。此后，波伊修斯转向翻译已在拉丁文学中失传的亚里士多德的所有作品。实际上，他只翻译了《工具篇》，包括《范畴篇》《解释篇》以及波菲利(Porphyry)对之所做的注释，还撰写了《范畴篇》和《解释篇》的注释，这些译著及评注在中世纪一直被当成逻辑学的教材，一直到11世纪中期，后人称之为"旧逻辑"。他翻译的《分析前篇》《分析后篇》《论辩篇》《正位篇》等一直未能引起人们的重视，直到12世纪才重新问世，人们称之为"新逻辑"。此外，他还撰写了一些论述基督教"三位一体"的神学论文。然而，"波伊修斯对后世欧洲思想发展最有影响的著作是《哲学的慰藉》"②。这部著作是在狱中等待服刑时用对话和诗的形式写的，大量介绍了古代哲学观点。波伊修斯的各种著作不仅保存了古典哲学的一些重要

---

① Eby and Arrowood, *The History and Philosophy of Education—Ancient and Medieval*, New York, Prentice-Hall, Inc., 1940, p.658.

② James Bowen, *A History of Western Education: Vol. one*, New York, Palgrare Macmillan, 1986, p.323.

材料,而且将一些重要哲学概念由希腊文译成了拉丁文,并给予了它们严格的界定,对希腊哲学概念的拉丁化做出了重要的贡献,因而被称为"最后一位罗马哲学家"。

波伊修斯受亚里士多德学问分类的影响,把思辨哲学分为物理学、数学和神学。思辨科学也就是哲学,哲学与逻辑有着密切的关系。3世纪,新柏拉图主义者波菲利首先提出了柏拉图的形式存在这个基本的形而上学问题,即共相和殊相之间关系的问题。波菲利力图考察种和属是否独立存在,抑或仅仅存在于理智之中;如果它们是独立存在的,究竟是有形的还是无形的;如果它们是无形的,它们究竟与感性事物相分离,还是存在于感性事物之中,并与之相一致。波菲利这里只是提出了问题,并未给出答案或提示。波伊修斯认为这是最高级的、需要下功夫研究的问题。他从希腊哲学的角度,认为种和属作为一类个体共有的东西,不可能是独立存在的实体,否则难以解释许多个实体同时占有同一个实体。种与属也并不仅仅存在于人的心灵之中,它们以无形的性质的方式存在于有形事物之中,以概念的方式存在于心灵之中。那么,人是如何获得种和属之共相概念的呢?波伊修斯认为人有四种认识能力:一是感觉,其功能在于辨别固定在基础质料之中的形体;二是想象,其功能在于可以离开质料认识形式;三是理性,其功能在于以共相辨别表现在单独个体之中的特殊的形式本身;四是理智,其功能在于可以超越对一个东西的全部关注过程,以心灵的纯粹目光看待单纯形式自身。人的认识遵循的原则是理解的高级能力包含着低级能力,但低级能力不能上升到高级能力。也就是说,把握了单纯形式的理智,同时知道理性的共相、形式的形状以及感觉到的物质,但没有使用理性、想象与感觉。基于此,波伊修斯认为,当外部的个别实体作用于人的心灵时,心灵具有把这些实体分解为要素,并且重新组合这些要素的能力。种和属是心灵将存在于事物之中的要素加以重新组合的产物。他所说的要素是指个别事物的可感性质,心灵可以将个别可感事物的整体印象分解为各种可感性质，把它们与通过同样方式获得的其他事物的可感性质相比较，抽象出相同的性质组成属概念。因此，心灵之外的个别事物可以归属于心灵之中的共相，因为以集合方式存在于心灵的共相原先已经以分散的方式存在于可感事物之中。至此，波伊修斯既肯定了共相在心灵之外的实在性，又否定了共相的独立存在性，成为后世经院哲学唯名论的先驱，因而被称为"第一位经院哲学家"。其逻辑著作的广泛传播是引发中世纪实在论与唯名论争论的一个重要原因。

波伊修斯并不是神学家。他在与东方教会交往的过程中，与东方神学家讨论过"三位一体"这个问题，引入并定义了希腊哲学的存在论概念，开辟了中世纪形而上学研究的新阶段。在讨论"三位一体"时，波伊修斯区分了"存在"和"是这个"。他认为，"存在"与"是这个"二者是不同的。因为单纯的存在等着显现，但一个东西只要已经获得赋予它存在的形式，它便是这个，并且存在着。即是说"存在"是指实体的形式，是一种纯形式，是单纯的事物，不包含"存在"与自身的存在（是这个）的区分，是绝对的存在；"是这个"是指个别的事物，是一种复合事物，包含着"存在"与自身的存在（是这个）的区分，是具体的存在。个别的具体事物的存在，即"是这个"都是"分有"绝对的存在——普遍存在的纯形式的产物。波伊修斯根据这种存在论的解释，认为上帝是存在和存在者的同一。作为存在的本质的上帝，具有三个位格；作为存在的实体的上帝，具有圣父、圣子、圣灵三重关系。因而，无论是聂斯脱利派的"基督双重人格论"，还是阿里乌派的"三神论"，都是荒谬的。这样波伊修斯就从澄清词义、定义入手来讨论有关神学争论的问题，进而把形而上学引入了神学领域。

522年，波伊修斯就任东哥特王国的大臣，524年被控谋反罪入狱，次年被处死。在狱中，波伊修斯逐渐意识到尽管自己一世英名，唯过眼烟云罢了，于己毫无帮助，目前自己需要的是更高级的洞见，于是，他转向了哲学，在囚室以自己与科学女皇——哲学对话的形式写出了被称为"狱中文学"①的《哲学的慰藉》(*Consolation of Philosophy*)。这部著作是以后几个世纪被广泛阅读的书籍之一。《哲学的慰藉》共五卷：第一卷叙述了作者的经历与不幸的命运，第二、第三卷说明了命运的变化莫测、反复无常，第四卷解释了善与恶的性质，第五卷阐释了天命决定论与人的选择自由的一致性。波伊修斯宣称，自己从政的目的是为善良的人们服务，做了良心认为是正确、合法的事情，为何反遭恶人诬告，身陷牢笼？由此波伊修斯产生了这样的困惑：世道的命运为何与自然的秩序不一致；神的公正与善是否展现于自然之中，而游离在社会之外。经过苦苦思索之后，波伊修斯得出的结论是，人生的命运与自然的秩序都是同一的，它们支配着万事万物的流逝往返，不依人的愿望停住于某处；一切依命运降临的东西都不是真正的幸福，因为人生追求的幸福并不是官职、名誉、门第、财富、享乐等可见的东西，这些东西反而会引起更大的欲望，而是"这样一种善，人一旦获得了它，就不再有进一步的欲望。它是善中之至善，包含着一切善"②。唯一能满足欲望的幸福是美德，它能使人自满自足，无须借助外物，超越一切外在幸福。只有美德才是人通过自己追求、不依命运即可获得的幸福，才是一切人应当追求的目的。至于恶，它是缺陷，但不是意志的缺陷，而是人们能力的缺陷。人们并不缺乏行善的意志，缺乏的乃是行善的能力，不知道什么是真正的幸福或至善，错误地把外在的幸福作为善来追求。由此产生的另外一个问题是，具有或缺乏行善的能力是否是天命的安排。假如答案是肯定的，那么善与恶便不再是人的自由选择，人也无须承担道德责任；假如答案是否定的，那么天命不能控制善和恶，不能显示神的至善和全能。波伊修斯的解释是，天命是对必然性的预知，但不是必

① Edward J.P., *Main currents in the history of education*, New York, McGraw-Hill, Book Co., 1962, p.198.

② 赵敦华：《基督教哲学 1500 年》，191 页，北京，人民出版社，1994。

然性的实现。神所预知的合乎至善的必然秩序，要通过人对善与恶的自由选择来实现。天命是对永恒不变的世界整体的全部预知，规定着世界的秩序，但并不规定世界中的具体事件。具体事件是发生在时间系列中的偶然事件，有其前因后果，是通过人的自由选择而实现的。天命的必然是无法改变的，现实中的邪恶即使暂时胜过善良，但终究改变不了惩恶扬善的必然性。

　　波伊修斯的论述是建立在亚里士多德理智觉醒原则的基础上的，同时也糅合了其他希腊哲学理论，如柏拉图和斯多葛的哲学理论。他没有在任何地方涉及《圣经》或基督教的教导，其神的概念完全是柏拉图《蒂迈欧篇》中的神，拯救取决于个人，通过人的理智活动而实现。尽管波伊修斯的思想没有以基督教的教义作为基础，但是他的著作仍然对中世纪思想有着广泛的影响。他关于波菲利所做的翻译以及对亚里士多德《范畴篇》的注释，使得逻辑学能够为基督教所接受，成为构建基督教理论体系的工具。波伊修斯除了哲学和教育的著作外，还撰写了神学和音乐的文章以及关于古典作家作品的注释。因而，如果把他作为第一位经院哲学家尚有困难的话，那么至少可以把他称作中世纪的导师，就像把荷马称作希腊人的导师那样。波伊修斯把古典学术和异教哲学丰富的财富与正统的基督教信仰结合起来，赋予正在成长的基督教哲学家以研究内容、哲学术语及不断探索的精神。再者，波伊修斯在具有高度发达的文化和丰富的艺术成就的古典时代与充满着探究精神和重建社会秩序的热情的中世纪之间架起了一座桥梁，波伊修斯用以构筑这座桥梁的建筑材料便是教育内容，主要是自由艺术，即通常所说的"七艺"。① 这也正是波伊修斯之重要性所在。9世纪，在英国国王阿尔弗雷德大帝力图使其王国复兴学术之际，波伊修斯的《哲学的慰藉》便是其亲自翻译成英语的四本书之一。

----

① Edward J.P., *Main currents in the history of education*, New York, McGraw-Hill, Book Co., 1962, p.199.

二、卡西奥多鲁斯——"学术型修道院之父"

卡西奥多鲁斯(Cassiodorus,约 490—585,又译"卡西奥多勒斯")和波伊修斯是同时代人,是东哥特王国中仅次于波伊修斯的重要人物。尽管卡西奥多鲁斯认为,波伊修斯是其时代最伟大的学者,但卡西奥多鲁斯在罗马后期的生活中对那个时代有着重要的影响,他的作品对后世思想的发展有较大价值。与波伊修斯的著作不同的是,卡西奥多鲁斯的著作被直接地运用于教育,尤其是他的《神学和世俗学导论》(*The Introduction to Divine and Human Readings*)是中世纪修道院的主要教科书,特别是在法国、英国和德国的修道院,该书被用作僧侣教育的主要手稿。因而,在保存古典文学和学术,并使其成为拉丁基督教世界一支重要的力量方面,很少有人能与卡西奥多鲁斯相媲美。① 《世界文明史》一书评价:在"使寺院变成文化机构这件事上,作出最多贡献的人是卡西奥多勒斯。他过去是狄奥多里克的主要秘书。他从官职退休以后,在阿普利亚祖籍的领地上建立了一所寺院,让僧侣抄写手稿。他所创建的寺院变成先例,渐渐地为几乎所有的本尼狄克的寺院所模仿。卡西奥多勒斯也坚决主张他的僧侣必须象学者一样地接受训练;他为了这个目的制定了一份关于七门学科的课程计划,以后被称为七艺。这七门学科显然被波伊修斯分为前三艺和后四艺。前三艺包括文法、修辞和逻辑;它们被认为是知识的钥匙。后四艺包括的内容更实际——算术、几何、天文和音乐。"②

卡西奥多鲁斯出生于意大利南部一个富裕的贵族家庭。该地区就历史来看,属于希腊文化圈。父亲是狄奥多里克皇帝统治时期的主要官员。与波伊修斯一样,卡西奥多鲁斯早年受过修辞和哲学教育,并引起了狄奥多里克的

---

① Eby and Arrowood, *The History and Philosophy of Education—Ancient and Medieval*, New York, Prentice-Hall, Inc., 1940, p.660.

② [美]爱德华·麦克诺尔·伯恩斯、[美]菲利普·李·拉尔夫:《世界文明史》第一卷,罗经国、陈筠、莫润先等译,420 页,北京,商务印书馆,1987。

注意，被任命为助理行政官，在狄奥多里克的继任者阿萨拉里克（Athalaric）统治时期就任首席执政官，这也是没有皇室血统的人担任的最高职位。哥特人统治时期面临着如何让日耳曼人和罗马人和睦相处、如何稳定社会秩序和复兴学术等种种问题，卡西奥多鲁斯的知识和修辞才能有助于解决这些问题，为此卡西奥多鲁斯赋予其新秩序的概念以特殊的定义——培养"文明人"（civilitas），或者说使哥特人罗马化。在卡西奥多鲁斯的计划中，长期作为罗马行政体系重要组成部分的文法学校和修辞学校是哥特人罗马化过程的重要因素。基于此，他曾以皇帝的名义上书罗马元老院，要求增加文法教师的薪水。他认为，文法学科是文学所必备的，文学乃是文明人的标志，因而，资助文法教师理应成为国家的职责。但是，事实证明，卡西奥多鲁斯企图通过哥特王国拯救拉丁文化的努力是徒劳的。哥特王国的贵族反对罗马化的政策，尤其是对年轻的国王阿萨拉里克进行知识教育，他们认为这样做有悖于狄奥多里克的遗训，年轻的哥特人首先学习的应该是剑和矛，应该是在教师的惩罚前发抖。无奈之下，年轻的国王只好又转向了哥特贵族式的教育，不久之后去世。527年，查士丁尼一世征服了意大利，当上了皇帝。537—538年，皇帝的军队进入拉文那。6世纪中期，伦巴第王国建立，卡西奥多鲁斯通过罗马化的哥特人统治的意大利独立王国实现保存拉丁文明的计划彻底失败。540年，卡西奥多鲁斯退出了公共事务。卡西奥多鲁斯是一位作家，其主要作品有：《杂文集》（其中收录了许多哥特国王的命令、王国的法规以及他本人提出的一些条文）、《哥特史》《编年史》《论灵魂》《神学和世俗学导论》等。

卡西奥多鲁斯通过哥特王国促进欧洲文化发展的愿望没有能够实现，但他却通过教会实现了这一愿望。卡西奥多鲁斯在晚年与波伊修斯一样越来越关注至善的问题，波伊修斯从哲学的角度去探讨，卡西奥多鲁斯则转向了宗教。作为一名基督教的学者，在6世纪20年代或30年代，卡西奥多鲁斯就向教皇提议，仿效亚历山大里亚和尼西比斯（Nisibis）的做法，在罗马建立一所神学学校，随后教皇去世，该计划搁浅。但卡西奥多鲁斯并未放弃建立高级神学学校的夙愿，在西拉秋姆(Scyllacium)建立了两所修道院。这两所修道院成为后世学者效仿的范例。修道院早在 4 世纪末便传入意大利，米兰的安布罗斯、罗马的杰罗姆等人在自己的周围聚集了一批人从事修道活动。此时意大利和法国的南部也建立了许多修道院。卡西安还在其修道院建立了一所培训学校，并为其修道院制定了院规。但是到 6 世纪中期，教会仍没有为建立基督教学校做出努力，尤其是缺乏独立的研究高级学术的基督教学校。鉴于此，卡西奥多鲁斯仿照卡西安的做法，为其修道院制定了院规，但对其院规进行了革命性的变革，这一变革便是把知识性工作确定为修道院的主要功能。实际上，帕科缪、杰罗姆和本尼狄克等都强调修道僧的读和写，但此时只是简单的读和写，是劳动之余不让修道僧闲着的一种手段，而卡西奥多鲁斯则把读和写以及研究工作确定为修道院纪律中正规的和重要的组成部分，因而他的修道院远非一个退隐之地，也是一所神学学校和神学及世俗学术书籍的制造厂。卡西奥多鲁斯的修道院分为两个部分：一部分建在山坡上，禁欲色彩浓厚，被称为卡斯特鲁姆(Castellum)；另一部分建在维瓦里乌姆(Vivarium)，禁欲成分较少，风景优美，有一个鱼塘，供学者们休闲之用。维瓦里乌姆是该修道院的重要机构。根据卡西奥多鲁斯的记述，他力图平衡修道生活中纪律与休闲、劳动与学习、审美愉悦与精神准备之间的关系。维瓦里乌姆仿照亚历山大里亚的古典博物馆的模式，是一个学术退隐和思考的地方，同时也是一个书籍制造的地方，手稿保存是修道院一项重要的活动。该修道院有众多修道僧，这些人并非学者，很多人也没有什么学术成就，他们集中在修道院的抄书室里，手里拿着笔整天不停地抄写《圣经》、教父作品以及古典作品。为了保证书籍的来源，修道院还建有一座图书馆。除了抄写书籍外，修道院还从事书籍装订、书籍注释、字体改良、墨水生产和纸张制造等知识型修道院应有尽有的工作。此外，该修道院还用学术的方法开展《圣经》和神学研究。

卡西奥多鲁斯通过强调神学和世俗学问对于铸造基督教教义的价值，强调在更大的范围内组织修道院的知识工作，对中世纪学术的保存和发展做出了巨大的贡献。正是在指导修士学习和抄写书籍的过程中，卡西奥多鲁斯编就了《神学和世俗学导论》这部知识总汇著作，其中包括僧侣必读的神学著作和七门自由学科概要，规划了神学教育和"七艺"教育的蓝图。这种分法成为中世纪教育的通用做法，中世纪的学校里一直实行神学和"七艺"分列的制度。

卡西奥多鲁斯去世后，维瓦里乌姆修道院也衰落了。它代表了以极大的个人热情追求学术，保存并分享有文化的、学术型的个人的理念。但是在文化普遍衰落的时代，国家和市镇资助的学校衰落后没有留下任何教育制度，教会毫不关心世俗学校的建立，也没有正式提出要融合世俗学术，因而卡西奥多鲁斯的这种个人行为只能是昙花一现。卡西奥多鲁斯并不是第一位试图用文化为教会服务的人，也不是首次在修道院建立缮写室或开展神学研究的人，但卡西奥多鲁斯成功地把手稿抄写工作与日常的修道生活结合在了一起，把修道院转变成了类似于神学学校的机构。卡西奥多鲁斯对后世的影响是多方面的，主要表现在《神学和世俗学导论》，尤其是第二卷，根据基督教的神秘解释，明确地把自由学科界定为七种，并概括了"七艺"的纲要，提出了自由艺术服务于神学的思想。《神学和世俗学导论》第二卷与卡佩拉（Capella）、普里西安（Priscian）、多纳图斯（Donatus）和波伊修斯的著作一起成为中世纪早期重要的教科书，对于人们认识和了解自由学科，对于古典学术的保存和传递，对于基督教思想的理性化等，都起着重要的作用。维瓦里乌姆修道院的办院模式为未来修道院的开办提供了范例。卡西奥多鲁斯的修道院和其他的修道院鼓励收集教父和古代拉丁作者的著作。在没有任何其他机构为此努力的时代，修道院图书馆成了中世纪早期文化的保护地，修道院自然也就成了文化和学术的中心。

三、伊西多尔——"百科全书知识的保存者"

伊西多尔（Isidore，570—636）出生于西班牙一个迦太基贵族家庭，早年在教会学校受到了良好的传统贵族式的教育，601 年继兄长任塞维利亚的主教。他所写的关于基督教理论、礼拜、基督教徒和牧师的职责及其对《圣经》的评注等书均有较大的价值，这些内容都被选入他的百科全书式的巨著《词源》。作为塞维利亚的主教，伊西多尔对西班牙的学校、修道院、教会和牧师行使着自己的权威。他在 610 年和 633 年的托莱多会议和 619 年塞维利亚会议上的活动对形成教会的政策等方面都有很大的帮助。据说，《教会会议决定集》大部分是他的工作或者至少是在他的监督下得以完成的。伊西多尔任职期间，力图提高西班牙教士的教育水平。他坚决主张，准备做教士的孩子应该"在教会的房屋内，在主教的监督下，由任命的教师进行教育"，无知的人没有资格做教士。因而，伊西多尔远不只是中世纪早期一位著名的、被广泛使用的教科书的作者，同时也是一位精神领袖。在他的领导下，西班牙教士的教育水平得到了明显的提高。

伊西多尔并没有提出什么教育思想，但对于教育而言，他的《词源学》乃是一本重要的著作。全书包括二十卷，涵盖了当时艺术和科学的全部内容。各卷的相应主题如下：卷一论文法，卷二论修辞和逻辑，卷三论四门数学科学——算术、几何、天文和音乐，卷四论医学，卷五论法律和时代的划分，卷六论圣经、教会法和教会的礼拜，卷七论上帝、天使和信仰者，卷八论教会和教派，卷九论语言、种族、国家、战争、市民和亲属关系，卷十论词的字母顺序，卷十一论人和怪兽，卷十二论动物，卷十三论宇宙及其构成，卷十四论地球及其构成，卷十五论建筑和土地，卷十六论石头和金属，卷十七论农业，卷十八论战争、游戏和体育，卷十九论船只、建筑和服饰，卷二十论食物、饮料和器具。伊西多尔采用的是叙事的方式，通常运用该词的词源学进行定义。例如，关于语言，他认为通天塔倒塌后，出现了各种各样的口头语言，最先出现的只有一种口头语言，即希伯来语，这一语言被犹太先民和先知用于布道和圣书的写作。现在"有三种神圣的语言：希伯来语、希腊语和拉丁语，这三种语言在文明世界占据了首位；正是这三种语言记录了十字架上的基督。再者，由于圣经的语言通常含糊不清，因而这三种语言的知识对于理解圣经都是必要的"。随后进入对希腊语的分析，"希腊语是最为清晰的语言，胜过拉丁语和所有其他的语言。希腊语的存在可以从五种不同的形式去考察。第一种是大多数人说的通用的希腊语；然后是希腊作家们爱用的阿提克语；随后是埃及人和叙利亚人仍在使用的多里克语；第四种形式是爱奥尼亚语；第五种是伊奥里斯人说的伊奥里斯语"。① 随后仍使用词源学的方法分析拉丁语：分为古代拉丁语、拉丁语、罗马拉丁语和通用拉丁语。伊西多尔试图从事物的名称来解释事物的本质，在许多情况下难免会陷入荒谬。

伊西多尔的著作典型地反映了7世纪的时代特点：轻视世俗学科，非科学，与观察没有联系，权威主义，知识脱离实际和生活。其著作使用的大多是第二手资料，不可避免地要受到他采用的作者的观点和阐释原则的局限性的影响。"塞维尔的伊西多尔虽然将自己渊博的学识都汇成一本《词源》，这本书虽然也是此后几个世纪人们研习的著作之一，但伊西多尔缺乏批判力，在他的书里收录了所有他能够找到的信息，不管它是真是假、有没有深度。在此书里，他作为收集者所做的工作比作为作者要多得多；他从其他学者的著作里没有限度地大量复制粘贴，平心而论，他们应该认为，他引用的许多东西之所以导致自己的著作可信度下降，是因为被引用的这些古罗马学者本身并不太可信。不过，他确实表现出缺乏一定程度的思想性。"②即便如此，"他在书中收进一切可以搜集到的资料，不论是已经证实或尚未完全核实的，也不论是深奥的还是荒谬的，可以说他过分信赖古代学者，而且受到罗马科学传统弱点的影响，以致不为人所重，但作为当时一位伟大的思想家仍不失其

---

① James Bowen, *A History of Western Education*: *Vol. one*, New York, Palgrare Macmillan, 1986, pp.338-339.

② ［美］朱迪斯·M.本内特、［美］C.沃伦·霍利斯特：《欧洲中世纪史》，杨宁、李韵译，67页，上海，上海社会科学院出版社，2007。

质朴淳厚"①。"从七世纪到十一世纪,没有任何一本普通知识的百科全书比他的(指伊西多尔的《词源》——引者)更为人们所广泛地阅读。"②在 400 年中,《词源》一直是标准的参考资料和教科书,所有有名的修道院藏书楼里都有。

四、基督教世界其他的文化和学术生活

在一批学者为传承希腊罗马古典文化,以及使希腊罗马文化相结合做着不懈努力的同时,西欧社会在中世纪早期产生了基督教哲学和基督教文学。6世纪,拜占庭教会的隐修士因为反对皇帝废除圣像的禁令而受到迫害,逃亡西方,并将神秘主义的神学带到了西方。一批神秘主义的神学著作被译成拉丁文后,便被罗马教会认作正统,这进一步强化了西方中世纪教会的柏拉图主义的传统,对西方中世纪神学和哲学产生了深远的影响。

在神秘主义神学风行之际,中世纪早期基督教世界诞生了两部重要的历史著作。一部是图尔的格里高利撰写的《法兰克人史》。格里高利虽然因为自己粗糙的、不合语法的拉丁文向读者们道歉,但是从《圣经》所说的"创始"开始,止于 594 年,描述了法兰克王国早期的经济生活、社会结构、政治演变、文化情况、民情风俗等,使该书成为研究克洛维及其后继人统治情况的可靠资料,他被列为当时主要史学家之一。另一部历史著作是英格兰雅罗(Jarrow)修道院的教士、历史学家、学者比德(St. Bede the Venereable,约 673—735)撰写的《英吉利教会史》。比德学问渊博,通晓拉丁文、希腊文,精通《圣经》和其他的典籍。《英吉利教会史》拥有非常宽广的文化范畴,在历史上首次使用"公元"作为历史编年基础。该书的内容始于 597 年奥古斯丁到不列颠传教,

---

① [美]C. 沃伦·霍莱斯特:《欧洲中世纪简史》,陶松寿译,47~48 页,北京,商务印书馆,1988。

② Eby and Arrowood, *The History and Philosophy of Education—Ancient and Medieval*, New York, Prentice-Hall, Inc., 1940, p.680.

止于731年，叙述了天主教在不列颠的传教经过，也涉及了当时英格兰的政治、经济、文化等方面的状况。它是中世纪最优秀的历史著作之一，也是研究英国早期历史的主要资料。比德被尊称为"英国历史之父"。后来，阿尔弗雷德大帝把这部著作译为盎格鲁–撒克逊的语言，并于887年主持编写了《盎格鲁–撒克逊编年史》。

这一时期也出现了由教士或修士用拉丁文写成的教会文学，其体裁主要包括圣徒传、赞美诗、宗教叙事诗、宗教戏剧、运用寓意性和象征性手法描写的梦幻性故事，这些表现形式的教会文学的目的都是赞美上帝的全能、圣母的奇迹、圣徒的布道和苦修等。此外，这一时期还有一些英雄史诗的创作。这一阶段的科学研究虽然没有完全间断，但是效果几乎等于零。

中世纪早期的文化和学术生活简单而贫弱，它在慢慢地积蓄着能量，静待蓬勃发展的那一天。经过几个世纪，欧洲终于迎来了文化的大发展。"西欧中世纪的历史上出现过三次文艺复兴：8世纪中期至9世纪初期的加洛林文艺复兴；12世纪的文艺复兴；14、15世纪的文艺复兴。……加洛林文艺复兴的主要内容是恢复学习拉丁文，通过建立宫廷学校和修道院学校使古典拉丁文化在西欧得到了最基本的保存，没有对拉丁文学习的恢复，古典文化的延续就失去了最根本的基础；12世纪的文艺复兴使古典文化回归，在对古典文化的学习和研究的过程中建立了中世纪的大学，为学术和知识提供了栖身和衍生之地；14、15世纪文艺复兴的主要内容是对古典文化的利用和创新，建筑、绘画等艺术方面的辉煌成就，体现了那个时代人们对人的形体的和精神的、外在的和内在的探究和洞悉。"①欧洲终于迎来了文化的曙光。

---

① 王亚平：《论西欧中世纪的三次文艺复兴》，载《东北师大学报（哲学社会科学版）》，2001（6）。

第二章

5—7世纪的欧洲教育

　　5世纪，在"蛮族"入侵以及罗马帝国自身因素的影响下，西罗马帝国走向灭亡，欧洲进入中世纪。中世纪从罗马那里继承来的除了破败的城市外，还有基督教。基督教原本只是犹太教的一个分支，由于其早期具有开放性和包容性，广泛地吸收了其生存环境内的各种有价值的因素，因此，当它走出希伯来地区进入罗马帝国后，它逐渐由一个地方性的宗教发展为一个世界性的宗教。

第一节　基督教神性教育的兴起与传播

　　基督教从犹太教的一个分裂派别，最终发展为一个世界性的宗教，除了上述的社会根源及基督教所处时代的天时、地利、人和之外，还有广泛的理论根源。正如沃尔克所说："基督教进入的并不是一个空空如也的世界。当其兴起之时，人们头脑中已充塞着关于宇宙、宗教、罪、赏罚等种种观念。基督教不得不对付这一切，也不得不适应这一切。基督教不可能建立在处女地上，而必须将已经存在的各种思想作为材料构筑自己的体系。"①带有犹太教痕迹的原始基督教走出巴勒斯坦后，便与这些"已经存在的各种思想"发生了冲突、碰撞和融合，最终"希腊文化和希伯来文化经过四个世纪的交互作用产生了一种新的基督教理论体系"。② 基督教思想逐步取代了古典文化，构成了中世纪的主导精神，并在很大程度上左右了未来上千年西方人的精神。影响基督教神性教育思想形成的因素主要有：远古宗教和神话，犹太教和希伯来文化，古希腊罗马文化。

一、远古宗教和神话

远古宗教和神话对基督教的影响主要是通过犹太教与古希腊罗马文化实现的。

远古时代生产力水平低下，人们认识能力有限，知识贫乏，对自己不能驾驭的自然现象，如风雨雷电、火山、地震等，惊恐万状，顶礼膜拜，认为这些无法驾驭的自然现象背后必然存在着一种神秘的力量，人的生老病死、谷物的生长成熟等各种与人的生活紧密相关而又无法得到解释的现象似乎都是这种神秘力量使然。因此，"绝大多数人相信有一个或若干个无形的、超人的、永存不灭的力量主宰着人的命运，因而必须通过祈祷、典礼、献祭加以敬拜或奉承"③。由此产生了种种有关神灵的信仰或崇拜，产生了各种有关神灵的传说或神话，产生了构成原始崇拜基本内容的巫术、礼仪、禁忌和各种操作活动。通过这些努力，人们似乎与这些神秘力量建立了某种依赖关系，感到自己与自然现象背后的神灵或部落神、祖先神获得了某种统一，此后便

①　[美]威利斯顿·沃尔克：《基督教会史》，孙善玲、段琦、朱代强译，3页，北京，中国社会科学出版社，1991。

②　转引自杨孔炽：《百年跨越：教育史学科的中国历程》，500页，厦门，鹭江出版社，2005。

③　[美]威利斯顿·沃尔克：《基督教会史》，孙善玲、段琦、朱代强译，3页，北京，中国社会科学出版社，1991。

可以在神灵的保护和上苍的赐福下得享子孙健康、谷物丰收、六畜兴旺。由此可见，"各种形式的宗教的出现说明人们需要与不可见的精神世界建立更好的关系以及人们渴望得到比人力所能做到的更大的救助"①。

伴随着宗教的产生，专门操办宗教仪式的巫师阶层应运而生。这个阶层在原始部落中有着举足轻重的地位。举凡部落的所有事务，小到人的生老病死、婚娶嫁配、种植收获，大到部落间的交往和战争，都离不开他们的帮助。因此，早期的巫师常具有部落首领般的地位。当然，与巫师尊贵地位相应的是其责任的重大，以及由此付出的惨痛代价。如果施术成功，那是理所当然的事，更受人们的尊敬；如果施术失败，不仅个人的威望受到打击，而且会付出生命的代价，部落很可能把他杀掉用来祭神，然后期待他死而复生，给土地重新带来活力。

罗马帝国在征服世界的过程中，对其他民族的神话和宗教奉行宽容的政策。任何宗教，只要在政治上能与帝国相适应，政府都会任它传播。鉴于此，罗马帝国在把各民族的土地纳入自己版图的时候，也把他们的神灵和宗教请到了罗马，以致罗马城成了各民族的公共庙宇，甚至哈德良皇帝不得不下令重建万神庙，以便接纳新来的神灵。罗马帝国"这种宗教运动的活力表现在希腊－罗马世界热衷于吸收外来的宗教礼拜仪式，表现在东西方宗教的渗透和融合"②。从这种宗教宽容政策出发，罗马"帝王和元老院在宗教问题上的政策始终既照顾到子民中的开明人士的思想，也照顾到迷信较深的子民们的习惯。在罗马世界流行的形形色色的宗教活动，罗马人民一概信以为真，哲学家一概斥为虚妄，行政官却一概认为有用。这样一来，忍耐不仅带来了相互宽容，甚至还带来了宗教上的和谐"③。

---

① ［美］威利斯顿·沃尔克：《基督教会史》，孙善玲、段琦、朱代强译，3 页，北京，中国社会科学出版社，1991。

② ［德］文德尔班：《哲学史教程》上卷，罗达仁译，283 页，北京，商务印书馆，1997。

③ ［英］爱德华·吉本：《罗马帝国衰亡史》，黄宜思、黄雨石译，11 页，北京，商务印书馆，1997。

二、犹太教和希伯来文化

基督教是从犹太教演化而来的，它的许多教义直接来自犹太教，它的经典《圣经》包括希伯来人的经典《旧约》和记载基督耶稣及其门徒言行的《新约》。《旧约》共 39 卷，《新约》共 27 卷，中世纪流行的通俗拉丁文译本还收集了《后典》7 卷。对于《圣经》的性质，历来众说纷纭。有人认为它是受到"上帝"启示的人们传达的神谕，也有人认为它是古代祭司与基督教会编造的谎言。现代学者一般认为，《圣经》记载的犹太民族的历史基本上是可信的，其中的神迹和奇迹虽无法被证实，但至少能够真实地反映犹太民族的宗教信仰以及他们对现实世界的某种主观体验。

三、古希腊罗马文化

原始基督教走出巴勒斯坦进入罗马帝国后，首先遇到的便是充满异教精神的希腊罗马文化。基督教教义与希腊罗马文化有无共同之处，两者能否融合，答案应该是肯定的，因为"一方面，从米利都学派和伊利亚学派早期的探究到雅典的新学院和亚历山大里亚系统学说的形成，希腊思想一直在寻求着对绝对存在的把握。在这一过程中，形成了庞大而又辉煌的理论和技艺：逻辑，修辞，文法科学，人文主义的和规范的语法研究以及相应的艺术和审美的理论体系。在这些耀眼的理论成就的背后，能够看出对内在含义和绝对知识的探究，这一探究越来越趋向于对本质存在(nature)的一致的观点，趋向于对——支配整个自然界的——唯一的、先在的力量的信仰。希腊思想深处便蕴涵着基督教的诞生。另一方面，希伯来人也在寻求着理解。他们的精力集中于宗教启示而不是哲学的探寻。他们把精力集中于其先知们所宣讲的一神论,力求理解这位神的意愿,并把神的意愿作为他们的思想和行动的基础"①。希腊文化的最终走向与希伯来精神可以说是殊途同归,因而,无论是中世纪前期的奥古斯丁的神学体系,还是中世纪后期的托马斯·阿奎那(Thomas Aquinas,约1225—1274)的神学体系,都充分地利用了希腊罗马遗留下来的理性资源,尤其是希腊罗马的哲学为信仰服务,强调信仰是出发点,理性是手段和条件,由此确立了中世纪特有的精神形态——基督教神学和经院哲学。

英国学者汤姆逊指出:基督教是当时地中海世界两种最突出的、既相互对立又相互补充的文化——犹太教和希腊主义的混合产物,后来,主要从希腊的哲学和修辞学方面吸收了许多原先所没有的思想观点。② 希腊罗马哲学对基督教影响较大的有:灵肉分离和灵魂不朽的观念、逻各斯学说、理念论和目的论、斯多葛学派的道德学说、新柏拉图主义关于太一及三位一体的观念。

希腊民族在其发展的过程中,表现出了求知识、尚思辨、爱智慧、究真理的特性。他们追究宇宙的来源,探索万物的真实,考问社会的正义,诘问人生的目的,创造出了灿烂的文化,其中哲学乃是其最为集中的体现。希腊第一批哲学家是伊奥尼亚学派,他们试图透过呈现在感官面前的杂乱无章的自然现象,去发现那不能为感官所感知、只能为理性所把握的现象背后的真实,即某种普遍性的物质本原。苏格拉底是第一个把哲学从天上拉回到地上的人。他认为,对人本身的探讨,而不是对宇宙的解释,才是哲学的主要对象。人的行为或者说道德问题,乃是哲学研究的最重要课题。苏格拉底认为,德行即知识,无知即邪恶,一个人知道什么是善,必然行善,没有人的行为会违背他相信是最好的东西。人有四德,即谨慎、勇敢、节制、正义,这是

---

① James Bowen, *A history of Western Education*: *Vol.one*, London Methuen & Co.Ltd., 1972.pp.217-218.

② 李秋零、田薇:《神光沐浴下的文化再生》,45页,北京,华夏出版社,2000。

天赋德行。"四德说"在中世纪基督教神学中占显著地位。苏格拉底深信，每个人心灵中都蕴含着真理，只是被谬误和偏见蒙蔽。由此，他设计了帮助人们"认识你自己"的问答法(又称助产术)，以帮助他人清除蒙蔽，使真理在心灵之中自行显示。

柏拉图是苏格拉底的学生，他把苏格拉底追求的心灵内在原则和德行的一般定义客观化，使之成为独立于人的心灵并与人的知识相对应的实在对象，这种实在对象就是理念。理念的希腊文原意是"看到的东西"，柏拉图所指的是"用心灵的眼睛所看到的东西"。柏拉图认为，在这个可见世界中，一切转瞬即逝的形式并不提供任何真正的知识，永恒的真正的知识来源于我们对"理念"的认识。所谓"理念"，是存在于不可见的精神世界(或者说理念世界，因为它是通过理性而不是感觉被认识的)中的，不变的，作为原始模型的，普遍的形式。一切现实事物都来源于理念，现实事物又作用于感官的共同的现象。

柏拉图认为，人有感觉和理性两种能力，不同的认识能力对应不同的认识对象。感觉认识的对象是变动不居、暂时、个别的，因而是相对的现象；理性认识的对象是不变、永恒、普遍的，因而是绝对的存在。柏拉图用"四线段"比喻把"不同的认识能力与不同的对象相对应"的图式具体化。与人的知识和意见相对应的对象分别是可知世界(或称理智世界)与可见世界(或称感觉世界)。意见包括主观想象和共同感觉两部分，分别与影像和变化事物相对应；知识包括推理和纯理智两部分，分别与数学理念和本原理念相对应。其中的善理念是最高的理念，是安排由下向上的理念秩序的最高原则。他在《理想国》中明确指出，知识的对象不仅从善获得它们的可知性，而且从善得到它们的本质。善本身不是本质，而是超越本质、比本质更强大的东西。

柏拉图认为，人是由灵魂和肉体组成的，人的肉体属于感性世界，灵魂属于理念世界。他在《理想国》中把灵魂分为理性、激情与欲望，与此相对应的是智慧、勇敢和节制。在《斐德罗篇》中，灵魂被比作一驾马车：理性是驭马者，激情是驯服的马，欲望是桀骜的马。《蒂迈欧篇》中说，理性位于头部，激情位于胸部，欲望位于腹部。所有这些说法只不过是强调理性在灵魂中的支配地位以及情感和欲望支配肉体的作用，灵魂高于肉体。概言之，在柏拉图看来，人的本质是使用肉体的灵魂。灵魂不但赋予肉体生命力，而且指挥着肉体达到自己的目的。灵魂原先生活在理念世界，有些灵魂因活力较弱，或没有能够用理性控制住欲望，从理念世界跌入尘世，附着于人的身体，这样才开始了人的生命。灵魂早在投身之前就对理念已有所把握，因此便有了先天知识，只是降生时的震动或肉体的污染与干扰使得灵魂忘记了这种与生俱来的知识。但是经过合适的训练，或在外界具体事物的诱导下，灵魂可以回忆起先前具有但后来忘记的知识。因此，"学习即回忆"。灵魂在回忆过程中越来越清晰地关照到理念，最后进入惊喜交集、不能自制的迷狂状态。此时的灵魂已经摆脱肉体的束缚，与理念重新融为一体。柏拉图在《理想国》中用"洞穴中的囚徒"的比喻来说明这一过程。① 因此，"'理念'世界是灵魂的真正的故乡，灵魂在与'理念'交流中得到满足。得救便是重新发现永恒的善与美的景象"②。

在《斐多篇》中，柏拉图谴责肉体具有双重罪恶："首先，身体因追求生存而给我们造成了难以计数的干扰；其次，缠绕我们的疾病妨碍了我们去探索真理；此外，身体中充满了爱惧等情欲、各种幻想以及许许多多毫无价值的东西，其结果使我们根本就没有闲暇来考虑其他问题。……我们无疑相信，要想获得纯粹的知识，必须摆脱肉体，用灵魂注视事物本身。从这种观点来看，我们所期望和决心获得的智慧，只有在我们死后而不是在我们活着的时候才有可能。……因为只有在那时灵魂才能脱离肉体，独立于肉体。看来只

---

① [古希腊]柏拉图：《理想国》，郭斌和、张竹明译，272～311页，北京，商务印书馆，1986。另参阅石中英：《教育学的文化性格》，172～175页，太原，山西教育出版社，2001。

② [美]威利斯顿·沃尔克：《基督教会史》，孙善玲、段琦、朱代强译，5页，北京，中国社会科学出版社，1991。

要我们活着，除非绝对必要，要尽可能避免与肉体的交往、接触，这样我们才能不断地接近知识。我们应该在神拯救之前就净化自己的灵魂，不能允许灵魂受肉体欲望的侵蚀。"①此外，柏拉图还认为，人是会死的，但人死之后灵魂是不死的，灵魂以转世投生到另一个身体之中的方式继续存在。灵魂分为九等，在生命终结时灵魂要受到审查，根据生前行为或上升到较高等级，或下降到较低等级，甚至转入动物。

在《蒂迈欧篇》中，柏拉图描述了宇宙生成理论、创世说和时间起源的问题。在"当创造主和父看到被他所创造的生物，亦即被创造出来的永恒的神的影像，在运动着、在生活着的时候，他感到喜悦；他满怀喜悦地决心使摹本格外要像原本；既然原本是永恒的，他就力图使宇宙也尽可能地永恒。然而理想的生命的性质是永远不朽的，但要把这种属性完美无缺地赋予一个生物却又是不可能的。于是他就决心使永恒具有一种运动着的影像；当他给天上安排了秩序以后，他便使这种影像既然是永恒的但又依数目而运动，而永恒本身则始终为一。这种影像我们就称为'时间'"②。

亚里士多德作为柏拉图的学生，其思想中的神秘主义要远少于柏拉图。他认为，可见世界无疑是真实的，理念和现象任何一方离开对方都不存在；每一个存在都是一个实体，实体是由四种原因构成的：质料因表示实体的基本材料，形式因陈述实体的本质，动力因表示实体运动或静止的缘由，目的因解释实体运动变化的方向。动力因和目的因实际上可归结为形式因，因而构成实体的基本元素便是质料和形式。亚里士多德认为，实体可分为三类：可朽的运动实体、永恒的运动实体和永恒不动的实体。第一类是地面上的实体，第二类是天体，第三类是神。这样就构成了从下到上的实体等级系统。

---

① [古希腊]柏拉图：《苏格拉底的最后日子——柏拉图对话集》，余灵灵、罗林平译，127~128页，上海，生活·读书·新知三联书店，1988。

② [英]罗素：《西方哲学史及其与从古代到现代的政治、社会情况的联系》上卷，何兆武、李约瑟译，183~184页，北京，商务印书馆，2009。

实体的等级取决于其自身形式的多少，形式越多等级越高，反之越低。实体总是向着完善的目的运动的，因而被动的质料或潜在越来越少，能动的形式或现实越来越多，最高的实体是实现了一切潜在的不动的推动者、没有任何质料的纯形式、脱离了一切感情特征的纯思想，这就是"原始推动者"或第一推动者，或称为"神"。亚里士多德认为，灵魂由低到高可分为三类：营养或植物灵魂，其功能是消化与繁殖；动物或感性灵魂，其功能是感性知觉、欲望和位移等活动并可以发展为想象和记忆；理性灵魂，其功能包括认知和实践。高一级灵魂包括低一级灵魂的功能，理性灵魂是人所特有的。人是灵魂和身体的完满结合，身体需要灵魂以获得生命，灵魂也不可能离开身体而发挥功能。关于道德，亚里士多德认为，每一个人都自然地倾向于幸福，幸福是符合道德的生活，只有小心地恪守中庸之道才能获得。德行包括理智的(智慧、聪颖)和实践的(自由、节制、正义、富贵、荣誉、友谊)，前者通过教育获得，后者乃是实践和习惯的产物。亚里士多德还创立了形式逻辑及其三段论法，为思维的规范化和科学化奠定了基础。

希腊化时期的哲学除继承了希腊的理性传统外，还适应了世界化的社会需要。哲学家的关注点主要集中于人的处境和状况，即削弱了同城邦之间联系的孤独的个人与人类社会的关系，以及在一个更广大、更复杂的世界中的个人命运。他们试图减少个人因失去与城邦的联系而产生的离异感，减轻人的精神忧虑和危机感；鼓励人们用理性控制自我，争取道德上的独立性，以便在一个充满敌意、激烈竞争的世界中获得幸福。到了罗马帝国后期，对于普通人来说，尘世生活战火纷飞，灾难屡生，没有任何乐趣；对思想家来说，靠个人静观玄思追求道德上的至善、实现不朽和无限已成为奢望。人们渴望灵魂不朽，或者借助于神的力量，期盼在"天国"获得更多的欢乐。于是宗教倾向开始抬头。"随着罗马帝国的社会形势带来了与此形成的强烈的对比，面对此强烈的对比千百万人看到自己被隔绝在世间美好事物之外，他们的眼光如饥似渴地仰望着未来的更美好的世界。因此，在各方面，一种深沉的、强烈的、解放灵魂的要求越来越为世人所觉察，那是一种超越凡尘的饥渴，那是一种无与伦比的宗教热忱。"①这种宗教热忱在社会上表现为人们热衷于吸收外来宗教崇拜仪式，各种各样的宗教开始流行，包括东方的和西方的、一神的和多神的。在哲学家那里，宗教感和神秘主义倾向也大大加强。人生无常、灵魂不朽、生与死、绝对、无限、永恒等都成为哲学家认真探讨的主题。此时的哲学表现出平衡人的心理、消除人的烦恼、慰藉人的灵魂的作用。这种精神化倾向在以后的发展中表现得越来越明显，并逐渐与宗教思想结合起来。

伊壁鸠鲁学派以快乐为哲学的目的。快乐分为身体健康和心灵安静两种。心灵的快乐高于身体的快乐，因而精神快乐是人追求的最高目标。当处于消极状态时，人就达到最完满的境界，此时一切烦恼和不安都归于寂灭。精神的最大敌人是无名的恐惧，其中最主要的是怕神的震怒和怕死，这两种恐惧都是没有根据的。神虽然存在，但既不创造世界，又不管理世界。伊壁鸠鲁虽然主张节制，过朴素生活，但既不禁欲，又不完全反对纵欲。如果纵欲能够使身心得到快乐和满足，那么它并不是邪道。人们应当避免的是纵欲后可能造成的痛苦的后果。

斯多葛学派起源于雅典，但兴盛于希腊境外，特别是在罗马。其代表人物为芝诺、克雷安德、克吕西普、塞涅卡、爱比克泰德以及奥勒留皇帝。斯多葛学派也以伦理学为核心。斯多葛伦理思想的核心和出发点是依照自然（本性）而生活。所谓自然，指受逻各斯支配的元素、事物与周期性循环的生成和毁灭的过程。逻各斯既是神圣的本原，又是内在于事物的种质。逻各斯还是决定自然与社会的理性秩序。按自然（本性）生活，也就是按理性（宇宙理性、个人理性）生活。首先，斯多葛学派否认把感性快乐当成善或道德的标准，其

---

① ［德］文德尔班：《哲学史教程》上卷，罗达仁译，283页，北京，商务印书馆，1997。

原因在于：快乐是一种不稳定的因素；获得快乐的手段，既可以是道德的，也可以是不道德的。合乎道德而得到的善是善的，否则就不是善的，因此也就不能把快乐本身说成是善的。肉体的快乐将毁坏人们的灵魂，腐蚀人们的道德。奥勒留说，要保持灵魂的高贵，就必须使它纯洁而不为情欲所玷污。死并不可怕，只不过是生物元素的解体而已，是合乎本性的，或说是合乎善的要求的。人不应该对死报以"忿怒"的态度，而应持"单纯、自由和谦和之态"。这样一来，哲学便成了"习死之术"。其次，凡有德之人只能服从道德原则，而不应有任何情感活动，因为一切情感活动都可能与人的理性、道义发生冲突。斯多葛学派把人的情感分为四类：一是烦恼，如怜悯、妒忌、竞争、猜忌、痛苦等"不合理的心灵活动或过度的偏好"；二是恐惧，如危惧、狐疑、羞耻、窘迫、惊怖和疑虑等"对坏事的期望"；三是欲望，如欲求、憎恨、好争、愤怒、爱好、仇恨、愤慨等"不合理的嗜欲"；四是欢乐，如享乐、幸灾乐祸、高兴和狂欢等"对于可欲的事情的一种心理上的不合理的得意"。人的理想的道德状态是"不动心"。因而，斯多葛学派的伦理思想有着严格的苦行主义和禁欲主义倾向。此外，后期斯多葛学派还表现出了泛爱主义的倾向，认为大家都是上帝的儿子，都分有神性，即使奴隶和敌人也不例外，故而应爱一切等级、一切阵营的人，做到互亲互爱。斯多葛学派因倡导节制、忍让、服从命运、安分守己、热爱他人的说教，而成为罗马的"官方哲学"。

新柏拉图主义继承了柏拉图的本体论、创世说和灵魂观。新柏拉图主义的创始人普罗提诺认为，最高的本原是"太一"。太一是超越一切的本体，其内涵是绝对的完满性。一切完满的东西不仅自足，而且必然外露。太一的绝对完满性的"流溢"不仅创造了世界，而且对自身的至善毫无损害。流溢的阶段性构成了世界的等级。首先流溢出的存在是"理智"，由理智流溢出灵魂。与太一流溢相反的过程是灵魂的复归。灵魂的中介性也是善恶的双重性，善在于归复高于灵魂的理智，乃至太一；恶在于留恋低于它的肉体、物质。灵魂复归所能达到的最高境界是神秘地从肉体中解脱，从而与神圣的本体和太一相融合的"迷狂"。此时，感情被摒弃，灵魂仿佛刹那间被照亮，从而出现神秘的天人感通："这时其他一切都成了身外之物而只潜心于自我；于是我便窥见一种神奇的美；这时候我便愈加确定与最崇高的境界合为一体；体现最崇高的生命，与神明合而为一；一旦达到了那种活动之后，我便安心于其中；理智之中凡是小于至高无上者，无论是什么我都凌越于其上；然而随后出现了由理智活动下降到推理的时刻，经过了这一番在神明中的遨游之后，我就问我自己，我此刻的下降是怎么回事，灵魂是怎么进入了我的身体之中的——灵魂即使在身体之内，也表明了它自身是高尚的东西。"①普罗提诺说，我们知道内在的"神的心灵"，是它创造了"有"及属于"有"的其他一切。但还有另外的东西完全不属于"有"，它比我们所知的"有"的一切更加高贵，更加完满，更加伟大。它超乎理智、心灵和感情，是它赋予这些力量，但它与这些力量根本就不是一回事。由此可见，在普罗提诺的著作中，基督教精神已呼之欲出。以致奥古斯丁说，如果他再晚一点，只要改动几个字，他就是个基督徒了。"基督教的神学家们也借用了一些新柏拉图主义的传统。新柏拉图主义要求苦行禁欲，基督教的理念也是这样；新柏拉图主义认为万物源自'太一'（Oneness），基督教也认为只存在唯一的上帝。在基督教的发展过程中，他们渐渐引入了新柏拉图主义关于灵魂、神秘主义的作用和现实世界的神学观点。从某种程度上来说，新柏拉图主义和寓言一样，给了基督教的思想家们一种可以为人接受的、以学术的方式来解释他们的信仰的语言。"②

---

① 毛峰：《神秘主义诗学》，182~183 页，北京，生活·读书·新知三联书店，1998。

② ［美］朱迪斯·M.本内特、［美］C.沃伦·霍利斯特：《欧洲中世纪史》，杨宁、李韵译，21页，上海，上海社会科学院出版社，2007。

第二节　早期基督教教育机构

基督教从其诞生之日起就把布道和教育作为传教的主要手段，因而，"基督教是一种教育性的宗教"①。"基督教选择了教学作为两种方式之一，并把教会变成了一所学校。"②此外，宗教意识乃是内心宗教体验的结果，信仰并不是自发的，而是宗教真理的教与学反复灌输使然。

由异教皈依基督教必然面临关于教育的各种复杂问题：已经做教师的人是否应继续教下去，异教学问与各种宗教仪式紧密联系，异教文学充满了各种不真实的神和基督教无法容忍的道德，等等。德尔图良(Tertullianus，约160—约225)建议这些教师离开世俗教学岗位，否则可能危及自身的信仰。信仰基督教的父母也同样面临重大的决策：在基督教初等学校尚未建立的情况下，他们是否应继续送自己的孩子去异教学校接受初等教育，因为许多父母希望自己的孩子能够熟悉文学和学问。这样，父母无疑面临着两难选择：是让自己的孩子在无知中长大，还是把孩子送到异教学校去，尽管存在着道德和宗教生活的危险。3世纪初的德尔图良虽然对异教文化没有多少好感，但他在无奈的情况下，认为基督教使用已有的教育设施是必要的，建议父母把孩子送到异教学校，尽管危险是存在的，但可以教育孩子忘掉异教崇拜。许多教会人士因异教学校与异教宗教生活有紧密联系，而对它存有偏见。保伊西尔(Boisier)详细地描述了这种危险："所有的学校都是异教的。不仅官方的崇拜仪式，尤其是教师和学生的保护神米涅瓦节(Minerva)，被定期地举行，而且学生被教以阅读充满古老神话的书籍。在这类学校里，基督教的儿童首先

---

① Eby and Arrowood, *The History and Philosophy of Education—Ancient and Medieval*, New York, Prentice-Hall, Inc., 1940, p.599.

② Eby and Arrowood, *The History and Philosophy of Education—Ancient and Medieval*, New York, Prentice-Hall, Inc., 1940, p.600.

熟悉的是奥林匹亚诸神。他被置于获得与在家里获得的相反的印象这种危险之中。他在家里学到的神话与他每天听到的老师的解释、评注和津津乐道的内容恰好相反。把他置于两种对立的思想体系之中正确吗？如何才能使他既受教育，又能像其他人那样不会失去信仰呢？"①即便如此，也有不少教父鼓励基督徒选择异教学校，因而，大多数基督徒为使自己的孩子受到良好的教育而把他们送到世俗学校。与此同时，基督徒也逐渐建立了自己的学校。

一、基督教的家庭教育

以色列人历来就有重视教育尤其是儿童教育的传统，这一传统自然会被从犹太教分化出来的早期基督教传承。《新约》和早期教父非常强调家庭教育尤其是家庭宗教教育。东方护教士伊格纳蒂乌（Ignatius）重复了使徒的训诫："父亲们，用主的营养和训诫抚养你们的孩子吧；向他们讲授圣经，向他们传授手工艺，以便他们不会沉湎于懒惰之中。"②为了服从基督教的这种要求，基督教的家庭成了反复灌输基督教理论的第一所学校。基督教的历史中有许多家庭教育成功的范例流传下来，如奥古斯丁在母亲莫尼卡的教导下长大成人，并成为西部教会的著名教父；祖母圣马克琳和母亲恩米利亚在作为职业教师的父亲的帮助下教育圣巴西尔（Basil）和尼斯的格里高利，四个儿子中有三人成为主教并被授予圣徒的称号；农娜从幼年起就带他的儿子到教堂去，把他的小手放在《圣经》上面，在自己父亲纳西盎的主教、被称为基督教"金口"布道者的约翰·克利索斯图姆（John Chrysostom，又称金口约翰）的帮助下，她对儿子的教育从不敢掉以轻心。颇受欢迎的异教修辞学家利巴纽斯（Libanus）曾评价："啊，希腊的众神，基督教的母亲们是多么地了不起呀！"

① Eby and Arrowood, *The History and Philosophy of Education—Ancient and Medieval*, New York, Prentice-Hall, Inc., 1940, pp.601-602.

② Eby and Arrowood, *The History and Philosophy of Education—Ancient and Medieval*, New York, Prentice-Hall, Inc., 1940, p.602.

当有人问他谁是其死后最合格的继任者时，他回答："他是约翰，如果基督教没有把他从我们这里偷走的话。"当然，基督教家庭中父亲对孩子的教育也是屡见不鲜的。鉴于此，约翰说："每个家庭就是一个教会。"在基督教精神传播的过程中，基督教家庭与教会有着同等重要的地位。

《使徒时期法规汇编》一书中的文化观较为狭隘，但它的作者至少相信阅读、职业和纪律初级训练的价值。在几个片段中，作者显然期望父母能教育他们的孩子，期望无论男女都能阅读和理解《圣经》。关于儿童的教育，其中说道："父亲们，用主教育你们的孩子吧，用主的营养和戒律把他们抚养成人；向他们传授为主所赞成并适合于主的各种职业。""所以，他轻视劝诫和教育他自己的儿子，痛恨自己的孩子。因而，你必须用主的训诫教育你的孩子。用藤条教育他，使他从小就学会服从，向他讲授圣经……传授各种神圣的作品。"①

早期教父中，约翰·克利索斯图姆写了许多较有影响的教育文章，用于指导父母如何教育他们的孩子，为基督教家庭教育的发展做出了重要贡献。约翰·克利索斯图姆虽然赞成送孩子去世俗学校，但又不免流露出了些许担忧。他说："假如你们这些人中有哪位大师能够培养你孩子的美德，我决不会主张送你们的孩子去修道院；相反，我坚决主张把他们留在原处。然而，如果没有人能做出这种保证，我们就不应该把孩子送到学校去，在学校里，孩子们在学习科学之前学到了不道德的行为，而且他们所获得的学问的价值相对较小，他们将失去最为可贵的东西，失去灵魂的诚实……选择有二种：送孩子到公立学校去接受自由教育，或送孩子去做僧侣使他们的灵魂得到拯救。是选择科学，还是选择灵魂？假如我们能够把二者的优点结合在一起，

---

① Eby and Arrowood, *The History and Philosophy of Education—Ancient and Medieval*, New York, Prentice-Hall, Inc., 1940, p.603.

那就太好不过了；如果不能，那就选择最可贵的东西吧。"①鉴于此，约翰·克利索斯图姆主张父母应密切注意孩子的教育问题，避免孩子听到和说出污秽的和不道德的语言："我一直在不断地哀求、恳求和请求你们，在所有事情之前，你应该塑造自己孩子的行为规范……为基督培养出一位斗士，从摇篮起就教育他。他还小的时候，你应该在他的身上种植好的行为规范，没有人会忘却它们……就像蜡刻上印记一般。"②为此，父亲必须指导正在成长中的孩子，用好的榜样塑造孩子的品格，用鼓励和奖励培养孩子积极的态度，通过不满的表情消除孩子不好的习惯。

　　约翰·克利索斯图姆把儿童的灵魂比作一个府库，认为父母对这个府库必须悉心关照。就像一座城市里住满了各色人等，既有好人又有坏人，儿童的心灵也拥有好的和坏的冲动，这些冲动还没有被尘世污染，儿童期正是教育和塑造的恰当时期。儿童的视觉、听觉、嗅觉与触觉等感觉一起构成进入府库的门户，这些感觉必须被细心指导，以防罪恶进入。他主张通过对日月星辰、地上的花朵、绿色的草坪、精美的书籍等的观察和学习发展儿童新的兴趣。他认为15岁之后儿童便进入青春期，此时年轻人的情欲极为旺盛，如何才能束缚住这种动物性本能呢？约翰提出了性教育问题。对此问题，约翰也无计可施，现实的建议唯有早点结婚，反复灌输尊重女性。基督教的婚姻乃是少年期教育的结束，新的生活世界的开始，婚后的教育仍然应谨慎地进行。

二、初等教义学校（也译作望道学校或慕道学校）

　　此时基督教的皈依者多是社会的下层人士，这些人本身对世俗的知识就

---

① Eby and Arrowood, *The History and Philosophy of Education—Ancient and Medieval*, New York, Prentice-Hall, Inc., 1940, p.601.

② Eby and Arrowood, *The History and Philosophy of Education—Ancient and Medieval*, New York, Prentice-Hall, Inc., 1940, pp.603-604.

不感兴趣,少数有文化教养的人皈依基督教后,仍然把子弟送到异教学校接受初等教育以及更高级的教育。因而,人们很难理解教育在基督教战胜异教文明的过程中所扮演的重要角色,其注意力多集中于基督教对其重要的僧侣学校所造成的损害上了。对基督教而言,教学无疑从属于布道,但教学与布道有着同等的地位,而且其效果更为持久。鉴于此,基督教的传播除热情地布道外,无奈地使用低级的教学方法也就不奇怪了。

基督教传播首先得益于"使徒、预言家和教师",这些人是言说"上帝教导"的权威人物。像使徒和预言家这些第一批教师并非地方教会的领导,但总体而言他们是使教会能够鼓动人心的教育家。再者,教学乃是一种功能而不仅是一种公职,是一种方法而不仅是一种地位。使徒、预言家、主教或长者等人都可以从事教学工作。伴随着基督教的发展,教会的教学功能也得到了发展,并随着需要和环境的不断变化而变化。

最初,使徒们的精力主要集中于向大众传道,并着手培养年轻的继承人。因而,使徒尤为关心有能力的年轻人,力图把他们培养成牧师和教师。使徒的这些做法显然发展成为一种固定的习俗并被保持下去,这或许就是寺院生活和主教学校的起源。

由于有着良好的基础,犹太成年人皈依基督教无须接受什么正规教育,但随着基督教的发展并向异邦人传播,教会必然面临这样的难题:这些异教的皈依者缺乏理解基督教真理和道德生活的最起码的基本观念。越来越多的异教人士申请入会,对刚建立不久的教会而言构成了真正的威胁,教会必须采取措施以应付这一新情况。所有的异教申请者甚至犹太人中的年轻人在正式被接受为合格的教会成员之前,必须有个预备期。教会会通过正式的课程以确定他们的真诚性如何并提高他们的基督教理念。这种教学完全是宗教的和道德的,凡是具备所需知识并被证明信仰坚定者都可以入教。入教的最后一步由主教举行。这就是初等教义学校的起源。

初等教义学校原先是为基督教的新皈依者而设的，其教学主要是宗教教诲和道德教诲，以及阅读和书写，唱赞美诗，记住《圣经》的一些段落，祷告和沉思，或者说主要是基督教的历史、基督教的教义和基督教的实践，目的是对异教徒进行宗教教育，为受洗礼做准备。初等教义学校使用的教科书主要有《使徒遗训》，这是基督教教义和伦理教学最早的教科书。该书的第一部分讨论了"两种方式"（Two Ways），即"生的方式"（The Way of Life）和"死的方式"（The Way of Death），这是在洗礼之前向慕道者讲授的基督教行为准则；第二部分是关于崇拜、洗礼、禁食、晚餐和教会机构等的教学。《巴拿巴书信集》以及《旧约》和《新约》也被用于对慕道者的教育。耶路撒冷的主教西里尔于347年向其教会的慕道者发表了23篇教义问答讲义，其中包括教会教义、教会仪式、信经条文和各种道德规范。

初等教义学校于2世纪中期出现在埃及的亚历山大里亚。3世纪，埃德萨也办起了这样的学校。起先学校设在任何方便的地方，后来设在教堂的中殿。主教是主要的教师。当所有的成年人都基督教化了之后，这种学校便成了儿童的学校，由堂区牧师负责。学校于5世纪达到高潮。9世纪之后，由于接受婴儿受洗成为普遍的做法，以及随着时间的推移，基督教的原则和教义逐渐为人所共知，已没有初等教义学校存在的需要了，因此这种学校便衰落和停止了。从其产生、发展和衰落来看，初等教义学校乃是教会普及基督教教育的得力手段，对当时异教世界的基督教化起了重大作用。

三、教理学校

随着基督教的发展，教会人士越来越感到建立学校十分必要。其原因如下。首先，到2世纪结束时，对基督再次来临的期望以及现有世界即将结束的说法在基督教领导人的思想中已不再占主导地位，结果，基督教的领导人开始感到需要吸收异教文化中的精华来改造基督教教义。其次，基督教开始吸引有教养的阶层,到 2 世纪中期,在希腊哲学和科学方面较有造诣的人皈依基督教,这些人在接受新教义的过程中自然要把它与以前所掌握的理论概念相融合。有学问阶层的入教产生了建立基督教最高级学术机构的需要。最后,基督教教义受到异教有学问的人的猛烈攻击,迫使教会人士武装自己,以捍卫基督教教义。

2 世纪中期以前,利用学校达到调和异教文化和基督教教义这一目的的有学问的皈依者之一是查士丁。查士丁在伊菲苏斯指导过一所哲学学校,皈依基督教之后,仍穿着哲学外衣,把他的学校作为上帝教导的使者。后来,他把学校转到了罗马,通过他关于基督教和《圣经》的讲座吸纳了许多有学问的异教人士。作为查士丁的得意学生,塔提安也像老师一样在罗马的一所学校讲授基督教的学术。罗马另一所努力调和异教文化和基督教教义的学校是由补鞋匠狄奥多图斯及其学生银行家狄奥多图斯共同开办的。两人都因使用亚里士多德的逻辑阐释基督教教义、讲授其他世俗学科、引进对教科书的分析批判法、变换《圣经》教科书等异端罪名而被革除教籍。当然这些学校都是个人而不是教会办的。

教理学校是新的教育机构中较富有生机的。第一所教理学校产生于亚历山大里亚。这座文化气息浓厚的城市里,建有博物馆、图书馆和学校,拥有众多的教师和学生,混杂着无神论者、东方神秘主义者、希腊哲学家和犹太折衷派。基督教不得不首先应付哲学的攻击。显然,教理学校产生于亚历山大里亚的慕道者阶层。在这样一种世界性的环境中,有一些好问的慕道者询问了许多有关基督教的复杂问题。为了满足这些年轻的好问者的需要,对特定的学生或个人既讲授世俗学科,又讲授基督教神学成为必要。由此可见,正是为了满足对信仰的理性判断、对教义的批判性阐释及保护信仰不致被其他思想体系颠覆的需要,教理学校产生了。正像亚历山大里亚大学的哲学家和异教学术教师向希望学习的人提供教学一样,克莱门特(Clemente)和奥里根（Oregan）也给任何希望理解基督教教义的人以教学和指导。教理学校基本上是为了给基督教年轻有为的学者提供一种在基督教环境中获得知识的机会，以及用基督教的眼光看待世俗知识而建立的。它也被用作一种传教的方式，异教徒和基督教学生、男人和女人都可入学。由于没有教学场所，因此教学是在教师的住处进行的。

从使徒时代开始，与地方教会有关的某种正规教学在亚历山大里亚已经存在。可以肯定的是，179年，一位神秘的皈依者、斯多葛哲学家潘太努（Pantaenus）首次进行教理教学。约189年，他的学生兼助手、迷恋柏拉图主义哲学的克莱门特继任校长。202年，克莱门特退隐，他的年轻学生奥里根被任命为校长。

教理学校的教学分为高级学科教学和更基本的学科教学。高级学科由校长以讲座的形式向混合听众讲授，更基本的学科由助手讲授。除一般采用的演说之外，教师还向所有的学生举办公开的讨论会，回答对教义有兴趣的学生提出的问题。这种机构实际上是一种进行普通文化教学的学校，但基督教神学构成了其教学的中心。教理学校的课程类似于异教学校提供的百科全书似的课程，包括逻辑、物理学、几何学、天文学，可能还有解剖学，这些学科之后是哲学，特别是伦理学和形而上学原理。除伊壁鸠鲁学派因太重感官主义遭排斥外，所有希腊哲学体系都有所涉及。这些学科被看成全面理解基督教——不仅作为一种神学，而且作为一种新的伦理生活准则——的预备课程。希腊学术被看成一部引导灵魂走向拯救，全面理解神圣真理的教育学（pedagogy）。教理学校的课程自然是以对基督教神学的学习和对《圣经》的注释而结束的。亚历山大里亚教理学校"到5世纪或者可能更晚一些一直是基督教学问的主要中心"①。

---

① Eby and Arrowood, *The History and Philosophy of Education—Ancient and Medieval*, New York, Prentice-Hall, Inc., 1940, p.612.

奥里根在亚历山大里亚遭受排挤，来到巴勒斯坦的凯撒里亚，并在此建立了另一所学校，继续从事教学工作。结果这所新学校超过了亚历山大里亚的学校，在东部地区获得极大的名声。在这里他仍沿用着各门学科——世俗学科和宗教学科——的方法教学。他的教学方法和教科书被他的学生格里高利记载下来。254年，奥里根去世后，这所学校急剧衰落，但学术性的基督教教学和奥里根教义的传统延续了很长时间。当凯撒里亚教理学校衰落时，该城市的牧师、亚历山大里亚教理学校毕业的学生彭菲鲁斯（Pamphilus）着手重建这所学校，对书籍的偏爱促使他收集了大量的神学名著，建成了一座图书馆。出于对奥里根的崇拜，彭菲鲁斯沿用奥里根的阐释法，抄录和保存奥里根的全集。一时间这所学校成了《圣经》注释的"暴风雨中心"。彭菲鲁斯迷恋于抄录《圣经》和其他宗教书籍，并与他的较有天分的学生优西比乌（Eusebius）建立了良好的友谊。彭菲鲁斯邀请优西比乌到资料丰富的图书馆撰写他的《教会史》（*Ecclesiasticai History*）。这部著作首次一般性地描述了基督教会的发展。

安提阿是罗马帝国的第三大城市，一直是东部的主要学术中心。在帝国的保护下，这里公共教育曾相当发达。在这样的基础上，安提阿自然也就成了基督教文化的中心，因为它是除耶路撒冷之外第一个信奉新宗教的地方。修辞学教师迈尔奇昂（Melchion）在安提阿建立了一所基督教学校，他的学生路西安（Lucian）引入了《圣经》注释研究和基督教神学。路西安在埃德萨学习过，可能也在凯撒里亚学习过，为教会培养了大批著名的人物。作为一名作家，路西安的主要工作是翻译《圣经》，他的译本在东部地区被广泛使用了相当长的时间。4世纪中叶，约翰·克利索斯图姆在这里的公立学校跟随修辞学家利巴纽斯学习。在热心的母亲的影响下，他皈依基督教，并成为基督教学校的校长。在他的管理下，安提阿教会学校成了基督教学术较为著名的研究中心（seminary），布道师和异教神学家聂斯脱利（Nestories）曾在这所学校学习。4世纪末，注释《圣经》成了安提阿学校的主要工作。这所学校的教师反对奥里根的比喻解经法，而是使用简单的历史和文法解经法。他们并不寻求曲解《圣经》，而是努力发现作者所要表述的意图。

约在4世纪中期，叙利亚的伊弗拉姆（Ephraem）及一批避难者从尼西比斯来到埃德萨。伊弗拉姆是位多才的作家，创建了东部教会的礼拜仪式。他使用的圣歌传遍东部地区。来到埃德萨不久，约在363年，他建立了一所"波斯人的学校"。伊弗拉姆做了十年的校长，一直到去世。435—457年，伊巴斯（Ibas）任埃德萨学校的校长。在他的管理下，该校成为聂斯脱利教派教士的训练基地以及狂热的传教士（甚至到了印度和中国）的中心。伊巴斯精通希腊文学，这所学校被称为"叙利亚的雅典"。普罗布斯（Probus）用叙利亚语翻译和评注了《解释篇》和《工具论》，这也是现存较古老的手稿。这所学校不久遭到聂斯脱利敌人的迫害，最终关闭。489年，在希腊皇帝芝诺统治时期，整个建筑被毁。聂斯脱利被流放到尼西比斯。在这里，流亡者受到主教巴苏马斯（Barsumas）的热烈欢迎。随后这里建立了一所新学校，曾在埃德萨教了20年书的纳塞（Nassai）被选为校长。尼西比斯以最大的热情延续着以《圣经》为主线的基督教知识。这所学校按一定的课程教学，学生被分到固定的班级，人数曾达到800名。学生和教师在东部教会享有特权，教师由官方任命。东部教会的大多数聂斯脱利学者都来自尼西比斯，它长期以来被称为"科学的母亲"，不仅闻名于东部地区，而且被罗马教会的某些领导人视作基督教学术的典范。

尼西比斯的学校建在修道院，所有学生按修道院的纪律生活，由一位监督员管理。教师讲授阅读、书写、《圣经》、赞美诗以及对《圣经》进行评注。教学的基础乃是阅读、抄录和歌唱《圣经》。与这所学校直接或间接相联系的是学术的延续，即用叙利亚语翻译希腊的科学和哲学作品，其中亚里士多德的逻辑和盖伦的医学著作最受他们热爱。正因为聂斯脱利派的努力，许多希腊学说成就流落到阿拉伯地区，后经十字军的传播又为欧洲人所认识，促进了欧洲学术的发展。

四、其他教育形式

基督教最早的传教形式是旅行传教,使徒选择年轻人作为助手或徒弟在布道或教学过程中跟随着他们。此时固定的教堂或学校还没有建立,使徒及其继任者多在犹太人的会堂进行布道或教学,从会堂被赶出后,只好到私人家里或任何方便的地方布道和教学。随着基督教的发展,教堂建立了,有了固定的牧师、长老或主教。每一座城市的教堂成了主教所在地,即大教堂(Cathedral)。早年每一座城市只有一座教堂,该城市的所有教徒都属于这一教堂,基督教在小城镇和乡村的传教非常缓慢,结果那些尚未基督教化的人被称为异教徒,以区别于城市的教徒。对周围地区的传教取决于主教,这一地区便成了主教的教区。

2世纪之后,基督教内部的特点发生了急剧的变化。这种变化既是时代使然,又决定了几个世纪基督教教育的发展走向。希腊学者一直在努力使知识的所有学科系统化和逻辑化,与此相应的是基督教的真理和教义也被局限于模式化的信条和系统化的陈述。基督教的这种变化既是为了应付异教批评家的攻击,也是为了区分真信仰者和假信仰者。1世纪和2世纪,每个教堂在管理上都是独立的,而且在事务处理上强调民主。2世纪之后,主教开始控制城市教堂以及教区的小教堂。保罗曾主张主教必须具有教学的能力,而在教会初期,俗人也在从事教学工作。2世纪后,随着教阶制度的发展,世俗教师不再被允许教学。主教要么承担所有教学工作,要么委托给其管理下的某些人。随着信经的规范化和解释的程序化,教会需要合格的、训练有素的工作人员。基督教的另外一个变化是教阶制度的形成,教士中处于较低等级的是歌唱者、阅读者、驱魔师、副主祭和侍者,处于较高等级的是主祭、布道师和主教。不同等级的人员在仪式中有不同的分工,主教有最高的权威。

随着主教座堂的建立和布道者的固定，教士们在主教的领导和监督下生活在主教教区内。在这种环境中，一种古老的现象重现了：虔诚的母亲仿照《旧约》里汉娜把小塞缪尔交给高级祭司埃利，以便在主的庇护下长大成人的范例，基督教的母亲们也希望以此方式使她们的孩子远离异教文化不道德的环境。事实上，这种对年轻人的教育方式早已存在，使徒约翰的弟子波利卡普曾抚养了大批儿童，后来许多人成了主教。381年，君士坦丁堡公教会议要求在城镇和乡村建立学校，免费教育所有儿童。另一项会规也谈到了主教领导下的教堂和修道院学校。早在4世纪，圣巴西尔在他的修道院里采取措施教育儿童，"他们被细心地用圣经加以教育。他们不允许从事职业，直到具备了判断力的年龄"。529年，维森公教会牧师训练法(training of priests of the Council of Vaison)制定，在基督教世界得到了非常普遍的运用。该法规定："就像在整个意大利已非常流行的做法那样，教区内的牧师必须接收年轻的尚未结婚的读经者到自己的住处，教他们唱《赞美诗》、教会的课程、上帝的律法，以便他们有合格的继任者。"①这样，主教在住所组建了一个包括幼儿、青年、准备做牧师的年轻人以及已就任的牧师的有秩序的团体，这也被认为是主教学校(或称座堂学校)和教会经院学校的起源。

基督教变化后出现的新的崇拜仪式要求具有合格的歌唱者和阅读者。为了训练罗马教会的这些助手，教皇西尔维斯特(Sylvester，生卒不详)在主教座堂建立了一所音乐学校。这所新学校是为罗马的所有教会培养歌唱者的一所普通的训练学校，有能力的学生在这里不仅学习教会音乐，而且学习用正确的语调阅读《圣经》。长期以来，阅读《圣经》和其他启示著作成了崇拜仪式的重要组成部分。367年，劳迪西亚(Laodicea)会议规定，唯有被正式任命的歌唱者才能在教堂里歌唱。在主教的监督下，准备担任教士职务的男孩的教学

① Eby and Arrowood, *The History and Philosophy of Education—Ancient and Medieval*, New York, Prentice-Hall, Inc., 1940, p.623.

工作在 527 年(或 531 年)举办的托莱多(Toledo)会议上得到认可。会议规定：
"那些儿童时被父母献给教士职务者，削发出家者，或获准为读经者，必须在
主教的监督下，在属于教会的一幢建筑内接受教育。如果他已届十八岁，主
教应询问他是否希望结婚。如果他选择独身，并发誓服从，他们便是奉献给
主的甜蜜的轭。"①

　　此外，基督教把女性提高到了一个前所未有的重要地位。《新约》和早期
教会都对女子教育给予极大关注，格里高利曾描述了其母亲教育他的姐妹的
情况。② 根据《使徒时期法规汇编》的规定，女子应学习《圣经》，主祭是她们
的教师。女子教育的理念主要集中在杰罗姆的两封信中。他认为，小女孩应
在修道院中长大，应把自己的整个身心奉献给上帝。杰罗姆的教育思想下文
再述，这里不再重复。总之，杰罗姆"这两封信中的教育思想成为整个中世纪
女子教育的指南"③。当然，基督教虽然非常重视女子教育，但对女子也并非
没有限制。限制之一是禁止学音乐及去戏院，其次是禁止去公共浴室洗澡。

第三节　修道院生活及教育

　　3 世纪至 5 世纪，教会的教父们正努力使基督教教义理论化和系统化，因
而这一时期被称作"教父时代"。此时教会的修道院开始出现，并逐渐演变成
所有教会机构中著名的机构，成了基督教教育的主要机构。事实上，2 世纪已
经出现了传授基督教教义的学校，最为著名的便是由克莱门特和奥里根主持

---

　　① Eby and Arrowood, *The History and Philosophy of Education—Ancient and Medieval*, New
York, Prentice-Hall, Inc., 1940, pp.623-624.

　　② Eby and Arrowood, *The History and Philosophy of Education—Ancient and Medieval*, New
York, Prentice-Hall, Inc., 1940, pp.624-625.

　　③ Eby and Arrowood, *The History and Philosophy of Education—Ancient and Medieval*, New
York, Prentice-Hall, Inc., 1940, p.625.

的亚历山大里亚教理学校，在其他地方基督教社团设立了世俗文法学校，提供正式的希腊教学计划。整个4世纪，罗马帝国继续衰落，这种衰落也反映在教育中。5世纪和6世纪，帝国的混乱有增无减，并失去了其应有的效能。正式教学削弱，学术严重倒退，探究的兴趣丧失殆尽，保守及其派生的实践成了教育的主要特点。在西部地区，到6世纪时，修道院实际上成了主要的学术中心。修道院本身的传统是禁欲主义，其特点是非探究性。但是，"修道院逐渐演化成为知识的保护者，成为西欧几个世纪主要的教育机构"①。文化历史哲学家克里斯托弗·道森（Christopher Dawson）写道："对中世纪文化起源的任何研究，都不可避免地要给西方修道院制度的历史以重要地位，因为，在从古典文明的衰落到12世纪欧洲各大学的兴起这一长达700多年的整个时期内，修道院是贯穿于其中的最为典型的文化组织。……只是通过修道院制度，宗教才得以对这些世纪的整个文化发展产生了直接的和决定性的影响。"修道院制度在基督教保存、传播和塑造西欧文明的过程中，起着重要的、不可替代的作用。"修道僧必须不但在基督教教义方面，而且还要在作为神圣的经典语言和仪式语言的拉丁文方面，指导他们的信徒。他们不得不教授读和写，以及那些为教会事务和仪式所必需的艺术品和科学，如书法、绘画、音乐，尤其是年代学和历法知识。因为对于中世纪早期的宗教仪式文化来说，这些知识有着与它们在古代宗教仪式文化中所曾获得的同样重要的地位。这样，一种自发的基督教文化兴起了，它以修道院为核心，并通过教育和宗教影响渗透到教会和人们的生活中。"②

　　基督教修道主义的产生，有一定的历史背景和宗教信仰原因。早期基督教已经出现一种思潮，即把贫穷和独身生活视作基督教的理想生活。而当时

---

① James Bowen, *A History of Western Education*：*Vol.one*, New York, Palgrare Macmillan, 1986, p.257.

② ［英］克里斯托弗·道森：《宗教与西方文化的兴起》，长川某译，40、49页，成都，四川人民出版社，1989。

的基督教信仰又与罗马帝国的阶级斗争、民族矛盾等有着密切的联系。因而,修道主义的产生应该说是"现实苦难的抗议"的一种表现形式。到 3 世纪末,守独身、甘贫穷、默想退隐、远离尘世等成为许多基督徒宗教信仰的形式。"奥古斯丁的修道院规程是西部教会的第一个规程。"①奥古斯丁从长期的教学经验中意识到,基督教传教成功与否取决于传教者素质的高低,取决于传教士们是否具有清晰地、有条理地思维的能力及恰切地评价和抵制有吸引力的异教的能力。因而对于基督教会而言,培养有文化的教士是生死攸关的头等大事。鉴于此,奥古斯丁非常关心其教士的教育问题,他认为教士们应发挥教师的作用。"奥古斯丁改变了修士不会读、不会写,没有文化的状况,把修道院建成研究基督教教义的中心,学习基督教文化的学校。……'修道院的理想和修士活动的结合是圣奥古斯丁个人成熟的创举'。优西比乌斯和奥古斯丁用教父学的理论消除了埃及修士和教士之间的对立,把东方的隐修生活方式列入基督教的范畴,制定了一种新的修士制度。"②宗教文化学家克里斯托弗·道森是这样评价奥古斯丁在修道院制度发展过程中的作用的:"圣奥古斯丁本人就既是一位主教,也是一位修道僧,还是西方修道院传统的缔造者之一。因为正是他而不是别人,对最终成为西方修道院制度的显著特点之一的修道院生活与僧侣制度的结合负有责任。"③

　　肇始于埃及的隐修生活经教父们从神学和教义角度的阐释,以及主教们在自己教区的实践,最终演化为修道院制度,在西欧迅速传播。

　　本尼狄克认为,修道院是一所"服务于上帝的学校"。因此,其院规规定,修道院应是一个受统一规程约束的、在院长领导下的、有组织的、有纪律的、

---

① James Bowen, *A History of Western Education*: *Vol.one*, New York, Palgrare Macmillan, 1986, p.262.

② 王亚平:《修道院的变迁》, 8 页, 北京, 东方出版社, 1998。

③ [英]克里斯托弗·道森:《宗教与西方文化的兴起》, 长川某译, 43 页, 成都, 四川人民出版社, 1989。

自治的宗教团体。

院规对自愿进入修道院的人要求严格，凡希望入院的人都必须接受考验，要先在修道院的大门前不间断地求四五天，经允许进入修道院后先单独住在见习修士的小屋修习一年，主要是阅读院规和接受各种考验。当申请者完全通过各种考验后，"申请者要当众宣誓，坚持有恒，按院规生活，服从"①。即申请加入修道院者要当众发三大誓愿：许身愿，许诺终身在修道院度过；守贫愿，放弃所有的财富，过禁欲的生活；服从愿，完全按照院规生活，服从院长的领导。本尼狄克认为，财富是个人存在的一种表现，是罪恶之源；放弃财富是自我否定的一种行为，是在追求尽善尽美的个人生活。修士要保持"基督的贫穷"，就只能依靠自己的双手劳动而生活，劳动是修士每日的必修课，自我克制最有效的方法是恭顺地服从。本尼狄克修道院也接收幼儿。院规第30条规定："每个年龄段和每种理解力的程度都应有与之适应的约束标准。"由于男孩和少年不知道开除教籍这种惩罚的严重性，因此修道院采用适当的标准——禁食和鞭挞——来救治他们。院规第37条则温和得多，认为同情孩子是人的本性，虽然孩子也要受院规的约束，但是对孩子应给予不断的关怀，使其得到同情，决不能在食物上用严格的规程制约他们。②

在修道院发展的过程中，随着入院人数的不断增加，修士中既有青年也有儿童，还有孤儿，因而修道院为孤儿和儿童们建立起了学校。据说，修道院学校与巴西尔的努力有关。③ 到10世纪时，修道院学校发展成为内学(interni)和外学(externi)。内学是为立誓进修道院、过修道生活的人而设的，是为发愿者或称献身者做准备的；外学是为不准备过修道生活、只是为取得教

---

① James Bowen, *A History of Western Education：Vol. one*, New York, Palgrare Macmillan, 1986, p.332.

② 王亚平：《修道院的变迁》，233、218、221页，北京，东方出版社，1998。

③ Eby and Arrowood, *The History and Philosophy of Education—Ancient and Medieval*, New York, Prentice-Hall, Inc., 1940, pp.639-640.

士资格的外界人而设的。受修道院的性质和特点的影响，修道院学校的教学都较为贫乏，只是传授一些读、写、音乐、算、宗教庆祝典礼、操行规则；即便讲授"七艺"，也仅是关于宗教的意义，是为宗教服务的。教学方法主要是教义的问答、抄写、背诵《圣经》段落、体罚、沉思默想。

在西欧中世纪，以本尼狄克修道院院规为蓝本的西欧修道院制度把被东方修道院制度那种远离现实社会、自我体罚、禁欲苦修的生活带出现实社会的人们，又拉回到现实社会中来，用宗教的纪律约束他们。修道院以自己的努力，为西欧社会的稳定、生产的发展、"蛮族"人的文明化、学术的保存和发展等都做出重要的贡献。历史学家霍莱斯特(Hollister)评价修道院时说："本笃会教士实际对于他们所要摒弃的俗世，有着极为巨大的影响。中世纪前期，他们的学校培育了大量欧洲知识分子。作为文化桥梁，他们抄录并保存古代拉丁著作。他们带头到德国森林地带，随后又进入斯堪的纳维亚、波兰及匈牙利，深入传播基督教。他们还担任国王的法律专家和顾问，并跃居宗教事务高位。由于多少世代长期承受信徒捐赠的土地，他们拥有并经营众多的田庄，这些田庄成为先进农业组织和技术革新的典范。到了封建社会，本笃会主持们在他们所控制的广大辖区内，成为负责政治、立法和军事征募的大诸侯。首要的是，在政治纷扰的海洋中，作为安全与知识的避风岛，本笃会修道院是正在发展中的古典-基督教-日耳曼文化综合体的精神中心和学术中心，这个综合体构成了欧洲文明的基础。总之，本笃会修道生活对早期基督教西方的文化产生了巨大影响。"①克里斯托弗·道森评价："在西方，罗马帝国的教育制度受到蛮族入侵的冲击，或随着拉丁世界城市文化的衰落而衰落消逝。只是通过教会，特别是通过修道僧，古典文化的传统和古典作家的著述即所谓'拉丁古典作品'(the Latin classics)才得以保存下来。……这些古

---

① [美]C. 沃伦·霍莱斯特:《欧洲中世纪简史》，陶松寿译，53~54 页，北京，商务印书馆，1988。

老的学问传统在修道院里找到了一个庇护所，因之修道院的学校和图书馆以及寺院缮写室成为西欧高等思想文化的主要机构。"①英国19世纪主教神学家纽曼评价："圣本尼狄克发现，世界在自然和社会两个方面都湮灭了，而他的职责就在于恢复它，但不是以科学的方式，而是以自然的方式；不是好像准备着手去做，不是声称在某个排定的时间、或者通过任何稀有的特效药、或通过一系列的运气去做，而是极为宁静地、耐心地、循序渐进地做，往往是直到事情已经做完了才知道事情已经做了。它是一种恢复，而不是一种巡视，纠正或者改变。他帮助设立的这项新工作，是一种成长，而不是建设。沉默的人在各国各地，到处可见，也可以在森林里发现他们，他们在挖掘，在清除、在建设；而还有其他一些沉默的人，并没有被人看到，他们正坐在阴森的隐修院里，艰难地抄写和再抄写他们保存下来的手稿，他们的双眼疲惫，神情紧张。没有人辩论，没有人喊叫，也没有人关注正在发生的事情；渐渐地，树木繁茂的沼泽成了一处隐居的所在，一座宗教殿堂，一个农庄，一座修道院，一处乡村，一所神学院，一所学术学校，一座城市。"②我们在肯定教会修道院的贡献时，不能忘记它的蒙昧主义、禁欲主义等给人类文化的发展带来的灾难。

第四节　教徒的教育思想与活动

"基督教教育"一词大约是公元96年罗马的克莱门特最先使用的。基督教教育包含两层意思：一层是指学习基督教的各种信条，即救世所必需的真理；另一层是指道德训练，即基督徒必须遵循的行为律法。简言之，基督教教育

① ［英］克里斯托弗·道森：《宗教与西方文化的兴起》，长川某译，41页，成都，四川人民出版社，1989。

② ［英］克里斯托弗·道森：《宗教与西方文化的兴起》，长川某译，51页，成都，四川人民出版社，1989。

是指对教徒们进行宗教观念、宗教情感和行为准则的教育。这种教育一般被看成教会和家长的责任,起初只是为受洗而实施的。

虽然就严格意义而言基督教教育不是学校的事情,但教会不能忽视学校。基督教的典籍浩繁,既有书面启示录,又有被视为正典的《新约》,而且圣传也不断增加。教会法规的拟定和形成及其精神文学辨惑学的发展、在与异端辩论过程中形成的论战术、教会的教义神学等都使得《圣经》的阅读重要又迫切,书写在教会中的价值与日俱增。再者,基督教如果要继续发展并得到传播,要继续其教育活动甚至仅仅维持其礼拜仪式也都绝对需要有文学素养的人。因此,"教会由于形势的逼迫而关心起教育来。而且出于教会文化的需要,最终产生了一种学校制度。……于是到处都有教士,他们已使自己的学问超出了对宗教目的直接有价值的界限,并且为了教会本身的目的而学习知识。当时在欧洲一些地方,人们对拉丁语还很陌生。因此,为俗人特别为统治阶级办的学校就应当和教堂一起建立,使基督教原理和活动都能为人理解。……从这种教育到一般教育(如罗马帝国时文法学校所实行的教育)只不过是短短的一步;而且这一步也比较容易采取。因为,首先开展教育受到了较开明的国王的鼓励,正如他们效仿罗马皇帝所做的那样,他们明白,国家的繁荣昌盛依赖于在人民中传播起码的知识。这样,当社会形势更加稳定、古老的学问在教会内部得到恢复,学校在教会各方面的支持下就建立起来了。直到 11 世纪时,欧洲大部又充分利用了教育这种手段"①。

需要明确的是,作为一种强调信仰、直觉、情感体验的宗教,基督教教育无论是教育目的还是教育内容,都与希腊罗马的世俗教育有着本质不同,教育转向了为信仰服务。此外,教育本不是基督教分内的事,教会创办学校乃是一种无奈的选择,是形势所逼。"教会办教育不是因为教育本身是好的,

---

① [英]博伊德、[英]金:《西方教育史》,任宝祥、吴元训译,98~99 页,北京,人民教育出版社,1985。

而是教会发现，不给信徒特别是不给教士以学习圣经和履行宗教职责所要求的过去那种文化，教会就不可能做好自己高尚的工作。……尽管新教育继承了旧教育的东西，但它在实质上与旧教育完全不同。罗马学校的目的是纯世俗的，学校培养出来的人，精通文学，娴于演讲术。文学和演讲术使他们在法庭，在为城市和国家服务中能起自己的作用。随着教育的权力从国家转给教会，这时学校的学科虽和以前一样，但它们的性质和目的却完全不同了。当时教育的目的完全是为修来世。办任何教育的最终目的是教育给信仰带来好处。最好的学者不再是有教养的实干家，而是受过教育的神职人员。所有需要高深知识的世俗社会的事务，不用说都落入教会手中。"①正因为教育乃传教所必需，基督教会在中世纪承担起了教育的重任，"教会是中世纪期间古代学术保存和传递的主要机构。……哪里建立了教会，其修道院、主教教堂和学校便成为学术保存的机构，后来又成为学术发展的机构"②。

基督教在早期传播过程中，出现了一批具有重要影响的活动家、思想家；在其进行教育的过程中，出现了一批有影响的教育思想家和教育活动家。

2—6世纪是基督教传播、发展并最终取得统治地位的时期。使徒时期的教会组织松散，各地组织使用的经文和语言不尽相同，对经文的理解更是不同。经过4个多世纪的经文规则化、组织制度化、信仰正统化的过程，以罗马教会为首的、被称作"公教会"的统一教会形成了。公教会一词来自希腊文，意思是"普遍"或"大一统"。在此过程中，护教士和教父发挥了重要作用。教父是指在思想上直接继承使徒教导的基督徒，是基督教大一统过程中教义的传播者和解释者、教会的组织者。护教士和教父有着这样的特征：活跃于基督教早期，精通希腊文化，虔诚，持有正统的学说，过着圣洁的生活，为教

---

① ［英］博伊德、［英］金：《西方教育史》，任宝祥、吴元训译，98、99页，北京，人民教育出版社，1985。

② H.G.Good, *A History of Western Education：Vol. one*, New York, The Macmillan Company, 1947, pp.59-60.

会所认可。基督教早期起领导作用的大多数教父都用希腊语写作,因而被称为希腊教父;4 世纪后出现了用拉丁语写作的教父,被称作拉丁教父。希腊教父和拉丁教父各有著名的"四大博士"。希腊教父的四大博士为:纳西盎的格里高利、巴西尔、约翰·克利索斯托姆、阿塔纳修斯。拉丁教父的四大博士为:安布罗斯、杰罗姆、奥古斯丁、大格里高利。其中的安布罗斯、杰罗姆、奥古斯丁对基督教思想发展的进程产生了极大的影响。"君士坦丁改变宗教信仰,只是基督教与希腊-罗马文明在漫长而意义重大的融合进程中的一个事件。当早期基督教作家探索如何将他们的信仰在理智上为人们所尊敬的希腊哲学的外表之中表现出来的时候,这个进程就已经开始了。在四世纪末及五世纪初的三位基督教思想家圣安布鲁斯、圣杰罗姆及圣奥古斯丁——通称'拉丁教会神学家'——的著作中这种努力达到了最高程度。"①基督教父既是基督教的哲学家,又是基督教的教育家。他们在用希腊哲学改造基督教的过程中,表达了自己的教育观。

一、斐洛的教育思想

斐洛(Philo,约前 30—45),犹太人,亚历山大城的一位犹太神的哲学家,在此从事教学工作。他把柏拉图和斯多葛学派的学说同犹太教及其典籍《圣经》相结合,创立了早期希腊主义化的犹太宗教神学,达到调和希腊哲学和《圣经》、调和理性主义和启示运动的高峰,深刻影响了新柏拉图主义和基督教及其神学。

斐洛调和理性主义和启示运动的努力是以逻各斯为中心的,他提出了一系列新的概念。在希腊化世界,逻各斯有双重含义:既指"思维或思想"(thought or mind),又指思维或思想所表达的真实的语词(actual words)。逻各

---

① [美]C. 沃伦·霍莱斯特:《欧洲中世纪简史》,陶松寿译,9~10 页,北京,商务印书馆,1988。

斯的这两层含义经过斐洛的改造成了既指上帝的智慧，又指通过哲学理论所表述的神的智慧的显现。那么，人是如何掌握上帝的智慧的，这是斐洛深切关心的问题。在《论与初级学术的姻缘》一文中，斐洛力图调和《圣经》学习与希腊学术的关系。他认为，犹太人排斥希腊文化缺乏理论依据，企图通过犹太人使用的方式直接获得智慧是无益的，甚至根本就不可能获得智慧。为支持自己的观点，斐洛转而到他认为既是历史又是寓言的《圣经》中寻找证据，特别的例证是《创世纪》第16—21节中亚伯拉罕、撒拉和哈该的故事。故事是这样的：亚伯拉罕发现自己的妻子撒拉不能怀孕，便与他的埃及仆人哈该结婚，哈该为他生了一个儿子伊沙迈尔，随后，撒拉怀孕并产下一位合法的继承人伊撒尔克。在斐洛看来，这则寓言的教育寓意在于：作为外来人的哈该相当于低级的学术，合法的妻子撒拉是真正的智慧。斐洛由此得出结论："除非我们先与其女仆婚配，否则我们不可能获得美德的受孕，智慧的女仆乃是在学校课程的初级学习中所获得的文化。"①斐洛这里所说的初级学问(他又称中间学问)主要是指自由学科：文法、几何、天文、修辞、音乐和"智力训练的其他所有分科"。这些学科滋润着人的灵魂，为人类的终极关怀以及人类获得智慧或美德提供了合适的路途。当然，斐洛也清楚地看到了掌握这些学科的可能性和局限性。其可能性在于这些学科共同为人们达到某些目的提供了概念体系；其局限性在于每门学科"相互隔离，只研究自然界中引起其兴趣和注意的一小部分内容：几何研究线条，音乐研究音符"②，所以人们只能获得部分的、支离破碎的知识，更加危险的是学科的隔离容易导致学习者处于孤陋寡闻的状态。词语贩子和词语猎奇者终其一生于争论之中，好像幸福就在于无休无止的、毫无结果的语词的相互责难之中，这种情况在修辞学校随处

---

① James Bowen, *A History of Western Education：Vol. one*, New York, Palgrare Macmillan, 1986, p.231.

② James Bowen, *A History of Western Education：Vol. one*, New York, Palgrare Macmillan, 1986, p.232.

可见：一天就这样不知不觉地过去了，而教室里哲学家们仍在长篇大论，滔滔不绝，甚至来不及休息。人们注意到，听众并没有在认真地听，因为每一个面无表情的人都在忙于自己的思想。绝大多数人一无所获，少数人获得了一些，而他们所获得的也只是空泛的回声。这些人获得的知识只是语词，他们不能将所拥有的知识转化为行动。

斐洛认为，教育的任务是认识到这些初级学科的合法性和必要性，但不能像许多学生那样"被女仆所束缚，而把女主人抛到了九霄云外。学生们长大成人了，一些人偏爱诗；一些人偏爱几何的数字；一些人为音乐的'音色'所迷倒；诸如此类，而没有能够扑上去赢得结发妻子的芳心"①。对斐洛而言，知识的合法性源于思想和美德的联姻。通过教学，哈该只是获得了知识，但是还存在着得自哲学的更高的洞见：好像思想比人的手更为有力量，"知识和智慧比学校的文化更令人称羡"②。斐洛所说的哲学包括《圣经》，《圣经》"容纳了存在物的所有本质：因为其主题是整个世界以及所有可见物和不可见物的存在形式"③。这样，教育计划便包括了现存所有学习内容的顺序，"必须采用学习的初级阶段的形式为灵魂提供营养品，就像选用适合于成人的学习形式那样，引导通向智慧、仁慈和所有美德的整个路程"④。

斐洛构想的最高知识是撒拉，即真正的智慧。在斐洛的隐喻中，知识乃是灵魂的光照。假如我们一开始就去追求撒拉，结果是一无所获。撒拉并没有责怪我们先前的无能，只是要求我们经过必要的初级程序不断前进，也就

---

① James Bowen, *A History of Western Education*：*Vol. one*, New York, Palgrare Macmillan, 1986, p.232.

② James Bowen, *A History of Western Education*：*Vol. one*, New York, Palgrare Macmillan, 1986, p.232.

③ James Bowen, *A History of Western Education*：*Vol. one*, New York, Palgrare Macmillan, 1986, p.232.

④ James Bowen, *A History of Western Education*：*Vol. one*, New York, Palgrare Macmillan, 1986, pp.232-233.

是说先把哈该即学校所传授的全部知识作为妾，然后再把撒拉本人即哲学和智慧作为妻子。斐洛连续使用受孕这一隐喻远多于阐释，这是其受当时斯多葛哲学影响的结果。斯多葛理论认为，世界是由神创造的，神具有生殖的能力（流溢说）。神与人紧密联系，因为每个人的内心都有知识的潜在种子：所有的本性事实上都充满着潜在的生殖能力，通过这种方式，神在人的心灵植下种子并让人产生观念。实际上，观念乃是神的思想。连续不断地学习现成的知识体系，从基本的学科一直到哲学和《圣经》，是人通过虔诚的默想达到最终目的，即神的洞见的知识之路。"因为智慧是一条直通高速公路，正是沿着这条路，思维的进程接受指导，并达到认识神和神的知识的目的。"同样的思想也表述在其他的文章中：学习和教学转化成更高级的洞见，转化成"对神光的关照，与知识浑为一体，这种知识能够扩展灵魂的眼睛，并引导灵魂走向理解超越［感官］能够获得的非凡和卓越的知识"。①

斐洛的哲学完全受柏拉图主义的影响。他的作品经常使用从柏拉图那里借用来的隐喻，尤其是把太阳作为感官的代表，把神作为思维的代表。斐洛力图通过对希腊哲学的改造使自己的信仰走向理性化，但这种努力对其所处的宗教社会的影响不大。随着越来越多的人尝试解释自己的信仰，他的这种努力便有着很大的号召力，他的著作被这些人广泛地阅读。斐洛对早期基督教哲学和教育思想的发展有着极大的影响，希腊化后期和罗马早期的东部地区出现了宗教融合运动，希腊哲学、希腊罗马文化和东方的神秘宗教以及希伯来的一神教越来越相互渗透和相互影响。

二、克莱门特的教育思想

亚历山大城的克莱门特可能出生在雅典，早年是异教徒、哲学家，曾游

---

① James Bowen, *A History of Western Education：Vol. one*, New York, Palgrare Macmillan, 1986, p.233.

历希腊、意大利、埃及和巴勒斯坦等地区，寻求基督的教导，最后在教理学校师从潘泰努(Pantaenus)，并皈依基督教。189 年，克莱门特继任教理学校校长，罗马迫害基督教期间，被迫出走，漂泊在耶路撒冷、安提阿等地。克莱门特自称是个多产作家，著作达 21 部，大多已遗失，现存主要作品是《规劝异教徒》《训导者》和《杂文集》，以及《哪些富人能得救》和《福音书同观》的片段。这些作品都是早期基督教的重要文献。

克莱门特关于知识的概念非常广泛，包括："理论(eidesis)是从属到种的知识；经验是研究每一事物本性的全面知识；理解(noesis)是关于理智对象的知识；综合(synesis)是比较的知识……；灵通(gnosis)是关于事物自身的知识"[1]。其中灵通是最高级的知识，他认为基督教与诺斯替教的区别在于基督教承认灵通之上还有智慧(sophia)。克莱门特所说的智慧比知识还要广泛，包括开端(指信仰)、中介(指可以传授交流的知识)和结束(指爱)，他提出了一条"知识加诸信仰，爱加诸知识，传统加诸爱"的思想路线。信仰是出发点，经由知识的启示，最后产生出爱上帝的教会传统。由此可见，克莱门特的所谓知识与至福(beatitude)乃是同义语，至福又是人们努力追求的目标。在这个意义上，克莱门特的最终知识这一概念与柏拉图的传统是一致的，并结合了苏格拉底的知识的目的乃是"灵魂的改造"这一信仰。在克莱门特看来，获取知识的路径与柏拉图的方式有着极大的差别，它是通过追随基督而获得的。克莱门特认为，责难是对人灵魂激情的手术，畏惧和劝勉引导人们走向善，促进人们敬爱和尊崇上帝。因为知识的路径是建立在隐喻中孩子那种天真纯朴的基础之上的，所以对基督徒而言，至关重要的是冷静又克制地遵照明确规定的日常生活规范去行事，以期得到拯救，而不是故意激怒统治者以达到殉道的目的，或祈求上帝对迫害者施以报复，因为基督徒的道德应出自对上帝的认识与热爱，而不是来自对天堂的向往和对地狱的恐惧。炫耀功德是低

---

① 赵敦华:《基督教哲学 1500 年》，95 页，北京，人民出版社，1994。

级的精神。这样的劝导构成了《训导者》的第二部分。克莱门特在这一部分提出了饮食、服装、言谈乃至家庭装饰等方面节制和节欲的观点。化妆品、珠宝和昂贵的服饰都与基督徒的生活方式不相适应。针对独身、素食、禁欲等行为，他说婚姻和美食是上帝的礼物，应该愉快地享受。荒淫和奢侈不是婚姻和美食的过错，禁欲对于信仰来说是不必要的。当然，克莱门特强烈地反对私通和其他不体面的行为。对于一些基督徒摒弃财产和家庭、过平等生活的做法，他在《哪些富人能得救》中说，"这是最无理性的做法"，"有的东西在灵魂之内，有的在灵魂之外，如果它们被灵魂利用得好，就会赢得美名，如果利用得不好，就会有恶名"。就是说，物质财富和精神财富的价值取决于灵魂如何利用它们，善于使用财富的人和善于使用思想的智人一样可以得救。这是越来越多的富人进入教会的反映。

《训导者》标志着教育概念由教仆转变为指导，并兼具有教学大师的作用，这一转变有着深远的意义。然而，《训导者》只讨论了两个主题：信仰基督的必要性和过简洁淳朴的生活。一些有文化和受过教育的人可能会感到：克莱门特关于知识的概念简单明了而又重要。他的拥护者如果想要保证这些概念的原义，那么需要对概念进行进一步的阐述。克莱门特在一个有文化的社会中生活和工作，而《训导者》的建议非常适合劳动阶层的需要和能力，显然不足以适应少数有文化和有影响的人。新的信仰要进一步确立和制度化，这些少数人的皈依和支持是必不可少的。克莱门特也认识到，这一问题事实上就是如何调和古典文化传统和基督教的教育过程，一种基督教进一步发展的方式。他力图在《杂文集》这部长篇巨作中解决这一问题。

克莱门特意识到了修辞学隐含的言语上的诡辩，这种诡辩会堕落到只重辞藻而忽视内容的地步。他认为，一般来说，哲学（修辞学是其一部分）或多或少地包含某些真理。从对日常简单的生活和职业的追求开始，人们能够建构起知识，这些知识能够逐渐地综合成越来越普遍和越来越抽象的内含真理的言语命题。在克莱门特看来，这就是希腊哲学的成就，哲学家已经获得了某些真理，并指出了通向智慧的道路，如毕达哥拉斯数的概念体系已经指向了宇宙中逻各斯的洞见。他认为，希腊人事实上只是基督教的先驱，"在哲学里"已经提供了"一种微弱的火光，能够燃成大火，显现出上帝的智慧和力量"①。所以，他把希腊哲学看成创造性基督教神学的组成部分。犹太人和希腊人都是正在诞生的基督教学说中的现世因素。耶稣的传道指明了通向最高真理、源于上帝的神圣真理的道路。

克莱门特认为上帝是所有知识或灵通的基础，是所有存在得以建立的第一原则的起源。第一原则唯有信仰才能得到，信仰是相信灵魂世界存在的行为，人们通过信仰能够认识神。人们能够超越物质世界直接获得真理，即精神的最高幸福。克莱门特把获得这样成就的人描述为理想的人，或得到灵通的人。真正获得灵通的人把追求上帝的知识和对上帝的爱作为人生的目的，这种人通过灵魂深处的沉思默想逐渐使内心深处与上帝和谐和一致，直至永生。因而人生在世应努力寻求通向知识和上帝的道路，这样人的存在便具有不断增长的教育需求的特点。

根据《训导者》的教育思想，人不受或少受正规的学校教育即能获得真理。但克莱门特认为传统的学校类型仍然具有一定的价值，因为哲学是通向精神真理(或灵通)的初级阶段，其基础是感官现实世界中获得的经验。因此，基督教的灵通者应该致力于"训练知识的学科，从每门学科中采集对真理有贡献的内容。然后，彻底掌握音乐中关于和谐的比例；数学中关于数的升降(加减)的内容，以及它们的相互关系，……学习几何学，其研究的对象是抽象的存在，他能够察觉连续不断的距离，以及永恒不变的存在与这些物体的差异。还有，通过学习天文学，从现世提升其思维，他上升到天堂，与其创造者一

---

① James Bowen, *A History of Western Education*: *Vol. one*, New York, Palgrare Macmillan, 1986, p.243.

起运行；学习神圣的事物及其之间的和谐，亚伯拉罕曾从此开始逐渐把握了创造人类的上帝的知识。再者，灵通者将利用辩证法，掌握种与属的区别，把握存在的卓越性，一直到他能把握那最初的简单的存在。当然，灵通者并非要把这些深入学习的知识作为美德，而是要在它们的帮助下，区别什么是一般，什么是特殊，他才能接受真理。因为所有错误和虚假的观念皆是因为难以区分什么是一般，及一般与特殊的差异……灵通者把各科学问作为辅助性的预备练习，以便准确地与真理交流，尽可能多地与上帝交流而少受分心，抵抗阻止真理获得的理性。仅仅精通各学科课程和希腊哲学还是不够的，各学科虽不是主要的，但是必要的，是第二位的。这些劳动在异教徒那里被邪恶地使用，而灵通者则可准确无误地使用"①。由此可见，克莱门特把传统的自由学科当成获得智慧的第一阶段工具，认为其是可以教授和学习的。知识之上是灵通（神秘的直觉），灵通只能通过认真地追随为灵通的出现提供自由选择环境的全部生活方式获得。在学校正规学习的同时，灵通者必须养成一种内心精神发展需要的敏感性。为达此目的，灵通者必须按照《圣经》的要求，在物质世界中做到节制和节欲，并把灾难当作"拯救的磨炼和良药"，勇敢地面对恐惧，继续祈祷和默想，在《圣经》中寻找最终的真理和权威。传统的自由学科讲究理性上的论证，身体的和精神的训练进一步提供走向最终真理的意识和敏感性，使人有难以言状的真正的神秘直觉，此刻一切论证恢复到了无须论证的信仰。

综上所述，克莱门特是在两个层次上表述基督教的，即大众的简洁生活和知识阶层的理性生活，并在历史上的目的论和理解论的范畴内调和古典传统和新的信仰。他的这一努力对东部教会影响较大，并为他的学生奥里根所继承。

---

① James Bowen, *A History of Western Education*：*Vol.one*, New York, Palgrare Macmillan, 1986, pp.244-245.

三、奥里根的教育思想

奥里根生于亚历山大城的基督教家庭，其父是修辞学教师。他曾向新柏拉图主义者阿曼纽斯学习哲学，与普罗提诺是同学，年轻时因受"并有为天国的缘故而自阉的"(《马太福音》，第 19 章第 12 节)这句话的影响，竟实行自阉，终生节食少眠，过着禁欲、贫困的生活。据 4 世纪早期历史学家优西比乌的记载，204 年，奥里根被任命为亚历山大教理学校校长。罗马帝国对基督教的迫害明显地影响了教理学校，奥里根的任务便是恢复教理学校的神学教学。他以世俗教学既无效又与神学教学相冲突为由，取消了世俗学科的教学。为了证明自己对世俗学问的不信任，他甚至变卖了自己的古典书籍。不久，奥里根改变了这一想法，意识到宗教教学要想更好地发展，必须以正规学习作为基础。于是，他扩大了学校的课程范围，把全部古典课程计划纳入学校的课程。在他的管理下，教理学校有了很大的发展，他个人也赢得了很高的威望。由于皇帝卡拉卡拉的迫害，约在 216 年，奥里根离开了亚历山大，在巴勒斯坦旅行，被任命为凯撒里亚的主教。返回亚历山大后，他发现自己因年轻时的草率行为成了教皇攻击的对象，无奈之下于 231 年又回到凯撒里亚，并在此建立了一所学校，度过了余生。奥里根一生著作颇丰，据说有六千册之多，现存著作大多为《圣经》的注释与文字修订。主要著作为《第一原理》《反塞尔苏斯》。虽然 543 年的君士坦丁宗教会议把奥里根的思想谴责为异端，但他的思想仍广泛地影响了基督教思想的发展，尤其是促进了基督教世界教育体系概念的发展。

作为克莱门特的学生，奥里根的思想受老师的影响较大。奥里根把修辞学看成掩饰的艺术，认为智慧只能由上帝而来，通向知识的第一步蕴含在赞成或信仰的行为之中。语词赋予知识以表现形式，修辞学有助于思想的组织，但知识本身，"最高的善全然不能用语词加以表述"。与克莱门特一样，奥里根面对的是古典哲学及其推理的知识与只能由上帝而来的绝对真理之间的关系问题。他继承了克莱门特解决这一问题的思路和办法。普遍性被构建成关系复杂而又相互独立的形态，这便是信仰。信仰逐渐发展成一种理论，在普罗提诺的异教哲学中被表述出来。奥里根尽管强烈地反对普罗提诺的观点，但还是或多或少地受普罗提诺的影响。他关于存在是不间断的结构最终上升到神的概念，就是利用了普罗提诺的观点。在这样一个范畴中，包括古典哲学在内的世俗学科提供了在理智上赞成最终真理的知识。

既定的连续性这一概念是奥里根思想的指导性原则。人的自由意志和无知必须通过训练和培养加以改造，因而基督教应主动地担负起鼓励人走向明智的责任。"接受真正的教育肯定不是一件坏事。教育是通向美德之路。甚至希腊的智者们也没有把拥有错误理论的人算在受过教育的人之内。再者，谁会不承认受最好理论的教育是件好事呢？但是除了真实的、劝人向善的理论外，我们还能把什么样的理论称作是最好的呢？……事实上，接受教育、学习最好的理论、走向明智，并没有阻止我们认识神，反而有助于我们去认识神。"①个人受教育的过程开始于文法、修辞和文学的预备学习，逐步过渡到算术、几何和天文学，从这些学科中获得理性的和抽象的理解，然后是《圣经》本身的学习以及最后一个阶段哲学的学习。

奥里根是早期教会卓越的学者。在他的努力下，凯撒里亚成为 3 世纪基督教的文化中心。他为未来几个世纪的人研究基督教提供了一些崭新的和重要的概念：历史的目的论，用理智的、可信的方式表述基督教等。其著作中的许多论点和问题在他死后的一个世纪里不仅成为教会人士，而且成为罗马帝国的行政人员甚至皇帝本人关心的焦点。

---

① James Bowen, *A History of Western Education*: *Vol. one*, New York, Palgrare Macmillan, 1986, p.247.

四、德尔图良的教育思想

德尔图良生于迦太基一个富裕的异教徒家庭，早年在罗马接受教育，做过律师工作。他博览哲学和历史著作，约在 193 年皈依基督教，并以极大的热情研习基督教著作，并成为教会的执事。199 年左右，德尔图良参加孟他努派异端，后来脱离教会建立自己的组织。德尔图良是第一位用拉丁语写作的神学家。

德尔图良曾在罗马接受教育，做过法官，具有罗马式的秩序和权威观念，因而每遇问题，他总是用训练有素的头脑周密地思考，提出清楚的定义，援引权威的言论系统地加以阐述。德尔图良认为，基督教比人类最高的哲学智慧还高明，无论如何不能与现成哲学体系协调一致。基督教主要是关于上帝的知识，其基础是理性和权威。理性就其本性而言是基督教的灵魂。他所说的理性乃是原教旨主义的信仰。他对《圣经》中"寻找，就寻见"做出了这样的解释："这句话的理由有三点：分别与问题、时间和限度有关。问题指你要寻找的是什么，时间指什么时候你要寻找，限度指寻找多长时间。你所要寻找的是基督的教导。当你尚未寻见时当然要继续寻找，直到寻见为止。但是，当你已经相信时，你即已成功地寻见了。……信仰阻止你进一步拖延寻找和寻见。你寻找的结果决定了寻找的限度。"就是说，基督教信仰是一切探索的目标和限度，达到这一目标后无须再做新的探索。此外，探索的目标决定了探索的手段，"这里，目标仔细地决定了与理性保持一致的言语意义，它是所有解释的指导原则"。

德尔图良的教会权威主义和禁欲观被他的朋友、迦太基的主教西普里安（Cyprian）继承。西普里安受过世俗的、古典的教育，做过修辞学教师。他皈依基督教后，禁止教会进行修辞学的教学，指责异教作家的学习，强调基督教生活方式的追求只要《圣经》和教会作家就足够了。西普里安对东部教会分散为各自独立的教会不以为然，认为教会的统一必须是可见的，必须以法律的规则作为权威形成一个独一无二的教会。基督教只有通过教会机构存在，教会机构必须是真理的源泉。由此，他得出结论，拉丁教会（其意指迦太基教会）是唯一的基督教理论的真正源泉。经过德尔图良、西普里安等人的努力，到3世纪时，拉丁教会已逐步形成了统一、权威和注重律法的特点。

五、凯撒里亚的巴西尔的教育思想

到4世纪时，西部教会由于德尔图良等人的工作，已大体一致认为基督和圣父具有同一性质。东部地区对此问题仍有分歧，尤其是阿里乌派的论争影响了社会的各个阶层。整个4世纪，教会人员仍在苦思冥想着古典异教传统在基督教社会的地位，以及它与基督教教育相关的程度。塔提安、克莱门特和奥里根的努力毫无结果，论争仍在延续。此时神学领域论争的主要人物是卡帕多西亚的教父：纳西盎的格里高利、尼斯的格里高利及其兄弟凯撒里亚的巴西尔。巴西尔最为关心教育问题，他的思想代表了东部教会就此问题的最终观点。

巴西尔生于当时学术和基督教文化中心卡帕多西亚的凯撒里亚一个基督教家庭。根据当地的传统习惯，他接受了希腊式的教育，旅行至君士坦丁堡，然后在雅典学习了修辞学和哲学，约在355年回到故乡担任修辞学教授一职。几年后，他辞去教授职位，接受了洗礼，移居伊利斯河畔，建立了一个基督教研究社团，以便更好地追求基督教的生活。巴西尔的修道院成了后来效仿它的修道院的范型之一。364年，巴西尔被任命为主教。他离开修道院，积极投身于阿里乌派的论争。巴西尔是个多才的作家，写作主题广泛，其教育思想集中表现在《致青年人：论阅读希腊文学》（*Address to Young on Reading Greek Literature*）。巴西尔和格里高利关于古典文化在教育中地位的思想深受奥里根的影响。在巴勒斯坦的凯撒里亚，奥里根最钟爱的学生之一是陶马古斯的格里高利。他跟随奥里根学习后回到故乡，成为凯撒里亚东北部新凯撒里亚的主教。在巴西尔的信中，奥里根的影响清晰可见。

　　巴西尔在致年轻人的信中写道，人生的所有目的以及教育的所有目的乃是灵魂不断旅行，上升至与神的最终合一。作为达到此目的的前提，古典学术应减少到作为适当的简单材料的程度，减少到它们可被用作灵魂指导的程度。如果这个世界包括过去的历史事件果真是上帝的作品，那么它必定有自身的价值，结果是，犹太人的《圣经》和希腊人的作品肯定都包含了适当的内容。巴西尔用隐喻的方式表述了适当的主要标准："正像其他的生命体一样，对花的欣赏仅仅限于它们的芳香和艳丽的色彩……蜜蜂……也拥有从其自身酿蜜的能力，因而，对那些在这类作品中不仅追求甜蜜和愉悦，而且希冀从中提取有利于滋润其灵魂精华的人来说则是可能的……我们自身，如果我们是明智的话，也应该利用这类作品中适合我们的，接近真理的内容，略去那些剩余的内容。"①

　　巴西尔的文章与另一种观念有些许冲突，即基督教对人生活中的审美部分的关心。巴西尔意识到人是情感地、欲望地、道德地和理智地生活着的，环境可以满足审美的本性；再者，审美的满足可以在各种水平上获得：情感、道德和理智。自然环境的特点并不重要，重要的是人的特点。所以，对于从异教著作中选择那些有助于灵魂的善的内容，巴西尔有着双重的担忧：学生不仅要抵制道德上的不健康，而且必须关心为其精神的用处所选择的有价值的因素。除了这一隐喻和带有暗示性的劝诫外，巴西尔并没有提出特殊的建议和明确的说明，也没有提出具体的选择标准和希腊文学的使用问题。此外，巴西尔还谈到了穿着、举止和饮食等方面保持正确的礼仪和节制的重要性。巴西尔含蓄地表述了节欲的观点："过度地关心身体不仅对身体本身无益，而且会危及灵魂；屈服于身体，做它的奴隶，会使人走向迷乱。的确，假如我

---

　　① James Bowen, *A History of Western Education*：*Vol. one*, New York, Palgrare Macmillan, 1986, p.264.

们使对身体的藐视成为一种习惯，我想，我们就会减少对人可能拥有的其他事物的欣羡。因为如果我们藐视由身体带来的愉悦，我们会把自己拥有的财富用于什么目的呢?"①由此可见，巴西尔尤为强调对精神和理智的追求。

巴西尔的观点为其他的卡帕多西亚人所欣赏，尤其是格里高利。格里高利发展了柏拉图《蒂迈欧篇》中的理论，认为一切学习都是个人趋向于获得关于神的最终知识的累积过程。在这一过程中，希腊文化的学习起着部分的指导作用。与巴西尔一样，格里高利把《圣经》看成最终的权威。那时教会的各种文献材料正在集结成集，363年的劳迪西亚宗教会议颁布了第一份官方的教会会规。而巴西尔的观点则是对克莱门特和奥里根观点的另一种表述，《致青年人：论阅读希腊文学》显然是对克莱门特《训导者》的总结。

六、杰罗姆的教育思想

杰罗姆(约342—420)，古代基督教圣经学家，拉丁教父，"古代西方教会可引以为自豪的最有才能的学者"②。他生于罗马帝国西部拉丁语省份达尔马提亚(Dalmatia)的斯特利多城(Stridon)的贵族家庭，父母均是基督徒。杰罗姆早年在异教学校学习。359年，他赴当时的拉丁文化中心罗马求学，师从文法学家多纳图斯，并深受西塞罗(Cicero)思想的影响。360年，他皈依基督教，但是对学术和宗教都有一种永无止境的求知欲。366—370年，他游历了高卢各城市，然后返回故乡，准备过隐居和沉思生活。约在370—373年，他周围聚集了一批苦行主义者。这批人后来无法忍受苦行生活，纷纷离去。杰罗姆在失望之际到东方旅行，在安提阿加入正在兴起的苦行修道生活。在安提阿期间，他突然身患重病。病中，他相信基督亲自向他显现，指责他热衷

---

① 赵敦华：《基督教哲学1500年》，264页，北京，人民出版社，1994。

② [美]威利斯顿·沃尔克：《基督教会史》，孙善玲、段琦、朱代强译，200页，北京，中国社会科学出版社，1991。

于希腊罗马经典的研究，此后便转而研究《圣经》，学习希伯来文。373—379年，他在离安提阿不远的地方隐居。379 年，杰罗姆在安提阿被任命为长老，此后来到君士坦丁堡，结识了尼萨(Nyssa)的格里高利和纳西盎的格里高利，并在纳西盎的格里高利门下学习。382 年，他前往罗马，并赢得教皇达马苏斯(Damasusl，304—384)的信任和支持，任教皇的教务秘书。在罗马期间，杰罗姆越来越热衷于隐修生活，并四处宣讲隐修生活的功德。不久，他就拥有了一大批追随者。与此同时，他也树敌不少，甚至神职人员中也有人反对他，因为隐修主义当时在西方世界尚不流行，也因为其在争论中从不饶人的个性。达马苏斯死后，杰罗姆在罗马的地位岌岌可危。385 年，他退居安提阿。不久，罗马有一批受他讲道影响而实行独身隐修的人，在贵妇人葆拉(Paula)带领下追随他到达安提阿。杰罗姆带领他们穿越巴勒斯坦，到达埃及，参观了当地主要的隐修院。386 年，他们回到伯利恒。在这里，葆拉建造了几座女隐修院和一座男隐修院。杰罗姆任男隐修院的院长，并致力于《圣经》的研究和翻译工作，直到 420 年去世。

在杰罗姆任教皇教务秘书期间，鉴于当时流行的一些较为古老的《圣经》拉丁文译本粗糙、讹误较多等弊病，教皇建议杰罗姆重译。约 388 年，他完成了《圣经·新约全书》的拉丁文译本。391—404 年，在安提阿犹太朋友的帮助下，杰罗姆将《圣经·旧约全书》从希伯来文译成拉丁文，定名为《通俗拉丁文本圣经》(Vulgate)。1546 年，该译本被托兰特宗教会议定为天主教会唯一的标准译本。杰罗姆的《圣经》翻译工作对拉丁文法、语言的发展产生了广泛的影响。[1] "对西方文明而言，杰罗姆的《圣经》翻译是一项无价的功绩。"[2]鉴于他对教会的贡献，罗马教会封其为"博士"，又赠给他"圣徒"

---

[1] James Bowen, *A History of Western Education*: *Vol.one*, New York, Palgrare Macmillan, 1986, pp.268-269.

[2] [美]朱迪斯·M.本内特、[美]C.沃伦·霍利斯特：《欧洲中世纪史》，杨宁、李韵译，26页，上海，上海社会科学院出版社，2007。

的头衔。

如何看待世俗学问，是中世纪早期教父和教育家探讨的主要问题之一。杰罗姆对古希腊罗马的学术和文化基本上持否定的态度，认为世俗学术是一种异教文化，与基督教教义是相违背的，对世俗学术的学习将阻碍信仰的形成。与此同时，他又表现得自相矛盾。青年时代，杰罗姆跟随多纳图斯学习修辞学和哲学。皈依基督教后，他决定与世隔绝，但随身携带了许多古典书籍，在沙漠孤寂的隐修生活中，在悔恨自己的罪孽时，通过对古典著作的阅读使内心得到了安慰。他说："我是不幸的人，我禁食，攻读西塞罗的著作了，度过了多少不眠之夜和流了无数的辛酸之泪。在想了我的罪孽之后，我开始读浦劳图斯(Plautus)的剧作。如果一直在回想往事，并试图读各种预言书，它们的简单拙劣的文体立刻引起我的反感。"①但是虔诚的信仰又使其内心深感不安。他陷入了幻想之中，做了个梦。他梦见自己已经死去，被拖到最高审判者(上帝)面前。当被问及自己的身份时，他回答自己是名基督徒。而审判者却说：你撒谎，你不是基督徒，你是西塞罗信徒，你的财富在哪里，你的心便在哪里。② 在梦中，杰罗姆受到了惩罚。从此，他再也不看渎神的著作了，并以极大的热情投身于《圣经》的学习之中，还力劝别人效仿之。他曾多次表示，假如再收藏或阅读异教著作，便犯下了否定上帝之罪。杰罗姆虽然如此信誓旦旦，但是在写的书信中，仍不自觉地引用希腊罗马作家的作品，在为修道院开设的课程中，又把文法和诸如浦劳图斯、特伦斯(Terence)和维吉尔(Virgil)等人的作品(主要是维吉尔的作品)列入其中。对于这种情况，英国教育史家博伊德和金评价："教会尽管在政治上得势，到四世纪结束时，仍没有一个明确的教育政策，几乎还是停留在二世纪结束时的水平。教会对异

---

① [英]博伊德、[英]金：《西方教育史》，任宝祥、吴元训译，88页，北京，人民教育出版社，1985。

② 赵敦华：《基督教哲学1500年》，267页，北京，人民出版社，1994。

教的学问仍然不信任，仍然不能提出任何实际的可供选择的办法。即便象耶乐姆(Jerome，即杰罗姆——引者注)和奥古斯丁这样最伟大的基督教思想家，对此也无所抉择。他们为求得美术和虔敬的一致，徒然奋斗一生，从未摆脱文学和修辞学在生活中的地位这一问题上普遍存在的思想混乱。"①他们甚至认为，那些在基督教早期皈依基督教的学者，往往表现得三心二意，在口头上、形式上表现出赞美上帝，信奉基督教的教义，强调《圣经》的权威；而在内心、在骨子里，却又表现出了对异教文化的欣赏，甚至陶醉，他们往往处于这种分裂的人格中不能自拔。

杰罗姆学识渊博，文化功底深厚，精通拉丁语、希腊语、希伯来语，一生著作甚丰，涉及历史、哲学、教会史、神学、《圣经》的注释和评述及其翻译等诸多方面。他的教育思想散见于他的 126 封书信之中，其中较为重要的是《致莱塔的信——论女子教育》和《致戈登修斯书》。

杰罗姆的教育思想源于其隐修观。他接受了罗马帝国神学家、拉丁教父德尔图良的基本思想，认为灵魂是神的圣殿，其核心概念是对神的敬畏，为了使灵魂能真正地从属于神，必须得到充分的修炼与教育。他说："因此，将要成为神的圣殿中的灵魂的，必须受到教育。除了属于畏惧上帝的事以外，她必须听不到任何别的东西，也不说任何别的东西。必须不懂任何不洁的言语，对世俗的诗歌毫无所知。当她的舌头还柔软的时候，必须沉浸在赞美诗的甜美之中。"②鉴于此，人必须注重内在生活和内在精神的发展，充分发展人与生俱来的善性和神性，净化灵魂，最终使灵魂得到拯救。

(一)论知识教育

杰罗姆认为，教育包括知识教育和道德教育两个方面。杰罗姆的智育思

---

① [英]博伊德、[英]金：《西方教育史》，任宝祥、吴元训译，88 页，北京，人民教育出版社，1985。

② 任钟印：《世界教育名著通览》，108 页，武汉，湖北教育出版社，1994。本书中，把杰罗姆的信译为《致丽达书》。

想主要以当时罗马帝国学校教育的常规为出发点。

他认为，第一，知识教育应从教育儿童学习拉丁字母开始。他建议："给她一套用黄杨木或象牙做成的字母，叫出每个字母的名称。……不仅要她掌握字母的原有顺序，务必使她按字母的名称编成韵文，而且要改换字母的顺序，……使她既能根据形状又能根据发音认识这些字母。此外，一旦她开始用铁笔在蜡块上写字，而她的手还颤抖不稳的时候，既可以用手把着她的柔嫩的手指教她写字，也可以把简单的字模刻在木板上，这样一来，她的努力被规范在这些限定的笔画以内，循着为她刻出的线路去写，而不致偏离线路的沟纹。"①另外，为了使儿童更好地掌握字母的拼写，杰罗姆主张以《圣经》中的各种预言书的作者、使徒和一系列主教的名字为工具，让儿童通过牢记这些人名来掌握拼写的方法和规则。这种方法既能训练儿童的语言，又能使其记忆力得到发展。

第二，拼写的目的在于发展阅读能力。杰罗姆对语言教学极为重视。他认为，对于基督徒来说，阅读《圣经》是非常重要的。而要阅读《圣经》，希腊语、拉丁语的学习是必不可少的。语言学习是通往《圣经》的桥梁。他建议，语言教学应从希腊语开始，然后再教授拉丁语，"让她背熟很多希腊文的诗句，但也要教给她拉丁文的诗句。因为，如果她的柔嫩的嘴唇没有从一开始就惯于说拉丁语，她的口音就会被外国语的发音弄糟，她的本国语就会因外国语的影响而降低水平"②。阅读教学的内容应以《圣经》和早期教父的作品为主，对其他人的作品要加以判断，不能盲从。他说："要让她从学习《圣经》中的《诗篇》开始，然后从所罗门的《箴言》中收集人生守则，让她从《传道书》中的传道者那里养成鄙弃今世人生及其空虚的习惯，让她遵循《约伯记》中树立

① 任钟印：《世界教育名著通览》，108页，武汉，湖北教育出版社，1994。
② 任钟印：《世界教育名著通览》，109页，武汉，湖北教育出版社，1994。

的关于德行和忍耐的榜样，然后让她转到学习福音书，一旦在手，永不释卷。"①此外，杰罗姆提出还要让基督徒心甘情愿地陶醉于《使徒行传》和使徒书信，进而记诵《预言书》和《创世纪》等，力求避开伪经作品，即使阅读也应注重其中包含的教义的真理性而不是所述的奇迹，"需要特别审慎地从沙里淘金"②。赛普里安(Cyprian)的著作、阿萨那修斯(Athanasius)的书信集和希拉利(Hilary)的论文，可以通读而无须担心失足。总之，"凡是对信仰应有的关心没有受到忽视的书籍，让她以所有这些书籍的作者的著作和才智为乐"③。

第三，强调手工劳动的价值。杰罗姆主张随着女孩年龄的增长，还要教她纺毛线、使用绕线杆、把杆子放在膝上、转动纺轮、用大拇指捻纱。手工的价值在于能够满足自身御寒遮体等基本需要，以免去追求华丽的奢侈品。

第四，强调教师的慎重选择。杰罗姆认为，早期印象是难以从头脑中根除的，会影响人的整个一生，为人父母者不应当轻视无关紧要的小事，没有小事则难以成大事。为了防止儿童从小就形成既影响其谈吐又影响其人品的旧习惯，必须挑选一位有教养，在年龄、为人处世和学识上都值得赞扬的教师，因为"初步的基础知识出自一个有教养的人的口和出自一个没有教养的人的口是不相同的"④。

第五，教学应着重于奖励和鼓励，以便使学习成为快乐的事情，激发儿童的学习兴趣。他说："拼音拼得好就给以奖励，以这个年龄的儿童所喜爱的小礼物引导她继续前进。她要有学习上的同伴，以激发她的竞争心。使她在看到别人受称赞时受到激励。如果她学习进步缓慢，你不应责骂她，而是应

---

① 任钟印：《世界教育名著通览》，110 页，武汉，湖北教育出版社，1994。
② 任钟印：《世界教育名著通览》，110 页，武汉，湖北教育出版社，1994。
③ 任钟印：《世界教育名著通览》，110 页，武汉，湖北教育出版社，1994。
④ 任钟印：《世界教育名著通览》，108 页，武汉，湖北教育出版社，1994。

当运用奖励，以激发她的头脑，……最要紧的是你必须注意不要使她的功课变得索然无味，否则，她在孩提时代就抱有的对功课的厌恶，会一直继续存在到她成年以后的时期。"[1]如果教学中采用奖励等方法，"她的功课对她就成了一种快乐而不需要任何强制"[2]。

(二)论道德教育

杰罗姆认为，在儿童教育中，道德教育比知识教育更为重要。杰罗姆的道德思想受东方教父隐修思想的影响较大，主张将培养谦卑、服从、朴素、贞洁等品质作为道德教育的核心，最终达到对神虔敬的程度。在道德教育方法上，杰罗姆的主张如下。

首先，应实行禁欲，以控制乃至消除各种欲望。为此，他主张儿童服饰和装饰要符合将来的身份，既不能戴耳环、涂脂抹粉，也不能戴项链和宝石，不能和父母同桌共餐，以避开有诱惑力的东西，这是一种更安全的自制；绝对禁止饮酒是危险的，但不要过量饮酒；食肉应是被允许的，以免其身体虚弱，但不能自我放纵；等等。

其次，注意对儿童良好行为的培养。未婚少女除非有母亲的陪伴，否则不要让她自由地在公共场合出现，或去参观教堂、殉难者的圣殿，以防止误入歧途。未婚少女的全部快乐应当在于其居室之中。

再次，注意父母及其同伴等周围人的行为影响。杰罗姆认为，儿童易于模仿以及具有可塑性，"你向哪个方向指引她，她就会被引向那个方向"[3]。因此，未婚少女只应与女孩子交往，对男孩子的事情应一无所知，绝不应该注视小伙子。身教胜于言教，父母应是行为庄重的人，并应成为孩子的楷模。"她所选择的游戏同伴不应当是浓妆艳抹的、歌声婉转的女孩，而应当是素

---

① 任钟印：《世界教育名著通览》，108 页，武汉，湖北教育出版社，1994。
② 任钟印：《世界教育名著通览》，111 页，武汉，湖北教育出版社，1994。
③ 任钟印：《世界教育名著通览》，111 页，武汉，湖北教育出版社，1994。

净、庄重、衣着淡雅、神情抑郁的女孩。让她以某些年长的，在虔信、人品和贞洁方面备受赞扬的、善于以榜样和言辞教育她的老处女作为楷模。"因为，"鲜花凋谢得很快，一阵妖风立刻就会使紫罗兰、百合花和藏红花枯萎"。①

最后，寓道德教育于知识学习之中。杰罗姆建议，通过对先知、使徒、主教以及教父的著作和品德的学习，尤其是通过对《圣经》的阅读和学习，培养儿童的基督教道德品质。他说："要她把从《圣经》中摘取的精华交给你，使这成为她每天的任务。"②"在她长大以前应当能背诵赞美诗和所罗门之书；福音书、使徒书和预言书应当成为她心中的宝藏。"③

综合上述，杰罗姆的教育思想反映了罗马帝国末期，奴隶制社会土崩瓦解、基督教成为国教以后教育观发展的状况，表现出了由古代教育向中世纪教育过渡的特点。第一，古典学术急剧衰落，基督教迅速壮大并成为文化的中心；第二，教育已被宗教神学渗透，培养学生皈依上帝、使世俗文化为神学服务成了教育的最终目的，《圣经》成为主要教材；第三，古代希腊罗马培养人积极参与社会生活的教育已被与世隔绝的修道生活取代，基督教道德代替了世俗道德，宗教教规成了标准的行为规范；第四，古代世界的教育方法尤其是昆体良的教育方法受到杰罗姆的重视，这体现了基督教教育家对古代教育精华的态度；第五，手工劳动已被列入教育内容，这是进入中世纪以后修道院生活的范本；第六，杰罗姆提出的重视早期教育、教育不要忽视小事、要使学习成为轻松愉快的事情、注意教师和同伴的选择、身教重于言教、要多用正面的鼓励、激起竞争心理等，都具有积极的意义。杰罗姆的教育思想影响西方教育达 1400 年之久，他关于女子教育和儿童教育的论述被整个中世纪作家广泛引用。

---

① 任钟印：《世界教育名著通览》，109 页，武汉，湖北教育出版社，1994。
② 任钟印：《世界教育名著通览》，109 页，武汉，湖北教育出版社，1994。
③ 任钟印：《世界教育名著通览》，111 页，武汉，湖北教育出版社，1994。

第五节　奥古斯丁的教育活动、教育思想及其影响

奥古斯丁是古罗马帝国后期基督教思想家、教育家，早期基督教教父。他在基督教神学的系统化、教父哲学完整体系的形成以及教会教育思想和体系的构建上都做出了重要贡献，其著述涉及哲学、宗教、伦理、教育等诸多方面。奥古斯丁的思想体系很快发展成为奥古斯丁主义，成为基督教哲学的指南。他的教育思想奠定了欧洲中世纪教会教育的基础。

一、奥古斯丁的教育活动

奥古斯丁于354年生于北非的塔加斯特（Tagaste），即今阿尔及利亚的苏克阿赫勒斯城。母亲莫妮卡（Monica）出身于罗马贵族家庭，知书识礼，温柔善良，富有耐心，是个虔诚的基督徒；父亲巴特里奇（Patricius）生活散漫，脾气暴躁，是个异教徒。据奥古斯丁回忆，他的家庭并不富裕，父亲是个普通市民，但望子成龙，甚至不顾家庭的经济状况，想方设法让他上学，以求取功名、光宗耀祖。正因如此，奥古斯丁自幼便受到了良好的异教教育，为其以后基督教神学哲学思想、教育思想的产生以及传教活动奠定了良好的基础。

奥古斯丁从7岁开始便在本城的启蒙小学上学，学习拉丁文和初等算术，同时学习希腊文。他自称从小就调皮捣蛋，不爱学习，喜欢玩耍，时常逃学游荡，但想到老师的鞭打，又不敢不学习。后来在谈到自己学习外文时，他声称自小就痛恨希腊文，但拉丁文的学习却是在"不受磨折地，在乳母们哄逗下，在共同笑语之中，在共同游戏之时，留心学会了"[①]。

奥古斯丁12岁时去附近马道拉城（Madauras）的文法学校学习文法，对诗歌产生了兴趣。他赞同荷马的诗篇，尤其喜爱拉丁诗人维吉尔的作品。他在

---

① ［古罗马］奥古斯丁：《忏悔录》，周士良译，18页，北京，商务印书馆，1997。

16 岁结束文法学校的学业后，由于家庭经济拮据，无法实现去迦太基攻读修辞学和哲学的愿望，因此在家里闲荡一年。

奥古斯丁 17 岁时父亲去世，家庭生活更加困难，但母亲仍希望儿子继续深造。在亲朋好友的资助下，奥古斯丁来到迦太基攻读修辞学和哲学。他虽然受当时社会风气的影响，沾染上了任性放荡的恶习，但抱着一种成名成家的愿望，有着强烈自尊心和虚荣心，在雄辩术学校中学习常名列前茅。他按照学校规定的课程，学习西塞罗的著作，研究修辞学，希望能练出出众的口才。与此同时，他又对照基督教的《圣经》，开始探讨罪恶的性质和起源问题。

374 年，奥古斯丁结束学业，回到故乡任文法教师。375 年，他去迦太基教授雄辩术。此间，奥古斯丁为了满足求知欲，继续研究学问，阅读了柏拉图和新柏拉图主义者的著作，发现摩尼教学说并非他原先想象的那么理想和真实，甚至不及希腊神话，于是对摩尼教的信仰产生了怀疑和动摇。在 380 年前后，奥古斯丁写出了自己的第一部著作《论美与适宜》(*Beauty and Proportion*)。这本书针对摩尼教的罪恶起源理论，驳斥恶为原则和实体的观点，力图论证善的绝对性。383 年，摩尼教的主教孚斯德(Faustus)来到迦太基，奥古斯丁要求他解答善恶为何要永远争战，孚斯德的解释又无法让他满意。至此，奥古斯丁开始抛弃摩尼教另找其他学说，以寻求关于善的真正答案。

383 年，在朋友的劝说下，奥古斯丁不顾母亲的反对来到罗马，在罗马招收学生，教授雄辩术。岂料，罗马的学生为了赖交学费，串通一气，在好几位教师那里穿来穿去听课。对学生的这种行径，奥古斯丁痛斥他们"钱财重于信义，以致不惜违反公道"，简直是一群狐朋狗党。正值困惑和烦恼之际，米兰来人聘请雄辩术教师，奥古斯丁立即写了一篇演讲稿，向罗马市市长提出申请。384 年，他赴米兰任教，在授课之余，还去聆听了米兰大主教、当时基督教教父安布罗西(Ambrosius, 333—397)的讲道，并与安布罗西结下了深厚的友谊。自此以后，他在安布罗西大主教的影响下，完全从基督教的观点研究真、善、美。最后，他从柏拉图和新柏拉图主义者的著作中得到启发，懂得在物质世界外寻找真理。

386年秋，奥古斯丁带着母亲以及一些朋友来到米兰郊区一所别墅进行自我反省、闭门思过，并准备接受基督教的洗礼。此间，他主要通过学习柏拉图哲学和《圣经》，研讨善恶的问题。他最终发现，人并没有两个灵魂、两种本性，人只有一个灵魂、一种本性，它就是善。善就是本体，而且源于唯一的善的根源。通过这样的探讨，理性的认识推动他下决心，在生活中远离罪恶。387年复活节，奥古斯丁在米兰接受安布罗西主教的洗礼，正式加入基督教。此后，他与过去判若两人，彻底改变了过去淫荡和贪图名利的生活方式，成了一个清心寡欲的、虔诚的基督徒。

387年秋，奥古斯丁启程赴非洲，途中母亲病故。388年秋，他返回塔加斯特，从事著书立说活动。他将家中所有财产都施舍给了穷人，自己则聚集了一些志同道合的朋友过着清贫的修道生活。

391年年初，奥古斯丁前往希波传教，因卓越的才能和流利的口才为当地主教所赏识，被晋升为神父，又被主教破格录用，授予讲道的资格。此后，他忠心耿耿地为教会事业服务，一方面不辞疲劳地宣讲教义，另一方面夜以继日地著书立说。他在教会的追随者越来越多，影响也越来越大。396年，希波主教去世，奥古斯丁继任希波教区的主教职位。任职期间，他以极大的精力从事著述、讲经布道和组织反对异端等活动，他建立的神学堂吸引了远近各地的主教，他所在的修会成为北非教会的中心，并成为以他名字命名的修会的前身。430年，汪达尔人入侵北非，围攻希波，奥古斯丁于同年8月去世。鉴于他在神学思想和哲学理论上对基督教的贡献，奥古斯丁被教会称为"伟大的教父""杰出的大师""上帝的圣者"，一直受到教会的尊敬。

奥古斯丁生活在古代社会向中世纪社会过渡的转折时期。他目睹了罗马帝国的分裂、衰落，经历了基督教取得统治地位的过程。罗马教会在罗马帝国皇帝狄奥多西一世时期取得了国教的地位，但基督教尚未取得精神上的统治权，仍然面临着来自古代文化传统和异教信奉的原始宗教的挑战，其内部也存在不同派别的斗争。奥古斯丁皈依基督教后，著书立说，致力于神学的理论研究，开始运用柏拉图主义哲学论证基督教教义，把哲学和神学结合，为基督教会建立了一套完善的宗教哲学体系。

二、奥古斯丁的教育思想

(一)教育目的论

奥古斯丁对待基督教经历了从怀疑、背弃到信仰曲折反复的过程，并有了"蒙主召唤"这种体验。在《忏悔录》中，他根据个人的经验，把人的认识看成从低级到高级，最终达到信仰上帝的过程，进而提出了教育目的的主张；通过自我反省的形式告诫青年人，他在生活上之所以远离罪恶，是因为受上帝对自己心灵的启迪，读了《圣经》，皈依了基督教。

根据抑制人性、高扬神性的基本宗旨和教育是一切内心修炼的教育本质观，奥古斯丁提出了教育为教会服务和为神学服务的主张。他在《忏悔录》中用向上帝祷告的方式明确指出："主，你是我的君王，我的天主，请容许我将幼时所获得的有用知识为你服务，说话、书写、阅读、计算都为你服务。"①

奥古斯丁认为，人要想得到拯救，光有信仰是不够的，还要过禁欲的生活。人人都追求幸福、快乐，真正的幸福、快乐是信仰上帝；人人都爱美好的东西，真正美好的东西是至善至美的上帝、上帝的智慧、上帝的道。沉湎于暂时的、可变的、有形的事物，把快乐寄托在这些事物上，就容易堕落，且离上帝越来越远，并最终走上毁灭。因此，"一切学识的最终目的，就是敬

---

① [古罗马]奥古斯丁：《忏悔录》，周士良译，18~19 页，北京，商务印书馆，1997。

爱神，并获得快乐的生活"①。鉴于此，道德教育在教会教育中应居于首位。道德教育的目标是使学生养成虚心、哀痛、温柔、饥渴慕义、怜恤、清心、和睦、为义"真福八端"，培养学生具备宽容、谦虚、热爱真理、正义、爱人、严谨、服从等基督徒的优良品质。当然，从奥古斯丁的经历及其教育思想来看，他希望通过道德教育，一方面使人摆脱现实世界的欲望和享受，用理性克制欲望，使情感服从理性，致力于内心的操持、心灵的修炼，做到清心寡欲；另一方面，使人能够认识到自身的原罪，进而认识到上帝的至善，养成一种为善的习惯，避恶趋善。只有这样，才能培养对上帝的信仰，并得到上帝所赋予的神性，弃恶从善，改邪归正，从而得到拯救，进入一个尽善尽美的世界——"天国"。由此可见，奥古斯丁从根本上把教育目的、道德教育的目标宗教化了。

奥古斯丁的教育目的虽然是以个人向上帝祷告的方式提出的，但是恰恰反映了中世纪早期的文化状况和价值取向的变化，迎合了当时的社会需求。奥古斯丁的教育目的，一方面反映了以古希腊罗马为代表的古典文化以及世俗教育的衰落；另一方面反映了随着基督教势力的扩大，教会对文化教育的垄断已成为必然趋势。此外，作为虔诚的基督徒的奥古斯丁，为了论证基督和《圣经》的神圣性、合理性，创立系统完善的宗教哲学理论体系，提出教育为教会、为神学服务的主张，也是其思想逻辑的必然结果。奥古斯丁的教育目的论为中世纪欧洲的教育奠定了思想和理论基础。

（二）人性论、儿童观及儿童教育

1. 人性论

中世纪早期关于人的自然本性问题归纳起来大致有三种观点。一是摩尼教的观点，认为人是由灵魂和肉体构成的，灵魂和肉体是两个势均力敌、相

---

① 吕渭源、李子健、苏兵民：《中外著名教育家大全》，460页，北京，警官教育出版社，1995。

互平行的独立部分。灵魂代表着光明，肉体代表着黑暗，这两种势力处于永远争战之中。人既是它们斗争的场所，又是它们争夺的对象。二是基督徒的观点，他们持有肉身复活的信念，认为人的肉体是灵魂的寓所，人是包括灵魂的肉体。三是柏拉图主义的观点，认为人的实质是灵魂，肉体只是被灵魂暂时利用并最终被抛弃的工具，缺乏本身的独立性。奥古斯丁既不赞成摩尼教的灵魂和肉体平行的二元论，也不同意柏拉图的肉体缺乏实在性的观点。

奥古斯丁认为，人的本质可归结为理性灵魂，灵魂具有统辖肉体的本性，一个缺乏肉体的灵魂不能为人。他又认为，灵魂和肉体是有主从关系的两个实体，两者的结合是"不相混合的联合"；也就是说，灵魂和肉体的个性即它们的实在性，两个实体结合为人，但都没有失去其各自的独立性。为了深入地说明这一问题，奥古斯丁采用了"双重人格论"，认为每一个人都是一个"外在的人"和"内在的人"的统一。前者是人的外形、表象，即被灵魂统辖的肉体；后者是人的理性灵魂的深处。两者的关系是主人和奴隶的关系。内在的人只是相对的本质，不能离开外在的人(人的肉体)来谈论人的本质。内在的人是不与肉体相混合的灵魂。这使得他得以研究灵魂的本质。这一本质与无形的、永恒的理性相通，是上帝之光的受体、道德实践的主体。奥古斯丁的人的自然本性论表现出了两个方面：一方面主张参照肉体的实体性来解释灵魂，兼顾内外两个方面，反对贬低肉体；另一方面主张在人与上帝的关系中考察灵魂，推崇灵魂的纯洁、贬低肉体的禁欲主义倾向十分明显。

奥古斯丁认为，人是由灵魂和肉体构成的，是上帝的创造物。万事万物作为至善至美的上帝的创造物，必定也是善的，否则，就体现不出上帝的善性了。由此推论，人性最初必定也是善的，正如他所说："没有一个人天生来就是恶的；那些恶人，只是由于浸染了恶习的缘故。"①由此可见，奥古斯丁

---

① 北京大学哲学系外国哲学史教研室：《西方哲学原著选读》上卷，355页，北京，商务印书馆，1981。

把最初的人或人类的始祖看成善的，持有性善论的观点。

但是，奥古斯丁又认为现实中的人的本性都是恶的。那么，人性是如何由善变恶的呢？奥古斯丁认为，上帝初造亚当之时，亚当洁白无瑕，品行端正。但结果是，亚当辜负了上帝的信任，滥用了意志自由，由善走向了恶。更为严重的是，亚当犯罪带来的恶果所造成的"从恶"倾向，不仅毁灭了他自己，而且给他的后代带来了世代遗传的"原罪"。他说："天主，请你俯听我，人们的罪恶真可恨！……因为在你面前没有一人是纯洁无罪的，即使是出世一天的婴孩亦然如此。"[1]在这里，奥古斯丁又把每个人，包括婴孩都说成是恶的，从而又变成了彻底的性恶论者。因为根据他观察，连婴儿都有恶的嫉妒之意：他还不会说话，就面若死灰，眼光狠狠盯着一同吃奶的孩子，不让一个极端需要生命粮食的兄弟靠近丰满的乳源。在《忏悔录》中，他记述了自己童年时的一幕情景："对我的父母以及一些审慎的人不顺从我有害的要求，我发怒，要打他们、损害他们，责罚他们不屈从我的意志……"[2]因此，不能说婴儿本性无辜，完全是一种天生的罪恶。因为他从出生之时已是堕落的人群中的一员了，到了一定年龄时就会情不自禁地犯罪。依此推理，成人的罪恶意识更为强烈，整个人类都是有罪的。

2. 儿童观及儿童教育

奥古斯丁根据其人性论，结合对自己童年经历的理解，讨论了有关儿童教育的问题。

(1)体罚是促使儿童向善的必要手段

奥古斯丁认为，儿童生来都是邪恶的，儿童所表现出来的纯洁仅是肢体上的稚弱，而非本性无辜。他在《忏悔录》中记述，自己童年时喜玩耍、好游戏，但不喜读书，"并且恨别人强迫我读书"，但一想到责打，对课业又不敢

---

① ［古罗马］奥古斯丁：《忏悔录》，周士良译，9~10页，北京，商务印书馆，1997。

② ［古罗马］奥古斯丁：《忏悔录》，周士良译，10页，北京，商务印书馆，1997。

懈怠,"不受强迫,我便不读书",因此,儿童"年龄虽小,但已罪大恶极,确应受惩罚"。① 他认为,自己最终能够皈依上帝,能为上帝和教会服务,是与童年时在责打下所学到的知识分不开的。由此他得出的结论是,没有一种学习是没有惩罚的,戒尺、皮鞭和棍棒确实是制服儿童、涤除其罪恶所必须的物品。

(2)父母对儿童的成长和教育起着重要的作用

奥古斯丁自称,父亲不过是一个普通的市民,家境并不富有,但他望子成龙,不计较家庭的经济力量,愿意担负儿子留学远地所需的费用,使自己受到了可以说是当时最好的教育,而许多富裕的人家都不肯为子女做此打算。奥古斯丁在总结自己的经历时认为,自己早年的游荡行为与父亲是分不开的。父亲作为一名异教徒,只关心儿子学问上的前途,只求儿子能娴于辞令,根本不考虑儿子如何成长,能否保持纯洁。当看到儿子发育成熟时,父亲带着一种醉后的狂喜,津津乐道:"就是这种狂喜使世界忘却自己的创造者,不爱你而爱受造物,这是喝了一种无形的毒酒,使意志倾向卑鄙下流。"②自己最终皈依上帝与母亲是分不开的。母亲作为一名虔诚的教徒、上帝忠实的婢女,时刻关心着儿子的行为和信仰。同样面对儿子的放荡行为,母亲则担心至极,怀着虔诚的忧惧惊恐;同样面对前途,母亲希望的是寄托在上帝身上的、身后的前途,并且认为"传统的学问不仅没有害处,反而为我日后获致你能有不少的帮助"③。当得知儿子信奉摩尼教时,奥古斯丁的母亲伤心欲绝,认为这是奥古斯丁在信仰和精神方面的丧亡,于是禁止他在家中同桌共餐,敦促他尽快改邪归正。

(3)教学应尊重儿童的学习兴趣

奥古斯丁在回忆自己童年学习语言文字时写道:"我自小就憎恨读希腊

---

① [古罗马]奥古斯丁:《忏悔录》,周士良译,15页,北京,商务印书馆,1997。
② [古罗马]奥古斯丁:《忏悔录》,周士良译,28页,北京,商务印书馆,1997。
③ [古罗马]奥古斯丁:《忏悔录》,周士良译,29页,北京,商务印书馆,1997。

文……我酷爱拉丁文"；"为何当时我对于讴歌这些故事的希腊文觉得憎恨呢？的确荷马很巧妙地编写了这些故事，是一个迷人的小说家，但对童年的我却真讨厌。我想味吉尔对于希腊儿童也是如此，他们被迫读味吉尔，和我被迫读荷马一样。读外国文字真是非常艰苦，甜蜜的希腊神话故事上面好像撒上了一层苦胆。我一个字也不识，人们便用威吓责罚来督促我读。当然拉丁文起初我也不识，但我毫无恐惧，不受折磨地，在乳母们哄逗下，在共同笑语之中，在共同游戏之时，留心学会了。我识字是没有遇到也没有忍受强迫责罚，我自己的意志促引我产生概念，但不可能不先学会一些话，这些话，不是从教师那里，而是从同我谈话的人那里学来的，我也把我的思想说给他们听"。①

（4）儿童的知识教学应注重经典

奥古斯丁在《忏悔录》中记叙自己的童年时，为拉丁诗人维吉尔的《伊尼德》中的迦太基女王狄多失恋自尽而流泪；对木马腹中藏着战士、大火烧特洛伊城等很感兴趣；将"一一作一，二二作四"看成一种令人讨厌的歌诀，对天主的死亡不曾流一滴眼泪。"童年时爱这种荒诞不经的文字过于有用的知识，真是罪过。"同时，他又认为，当儿童学会说话时，通过阅读虚浮的文字的确在其中能读到不少有用的字句，"但这些字句也能在正经的典籍中求得，这是稳妥的道路，是儿童们所应走的道路"。②

（5）儿童的学习应该通过实物和实际活动进行

奥古斯丁曾这样记叙他童年时喃喃学语的经历："我的长辈并未用任何系统的方法教我语词，……当他们说出一事物名称，并在说话同时移身于该事物时，我看见并猜到：他们想要反映出的事物被他们发出的声音称呼。他们的意图由他们的身体的动作显示出来。所有人的自然语言是他们的面部表情、眼睛神态、身体各部位的动作，以及表达他们期待、满意、反对或回避的心

---

① ［古罗马］奥古斯丁：《忏悔录》，周士良译，16、18页，北京，商务印书馆，1997。
② ［古罗马］奥古斯丁：《忏悔录》，周士良译，17、19页，北京，商务印书馆，1997。

情和态度的声调。因此，在不断听到位于不同句子的词语的过程中，我逐渐知道它们是哪些事物的符号。在学会说出这些符号之后，我可以表达自己的意志。"①他又说："因为婴儿只有通过从说话的人那里学习语言才能学会说话，难道人们不可以不学习演说艺术，而依靠阅读和学习雄辩家的演讲稿并尽量模仿他们而成为雄辩的演说家吗？……这正如一个想告诉你走路规则的人应该警告你在前脚着地之前不能抬起后脚，然后再详细地告诉你如何活动关节和膝盖一样。他说的对，一个人是不能用任何其他的方法来走路的。但是人们发现按这些动作去走比听这些动作要容易些。"②

(6)教学活动的最终目的或核心乃是激发学生内心的活动

奥古斯丁指出："当内心真理让他们了解到所说事物的真相时，他们高兴、称赞。但是他们不知道他们实际是在称赞学习的人，而不是在赞扬教师……因为在讲话者启发学生之后，学生便迅速地记在心中了，但他们却认为是他们从外部受到讲话者的激励。"③

(三)伦理学与道德教育

奥古斯丁的"原罪论""赎罪论""禁欲论""灵魂不灭论"构成了其伦理学和道德教育的基础。《圣经》说："有信、有望、有爱：这三样其中最大的是爱。"奥古斯丁的伦理学是围绕信、望、爱展开的，其中，他把爱作为首推的美德。他说："就我而言，美德最简单、最真实的定义是爱的秩序。"④爱的秩序是指宇宙万物间永恒不变的秩序，也被称为"神律""永恒律"。

奥古斯丁认为，人的心灵是由知、情、意构成的。心灵的作用在于能够

---

① 张传有：《幸福就要珍惜生命：奥古斯丁论宗教与人生》，36 页，武汉，湖北人民出版社，2001。

② 转引自[英]伊丽莎白·劳伦斯：《现代教育的起源和发展》，纪晓林译，31 页，北京，北京语言学院出版社，1992。

③ 张传有：《幸福就要珍惜生命：奥古斯丁论宗教与人生》，30 页，武汉，湖北人民出版社，2001。

④ 赵敦华：《基督教哲学 1500 年》，171 页，北京，人民出版社，1994。

认识到一个智慧者的存在。但是，奥古斯丁又认为，人并不完全是认知者，单靠道德认知并不能实践道德。道德实践表现为意的活动，因为，"作为一个知者，并不就是一个智者，作为一个有意志者，并不就是一个公正者，但人是能够成为一个智者和公正者，借由领受神的恩典……"①。智者和公正者的养成，必须由道德实践来实现。

奥古斯丁认为，人的理性是可以改变的、有错误的，而神圣的理性是不变的，而且是人人具有的、永恒存在着的，是一切真理的标准。因此，至真、至善、至美的上帝是道德的源泉和标准，而尘世的一切都是罪恶的。根据这一观点，奥古斯丁综合和归纳了宗教教义中提出的道德要求和古希腊哲学家提出的道德规范，提出了一套比较完整的基督教道德规范——七主德。七主德包括三条神学德目(信仰、仁爱、希望)和四条世俗德目(审慎、节制、坚毅、公正)。七主德既是奥古斯丁道德教育的内容，也是其道德教育的要求。

所谓信仰，是指相信上帝的存在，相信上帝全知全能，相信神会救赎处于罪恶中的人类；同时相信上帝是人类道德现象的最终根源，社会上一切道德规范都出自上帝的指令。就是说，信仰乃是行为主体幸福的源泉。

所谓仁爱，是基督教伦理思想的基本原则，是指在爱上帝的同时，也爱上帝的创造物，即人类。为了更好地说明仁爱，奥古斯丁提出了"正当"和"有用"两条价值标准。他认为，正当是为自身缘故而欲求的东西，有用是为其他事物缘故而欲求的东西。两者的价值不同，需要不同对待。正确对待正当的东西的方式应该是享用，正确对待有用的东西的方式应该是使用。享用和使用分别指精神生活和物质生活两种生活方式。享用的对象是正当的东西，但同样是可欲的对象，不过，对它的欲望不是肉体的官能需要，而是心灵的渴望与追求，即心灵的正当欲望追求理智的美丽。使用的对象是物质生活资料，

① 转引自史静寰、李淑华、郭法奇：《外国教育思想通史》第三卷，87页，北京，北京师范大学出版社，2017。

使用并非为了肉体的满足和享受。与此相联系的是,奥古斯丁区分了"清心"和"贪心"。他指出:"清心是对造物主的爱,贪心是被造物对自身的爱。"①奥古斯丁的仁爱观主要是指个人对神圣精神境界的热忱追求,对物质、身体的爱好必须服从对精神、神圣对象的爱戴,人类只有在爱上帝中才能表现出爱真理,这便是他把仁爱作为主要德目的原因。

所谓希望,是指对神以及神创的来世"天国"生活的希望和憧憬。他说:"永生是至善,永劫是极恶。"②至善的永生在现实世界是不可能实现的,人类只能希望蒙神恩,"应该耐心忍受"现世的罪恶,祈祷在天国过上幸福生活。

所谓审慎,是指把所有的注意力放在善恶的鉴别上,以求使一个人对于企求的与所避免的事物不会有错误发生,即趋善避恶。③

所谓节制,是指永久地和自己内心的恶习——肉欲做斗争,因为"只有肉体停止与心灵违抗,然后我们自身才没有恶习",即要以禁欲主义来实现宗教道德。他又认为,人类要阻止肉欲是很困难的,也许是不可能的,必须靠上帝的帮助。他说:"让我们靠上帝的帮助去阻止灵魂屈服于和它相违逆的肉体。"

所谓坚毅,是指"被迫去忍受生活中的种种不幸"。痛苦是人类罪恶的必然结果,是上帝对人的考验,因为不幸而结束自己生命是没有毅力和勇气的表现。对于痛苦,不能回避,只有忍受。

所谓公正,是指使每个人尽其天职,即"要使肉体归顺于灵魂,灵魂归顺于上帝"。

综观奥古斯丁提出的基督教道德规范,可以说突出地表现出了禁欲主义的主题:能禁欲的进"天国",纵欲的只能留在尘世。因此,一个理想的、有

---

① 张传有:《幸福就要珍惜生命:奥古斯丁论宗教与人生》,82 页,武汉,湖北人民出版社,2001。

② 周辅成:《西方伦理学名著选辑》上卷,355 页,北京,商务印书馆,1987。

③ 周辅成:《西方伦理学名著选辑》上卷,357 页,北京,商务印书馆,1987。

道德的人，就是一个虔诚的、品质优良的基督徒。

奥古斯丁以对神圣精神的追求为目标，叙述了有关伦理道德教育的措施和方法。第一，人类内心向往的必须是完美的善，必须符合神的旨意和意志。第二，道德行为必须以戒律为准绳，即不可荒宴酗酒，不可好色邪荡，不可竞争嫉妒，应当爱戴耶稣基督，勿纵肉体私欲。第三，道德行为的核心是顺从、服从神的指示。服从的对象首先是神或上帝，然后是对地上权威的服从。因为人世间君王的权威来自神的权力，是神的旨意的体现，因此服从君王就包括对神的服从。服从君主，一是要安分守己，不做越轨之事，不有非分之想；二是更高层次的要求，即内心的顺服，而不是表面上的顺服。第四，慎重交友。他在《忏悔录》中多次提到偷梨的事，一方面在于说明这是由缺乏正义感、享受犯罪的乐趣所致；另一方面认为这是由害人不浅的友谊、不可思议的思想所致。如果是他独自一人，那么他决不能做这种事。他进而告诫人们不要与品行不端的人混在一起，否则容易犯罪。第五，人与神的沟通和交流，是经过祈祷、忏悔，以及德行上的谦虚与敬爱神而实现的。

(四)认识论和教学思想

1. 知识论与知识教育

从上帝即真理出发，奥古斯丁论证了《圣经》的神圣性和权威性。他说："规则除了写在被我们称作'真理之光'的书上还能在哪里呢？一切真理的规则被铭刻在这里；并且从这里被移植到正直的人的心灵。但是，这种转移是无形的，正如印章的图形被压在蜡上而无损于图章自身，这些规则在人的心灵上留下自身的印记。"他又说："谁认识真理，即认识这光，谁认识这光，即认识永恒，惟有爱才能认识它。"[①]鉴于此，学习《圣经》时，必须绝对服从其中的教诲，即便其中有晦涩难解之处，也不允许有丝毫的怀疑和独立判断，只能绝对地、无条件地服从。

---

① 赵敦华：《基督教哲学1500年》，148~149页，北京，人民出版社，1994。

奥古斯丁虽然强调《圣经》的权威性，但并不一概排斥世俗的学术和文化，而是认为世俗学术中的一些知识不仅有助于传播教义，而且有利于培养信仰。他说："修辞学既然对坚持真理或反对谬误都有用，谁敢说体现在真理辩护人身上的真理在反对谬误时(会)解除武装呢？例如，那些力图说服人们什么是谬误的人，应当知道如何提出问题，以便使对方进入一种友好的或注意的或愿意受教的精神状态，而同时真理辩护人却又不知道这种艺术，有哪个愚蠢的人会认为这是明智的呢？"①他又说："如果那些被称为哲学家的人，特别是柏拉图主义者说了一些确实为真的、与我们的信仰相一致的话，我们不应该害怕，而要把这些话从它们不正当的主人那里拿过来，为我们所用。"②

从其对古典文化的态度出发，在世俗知识中，奥古斯丁更为注重"自由学科"。他认为通过文法、修辞、辩证法、几何、音乐、算术、天文等学科的学习，既可以使学习者通过比较、判断，学习到其中所含有的真理、道德规则和正确的论点，又有助于认识永恒的存在，认识上帝的至真、至善、至美。在自由学科中，奥古斯丁最重视修辞的学习和雄辩才能的教育与训练。他认为，只有掌握修辞与雄辩艺术，人们才能更好地赞美、歌颂上帝，宣传基督教的信仰，批判和驳斥各种异端邪说或世俗文化，说服对基督教仍心存疑虑甚至敌视基督教的人们，从而有助于基督徒更好地坚持真理，并能够忠心耿耿地为教会服务。此外，奥古斯丁还非常重视拉丁语的学习和语法训练，认为对语法规则的遵守，既有利于遵守天主的律法，又有助于对《圣经》有深刻的理解，还能在法庭上诉讼时进行正确的辩论。

奥古斯丁并不认为一切世俗知识都是有用的，都是应该学习的。首先，他反对的是自然科学。他认为一切有关客观事物的知识都是"虚妄的知识"，

① [英]博伊德、[英]金：《西方教育史》，任宝祥、吴元训译，98 页，北京，人民教育出版社，1985。

② 赵敦华：《基督教哲学 1500 年》，142 页，北京，人民出版社，1994。

人类对自然界奥秘的探究不仅毫无用处，而且会导致对上帝的大不敬，因为他们心中没有上帝。其次，他反对史诗、悲剧和喜剧等作品，认为这些作品的内容都是荒诞不经的东西，阅读这些作品应该受到惩罚。最后，他认为音乐的学习应该有所节制，因为音乐是感性的，不应该超越理性。

奥古斯丁主张应根据有用和有害的原则，以基督教原理为价值标准，重新编写各科教科书。他亲自编写了逻辑学、修辞学、几何、音乐、算术和哲学等学科的入门教材。

2. 认识论与教学

奥古斯丁认为，上帝是无须证明的客观存在，是绝对的真理，是无限且永恒不变的存在。那么，人是如何认识上帝的呢？

奥古斯丁从柏拉图主义的知识等级观念出发，把人们获得知识的能力分为感觉和理性两种。感觉又分为以身体为感官的外感觉和以心灵为感官的内感觉。人凭借外感觉把握外界有形事物，凭借内感觉把握外感觉，凭借理性把握内感觉和外感觉，或者说，用理性对感觉的内容进行判断。这样，有形事物—外感觉—内感觉—理性构成了一个由低级到高级的等级。他说："很明显，有形事物被身体感觉所感知，身体感觉不能感觉自身；内感觉不但可以感知被身体感觉所感知的有形事物，而且可以感知身体感觉自身；理性却认识所有这一切，并且认识自身。因此，理性拥有严格意义上的知识。"[1]因此，一切有理性的人都或多或少地拥有真理。但是，只有那些信仰上帝的人才能把真理之光的印记集合起来，使这些最初是模糊的印记成为清晰、完整的观念，从而形成对上帝的认识。

奥古斯丁认为爱有两种：对尘世间美好事物的爱和对"天国"中上帝的爱。他认为人的感官可以认识万物，可以体验到尘世间一切美好的事物，但无法感受到上帝。只有对上帝的爱，才有光明，才有真理。如何去爱上帝呢？他

---

[1]　赵敦华：《基督教哲学1500年》，147页，北京，人民出版社，1994。

认为只有反求诸己，从自己的灵魂入手，才能实现对上帝的爱。他说："你究竟在哪里？……我暗中摸索于倾斜的坡路上，我在身外找寻你，我找不到'我心的天主'。"①于是，"这样我逐步上升，从肉体到达凭借肉体而感觉的灵魂，进而是灵魂接受器官传递外来印象的内在力量，也是禽兽所具有的最高感性。更进一步，便是辨别器官所获印象的判断力；但这判断力也自认变易不定。因此即达到理性本身，理性提挈我的思想清除积习的牵缠，摆脱了彼此矛盾的种种想像，找寻到理性所以能毫不迟疑肯定不变优于可变，……最后在惊心动魄的一瞥中，得见'存在本体'"②。"你指示我反求诸己，我在你引导下进入我的心灵，……我用我灵魂的眼睛——虽则还是很模糊的——瞻望着在我灵魂的眼睛之上的、在我思想之上的永定之光。……这光在我之上，因为它创造了我，我在其下，因为我是它创造的。谁认识真理，即认识这光；谁认识这光，也就认识永恒，惟有爱能认识它。"③那么，爱又是如何认识上帝的呢？"我爱上帝之时，我究竟爱的是什么？我灵魂之上的上帝是何人？我的灵魂将使我升入上天和上帝到一起。我将超越那股贯穿全身，使我神形归一的那股力量，我不能凭借那股力量找到上帝，……然而我身上还有另一种力量，不仅使我生长，而且使我感觉得到上帝创造并赋予我的血肉之躯，这股力量使双目不听而视，使双耳不视而听，使其它所有的感官均各得其所，各尽其职，通过各种不同的官能，我一个人从事各种活动。"④就是说，因反求诸己实现了对上帝的爱，上帝赋予人以超越自我的力量，人才认识了上帝，获得了真理。

奥古斯丁认为，人对真理的认识又是同对自我的认识分不开的。上帝赋

---

① [古罗马]奥古斯丁：《忏悔录》，周士良译，91 页，北京，商务印书馆，1997。

② [古罗马]奥古斯丁：《忏悔录》，周士良译，131 页，北京，商务印书馆，1997。

③ [古罗马]奥古斯丁：《忏悔录》，周士良译，126 页，北京，商务印书馆，1997。

④ [美]A. 弗里曼特勒：《信仰的时代——中世纪哲学家》，程志民等译，24 页，北京，光明日报出版社，1989。

予人超越自我的力量，使人既认识了上帝又认识了自我，使二者统一了起来。对真理的认识就是在这种统一中进行的。由此，他进一步对作为主体的"自我"做了分析，指出人有灵魂和肉体，并对肉体感官的认识作用做了一定程度的肯定，认为外界事物是通过感官而被感知的。但是，他非常强调灵魂、理智的作用，认为"人身的感觉本该伴着理智，驯顺地随从理智，仅因理智的领导而被接纳"①，绝不允许感觉超越理智而自为领导。因为感觉易为物欲所蒙蔽而成为其附庸，这样人就不能认识上帝，也就不能认识真理。只有灵魂，才能"对无声无形的天主，能从他所造的万物而心识目睹之"②。灵魂给肉体以生命，上帝是灵魂的生命。因此，认识上帝，获得真理，必须以上帝的启示为依据，通过对上帝的爱使灵魂升华，到达上帝的身边，得到"天启"。

奥古斯丁的认识论还包含对人的认识过程较为细致的心理分析。如前所述，他把人的认识能力分为感觉和理性。记忆是联系这两种能力的中介，在人的认识过程中起着重要作用。他把记忆看成灵魂的府库，那里储藏着无数的影像、概念、知识和情感。上帝赋予人超越自身的力量，使人进入这个府库，从而获得各种知识。他说："超越我本性的力量，拾级而上，趋向创造我的天主。我到达了记忆的领域、记忆的殿廷，那里是官觉对一切事物所感受而进献的无数影像的府库。凡官觉所感受的，经过思想的增、损、润饰后，未被遗忘所吸收掩埋的，都庋藏在其中，作为储备。我置身其间，可以随意征调各式影像，有些一呼即至，有些姗姗来迟，好像从隐秘的洞穴中抽拔出来。有些正当我找寻其他时，成群结队，挺身而出，好像毛遂自荐地问道：'可能是我们吗？'这时我挥着心灵的双手把它们从记忆面前赶走，让我所要的从躲藏之处出现。有些是听从呼唤，爽快地、秩序井然地鱼贯而至，依次进退一经呼唤便重新前来。""在那里，一切感觉都分门别类、一丝不乱地储藏

①　[古罗马]奥古斯丁：《忏悔录》，周士良译，216页，北京，商务印书馆，1997。
②　[古罗马]奥古斯丁：《忏悔录》，周士良译，191页，北京，商务印书馆，1997。

着,而且各有门户:如光明、颜色以及各项物象则属于双目,声音属耳,香臭属鼻,软硬、冷热、光滑粗糙、轻重,不论身内身外的,都属全身的感觉。记忆把这一切全都纳之于庞大的府库,保藏在不知哪一个幽深屈曲的处所,以备需要时取用。""从同一库藏中,我把亲身体验到的或根据体验而推定的事物形象,加以组合,或和过去联系,或计划将来的行动、遭遇和希望……如果没有这些影象,我将无法说话。"①记忆的规则不是来自感觉,"记忆还容纳着数字、衡量的关系与无数法则。这都不是感觉所镌刻在我们心中的,因为都是无色、无声、无臭、无味、无从捉摸的"。这些规则是真理之光被压入记忆体内的痕迹,记忆按照一定的规则区分、排列。记忆体内有两部分内容:一是来自感觉的材料,二是来自真理之光的规则。知识就是两者的结合。他说,"知识"(cogitare)这个词来自"集合"(cogere),"cogitare 一字为理智所擅有,专指内心的集合工作"。所谓集合,指心灵根据规则对感觉材料进行分析、综合,从记忆上升为概念的过程。他说:"概念的获致,是把记忆所收藏的零乱混杂的部分,通过思考加以收集,再用注意力好似把概念引置于记忆的手头,这样原来因分散、因疏略而躲藏着的,已和我们的思想相稔,很容易呈现在我们思想之中。"②

奥古斯丁还认为,人的记忆中或人的心灵中,有着共性、一般、普遍的知识,有着概念、学术方面的知识,其中包括文学、雄辩术、数学、法则等。这些知识都不是从感觉进入人的心灵的,而是人心中所本有的,是上帝所赐予的。人要认识它们,只有凭上帝给予人的"灵魂的眼睛""超自然之光""智慧之光"。对此,奥古斯丁举例证明说,如颜色、声音和气味,肉体的感官能够体验到,可是它们意味的东西或意义本身,"肉体的感官却无法感受,除了我的灵魂之外,别处哪里都看不到。在我的记忆中收集到的不是颜色等的印

---

① [古罗马]奥古斯丁:《忏悔录》,周士良译,192~193 页,北京,商务印书馆,1997。
② [古罗马]奥古斯丁:《忏悔录》,周士良译,196 页,北京,商务印书馆,1997。

象，而是它们所意味的东西本身，这些东西怎样进入我的身体呢？如果它们能说话，请它们回答。我敲遍了我身上每一个门户，没有找到它们的入口处。……那么它们来自何处？怎样进入我的记忆中的呢？我不清楚。因为我获得的知识，不是靠别人的传授，而是来自我自身。对此我深信不疑，并且命令自己妥善保管，以便随意取用……可见这些东西早已存在我的记忆中，不过似乎隐藏得很深，如果不经提醒，一时不可能想起"①。因此，为了获得知识，只需抛弃一切物质的、感性的东西，摆脱经验的世界，接受"自然之光"的照明，进行自我思维。或者说，人们之所以有真正的知识，是因为对自己内心早已存在的概念有认识。基于这种认识论，奥古斯丁认为教学的目的，"在于使学生发现心中已有的真理，而不是去认识客观物质世界。教学活动，就是通过符号、言语、数等，引起学生对其心中已有概念的重新认识"②。

三、奥古斯丁教育思想的影响

奥古斯丁作为一名基督教神学家，其神学体系的建立标志着基督教西派教会"拉丁化"的完成。一方面，奥古斯丁的教育思想反映了西罗马帝国阶级矛盾和民族矛盾十分尖锐的状况；另一方面，奥古斯丁的教育思想是基督教拉丁教会文化的典型，为以后基督教西派教会神学思想的发展奠定了理论基础。它在13世纪以亚里士多德理论改造基督教神学的托马斯主义兴起之前，一直支配着基督教神学与哲学。即使在19世纪末，托马斯主义被列为罗马教会的官方哲学时，奥古斯丁主义依然为新经院哲学家所继承和宣扬。现代法国经院哲学家日尔松（Gieson）对奥古斯丁主义推崇备至，宣称"奥古斯丁的哲学著作，无论从其广度或深度来说，都远远超过早期基督教所有的思想论述，它给后世的影响极其深远。人们到处可以发现它的印迹。它迄今还起着作

---

① 叶秀山、傅乐安：《西方著名哲学家评传》第二卷，341页，济南，山东人民出版社，1984。

② 戴本博：《外国教育史》上，177页，北京，人民教育出版社，1989。

用"。"奥古斯丁主义已经经历了 15 个世纪，谁也不可能预卜其终结。"①

奥古斯丁作为基督教会的教育家，他所提出的以皈依和信仰上帝以及服务于教会为教育目的，以善恶论、原罪说、禁欲主义为道德核心，以《圣经》为中心教材，以经过改造的神学化的"七艺"为课程，以服从、体罚和神秘的内心反省为主要教育方法，构成了中世纪教会学校的指导思想，影响欧洲各国的教育达 1000 多年之久。

奥古斯丁的教育思想对西欧中世纪教育的影响具有双重性。从积极影响来看，他从信仰和理性的关系出发，认为世俗知识可以为基督教信仰所用的见解，为以后的神学家提供了利用和改造世俗文化的榜样。同时，奥古斯丁的神学思想既压制了古代文化中的怀疑、批判精神，又在神学的形式下保存和发展了古代文化中某些前提、原则以及论证和求知的理性方法。这对于处于"蛮族"入侵、古代文化衰落之中的中世纪早期教会致力于保存古典作品，以及教会学校和修道院学校安排教育活动，具有一定的影响，在某种程度上为未来古代文化的复兴提供了条件。奥古斯丁对于基督教教育问题的若干见解为整个中世纪教会教育以及教会教育政策的制定提供了理论依据。从消极影响来看，奥古斯丁的上帝观和《圣经》的权威性、儿童原罪说、爱精神生活的"天国"高于爱物质生活的现世等，无疑影响了中世纪学校盛行的蒙昧主义、禁欲主义、课程设置的宗教性、体罚、机械训练、教会对学校教育的垄断，使教育成为教会的工具。

---

① 叶秀山、傅乐安：《西方著名哲学家评传》第二卷，348 页，济南，山东人民出版社，1984。

第三章

8—10 世纪的西欧社会与文化

对于西欧来说，8—10 世纪并不是其历史上的辉煌时期，但是这一时期发生的历史事件和出现的历史变化，影响了中世纪剩下时间里西方社会的文化、政治和宗教的发展。

从文化的角度来说，融合了罗马文化、日耳曼文化和基督教文化的新的文化——拉丁基督教文化形成了，其中基督教发挥了黏合剂的作用。800 年，罗马城内发生的查理曼加冕礼是统一的拉丁基督教社会形成过程中的一个标志性事件。"在帝国的政治统一并未持久的意义上而言，查理曼的统治被认为是欧洲历史'虚假的开始'。但是在深入研究的基础上，历史学家理解到以查理曼加冕为象征的罗马、基督教和日耳曼的文化的融合，纵使在查理曼死后，亦将成为不可逆转的历史进程。"①

从政治角度来说，这一时期的西欧有了新的政治领导形式。国王的涂油叙职礼赋予王权以神圣性。尽管这一时期的大部分时间和地区，王权羸弱，其权威实际上常常受到其他封建大贵族的挑战，但是神圣王权的理念未曾消失。一些开明的基督教君主出于基督教化的初衷，承担起了学术复兴的领导

---

① ［美］布莱恩·蒂尔尼、［美］西德尼·佩因特：《西欧中世纪史》第六版，袁传伟译，131 页，北京，北京大学出版社，2011。

职责,推动了这一时期(也是中世纪第一次)的文化复兴。由于社会经济基础落后,再加上这一时期西欧经历了来自维京人、马扎尔人和穆斯林新一轮的入侵,因此虚弱的王权推行了封建制度。今天,"封建"一词常被用来表示古旧落后的东西,或者人们把封建制度理解为一批好吃懒做的贵族军阀剥削农民的制度。但是,这种理解是不科学的。封建制度适应了中世纪社会的发展。尽管封建可能导致割据,阻碍统一,但是不可否认的是,封建诸侯国是那个时代最有影响力的政治实体。在封建领地内,这种制度象征着秩序。

从宗教的角度来说,整个西欧及其北部和东部毗邻的地区逐渐实现了基督教化。这一时期的宗教和政治情势使得罗马教皇放弃拜占庭帝国的庇护,转而寻求西欧新兴的基督教王国的护佑。罗马教权与王权的结盟为彼此提供了支持,增强了双方的力量,推动了西欧基督教的传播和宗教上的统一。修道生活被确定为理想的宗教生活方式,训练有素、富有牺牲精神的修士是基督教化进程的主要推动力量,修道院是这一时期宗教和学术的中心,因此这一时期的文化复兴被深深地打上了修道院的烙印。

第一节　早期基督教王国的形成和封建制度的建立

在8—10世纪的西欧以及靠近西欧的北部欧洲和中部欧洲,越来越多的日耳曼部落成为基督教王国。这些王国在继承部落传统的基础上,继承了罗马帝国的政权和行政管理传统。从一开始,这些王国及其君主政体就与基督教会联系在一起,被视为基督教世界的神授机构。"在中世纪国家的发展过程中逐渐形成的加冕仪式中,隐藏着一种神权政治的立宪主义。"①因此,这些

① [英]克里斯托弗·道森:《宗教与西方文化的兴起》,长川某译,86页,成都,四川人民出版社,1989。

基督教王国的形成使西欧乃至北部和中部欧洲有了一种前所未有的政治文化的统一性。不管王朝如何变换，这种统一性延续了下来。除了借助基督教会的力量以教化民众，使用罗马的律法和行政体系来维系统治外，在这些基督教王国内部，一种应对频繁战争之需的新的军事制度——封建制度产生了。封建制度逐渐发展成为一种政治制度、经济制度和社会制度。它的发展也是基督教王国王权不够强大的体现。封建制度一方面潜藏着封建割据与封建战争的风险；另一方面为地方秩序的恢复提供了可能，为中世纪后期统一的、君主专制的封建国家的建立奠定了基础。

一、早期的基督教王国

（一）加洛林王朝

对于西欧来说，8世纪发生的较为重大的历史事件是查理曼（Charlemagne，768—814年在位）创建加洛林帝国（Carolingian Empire）。这个几乎覆盖了整个西欧的帝国促进了西欧各种文化成分——罗马文化、基督教文化和日耳曼文化的混合，进而在欧洲形成了一种新的统一的文化——基督教文化。

加洛林帝国的前身是法兰克人建立的墨洛温王朝。8世纪上半叶，墨洛温王朝王权旁落，加洛林家族实际上世袭了王朝行政长官——宫相的职位，不断扩大力量，并最终成了墨洛温王朝的实际统治者。

查理曼的父亲矮子丕平（Pépin le Bref，741—768年在位）为了取代墨洛温王室，真正成为法兰克人的国王，便寻求教皇扎加利一世（Pope Zacharius Ⅰ，741—752年在位）的支持。751年，矮子丕平在苏瓦松登基，加洛林家族取代墨洛温家族，正式坐上法兰克王国的王位。教皇代表圣卜尼法斯（St. Bonifatins，约675—754）主教施涂油礼。

作为交换，矮子丕平为教皇提供了军事援助。他出兵亚平宁半岛，击败伦巴底人，解除了教皇长期面临的威胁。而且，矮子丕平将战争得来的部分土地赠给教皇,史称"丕平献土"。这块土地后来逐渐发展成为教皇国,由教皇统治。今天,教皇国的残余——梵蒂冈依然是意大利境内一个独立自治的政治实体。"丕平加冕"和"丕平献土"意味着王权与教权的结盟,教皇为加洛林王朝的扩张提供了宗教支持,加洛林王朝为基督教的传播提供了政治支持。

查理曼即"伟大的查理"(Charles the Great)之意,又可译为"查理大帝"。相对于祖父和父亲,查理曼是一个更为成功的政治家和更为卓越的国家领袖。特别是在文化复兴与基督教的传播方面,查理曼明显更胜一筹。艾因哈德(Einhard)在其所著的《查理大帝传》中为我们展现了一位坚毅、有为、节制、虔诚、开明的君王形象。他写道,查理曼是当时统治世界各国的诸王中"最英明、最高尚的国王,从不因为所需要付出的辛劳而拒绝承担或从事任何事业,也从不因为害怕危险而退缩。他了解他所承担或完成的每一件工作的真实性质,因此,他从来不因为失利而受到挫折,也从来不因为侥幸走运而迷失方向"①。

追随父辈的脚步,查理曼继续扩张法兰克王国的疆域。伏尔泰(Voltaire)认为,他是"他那时代中最有野心、最有策略、最为伟大的军人"②。几乎每年春天,他都率领手下的权贵及其扈从军外出征战,并逐渐"发展出以统一和扩张西方基督教世界为目的的战争计划"③。其实,作为"上帝的代理人",以刀剑之武力和基督之精神征服异教徒,一直是查理曼不断发动战争的动机之一。就像本内特(Bennett)和霍利斯特(Hollister)两位学者所说的那样:"查理曼是个人人敬畏的征服者,同时他也知道他为什么要征服:他希望让更多的

---

① [法兰克]艾因哈德、圣高尔修道院僧侣:《查理大帝传》,戚国淦译,13 页,北京,商务印书馆,1979。

② [法]伏尔泰:《风俗论》上册,25 页,北京,商务印书馆,1995。

③ [美]朱迪斯·M. 本内特、[美]C. 沃伦·霍利斯特:《欧洲中世纪史》,杨宁、李韵译,114 页,上海,上海社会科学院出版社,2007。

异教徒皈依基督教，并让已经是信徒的人更好地信奉上帝。"①

800年，加洛林帝国出现在西欧的版图上。这个帝国囊括了今天的法国、比利时、荷兰、卢森堡、瑞士全境，以及奥地利、德国和意大利的大部分地区。这一年的圣诞节，教皇利奥三世（Pope Leo Ⅲ，795—816年）将皇冠戴在查理曼的头上，并施以涂油礼，称他为"罗马人的皇帝"。

查理曼帝国虽然伟大，但是由于统治的政治、经济、社会、文化基础薄弱，因此帝国的生命力是脆弱的。除了查理曼个人魅力之外，没有任何东西可以使帝国维持政治统一，法兰克的贵族们并没有树立建立统一和有秩序的基督教王国的意识。因此，在查理曼去世之后不久，帝国即不可避免地走向土崩瓦解。

843年，根据《凡尔登条约》，查理曼创建的帝国就在其三个子孙手中分为三个国家——中法兰克王国、西法兰克王国和东法兰克王国。帝国实际上不复存在。9世纪，加洛林王朝三面受敌。来自斯堪的纳维亚半岛的维京人、来自南方的穆斯林和来自东部的马扎尔人不断对加洛林王朝发动侵略和袭扰。在内忧外患之下，加洛林诸王国在9世纪晚期和10世纪先后消失了。

加洛林帝国短暂的存在并不能抹去其存在的历史意义和查理曼的历史功绩。简单地说，"他对于基督教国家——基督教世界（Christendom）——的设想激励了后来的统治者们。后世的统治者为了仿效他的统治，将自己的领土命名为'神圣'罗马帝国。加洛林王朝把欧洲作为一个基督教帝国的设想在后来一直主宰着中世纪的政治理论和政治实践"②。

---

① ［美］朱迪斯·M.本内特、［美］C.沃伦·霍利斯特：《欧洲中世纪史》，杨宁、李韵译，126页，上海，上海社会科学院出版社，2007。

② ［美］朱迪斯·M.本内特、［美］C.沃伦·霍利斯特：《欧洲中世纪史》，杨宁、李韵译，126页，上海，上海社会科学院出版社，2007。

(二)其他主要王国

1. 盎格鲁-撒克逊王国

在不列颠群岛，在维京人入侵之下，盎格鲁-撒克逊诸王国一个接一个沦陷，留存的在烈火中壮大。定居下来的维京人——丹麦人，建立了新的王国。

8世纪，在维京人入侵之前，不列颠岛南部处于四个较大的王国分治的状态。这四个王国是北方的诺森伯利亚、中部的麦西亚、东南部的东安格里亚和南部的韦塞克斯。维京人在不列颠岛的攻势一开始所向披靡，一座座作为学术文化中心的修道院和城镇一样遭到攻陷和洗劫。842年，丹麦人占据了伦敦，进而在不列颠岛中部和南部建立了自己的统治区——丹麦法区。直到韦塞克斯国王阿尔弗烈德大帝(Alfred the Great，871—899年在位)出现后，才阻止了维京人在不列颠岛进攻的步伐。

与查理曼一样，阿尔弗烈德也是一位智勇双全的领袖，同时又是一位积极支持学术事业的开明国王。丘吉尔(Churchill)对他有过很高的评价："阿尔弗烈德具有一种崇高的力量，能够使感情不受环境的支配，在大胜或惨败中仍然保持公正的看法，不为艰苦的逆境而气馁，也不因命运的好转而得意忘形，并且对于屡次失信的人仍然信赖。由于这一切，他的形象远远高于同野蛮人进行斗争的动荡不安的战争舞台，在荣誉的顶峰放射着永恒的光华。"①

在维京人的一波波攻击中，许多大修道院遭到破坏，使得英格兰的学术文化严重衰退。阿尔弗烈德像查理曼一样，试图改变这一状况。他敦促民众学习阅读和写作，并亲自或协助他人将一些拉丁文著作翻译成方言。这些重要著作包括罗马教皇格里高利的《牧者的关怀》、比德的《英吉利教会史》以及波伊修斯的《哲学的慰藉》等。

---

① [英]温斯顿·丘吉尔：《英语国家史略》上，萨力敏、林林译，111页，北京，新华出版社，1985。

899 年，阿尔弗烈德去世。尽管作为国王，阿尔弗烈德没有实现统治整个英格兰的愿望，但他仍被视为"英格兰的真正创立者"。丘吉尔是这样描述他对英格兰历史的影响的："他的血缘为英格兰人造就了许多伟大的统治者，他的鼓舞作用为基督教军队频传捷报提供了动力。"①

阿尔弗烈德的儿子爱德华(Edward，899—924 年在位)巩固了父亲的伟业，进而将盎格鲁-撒克逊的各个地区统一为一个王国。10 世纪 50 年代，韦塞克斯王国甚至将英格兰北部和东部的丹麦人控制区置于自己的统治之下。到 10 世纪 90 年代，韦塞克斯国王成为全英格兰的国王。

2. 法兰克王国

根据 843 年的《凡尔登条约》，长子罗泰尔(Lothar，823—855 年在位)继承了由帝国的中央地带构成的中法兰克王国，并保有"皇帝"称号；秃头查理(Charles the Bald，840—877 年在位)继承了以今天的法国为核心区域的西法兰克王国；日耳曼人路易(Louis the German，840—876 年在位)继承了以今天的德国为核心区域的东法兰克王国。西法兰克王国和东法兰克王国不断蚕食中法兰克王国，逐渐转变为近代的法兰西和德意志。

西法兰克王国和东法兰克王国有着截然不同的政治结构。西法兰克王国的大部分领土在历史上处于罗马帝国、墨洛温王朝和加洛林王朝的统治之下，因此在文化和传统上是比较统一的。王国以城市为中心，划分主教辖区，每个主教辖区又分为若干个郡。伯爵是西法兰克王国政治结构中的关键人物。作为王国的附庸，他们的爵位实际上是世袭的，享有很大的独立性。包括卡佩家族在内的封建贵族在与维京人的战斗中不断扩充自己的实力。987 年，卡佩家族的领袖、法兰西公爵休·卡佩(Hugues Capet，约 938—996 在位)成为国王，从而结束了西法兰克王国加洛林王朝的统治。

---

① [英]温斯顿·丘吉尔：《英语国家史略》上，萨力敏、林林译，127 页，北京，新华出版社，1985。

与西法兰克王国不同的是，东法兰克王国的大部分地区并不属于先前的罗马帝国和墨洛温王朝，因此政治、经济和文化上的离散性更为突出。10 世纪，东法兰克王国被五大公国主导，它们是萨克森、士瓦本、巴伐利亚、法兰克尼亚和洛林。每个公爵都野心勃勃，努力扩大和巩固自己的权力。在这些大诸侯的统治下，东法兰克王国的国王成了可有可无的角色。不过，马扎尔人入侵的压力使得东法兰克王国没有因此走向解体。919 年，萨克森公爵亨利一世(Heinrich Ⅰ，919—936 年在位)被诸侯选立为王，东法兰克王国就此步入历史。

亨利一世及其儿子奥托一世(Otto Ⅰ，936—973 年在位)努力强化王权。962 年，奥托一世应教皇的请求，出兵亚平宁半岛，打败不断骚扰教皇的伦巴底人。奥托一世因此被教皇加冕为"罗马皇帝"，这也标志着神圣罗马帝国的建立。教权与王权之间的联盟是新政治秩序得以建立的基石。新帝国在传统上和理想上完全是查理曼帝国式的。奥托一世按照自己的意愿任命王国内的主教和修道院院长，并扩大他们的权力，但同时要求他们以彻底的忠诚和支持来报答自己。教会因此成为神圣罗马帝国君主政治的坚强堡垒。这样，在此后的一个多世纪，神圣罗马帝国一直保持着对封建贵族的强势地位。

在第一个千年结束时，今天的意大利还是一个由诸多小国组成的地区。其北部是神圣罗马帝国的组成部分"意大利王国"，其中许多城市的日常管理实际上掌握在当地的主教手中。亚平宁半岛的中部有几个小国，包括教皇国。半岛南端由拜占庭帝国若即若离地统治着。

二、封建制度

9 世纪到 10 世纪，封建制度①诞生于加洛林王朝，并在 11—13 世纪成为

---

① 封建制度(Feudalism)在史学界是一个复杂的、存在颇多争议的术语。中国封建制度的内涵与西方话语中的封建制度也不尽相同，但是其基本特征是一致的，即封建制度是以贵族统治阶层层层分封、占有土地和农民(或农奴)等财富为基础的社会制度。

西欧一种普遍存在的政治制度、社会制度和经济制度。其具体形式是采邑分封制。

本内特和霍利斯特两位学者认为，西欧的封建制度是"作为应对艰难时世的体系应运而生"①的。蒂尔尼(Tierney)和佩因特(Peint)两位学者认为，这是被逼退到难以生存边缘的西欧人民建立起来的"一种新型的能够挫败未来攻击的政治和军事体制"②。在无法有效统一领导应对外来入侵的状况下，国王们只能依靠分封的地方贵族抵御入侵之敌。这推动了封建制度的产生。

"从根本上讲，封建主义扎根于不同骑兵阶层之间的关系——即领主和封臣之间的关系。和许多别的中世纪制度一样，这种关系也来源于罗马和蛮族传统。罗马人发展出'保护人'制度，一个人可以'保护'许多其他人；法兰克人和其他蛮族则以扈从军的形式将一些人统一在一位武将之下。"③领主将土地作为采邑分给封臣，以换回封臣的服务(主要是军事方面的服务)。墨洛温王朝时，查理·马特推行采邑改革，建立起一套完整的封建等级制度，并以此建立起一支能够战胜穆斯林的、以骑兵为核心的军队。查理曼在创建帝国的过程中，把大量征战所得的土地分封给公爵和伯爵们，以换取他们的忠心和服务。公爵和伯爵们也以同样的方式与小封臣建立关系，并建立自己的武装力量。介于贵族和农民之间的是骑士。他们没有贵族的爵位，但是要接受和贵族一样的军事训练，以军事为职业。作战时，骑士要服从贵族的统率。可见，领主与封臣之间的封建关系是两个自由人之间的关系。他们有着不同的身份等级，彼此之间承担责任与义务。封臣通常在其封土上行使司法权力。因此，封建制度是一个整体的社会结构，涉及政治、经济与社会。"本质上，

① [美]朱迪斯·M.本内特、[美]C.沃伦·霍利斯特：《欧洲中世纪史》，杨宁、李韵译，147页，上海，上海社会科学院出版社，2007。
② [美]布莱恩·蒂尔尼、[美]西德尼·佩因特：《西欧中世纪史》第六版，袁传伟译，157页，北京，北京大学出版社，2011。
③ [美]朱迪斯·M.本内特、[美]C.沃伦·霍利斯特：《欧洲中世纪史》，杨宁、李韵译，145页，上海，上海社会科学院出版社，2007。

封建制度是一个由个人之间的纽带将社会的统治阶级以等级制的方式联系起来的整体。这些纽带由一种物质基础支持。这就是被领主授予他的封臣以换取一定量的服役和一个效忠誓言的采邑。"①

采邑封臣制一开始并不是世袭的，领主有权将封地收回。但是，因为王权的软弱和贵族势力的强大，封地和爵位也出现变为世袭制的倾向。在中央政府虚弱，因受外族入侵而面临崩溃的情况下，这些地方贵族必然承担起了原属中央政府的职责，不仅是军事方面，还包括行政、司法、经济、社会等方面。在一个金钱很少、土地很多的时代，采邑分封制是领主建设武装力量，并对外敌入侵做出及时反应的有效手段。在地方治理方面，封建制度这种野蛮、落后的政府形式在那个艰难时世也是比较成功的。"大封土的增长可以看作国家建设的结构性进程。它们的出现阻止了社会完全崩溃为'所有人反对所有人的战争'的状态。他们建立起规模小，但是相对有秩序、有训练的政府单位；它能够最终被焊接为一个较大的统一体。而且，尽管行使统治的君主们有缺点，但神圣王权的理想幸存了下来。假如真的有想完成其职责——强制和平和为整个王国利益而统治——的一个国王出现了，他将可能享有教会精神和物质的支持。"②

第二节　教皇国的建立和基督教的传播

8—10 世纪是教皇权力继续不断加强的时期。8 世纪，罗马教皇与法兰克王权的结盟，以及教皇国的建立为此奠定了坚实的政治基础。虽然如此，日

---

① ［法］雅克·勒高夫：《中世纪文明(400—1500 年)》，徐家玲译，92 页，上海，格致出版社、上海人民出版社，2011。

② ［美］布莱恩·蒂尔尼、［美］西德尼·佩因特：《西欧中世纪史》第六版，袁传伟译，166 页，北京，北京大学出版社，2011。

耳曼"国王仍然继续统治他国度中的教会。世俗的力量一方面保护了教会，但另一方面也监督和支配教会。因此，许多格尔曼/日耳曼人的思想和态度流入了罗马-基督宗教的法律范围，双方形成了一个无法解散的整体"①。这一时期，西欧经历了一次新的基督教传播运动。虽然整个西欧从未实现过政治上的完全统一，即使是查理曼帝国和罗马帝国也是短暂的，但是这一时期在文化统一和宗教统一方面所做出的努力却是中世纪后期发展的重要基础。

一、教皇国的建立及政教关系

8 世纪，罗马教皇与法兰克王权结盟。这是对欧洲文化格局产生重要影响的决定性事件。罗马教皇为什么放弃与当时实际上支配着意大利的文化和宗教生活的拜占庭结盟呢？原因有二：一是拜占庭皇帝无力保护罗马教皇免受伦巴底人的侵扰；二是罗马教会与君士坦丁堡教会之间长期存在着神学上的分歧，并因此处于敌对状态。726 年，拜占庭帝国颁布禁止使用圣像的法令，这在罗马与君士坦丁堡之间造成了一次决定性的分裂。此前，基督教运用绘画、雕塑、镶嵌等艺术手段，塑造耶稣基督和其他圣人的形象。很显然，这些形象对于基督教教化作用的发挥具有一定的价值。但是，其中也存在蜕变为偶像崇拜的趋势，这引起了虔诚者的不满。禁止圣像崇拜的法令颁布后，罗马教皇格里高利二世不仅拒绝服从法令，而且严词抨击拜占庭帝国皇帝，并声称倘若拜占庭帝国皇帝执意破坏罗马圣彼得的圣像，那么教皇将求助于西部的"蛮族"。拜占庭帝国皇帝派兵进攻罗马，并没收了罗马教皇在意大利南部的大批领地，将意大利南部和伊利里亚所有主教区的管辖权从教皇手中夺回，交给君士坦丁堡的牧首。

与此同时，在意大利北部建国的伦巴底人试图控制整个意大利。在这个过程中，他们不可避免地侵入了罗马教皇的势力范围。在这种情况下，与拜

---

① ［德］毕尔麦尔等：《中世纪教会史》，雷立柏译，96 页，北京，宗教文化出版社，2010。

占庭关系破裂的罗马教皇只能寻求查理·马特的援助。基于双方共同的需要，754 年和 756 年，加洛林王朝国王丕平两次出兵意大利，迫使伦巴底国王交出拉文那和彭塔波利斯两块土地，然后转赠给教皇，史称"丕平献土"。"丕平献土"为教皇国的建立奠定了基础。然而，领土的赠予只是教皇与加洛林国王当时所签订"彼此协助，彼此保护"盟约的一部分。丕平将盟约文件放在罗马圣彼得的陵墓上，以此确认他与教皇的友好关系，"这种关系对欧洲历史有几百年的深厚影响，它指出一个基本的方向，即：罗马教宗和北欧的皇帝愿意积极地合作，保持欧洲地区的和谐"①。

800 年，查理曼称帝。从查理曼的行动可以看出，是他而不是教皇更为有力地控制和推动着帝国境内基督教会的活动。他任命主教，指定修道院院长，主持主教会议，参与信仰问题的讨论。在教会政治事务上，他在教皇面前采取"领导者"的态度。在查理曼看来，他这样做是在履行一名国王应尽的义务和职责。日后的奥托一世同样如此。他控制主教和修道院院长的任命权，大批安插自己的亲信，赐给他们大片领地，并授予其领地内的行政权和司法权。然后，他借助主教和修道院院长，共同对抗其他诸侯，巩固和扩大自己的权力。

教皇与法兰克王权结盟的历史影响广泛，其中之一就是促进和巩固了基督教在西欧和北欧的传播。

二、基督教的传播

(一)基督教在法兰克王国的传播

在 8 世纪早期的西欧，影响力最大的传教士依然来自不列颠群岛，但是这次主要不是来自爱尔兰、苏格兰地区的传教士，而是来自盎格鲁-撒克逊地区的传教士。由于这些盎格鲁-撒克逊传教士的努力，英格兰地区那种新颖生

① [德]毕尔麦尔等：《中世纪教会史》，雷立柏译，36 页，北京，宗教文化出版社，2010。

动的基督宗教学术和教育被输入到了欧洲大陆。在这些传教士中，最重要的一位是被称为"日耳曼圣徒"的圣卜尼法斯。

圣卜尼法斯成长于不列颠南部的圣本尼狄克特修道院，于716年离开韦塞克斯来到欧洲大陆莱茵河东部地区传教。在查理·马特和矮子丕平的支持下，圣卜尼法斯召开了一系列宗教会议，以改革法兰克教会，同时配合教皇，改进法兰克基督教会组织结构。他按照本尼狄克特修道院会规改革了法兰克的修道院，并负责建立修道院学校，这些修道院都成了基督教教育和学术的中心，其中以富尔达(Fulda)修道院最为著名。他鼓励聘用虔诚的主教和修道院院长，进一步发展地方教区，修建地方教堂。742年，教皇任命圣卜尼法斯为大主教。随后，圣卜尼法斯在日耳曼地区划分了八个主教统治的教会管辖区，其地域波及今天奥地利的萨尔茨堡。同时，因为他的工作，法兰克王国的教会与教廷之间的关系变得更加密切了。

由于许多主教和修道院院长在加洛林王朝中身居要职，因此圣卜尼法斯也成了加洛林文艺复兴的先驱。有学者给予他很高的评价，认为他的努力促进了日耳曼人的统一，推动了欧洲宗教文化共同体的形成。①

在圣卜尼法斯去世时，日耳曼中唯一没有皈依基督教的部落似乎就是萨克森人了。萨克森人占据的地区从易北河地区延伸到莱茵河地区。在查理曼看来，萨克森人不皈依基督教，就不可能和法兰克人成为一个民族；在萨克森人看来，基督教是征服者的宗教。因此，征服萨克森人的战争变成了"用刀剑来进行传教的战争"。这场战争从772年开始，直到804年，加洛林王朝才牢牢控制了萨克森。此后几十年，基督教也一步步渗透到萨克森社会。到10世纪中叶，萨克森成了欧洲基督教势力最强大的地区。萨克森人皈依基督教，统一的日耳曼王国的形成成为可能。

在10世纪期间，东欧的宗教结构发生了重要变化。推力一方面来自萨克

---

① [德]毕尔麦尔等：《中世纪教会史》，雷立柏译，15页，北京，宗教文化出版社，2010。

森王朝(罗马帝国),另一方面来自拜占庭帝国。萨克森王朝的奥托一世将传播基督教作为基督徒皇帝的一种使命,同时也将其作为扩大自身影响的一种方式。

950 年,萨克森王朝征服波希米亚(今捷克),波希米亚人被迫接受基督教。设在布拉格的主教教座起先由日耳曼主教主持。

955 年,奥托一世打败匈牙利人,随后向匈牙利派出传教士。1000 年,匈牙利国王斯蒂芬一世(Stephen Ⅰ,997—1038)从教皇手中接过王冠,随后建立了直接附属于罗马的教会等级制,基督教因此在匈牙利深深地扎下了根。

967 年,波兰大公米埃茨斯拉夫(Mieczyslaw)娶了一名捷克基督徒公主,他因此皈依基督教。

1000 年,经神圣罗马帝国皇帝奥托三世的批准,教皇在波兰设立了一个独立的大主教辖区。

至此,在 1000 年左右,波希米亚、匈牙利和波兰都接受了西方基督教,并且与罗马教廷建立了直接联系。

(二)基督教在北欧的传播

萨克森人的皈依开辟了通往北欧那些信奉多神论的民族——诺曼人——的道路。此外,北欧人对欧洲其他基督教化地区的入侵加快了基督教在北欧传播的过程。"斯堪的纳维亚融合到西方基督教世界中并不像在中欧那样归功于西方帝国的力量和威望,而是由于基督教的英格兰被蛮族征服,这些蛮族把基督教连同其他劫掠物品一同带回了北方。""因此,北方民族的皈依并不意味着一种异邦文化的胜利和民族独立的丧失。"相反,"基督教的胜利与国家统一的实现重合在一起,并伴随着海盗入侵浪潮的高涨和文化交流的高潮"。①

---

① [英]克里斯托弗·道森:《宗教与西方文化的兴起》,长川某译,100~101 页,成都,四川人民出版社,1989。

八九世纪，诺曼人对西欧的入侵由最初的海盗式抢劫，逐渐转变为由高度组织的雇佣军进行的旨在征服和定居的计划周密的入侵。这些定居在英格兰、诺曼底和爱尔兰等基督教土地上的北欧征服者均转变成了基督徒。

与法兰克人和盎格鲁-撒克逊人接触最为频繁的丹麦人首先完成了基督教化。在查理曼的儿子虔诚者路易统治的那个时代，丹麦南部的石勒苏益格接受了基督教信仰。到卡努特(Canut，1014—1035 年在位)统治丹麦时期，丹麦彻底皈依基督教。卡努特统治下的丹麦王国从不列颠群岛延伸到波罗的海地区，"第一次把北方地区和西方基督教世界的国际生活真正地联系在一起"①。

挪威的基督教化进程是在 10 世纪启动的。哈孔王(Hakon，936—961 年在位)曾在盎格鲁-撒克逊宫廷接受教育。他在统治挪威期间，试图推广基督教。然而面对根深蒂固的既有古老信仰，他也无力将基督教确定为国教。奥拉夫王(Olaf Trygvason，995—1000 年在位)也是在英国受洗的，他的宗教热忱推动他向包括冰岛在内的挪威领土以外的岛屿派出传教士。

总体来说，直到十一二世纪，基督教化的成果在北欧才逐步巩固下来。

三、修道院制度

克里斯托弗·道森在《宗教与西方文化的兴起》一书中这样写道："对中世纪文化起源的任何研究，都必不可免地要给西方修道院制度的历史以重要地位，因为，在从古典文明的衰落到 12 世纪欧洲各大学的兴起这一长达 700 多年的整个时期内，修道院是贯穿于其中的最为典型的文化组织。并且，对于我所特别关注的宗教与文化的关系问题来说，它更为重要，因为只是通过修道院制度，宗教才得以对这些世纪的整个文化发展产生了直接的和决定性的

---

① [英]克里斯托弗·道森：《宗教与西方文化的兴起》，长川某译，102 页，成都，四川人民出版社，1989。

影响。""正是在修道院里而不是在城市中，拉丁文化的传统与基督教生活的模式才被保存了下来。因此，修道僧是西方的使徒和中世纪文化的奠基者。"①在8—10世纪西欧基督教化和文化复兴的过程中，修道院制度和修士毫无疑问发挥了决定性的作用。

三四世纪，基督教修道院制度出现于北非沙漠地区。当时一批极端的禁欲主义者主张放弃古代世界赞许的一切——快乐、财富、荣誉、家庭生活、公民权和社会，用苦行和祈祷来抗议古典文化传统。他们的集体修行生活中，逐渐产生了修道院和修道院制度。到了五六世纪，高卢、意大利、西班牙、爱尔兰、苏格兰和英格兰等地区也开始出现这种修道方式。中世纪早期，在"蛮族"入侵的冲击下，拉丁世界城市文化和教育制度衰落，甚至消失，于是散布在荒野中的修道院成了古典文化的庇护所。不过，在"蛮族"迁徙的洪流中，地中海世界的修道院也不可避免地因遭到破坏而日渐衰亡。幸运的是，六七世纪，修道院制度在爱尔兰和英格兰得到了重大发展，使得爱尔兰和英格兰一度成为西欧基督教文化的中心。到七八世纪，爱尔兰、盎格鲁-撒克逊的修士们又先后成功地向欧洲大陆植入基督教文化复兴的种子，为法兰克教会的再教育和精神领导提供了人力，也为法兰克王朝提供了宫廷教师和政治顾问。

修道院制度富有生命力的原因是多方面的，包括修道院培养出了一批批怀有苦修动机和传教责任感的修士，他们的传教活动将这种制度的种子播撒到了各国各地；罗马教皇和世俗君主的支持也为修道院制度的发展提供了强有力保障。当然，修道院自身的制度化建设也是重要的原因之一。在8—10世纪，修道院制度化建设主要体现在《本尼狄克特教规》作为修道院生活普遍准则的确立上。

---

① [英]克里斯托弗·道森：《宗教与西方文化的兴起》，长川某译，40、39页，成都，四川人民出版社，1989。

《本尼狄克特教规》得到了教皇格里高利一世的支持，它提供的这种灵活又节制的平衡生活方式在加洛林王朝时期成为西欧修道院普遍的生活方式。本尼狄克特派修道院的成功在于它适应了中世纪早期西欧的社会环境。作为一个组织，它独立于城市，成为农村社会的经济中心、精神中心、文化中心和教育中心，以及基督教传播的中心。

在圣卜尼法斯、阿尔琴（Alcain）等人的努力下，8世纪下半叶，修道院如雨后春笋般出现在法兰克王国的土地上。这些修道院像圣卜尼法斯亲手创建的富尔达修道院一样，不仅构成日耳曼，而且构成北方和东方毗邻地区传教活动的基地，以及理智文化和物质文明的中心，这一中心地位一直保持到11世纪新型城市的兴起。也正是因为如此，加洛林王朝的文化必然带有鲜明的修道院特点，加洛林文化复兴正是在修道院的推动下出现的。

在9世纪到10世纪"蛮族"新一波的入侵浪潮中，作为一种组织和制度，修道院显示了不平凡的修复能力。"一百座修道院中可以有九十九座被烧毁且修道僧被屠杀或被逐出，然而其全部传统却可以由唯一的幸存者重新组织起来，那些荒无人烟的土地，将被新来的修道僧所占据，他们会重新承续起被打破的传统，并和他们的先辈们一样，遵循同样的原则，进行同样的宗教仪式活动，读同样的典籍，思考同样的思想。"①修道院的功能及其强大的修复能力，再加上修道院网络，为文化知识的保存、传播、流通创造了可能性。

第三节　自由七艺

重新学习纯粹的和准确的拉丁语，再加上古典手稿的抄写和图书馆的建

---

① ［英］克里斯托弗·道森：《宗教与西方文化的兴起》，长川某译，66页，成都，四川人民出版社，1989。

设，必然使得越来越多的古典人文主义作品进入 8—10 世纪西欧人的视野。随之而来的是他们对这些作品的阅读、学习、模仿和借鉴，对人文学科的重视，以及对自由七艺兴趣的恢复。

八九世纪，"自由技艺继续在思想生活中居于支配地位，因为对学问的长期忽视使所有学者都必须专心致志于教育的基础"①。

查理曼在 789 年颁布的《普通告诫》中提出教士应该为正确理解《圣经》而学习："我们规劝你们，不仅不要忽视学习文法，而且要谦卑而不停地运用文法。这样你们就能更易更快地深入《圣经》的奥秘，学了这些修辞法以后，无疑，读者就会更好地理解到所学的《圣经》的根本意义。为此，让既能而又愿意学习同时又希望教其他人的人们都学文法。"②学习和教育以语法知识为基础，但其范围涵盖宗教与其他"六艺"。博学的阿尔琴遵循卡西奥多鲁斯的方法，把古典的知识划分为"七艺"，进而又把它们划分为"三艺"(trivium)——语法、修辞和逻辑，以及"四艺"(quadrivium)——算术、几何、音乐和天文。这样的划分方法被中世纪学校采用。他本人致力于古典知识的全面教学。在796 年致查理曼的一封信中，他谈及了自己的教学实践。他说，我"致力于在这所圣·马丁学校里对我的某些学生分发圣经的蜜汁；我还试图使另一些人陶醉于古代研究的陈酒；我以语法知识的果品滋养一个班级的学生，而以星辰的序列和等级展示于另一班级的学生眼前"③。

9 世纪，加洛林王朝的重要宫廷学者、哲学家约翰·司各特·伊里杰纳(John Scotus Erigina，815—877)重新从艺术的角度对"七艺"进行定义：

文法是用以保障进行清晰表达的艺术；

---

① [美]戴维·L.瓦格纳：《中世纪的自由七艺》，张卜天译，27 页，长沙，湖南科学技术出版社，2016。

② [英]博伊德、[英]金：《西方教育史》，任宝祥、吴元训译，119 页，北京，人民教育出版社，1985。

③ [法]基佐：《法国文明史自罗马帝国败落起》第二卷，沅芷、伊信译，169 页，北京，商务印书馆，1995。

修辞是用以深刻、全面地阐明由时间、地点、人物、事件、场合、时机以及特性七种因素所界定的相关主题的艺术；

辩证法是用以努力探究人们意识中那些基本的合乎理性概念的艺术；

数学是一门建立在大脑沉思基础之上的纯粹的关于数的推理的艺术；

几何是一门经过大脑的敏锐观察而对平面或立体图形的间距和外观进行思考的艺术；

天文是一门对天体维度、天体的运行及其周期进行观察的艺术；

音乐是关于音调中被感觉的音程的科学。[1]

对自由"七艺"兴趣的重新恢复，体现了那个时代基督教社会对"七艺"的实用主义态度，实际上是奥古斯丁开创的积极务实地用修辞学来为基督教服务这一传统的延续。拉巴努斯·毛鲁斯（Rabanus maurus）的《论神职人员的培育》用一章来谈修辞对布道者的价值，试图提醒布道者重视布道的技巧。

总的来说，八九世纪，包括文献研究和语言研究在内的语法依然是重要的技艺，其次是修辞与辩证法，算术、几何、音乐、天文"四艺"相对受到忽视。10世纪，自由技艺上发生的变化之一是"三艺"的主导技艺从语法转向逻辑。有学者认为其标志是972年热尔贝（吉尔伯特）受到逻辑研究感召之后的兰斯之旅。[2] 在此之前，也就是967—970年，年轻的热尔贝还在加泰罗尼亚生活了四年。在此期间，他熟悉了"四艺"的知识，从而使其学术思想带有了10世纪时期西班牙穆斯林的学术特色，即对自然科学的偏爱，这种偏爱正是当时的西欧所忽视的。作为一名教师，热尔贝将语法知识的教学留给普通教师，自己集中精力教授修辞学和论辩术，然后再开自己最拿手的"四大学科"的课程。可以说，热尔贝的个案体现了10世纪后期西欧在自由技艺领域发生

---

① James Bowen, *A History of Western Education*：*Vol. two*, London, Methuen & Co. Ltd., 1981, p.23.

② ［美］戴维·L. 瓦格纳：《中世纪的自由七艺》，张卜天译，28页，长沙，湖南科学技术出版社，2016。

的变化，即语法已经由阿尔琴时代最重要的技艺变为基础性的技艺，哲学和自然科学知识的重要性不断提升。

同时，热尔贝的个案还体现了另外两个时代的特征。一是这一时期西欧在哲学和科学领域的知识发展主要是通过传承和译介，原创性知识不多。尽管如此，其意义仍不能被忽视。就像菲利普·沃尔夫在评价热尔贝的科学活动时所说的："热尔贝的这些基本的科学思想大多数是从其前辈那儿借用来的，我们本可以对它们不屑一顾。但要全面地估计它们的价值，我们最好还是从历史的角度来看一下这些问题。……也可以说，正是由于这一基础，以后的科学发展才成为可能。"[1]二是人们仍然保持着对基督信仰的忠诚。就像热尔贝在其就任兰斯大主教时所做的声明。他明确表示自己的思想是绝对正统的，但是他相信理智和信仰可以融合。他说："人有信仰，这是上帝赐予的一大天赋；但'他'并没有拒绝给予人类以知识。一个正直的人是依靠信仰才活的，但他还应具有知识，因为那些没有知识的人只能被称为是傻子。"[2]

应注意的是，尽管人们对自由七艺的兴趣重新恢复，但是态度并不一致。有的致力于将自由七艺基督教化，也有的担心异教卷土重来。

---

① [法]菲利普·沃尔夫：《欧洲的觉醒》，郑宇健、顾犇译，165 页，北京，商务印书馆，2011。

② [法]菲利普·沃尔夫：《欧洲的觉醒》，郑宇健、顾犇译，160 页，北京，商务印书馆，2011。

第四章

8—10世纪的西欧教育

开明的日耳曼君主和基督教会是推动8—10世纪文化复兴的主要力量，在这一时期的教育复兴中发挥了决定性的作用。可以看到，在加洛林王朝和韦塞克斯王朝，像查理曼和阿尔弗烈德这样的开明君主与基督教会共同努力，推进了教育改革计划的实施。复兴教育的根本目的体现了这一时期文化的重要时代特征，即基督教化。当然，复兴教育的直接目的是培养为这个以封建君主为代表的世俗权力与以教皇为代表的宗教权力共同创造的基督教世界，或者说封建神权政体服务的人——贵族与教士。因此，学校教育在内容、方法以及组织上也都带有鲜明的宗教特征。融合了罗马文化、"蛮族"文化和基督教文化的新的文化——拉丁基督教文化知识体系成为学校教育的主要内容，有组织的宗教机构——修道院和主教区成为教育复兴计划的主要实施者。学校教育的发展与文稿复制、图书馆建设等共同构成了这一时期文化复兴的基础。

第一节　加洛林王朝的教育复兴

9世纪晚期，圣高尔修士诺科尔·巴布鲁斯（Notker Balbulus）记录了他和其他许多人认为的加洛林王朝知识复兴的起源：两名苏格兰人到高卢兜售知识，一向喜爱和追求知识的查理曼接见了他们。经过一段愉快的交流，查理曼将二人留在宫内，之后委之以教师之职责。阿尔琴慕查理曼"热爱智慧"之名，渡海而来，查理曼奉之为师。阿尔琴的教师生涯成绩卓著，也使加洛林王朝成了那个时代的"雅典"。① 加洛林文化复兴的开始实际上可以追溯到查理曼的父亲矮子丕平与圣卜尼法斯那个时代。同时，也应注意的是，尽管查理曼对于加洛林文化复兴的贡献巨大，但是这次文化复兴并没有因为查理曼去世而停止，因为其文教政策在一定程度上在其生后仍在延续。他的儿子虔诚者路易和孙子秃头查理继续吸引学者进入宫廷，并就广泛的议题咨询学者的意见。王室的庇护激发了学术的产出。与此同时，不容否认，推动文化复兴的主要力量来自基督教会。基督教会的权威人物，如都灵大主教克劳迪亚斯(Claudius)、奥尔良主教西奥达尔夫(Theodalf)、富尔达修道院院长与美因茨大主教胡拉班·莫尔(Hraban Maur)、费里埃修道院院长鲁普斯、兰斯大主教辛克马尔(Hincmar)等，都是令人敬畏的学者。正是他们把自己领导下的大教堂或修道院建设成了学术与教育的中心。

一、查理曼的教育经历及教育政策

查理曼是中世纪早期西欧最为著名、卓越的君王之一。他不仅创建了一个基督教帝国，使昔日的西罗马帝国在某种程度上得以恢复，而且推动了一场文化复兴运动——加洛林文化复兴运动，使西罗马帝国崩塌后出现的文化与知识的衰落趋势得以终止。教育复兴是加洛林文化复兴的重要组成部分。作为这场运动的领导者，查理曼因此被认为是"所有赞助教育的君主中最杰出

---

① [法兰克]艾因哈德、圣高尔修道院僧侣：《查理大帝传》，戚国淦译，北京，商务印书馆，1979。

的"，"他比任何前辈更清楚地认识到教育对国家福利的必要性"。①

(一)查理曼的教育经历

查理曼是"他那个时代中最有野心、最有策略、最为伟大的军人"，同时又具有那个时代军人中极为少见的品质——热衷知识，尊重学者，重视教育。正是因为具有这些品质，所以查理曼能够一手推动中世纪西欧第一个基督教帝国的建立和第一场文化复兴运动的产生。

关于查理曼青少年时期的成长经历，包括他的教育经历，几乎没有留下任何记载。从艾因哈德的《查理大帝传》可以推测，查理曼在青少年时期接受的教育是有限的，即使他的父亲矮子丕平开设了宫廷学校。他所接受的教育很可能局限于"蛮族"的军事教育和基督教教育。正是因为如此，他才在自己执政时期诚邀阿尔琴来主持自己的宫廷学校，用阿尔琴带来的系统的希腊罗马知识来丰富宫廷学校的教育内容，同时丰富自己的知识体系。从《查理大帝传》可以看出，正是在阿尔琴主持宫廷学校之后，查理曼才开始系统学习希腊罗马知识。他这样写道："查理花费很多的时间和精力从阿尔昆(阿尔琴——编者注)那里学习修辞学、辩论术，特别是天文学。他也学习计算术，并且极其勤勉地细心观察星辰的运转。他还努力学习书写，为了这个目的，他常常把用来写字的薄板和纸张带在身边，放在卧榻的枕头下面，以便在空闲的时刻使自己习惯于写字。"另外，除了本族语言，他还学习拉丁语和希腊语，其中拉丁语学得非常好，说起来就像是说本族话一样。② 因为错过了青少年这一最佳学习阶段，所以他在习字上的进步非常有限，在希腊语的学习上也不够理想。艾因哈德的《查理大帝传》为后人描述了一个在戎马生涯中对知识孜孜以求却留有遗憾的国君。尽管如此，查理曼尊师、重教、乐学，为臣民树立

---

① 白乐天：《世界通史》2，562页，北京，光明日报出版社，2002。
② [法兰克]艾因哈德、圣高尔修道院僧侣：《查理大帝传》，戚国淦译，28页，北京，商务印书馆，1979。

了良好的榜样。

经阿尔琴改进后的加洛林王朝的宫廷教育，体现了这一时代文化教育的典型特征，即"蛮族"文化、高卢-罗马文化和基督教文化的融合。在这样一种文化与教育的熏陶下，查理曼成长为一位坚毅勇敢、开明理智、具有使命感和尊严感的虔诚君主。

在自身不断学习的同时，查理曼也很重视家庭教育。他让自己的子女像自己一样学习文艺诸科，同时"一到他那些儿子的年龄适合的时候，他就让他们学习象真正的法兰克人那样骑马，并且训练他们使用武器和打猎。他命女儿学习毛纺技术，用心操运梭子和线杆，以免闲散怠惰，使她们养成高贵的品质"①。

此外，查理曼也关注其他贵族子弟和平民子弟的教育。他安排部分宫廷学者专门负责教学工作，"给他派去许多男孩子，名门居第、中等人家和寒门小户出身的都有；他还下令根据他们的需要供应如数的食物，并且为他们收拾了一些适于学习的房屋"。还有的学者被派往意大利的圣奥古斯丁修道院，"好使那些有志于学的人聚集到那里跟他学习"。② 查理曼每次长时间外出后，一回到宫廷就会去检查宫廷学校学生的学习情况。"这时，出身于中等和低微门第的孩子们交给他的写作带有一种出乎意料之外的智慧的清新风味，而出身高贵的孩子们所写的东西却笨拙而庸俗。最明智的查理于是仿效永世的裁判者的裁决。"他让优秀的学生站在自己的右边，夸奖他们，鼓励他们，告诉他们"今后要学下去，以期达到完善；我将赐给你们主教管区和华丽的修道院，你们在我的眼睛里永远是光荣的"。对于那些站在自己左边的怠惰的学生，他予以严厉的批评，"轻蔑地向他们发出了可怕的语句，这些话听起来简

---

① [法兰克]艾因哈德、圣高尔修道院僧侣:《查理大帝传》，戚国淦译，23 页，北京，商务印书馆，1979。

② [法兰克]艾因哈德、圣高尔修道院僧侣:《查理大帝传》，戚国淦译，39 页，北京，商务印书馆，1979。

直不象人世语言而象雷霆一般"。他告诫他们："千万要明白，除非你们发奋读书，弥补从前的怠惰，你们永远不会得到查理的任何恩宠。"①

这些有关个人教育、家庭教育和宫廷教育的描述，有助于我们理解查理曼关注文化与教育复兴的动机。

8世纪的西欧，在知识与教育两个方面，似乎仍难以遏制自西罗马帝国灭亡以来不断衰败的颓势。五六世纪一度闪耀的高卢学问正在消失，抄本的摹写几乎绝迹，修道院学校和大教堂学校破败凋零。"学术中心也很罕见。即使在那些可以称得上是学术中心的修道院里，有教养的教职人员可能仍占少数。法兰克王国尽管在丕平王朝已开始稳步地推进政治重建的过程，可这样的学术中心却特别缺乏。与修道院生活的进步相比较，寺院外的教士作为一个整体令人苦恼地处于第二等级，而世俗人士则更显得无知和粗鲁。但只有少数个人意识到这一点，他们的努力也只有局部的意义。"②在那个时代，修士、神职人员和贵族实际上承担着普通民众的"教育者"的角色。教育者的教育水平尚且如此，普通民众的知识素养可想而知。

查理曼把基督教视为国家不可或缺的支柱之一。在他的头脑中，基督教王国不仅是一个政治概念，而且是一个信仰概念；也就是说，这个王国不仅体现为帝国的疆域，而且体现为民众的精神。他也因此意识到民众精神不振的状态直接影响国家的长治久安。这是查理曼重视文教政策的根本原因。发展教育，振兴学术，以便更好地传播基督教，这既是现实的需要，也是那个时代意识形态的一般性特征。宫廷学者、执事保罗编写了一部讲道集，这部讲道集作为范本供各教堂使用。查理曼为书作序："尽管我们有改进教会状况的愿望，但我们仍怀着极大的热情，不得不承担恢复因先辈的忽视几乎熄灭

---

① [法兰克]艾因哈德、圣高尔修道院僧侣：《查理大帝传》，戚国淦译，40、41页，北京，商务印书馆，1979。

② [法]菲利普·沃尔夫：《欧洲的觉醒》，郑宇健、顾犇译，22页，北京，商务印书馆，2011。

的任务。"①那个时代一名叫作多达(Dhuoda)的贵妇人在写给儿子的忠告手册中说道:"只有通过读书,才能更接近上帝。"②可见,教育与学术服务于信仰,是时代的特征。

为推进加洛林帝国文化和教育事业的发展,查理曼四处罗致学者和教师。瓦拉夫里德(Walafrid)在给艾因哈德的《查理大帝传》写的前言中表述了自己的态度:他"比所有的君王都远为殷切地搜罗博学之士,给予他们的待遇如此之优隆,以便他们得以从容舒适地探求哲理。因此之故,他在上帝的帮助下,使得他那个在上帝托付他时尚是愚昧、甚或是全然愚昧(如果我可以使用这种词句的话)的国家,由于这种一向不为我们的野蛮状态所了解的崭新的学问而光辉四射"③。聚在查理曼宫廷的学者中,有来自意大利的副主祭彼得和执事保罗,来自西班牙的西奥达尔夫,来自法兰克的艾因哈德,等等。其中影响最大的是来自英格兰的阿尔琴。他们既是宫廷学校的教师,也是另一个宫廷学术机构——帕拉丁纳学院的重要成员。后者实为一个学术团体,在聚会中,"国王和他的朋友们暂时把国家大事抛于脑后,而忘形地投入到学问的争论中去"④。与此同时,这些学者也是查理曼治国理政的顾问,是加洛林王朝文化教育复兴计划的制订者和实施者。

(二)查理曼的教育政策

查理曼的卓越与伟大,在于他创建了一个帝国,一个基督教世界;也在于他领导和推动了一场影响深远的文化教育复兴运动。如克里斯托弗·道森所认为的那样:"几乎没有统治者能像他那样对教育的重要性有更为清楚的认

---

① 白乐天:《世界通史》2,562页,北京,光明日报出版社,2002。
② [美]朱迪斯·M.本内特、[美]C.沃伦·霍利斯特:《欧洲中世纪史》,杨宁、李韵译,121页,上海,上海社会科学院出版社,2007。
③ [法兰克]艾因哈德、圣高尔修道院僧侣:《查理大帝传》,戚国淦译,1~2页,北京,商务印书馆,1979。
④ [法]菲利普·沃尔夫:《欧洲的觉醒》,郑宇健、顾犇译,34页,北京,商务印书馆,2011。

识和给予知识的传播以更大的关注了。"①这既是出于帝国行政管理的需要，也是维系基督教国家的需要。

在法兰克帝国，宗教信仰的统一被视为政治与思想统一的基础和保证。查理曼需要基督教会为他的权力提供意识形态上的合法性，从而帮助他维系统治。因此，支持教会办教育以及传播基督教符合他自身的政治利益。查理曼一开始关注的是民众的"教育者"——教士的教育，而后其关注点扩大到了平民教育。

在一封写给富尔达修道院院长的信件中，查理曼对修士和神职人员的学识问题以及教育的意义表达了关注："有一个问题应当让您这位虔诚侍奉上帝的信徒知悉，我们谨以我们的忠诚之心认定以下举措不失为良策：由基督的恩典托付给我们管辖的主教区和修道院，除了应遵守修道纪律和宗教生活的实践外，还应当在读写知识方面赐予那些因上帝的惠助而有能力学习的人以因材施教的指导；正像修道规则指导着人们行为的纯洁，传授知识和学术方面的实践也指导和规范着文字的写作，两者都是为着同一目的：使侍奉上帝的人们不仅靠着正当的生活而且也靠着正当的语言取悦于上帝。……这些年来从各地修道院送来的信件中经常显示出对居于当地的教友的神圣而虔诚的祈祷仪式的狂热，我们已经注意到在同样这些人写的东西中崇高的情感与粗陋的语言奇妙地杂糅在一起，这是因为对学识的忽视致使他们没受调教的舌头无法准确无误地表达那由虔诚的信仰在内外两方面所支配的东西。由此我们开始担心，因写作技巧的贫乏，他们将远远达不到理解《圣经》所需要的智慧。我们大家都知道，词语上的错误是危险的，可阐释理解上的错误则更是危险百倍。因此，我们告诫你们不仅不能忽视读写知识的学习，而且必须以上帝所嘉许的最诚实的热情去攫取学问，以便你们能更加自如、更加正确地

---

① ［英］克里斯托弗·道森：《宗教与西方文化的兴起》，长川某译，64页，成都，四川人民出版社，1989。

深入洞察圣典的奥秘。……让我们挑选那些有决心、有学力、并有教授别人的欲望的人来承担这一任务，并让他们以与我们告诫你们时所怀有的同样伟大的热情去完成这一任务……"①

培养合格的教士，是查理曼发起教育改革的初衷。其直接动因是他从教士的书信中发现教士阶层文化素养普遍低下。在他看来，作为教会的战士，教士应该精神虔敬忠诚，行为纯洁高雅，谈吐富有学养，言词动人善辩，只有这样才能将基督徒吸引到自己身边，并接受教导。因此一名合格的教士不仅仅是基督徒的生活榜样，更重要的是成为基督徒的引路人。缺乏教育的教士既无法正确理解上帝的智慧，也没有能力将这些智慧准确传递给普通的基督徒。当然，查理曼发起教育改革也有功利性的、世俗的目的，那就是培养训练有素、能承担起帝国管理职责的人才。在神权政治下，宗教目的与世俗目的在本质上是一致的。

782 年，查理曼命令保罗·迪亚科努斯(Paul Diaconus)编辑主教长老的讲道集，以供各教堂使用。在讲道集的序言中，他写道："尽管我们有改进教会状况的愿望，但我们仍怀着极大的热情，不得不承担恢复因先辈的忽视几乎熄灭的任务。我责令所有的臣民尽其可能修习人文学科，我们并为他们树立了榜样。"②这可能是对查理曼改进教育所做的努力最早的历史记录。同时，我们也可以从中看出查理曼教育政策的基本特点，即以提高全民文化素养为目标，但是首先把注意力放在教士的身上，因为他们是"教会的战士"，是"将上帝的子民带到永生牧场"的人。

787 年，查里曼在发给修道院院长和主教的公告中，提醒教士们应该为正确理解《圣经》而努力学习。789 年，他又发布敕令，对教区神职人员的学问

---

① [法]菲利普·沃尔夫：《欧洲的觉醒》，郑宇健、顾犇译，27～28 页，北京，商务印书馆，2011。

② [英]博伊德、[英]金：《西方教育史》，任宝祥、吴元训译，117 页，北京，人民教育出版社，1985。

水平和布道能力予以特别关注。在这个敕令中，他要求"设立学校教孩子读书，要在每一个主教区和每一个修道院里教授赞美诗及其曲调，教授圣咏、计算和语法，要让教士们都有一丝不苟地订正过的书"①。

在796年阿尔琴离开亚琛的宫廷、退居图尔的圣马丁修道院之后，奥尔良主教西奥达尔夫在一定程度上接替了阿尔琴帝国教育管理者的角色。"西奥达尔夫由于他不辞辛劳地在奥尔良他的主教管区创建教育的基础而成绩卓著，他鼓励乡村牧师们开办学校，把读写知识传授给一切信任他们的学生，'纯出于博爱'而不计较报酬。"②在阿尔琴教育成就的基础上，西奥达尔夫的贡献是进一步推动了教育在教士阶层之外的普及。805年，查理曼指示分散在帝国各地的监察官们监督地方举办教育，并开设阅读、音乐、书写、文法、法律、计算、医学等科目。812年，他又发布敕令，要求："每人必须把自己的儿子送到学校去学文法。儿童必须留在学校里勤奋学习，直到他能学知识为止。"③尽管那个时代完全不可能实现全民教育的目标，但是普及教育的思想确实已经出现。

总之，查理曼将教育视为改进加洛林帝国行政管理与宗教信仰的手段：通过教育与学习，洞察宗教经典的奥秘，理解其中的智慧，进而用正当的言行侍奉上帝、愉悦上帝；通过教育与学习，培养维系帝国统治所需的各类人才。在教育实践中，宗教的目的与世俗的目的实际上难以被严格区分，毕竟现实中就存在着教士即官员、官员即教士的现象。通过设立地方小学，以及主教区和修道院所提供的略高一级的水准的教育，查里曼希望做到教给基督徒起码的宗教知识，吸收并教育一批像样的教区教士，并适当地训练那些注

---

① ［法］菲利普·沃尔夫：《欧洲的觉醒》，郑宇健、顾犇译，26~27页，北京，商务印书馆，2011。

② ［法］菲利普·沃尔夫：《欧洲的觉醒》，郑宇健、顾犇译，52页，北京，商务印书馆，2011。

③ ［英］博伊德、［英］金：《西方教育史》，任宝祥、吴元训译，121页，北京，人民教育出版社，1985。

定要成为世俗和教会等级社会的上层人物的人。虽然这看上去是一个并不过分的计划，但考虑到产生它的环境状况，我们不得不承认它是一个巨大而雄心勃勃的计划。①

二、阿尔琴的教育思想与实践

如果说查理曼以其政治权威强有力地推动了将教育政策付诸实施的话，那么其教育政策的主要设计者无疑就是阿尔琴。因此，阿尔琴在加洛林王朝的教育复兴中起到了重要作用。英国学者菲利普·沃尔夫认为："他对查理曼及其王朝的影响，他富有感染力的热情，和他的工作能力都使他无可争议地成为'加洛林复兴'背后的精神动因。"②

(一)生平

阿尔琴留名于史，不是因为他在某一领域的创造性贡献，而是因为他整体的成就。作为查理曼的教育顾问，他将盎格鲁–撒克逊的学术与教育体系带到了法兰克。

阿尔琴出生于英格兰诺森伯利亚一贵族家庭，但在历史上人们都称他为"来自约克的阿尔琴"(Alcuin of York)，这是因为他较为重要的求学经历是在约克教堂学校度过的，他师从尊者彼得(Venerale Bede)的弟子阿尔伯特(Aelbert)，并得到了约克大主教埃格伯特(Egbert)的赏识和庇护。他的学术生涯和教育生涯也是在这里起步的。约克大主教学校继承了尊者彼得丰富的教育遗产，体现了七八世纪西欧学术与教育的最高水平。因此，也可以说，阿尔琴接受了当时最好的教育。"他享有当时在欧洲其他地方不可能得到的有利条件——完全可以接近西方一切现存的知识泉源……爱尔兰的、罗马的、法国

① [法]菲利普·沃尔夫：《欧洲的觉醒》，郑宇健、顾犇译，281页，北京，商务印书馆，2011。
② [法]菲利普·沃尔夫：《欧洲的觉醒》，郑宇健、顾犇译，34页，北京，商务印书馆，2011。

的以及坎特伯雷的学术资源。他从这些机会中深受其益。"①阿尔琴在约克接受的以宗教信仰为旨归的博雅教育自然也影响了他日后的教育观念。当然，阿尔琴的天赋以及谦逊、勤勉的品质对于其学术生涯和教育生涯中的成功同样重要。

766年，阿尔琴成了约克教堂学校的教师。778年，在约克大主教阿尔伯特的支持下，阿尔琴成了约克大教堂学校的校长。780年，他又成为约克大教堂图书馆的馆长。加斯科因（Gaskoin）在《阿尔琴：生平与事业》一书中这样评价，"用阿尔琴所处时代的标准加以评价，阿尔琴是他那个时代无人能出其右的教师"；"对其所从事职业的神圣与尊严确信不疑，他同时具备了一个天才教师所应有的一切品质：热情、耐心，对所从事工作发自内心的忠诚与喜欢，以及他所具有的强烈的使命感和责任感等"。② 这些品质使得阿尔琴享誉整个不列颠岛，吸引了大批学生前往求学。阿尔琴本人也沉浸于学生在"生活的纯洁性和对学问的热爱两方面茁壮成长"的快乐之中。

阿尔琴曾多次前往罗马。780年，阿尔伯特去世，恩鲍德（Enbaud）接任约克大主教，阿尔琴奉命赴罗马取教皇授予的大主教手杖和披肩。781年，他在帕尔马见到了查理曼。四处罗致学者的查理曼向阿尔琴发出了邀请。在得到约克大主教的许可之后，阿尔琴于782年来到了法兰克王国的首都亚琛，担任查理曼宫廷学校的教师，实际上也在782—796年承担起了王国"首席教育大臣"的角色③，从而开启了其人生的另一幕，也是其人生高潮的一幕。查理曼的宫廷里聚集了一批当时一流的学者。为什么查理曼选择了阿尔琴作为这些学者的领袖、宫廷学校的校长呢？加斯科因做了这样的分析："条顿血统，超越其时代的博学；一位天才教师的素质和对教学职业本身的热爱及其

---

① ［英］博伊德、［英］金：《西方教育史》，任宝祥、吴元训译，118页，北京，人民教育出版社，1985。

② Gaskoin C.J.B., *Alcuin: His Life and His Work*, New York, 1966, p.54.

③ ［英］博伊德、［英］金：《西方教育史》，任宝祥、吴元训译，118页，北京，人民教育出版社，1985。

约克学校的文化背景；他性格中的谦逊、严谨与正统；更重要的是他发自内心的对查理曼本人的尊重与崇拜及对查理曼理想的深层认同。"①

处于扩张中的加洛林王朝无疑为阿尔琴提供了创造辉煌人生的舞台和机遇。法国史学家基佐(Guizot)这样评价：如果阿尔琴的影响仅限于学院之内，"那就不值得我们太多的注意了；但他一生的伟大事业是与查理曼联系在一起的，而这位杰出人物在知识界的权威所产生的结果却更为重大"②。尽管史书未就阿尔琴在查理曼宫廷中的具体职位留下记载，但是他无疑就是查理曼教育改革的总设计师。

晚年的阿尔琴原本想告老还乡，然而，当他回到约克时，眼前的一切让他感到悲伤：统治者残酷不义，教育体系支离破碎。在这种情形下，他只好重返法兰克。796 年，年迈多病的阿尔琴辞去宫廷学校校长一职。作为对他卓越贡献的褒奖，查理曼任命他为当时帝国境内最为富有的、有 200 多名修士的图尔圣马丁修道院的院长。在这里，他继续保持对教育的关注，与查理曼、主教、修道院院长之间有关教育的通信达 300 余封。他也注意到培养事业继承人的紧迫性。为此，阿尔琴扩建了圣马丁修道院学校，扩大了招生范围和教学内容范围。他重视修道院图书馆建设，努力推进图书复制工作，并推动了"加洛林书写体"的产生。此外，他还撰写了一批他一生中重要的著作。

在阿尔琴的努力下，拥有一流学校和图书馆的圣马丁修道院也成了名噪一时的学术中心。从这里走出的学生有许多成长为优秀的教师和教士。"注意一下他的学生构成的所谓世系是很有意思的，其中一支是从赫拉巴纳斯·莫拉斯和富尔达修道院，一直贯布到 10 世纪的奥托王朝的文艺复兴。在法兰西本土，我们发现费里埃的修道院长阿尔德里克把阿尔克温(阿尔琴——编者

---

① Gaskoin C.J.B., *Alcuin: His Life and His Work*, New York, 1966, p.177.

② [法]基佐：《法国文明史：自罗马帝国败落起》第二卷，沅芷、伊信译，168 页，北京，商务印书馆，1995。

注)的教诲传给了自己的后继者卢普，卢普又把它传给奥塞尔的圣日耳曼修道院的一个修道士埃里克；再通过奥塞尔的于克巴尔和雷米，它最后传到了克吕尼的修道院长奥多那儿。雷米还恢复了兰斯的学校，后来热尔贝在那里大放异彩。"①一代代学者传承了阿尔琴的衣钵，不仅扩大了阿尔琴的影响力，而且进一步提升了其他地方学校教育和学术研究的水准。

不过，晚年的阿尔琴思想上趋于保守，思想观念变得日益狭隘。但是，就其一生而言，"他终不失为当日伟大的人物，具有高远的理想，沈雄的毅力，乃至阔大的眼光"②。

804 年 5 月 19 日，阿尔琴在图尔逝世。

(二)阿尔琴的教育思想

法国历史学家菲利普·沃尔夫认为，阿尔琴不是一个富有个性和创造性的思想家，但是"他对查理曼及其王朝的影响，他富有感染力的热情，和他的工作能力都使他无可争议地成为'加洛林复兴'背后的精神动因，这种精神对他的君王来说是分外的亲切。所有称颂他的话语都承认一点，即他是一个杰出的教师，他在这一方面的影响远远超出了他的时代"③。从教育思想来看，阿尔琴的思想确实缺乏创造性，但是体现了那个时代的特点以及最高水平。

阿尔琴在担任图尔圣马丁修道院院长时，在一封写给查理曼的信中这样说："我积极致力于许多工作，以便培养很多人，为教会神圣的上帝服务，并装饰你的帝国政权。"④这句话体现了阿尔琴作为教会的教育者和帝国的"帝师"，对教育目的的思考，即教育具有宗教目的和世俗(政治)目的的双重性，

① [法]菲利普·沃尔夫：《欧洲的觉醒》，郑宇健、顾犇译，34 页，北京，商务印书馆，2011。

② [美]格莱夫斯：《中古教育史》，吴康译，38 页，上海，华东师范大学出版社，2005。

③ [法]菲利普·沃尔夫：《欧洲的觉醒》，郑宇健、顾犇译，34 页，北京，商务印书馆，2011。

④ 转引自史静寰、李淑华、郭法奇：《外国教育思想通史》第三卷，323 页，北京，北京师范大学出版社，2017。

但教育的终极目的是为上帝服务。阿尔琴认为:"智慧是灵魂的修饰物。因而世俗知识的学习只是达到更高境界的基础而已,人们通过对世俗知识进行耐心、不懈的研究,最终会获得对《圣经》的理解。"①这段有关世俗知识与宗教信仰之间关系的论述同样体现了这一点。在阿尔琴看来,古典知识之所以有价值,是因为能对《圣经》进行更为准确的理解和传播。这说明阿尔琴的教育思想本质上是一种宗教教育观,是对以奥古斯丁为代表的早期基督教思想家所阐释的教育目的观的继承。很明显,782—796 年出自查理曼之手的有关教育的公告、敕令和信函,实际上都体现了阿尔琴这位顾问的思想。

智慧是灵魂的装饰物,世俗知识可以服务上帝。在教育内容的选择上,阿尔琴继承了奥古斯丁的思想以及约克的教育传统。

阿尔琴重视宗教知识的传授。在他看来,宗教知识位于知识体系的顶端,是基督教教育比古典教育更为崇高、显耀的原因所在。在一封致查理曼的书信中,阿尔琴热情地呼吁在法兰克王国建立新的雅典。他说:"如果很多人都受到你的目标的影响,一个新的雅典将会在法兰西创立起来,不仅如此,它将是一个比古雅典更美好的雅典,这是因为我们的雅典在基督的教导下将超过柏拉图学园的一切智慧。过去的学园为教师们准备的只有柏拉图的学说——靠着 7 门人文学科的激励它至今仍放射着光芒;但是我们的学院另外还将禀受着圣灵的七重丰足的恩惠,因而定将比一切世间智慧的高贵更加高贵。"②阿尔琴试图建立的"新雅典"虽未出现,但是上述这段话体现了阿尔琴心目中的"新雅典"与柏拉图时代的雅典之间本质性的区别,即"新雅典"是神圣的,以上帝为中心,为上帝服务。

然而,在一个依靠摹写来传播经典的时代,每一部经典在经历了数百年

---

① Gaskoin C.J.B., *Alcuin: His Life and His Work*, New York, 1966, p.59.

② [法]菲利普·沃尔夫:《欧洲的觉醒》,郑宇健、顾犇译,64~65 页,北京,商务印书馆,2011。

的传承之后自然充满了讹误和脱漏，从而造成读者在理解上的混乱。"优秀的文本与低劣的文本可悲地混杂在一块儿，有时同一书的两种译本并排放在一起，更老的版本居然与拉丁文《圣经》的唯一公认本混淆到了区别不开的程度，每一部手稿中抄录的《圣经》顺序都不一样。"①因此，订正和统一基督教经典文本成为一件迫在眉睫的事情，因为它是实施正确宗教教育的基础。为此，阿尔琴花了很多时间，以实现查理曼不断重申的愿望："将天主教的书籍全部仔细地订正一遍。"初到法兰克王国，他就承担了《罗马圣礼书》的修订工作。定居图尔后，他又主持了《圣经》的修订工作。800 年查理曼加冕时，阿尔琴将《圣经》修订稿作为礼物送给了查理曼。

与此同时，在教育内容的选择上，阿尔琴继承了约克教堂学校以"七艺"为主的传统，对来自希腊、罗马的自由学术传统持更为宽容的态度。在《约克郡教会中的主教和圣徒》中，他详细描述了虔诚又聪慧的阿尔伯特领导下的约克教堂学校的教学情况："在那里，他用不竭的知识溪流和晶莹的学问甘露滋润着干涸的心田。他传授文法科学的艺术，倾泻出修辞学长河的知识。他以法律为磨石使学生光泽优美，他教一些人唱缪斯颂歌，使另外一些人吹奏卡斯塔利亚长笛，并带着七弦琴跑过帕拉萨斯山坡。他还对其他人教以天堂的和谐，太阳、月亮的运行，天空的五云状带，七大行星、恒星及它们升落的规律，空气的流动，海洋、陆地的震动，人、畜、鸟和野兽的本性，各种数字和种种几何图形。他肯定复活节的回归，尤其重要的是，他揭示了圣经的奥秘，并使古代纯朴的深奥的法律简单明了。"②从这段话中可以看出，约克教堂学校的教学内容除了《圣经》之外，还包括文法、修辞、法律（实际上也就是论辩术或逻辑）、音乐、天文、算术、几何等。阿尔琴在法兰克的教育实践

---

① ［法］菲利普·沃尔夫：《欧洲的觉醒》，郑宇健、顾犇译，60 页，北京，商务印书馆，2011。

② ［英］博伊德、［英］金：《西方教育史》，任宝祥、吴元训译，115 页，北京，人民教育出版社，1985。

继承了这一教学内容体系。他遵循卡西奥多鲁斯的方法,把古典的知识划分为"七艺",进而把它们划分为"三艺"——语法、修辞和逻辑,以及"四艺"——算术、几何、音乐和天文。

在"七艺"教学材料的选择上,除了从经典作家的作品中节选之外,阿尔琴还亲自编写了大量的教材。其中绝大部分已经遗失,遗留下来的著述包括《促进青年人智力发展的一些问题》《丕平与其老师间的讨论》《正字法》《语法》等。这些教材内容精简,常采用富有韵律感的诗歌体以及巧妙的对话体来编写。这样的编写方法有助于增强趣味性,减轻记忆的负担。"无论从心理学的观点还是从教育学的观点出发,我们都能从对 9 世纪使用的课本的细致考察中获得某种东西。"①

在教学方法上,阿尔琴注重因材施教和启发引导。加斯科因是这样评价作为教师的阿尔琴的:"他耐心、热情、孜孜不倦,非常注意不使学生负担过重,努力扎实地激发每个人身上潜在的力量,打个比喻说,就如同一个人在火石上打出火来一样,火是一直隐藏在火石之中的。"②阿尔琴的教学方法因人而异。他坚持通过观察学生的气质,并根据学生的天赋来因材施教。因材施教也是由教学对象的多样性决定的。在阿尔琴那个时期,分级、分班、分科教学还未制度化。在亚琛的宫廷学校里,阿尔琴需要面对不同年龄、不同性别、不同背景的学生,因此不得不有针对性地采用不同教学方法和策略,激发学生的学习兴趣。

在教学实践中,这种因材施教和启发诱导的原则体现为对话教学和问答教学等方法的运用。《丕平与其老师间的讨论》这本教材中就大量运用丕平与阿尔琴二人一问一答的方法。

---

① [法]菲利普·沃尔夫:《欧洲的觉醒》,郑宇健、顾犇译,54 页,北京,商务印书馆,2011。

② 史静寰、李淑华、郭法奇:《外国教育思想通史》第三卷,326 页,北京,北京师范大学出版社,2017。

丕：什么是生活？

阿：有福者的快乐，有罪者的忧伤，和死亡的预感。

丕：什么是死亡？

阿：一桩不可避免的事件，一次不确定的旅行，生者的眼泪，圣约书的证实，人的窃贼。

丕：什么是人？

阿：死亡的奴隶，一个匆匆的过客，某片土地的客人。

丕：人像是什么？

阿：像一个果实……

师生之间的问答是可以交换的。但无论哪一种，都可以从中迸射出思想的火花。以下是摘取于《丕平与其老师间的讨论》的另一段对话。

阿：我近来看见过一个站着的从来没活过的人，一个行走着的死人。

丕：那怎么可能呢？请为我解释一下。

阿：这是一个反射在水中的映象。

丕：我过去无数次看见过这种映象，为什么我就从来没理解这一点？……

阿：我看见了死人创造活人，死人被活人的呼吸所消耗。

丕：把木棍放在一起摩擦会起火，生起的火同时就开始消耗木棍。①

---

① ［法］菲利普·沃尔夫：《欧洲的觉醒》，郑宇健、顾犇译，55 页，北京，商务印书馆，2011。

对话教学和问答教学尽管并不是很适合于系统知识的传授与学习，但是可以营造一种平等、活跃的教学氛围，有助于启发和引导学生进行思考，也有助于激发学生的学习兴趣和热情，这些无疑是成功教育的基础。法国历史学家基佐是这样评价的："这种对话，作为教育的一种手段，是完全不可思议地幼稚的；作为智力运动的一种征兆和开端则是值得我们予以重视的：这种对话证明，有了这种热切的好奇心，人的天真的思想就能把自己的目光引导到一切事物上；这种好奇心对于一切出乎意料的结合，对于一切非常巧妙的念头都十分感兴趣。"①

三、教育制度建设

782—796 年，阿尔琴实际上是查理曼帝国教育制度的设计师。在帝国教育制度的建设上，阿尔琴的贡献主要体现在以下三个方面：一是推进宫廷学校、修道院学校、大教堂学校以及教区各种学校的建设，二是推行名为分班教学、实为分科教学的制度，三是推动图书馆的建设。

在此期间，阿尔琴在亚琛宫廷里主持宫廷学校，恢复了宫廷学校的教学秩序。宫廷学校是中世纪西欧的重要的学校，是世俗教育的典型代表。"但严格说来它不是一个固定的、经过周密组织的机构，而是一系列课程和研究小组的一个集合体，它每年甚至每个季节都在变动。"②他的学生包括王室成员、宫廷官员与神职人员，以及那些被送进宫廷服侍君王同时接受教育的年轻人。当然最为重要的学生是查理曼。在他的努力下，亚琛的宫廷学校成了帝国的学术与教育的中心，为帝国培养了一批接受过良好教育的教俗人才。

阿尔琴协助查理曼制定教育政策，督促各地修道院院长和主教重视教士

① [法]基佐：《法国文明史：自罗马帝国败落起》第二卷，沅芷、伊信译，167 页，北京，商务印书馆，1995。
② [法]菲利普·沃尔夫：《欧洲的觉醒》，郑宇健、顾犇译，36 页，北京，商务印书馆，2011。

教育，加强学校建设。在退居图尔后，阿尔琴又把圣马丁修道院打造成了一所学术与教育的模范修道院。他改变圣马丁修道院学校原先只招收本院修士的做法，从而吸引了大批来自其他地方的青年才俊。

历史资料显示，阿尔琴实施了分班教学制。796 年，他在写给约克大主教恩鲍德二世（Eanbald Ⅱ）的信中提道："按读、写、算把学生分别分成不同的班级进行教学，并且每班任命一位专门的老师负责。"①同年，他在写给查理曼的一封信中提道："我以语法知识的果品滋养一个班级的学生，而以星辰的序列和等级展示于另一班级学生的眼前。"②从这两句话中可以看出，阿尔琴实施的分班教学并非现代意义上的把一定数量的学生按年龄与知识程度编成固定的班级，根据作息时间表安排教师有计划地向全体学生集体上课的班级授课制，而实为分科教学。阿尔琴这种分班教学模式是一种具有创新性的教学模式吗？如果不是，他又是从哪里传承来的呢？布鲁克的《英语文化》一书指出："学校的系统化或者说不同学科的划分或专业化是约克修道院学校的典型特征。"③结合阿尔琴个人的经历可以推测，阿尔琴的分班教学制是约克教学传统的移植与复制。这种由专任教师负责分科教学的模式适应了教育的不断发展。

图书馆是一种重要的文化教育机构。阿尔琴初到图尔的圣马丁修道院时，认为这里的藏书亟待弥补，因为他没有发现"任何在他自己的国家中并不罕见的那种杰出的学术著作"。为此，他四处借书进行复制。在圣马丁修道院，他设立了缮写室，建设了一个规模不小的图书馆。他训练抄写员准确摹写用于学校教学的课本。在圣马丁修道院复制的手稿包括《圣经》《福音书》、礼拜仪式书、教义书，甚至还有异教文学。这些著述曾经被忽视了数百年，现在变

---

① Gaskoin C.J.B., *Alcuin: His Life and His Work*, New York, 1966, p.34.

② ［法］基佐：《法国文明史：自罗马帝国败落起》第二卷，沅芷、伊信译，169 页，北京，商务印书馆，1995。

③ Gaskoin C.J.B., *Alcuin: His Life and His Work*, New York, 1966, p.43.

身为极为有用的教学材料。这些图书由于在字体和装帧等方面都十分精美、漂亮，因此大受欢迎，并成为范本。可以说，圣马丁修道院在手稿收集、图书制作以及图书馆建设上是那个时期的伟大标杆，"其他任何地方的抄写机构都没有像这里的产品那样广为传播的。现在所见的散布在整个欧洲甚至非洲的这些手稿仅仅是这场运动的一部分外延。这运动在 9 世纪和 10 世纪已经把它们带向了西方基督教世界的每一个角落"①。在这之中，阿尔琴功不可没。

四、加洛林王朝的学校

加洛林王朝的学校体系是由宫廷学校、修道院学校、大教堂学校、歌咏学校、文法学校、教区学校等构成的，但要注意的是，这一时期并非所有的修道院、大教堂和教区都有学校。在 9 世纪，加洛林王朝境内大约有 70 所留有记录的、足够活跃的学校。这些教育中心在地图上构成一个三角形，覆盖了一片广阔的区域。它从北部的汉堡延伸至西南的图尔，顶端位于意大利，大致上在蒙特卡西诺附近。这些学校大多数集中在这几个地区：卢瓦尔河以北地区、意大利北部前伦巴德王国、8 世纪传教活动最为活跃的德意志地区、西班牙边界地区和塞蒂马尼亚。因为这些学校的存在，西欧各个地方的学识、课程、书籍开始在加洛林王朝境内流通，文化中心与边缘地区建立了联系。这些学校培养出了一批批宗教的、政治的、文化的精英，也锻造出了新的基督教文化。

（一）宫廷学校（palace school）

宫廷是封建王朝的政治、军事和行政中心。君主在宫廷中举办教育，支持学术活动，以满足培养王室子弟和政府官员的需要。因此，在古代和中世纪，任何国家都存在某种形式的王室教育，它是构成一部完整教育史的一部分。

---

① ［法］菲利普·沃尔夫：《欧洲的觉醒》，郑宇健、顾犇译，48 页，北京，商务印书馆，2011。

在查理曼统治之前，加洛林王朝的宫廷无疑是存在着某种宫廷学校的，而且这种学校还可以追溯到墨洛温王朝。宫廷学校最初是向王室与贵族子弟传授军事技巧与宫廷礼仪的地方。矮子丕平吸引英格兰和爱尔兰的传教士和学者来到自己的宫廷。在他的支持下，"为贵族办的宫廷学校，呈现出一种新的重要性"①。不过，从查理曼个人的学习经历来看，矮子丕平时期的宫廷学校至少还不是一个固定的、组织周密的机构。而且，以"七艺"为主体的古典知识并未在宫廷学校教育中占据重要位置，知识生活并不是宫廷学校教育所追求的重要目标。在这里，贵族子弟主要学习民族的文化习俗，习得与贵族身份相符的行为，如战斗、领导等。"因此，这时期的宫廷教育更多的是一种生活教育，也可以说是 9—10 世纪法兰克骑士教育的一种初始形式。"②雅克·勒高夫（Jacques Le Goff）在谈到加洛林王朝的宫廷文化时认为："它常常沦为一种娱乐蛮族人的幼稚的游戏。这种带有猜词、谜语和'难题'的游戏和我们杂志中的智力赛以及拼图非常相似。这种皇室学院并没有超出当时的大众娱乐范围。"③

查理曼统治时期，特别是在阿尔琴入宫主持宫廷学校之后，加洛林的宫廷学校发生了重大的变化。

首先，宫廷学校从一个随查理曼移动的不固定的机构变成了一个有固定校舍的机构。学校坐落在加洛林王朝的首都亚琛，查理曼为学校安排了适合于学习的房屋。每一次长期外出回到首都之后，他都会前往学校检查学生的学习情况。

其次，宫廷学校的教育对象不再局限于王室与贵族子弟，而是扩大到了平民子弟。查理曼从各地、各个阶层挑选男孩入学，并为学校提供充裕的物

① ［英］博伊德、［英］金：《西方教育史》，任宝祥、吴元训译，116 页，北京，人民教育出版社，1985。

② 史静寰、李淑华、郭法奇：《外国教育思想通史》第三卷，285 页，北京，北京师范大学出版社，2017。

③ ［法］雅克·勒高夫：《中世纪文明（400—1500 年）》，徐家玲译，131 页，上海，格致出版社、上海人民出版社，2011。

质支持。他对学生一视同仁,奖励先进者,期望从中培养出未来能在王国担任神职的优秀人才。

新的宫廷学校的教育基础是以"七艺"为核心的基督教知识体系。这在很大程度上归功于阿尔琴。阿尔琴把约克主教学校的学科体系引进加洛林王朝的宫廷学校。初级教育主要传授简单的读、写、算,在此基础上让学生进行语法和修辞学的学习;高级阶段的教育主要传授逻辑、天文、音乐、几何等方面的知识。当然,这些知识是"为了上帝而学习"的,是为理解基督教经典著作、传播基督教教义、践行基督教教仪而学习的。

经过改造与发展,查理曼时期的宫廷学校成了法兰克王国学术与教育的中心,对整个王国文化与教育事业的发展起到了辐射和引领作用,对那个时期以及后世法兰克王国和基督教世界的发展产生了重大影响。具体来说,宫廷学校培养了一批修道院院长、主教、伯爵以及教士,这对日后教育政策的推行和学校教育的下移奠定了良好的基础。此外,"宫廷学校培养出的人才,以艾因哈德为代表,使查理曼统治后期迅速实现了人才的法兰克本土化,打破了外来学者垄断教育、学术的局面,同时也极大地提高了法兰克民族自身的文化水平"①。在查理曼之后,其子孙继续吸引学者进入宫廷,宫廷学校继续发挥它的作用。

(二)修道院学校(monastic school)

尽管在8—10世纪,修道院遍布西欧,但是在加洛林王朝,人们特别专注于修道院的教育。此时的修道院不仅是宗教的中心,而且在经济上是一个自给自足的复合体。

8世纪,在君王的支持下,在圣卜尼法斯、阿尔琴等人的努力下,修道院如雨后春笋般出现在法兰克王国的土地上。这些修道院构成了法兰克王国经

① 史静寰、李淑华、郭法奇:《外国教育思想通史》第三卷,287页,北京,北京师范大学出版社,2017。

济、社会、文化的中心，这种中心地位一直保持到 11 世纪城市的兴起。有学者分析了修道院在加洛林王朝成为重要组成部分的原因：一是修道院是家庭利益或财富的组成部分，二是修道院是招募同盟或行政管理者的教育机构，三是与修道院相联系的财富和土地是奖赏忠诚支持者的重要奖品。[①] 不过，加洛林王朝时期的修道院尽管普遍遵守《本尼狄克特教规》，但是在教育与学习方面，与本尼狄克特时期的修道院已有明显的区别。本尼狄克特本没有赋予智力活动或修道院学校以特殊意义。他认为修道生活本身就是"服务上帝的学校"，劳作与冥修是主要的修行方式。"但是到 9 世纪，文本的学习与生产在修道院生活中已被认为具有重大意义。"[②]因为这时候僧侣的人生目的不再只是"自渡"，而必须通过祈祷和礼拜等形式去"渡人"，这就要求修道院中应该有更高层次的训练。

从 8 世纪 80 年代后期开始，查理曼多次下令，要求所有修道院和主教堂开办学校。这些学校最初的目标是提升现有教士的学识素养，培养下一代合格的教士。随着修道院学校教育的发展，受教育者实际上扩展到了那些并不以成为合格的教士或者献身于修道生活为人生目标的世俗学习者，而且这一类学习者的规模无疑在不断扩大。因此，到 10 世纪，修道院学校发展出了两类学校：一类是在修道院外部举办，面向修道院周边地区的儿童的学校；另一类是在修道院内部举办，面向那些发誓献身修道生活的儿童的学校。这两类学校可以分别被称为"外校"和"内校"。

外校在办学规模上一般都不大，但是接纳了出身于不同社会阶层的人。法国第戎圣贝尼涅修道院院长威廉（William）的传记中记载了他在教育方面所做的贡献："他创办一些学校，对来到他所管辖的修道院里上学读书的儿童实

---

① A.A.Hildebrandt, *The External School in Carolingian Society*, Leiden, Brill, 1992, p.51.

② Seda ErkoÇ, "The Content of Elementary and Higher Education in 8th-9th Century Frankish Monasteries," *Sakarya University Journal of Education*, 2014, 4(2), pp.19-37.

行免费义务教育。只要被允许来接受教育者，没有一个人是例外的，不管是农奴还是自由人，是富人还是穷人，都一视同仁地享受着这种爱德所带来的实惠。甚至有一些勤奋好学的人，修道院里还为他们提供伙食。"①外校的大门并不是毫无门槛地敞开的，尽管它不问出身，但毕竟是一种免费教育，甚至对贫穷的儿童还提供便餐。家长送儿童来学习，只是为了让儿童获得基督教的精神熏陶和最基础的读写能力。"在那个时代，修道院学校里能教授阅读的惟一语言只有拉丁语。难道人们让孩子们死记硬背的只是拉丁语的基础知识吗？这很有可能，或几乎是不言而喻的，学校的教学纯粹是口语教学，也可能涉及简单的心算规则，尤其是有关基督教教理问答的基本概念，或是要背诵一些祷文，或是关于一些圣徒的故事和圣人的生平。这就是僧侣们同人民交流得更多的一种类型的知识，这也是他们进行传教的一种使命。"②

内校的学生要经过更为严格的挑选。他们或者来自特别有天赋的农民家庭，或者是虔诚贵族的子弟。一旦进入内校，他们就要像修道院里的其他修士一样，必须严格遵守规定。对于青少年来说，这种生活并不是那么令人开心的。一旦犯错，他们就要面对严厉的惩罚，如鞭笞、关禁闭、不许进食等。查理曼曾要求在每一个主教区和每一个修道院里教授赞美诗及其曲调，教授圣咏、计算和语法。因此，与外校相比，负责未来教士培养的内校的教学更为系统，内容也超过了初级水平。具体来说，初级教育主要包括拉丁语读写、计算(特别是宗教计算)、唱赞美诗。在高级阶段的教育中，其主要内容是"七艺"教育。"在加洛林时期，特别是经阿尔琴的努力，自由学科进入了加洛林时期高等研究与教育的课程中，也自然地走进了修道院。从那个时期开始，它们具有了一种像是基督教化的自由学科的特征。它们成了新的加洛林王朝

---

① [法]埃德蒙·波尼翁：《公元1000年的欧洲》，席继权译，181页，济南，山东画报出版社，2005。

② [法]埃德蒙·波尼翁：《公元1000年的欧洲》，席继权译，182页，济南，山东画报出版社，2005。

教育课程的一部分，这触发了教士教育的革新。因此，它不可避免地具有高度的职业特征，倾向于神学。"①

修道院学校分立为内校和外校，起源于 9 世纪初的修道院改革。当虔诚者路易和阿尼亚那的本笃(Benedict of Aniane，747—821)着手改革修道院生活时，在改革者眼里，修道院里存在那么多非修士，修道院生活的常轨令人担忧。816 年，亚琛会议规定了改革的指导方针，要求将主教堂教士的培养与教区教士的培养区分开来。817 年，在亚琛召开的第二次改革会议规定修道院学校只能招收献身于修道院生活的人。这场旨在使修道院生活更加纯洁的改革运动以及这些新的指示打破了传统。

修道院学校实行男女分校教育。在 8—10 世纪，对于女性教育的态度事实上受早期基督教教父思想的影响，特别是受杰罗姆的女子教育观的影响。在杰罗姆看来，女性与男性一样，要使自己的灵魂真正地从属于神，必须接受充分的教育和修炼。在加洛林王朝，人们认为每个人都应该熟悉上帝的祈祷文和象征。只有知道如何祈祷、如何唱赞美诗、如何阅读，女性才能和男性一样，在教堂中充分参与宗教生活。而在那个时代，修道院是一个女性接受教育和修炼的合适场所。修道院改革者、阿尼亚那的本笃认为，女性应该在修道院内接受教育。802 年颁布的一项牧师会法规禁止男性进入女修道院，除了有人陪伴的人和进修道院看望病人的牧师。牧师也可以为修女做弥撒，但是结束后必须立即离开。因此，在修道院中，女孩必须交由女性教育。

修道院学校在科目设置上并没有创新。可以阅读的书籍不多，字写在石板或蜡板上，因为羊皮纸价格昂贵。在自由学科教育中，修道院学校的学生使用的古典作品有卡佩拉的《论哲学与精神的结合》，塞维利亚的伊西多尔的《词源》，卡西奥多鲁斯的《宗教与世俗文献》等。在语法方面，学生主要使用

---

① Seda Erkoç, "The Content of Elementary and Higher Education in 8th-9th Century Frankish Monasteries," *Sakarya University Journal of Education*, 2014, 4(2), p.26.

一些出自拉丁语语法学家普里希安(Priscian)之手的文本,以及拉丁语诗人的作品。在辩证法方面,学生会阅读波伊修斯翻译的拉丁语版的亚里士多德的一些著作。在算术方面,学生要学习乘除,也可能再学点珠算和年表。几何的学习以希腊数学家欧几里得(Euclid)的学问为基础。天文学的知识主要来自罗马的普林尼(Pliny)。在文学方面,古典诗歌和基督教诗歌提供了基本的课程文本,诗歌创作在中世纪的修道院和大教堂学校中代表着文学学习的顶峰。那个时代,对于古典文学作品的态度不尽相同。阿尔琴非常熟悉主要的罗马诗人,但是在其晚年,他谴责向信奉基督教的青少年教授异教徒的诗歌。这种倾向是那个时代的主流。在查理曼去世后,他的儿子虔诚者路易下令缩小修道院教育内容的范围。从基督教教父作品中摘录的选集主导了修道院学校的课程,纯文学,不管是基督教的还是世俗的,都遭到阻止。但是,一些教师对于古典诗歌会持一种更为开明的态度,如阿尔琴的学生、费里耶尔修道院院长塞瓦图斯·鲁普斯(Servatus Lupus)就允许自己的学生对古典文学有更广泛的涉猎。

得益于加洛林王朝的修道院及其缮写室,大量古典的和新的著述得以复制。这意味着人们在教育和学习中可以获得不少文本。加洛林王朝时期的修道院教育就是阅读和学习这些手稿。尽管现代的研究者惊讶于约翰·斯各特·伊里杰纳的哲学才华、雷德伯图(Radbertus)的注释能力、西奥达尔夫的诗歌的复杂性,但是将这些学者的兴趣与才华统一在一起的是《圣经》在他们智识生活中的绝对中心性。加洛林王朝时期的修道院学校借助于传统的教育,基本上依靠继承的古典文本、作品、圣歌等遗产。尽管如此,我们仍可以说,修道院教育代表了那个时期最高水平的教育。

(三)大教堂学校(cathedral school)

大教堂学校又可译为"主教座堂学校",是指在主教座堂——大教堂里开办的学校。随着罗马帝国的衰亡,散布于帝国城市中的世俗的公立学校也消失了。由主教主持的大教堂学校原本只是为了培养教区牧师，公立学校消失后，它不得不扩大教学范围，将一般性的基础教育纳入其中。"这实在是一种不得以的对策，不过主教学校正是如此诞生和普及的，众所周知，它也是后来中世纪大学的萌芽。"①当然，就大教堂学校增加教学内容的正当性与合理性，教会内部一开始是存在争议的。教皇格里高利就曾表示反对。尽管如此，将基础教育纳入牧师培养的计划已成为必然。正是因为如此，博伊德和金认为："古代罗马学校的真正继承者——不论就凯尔特人还是罗马人来说——都不是僧侣，而是主教。"②这种学校首先出现在英格兰，时间是6世纪末7世纪初。

在七八世纪，随着日耳曼人的基督教化，日耳曼聚居区出现了越来越多的主教区。查理曼向帝国境内的修道院院长和主教下达举办教育的命令时，实际上并没有区别修道院学校和大教堂学校。因此，最初的大教堂学校实际上和修道院学校一样，承担着培养教士的任务。在教育的对象、内容和方法上，二者也并无明显的区别。与修道院学校一样，大教堂学校在后来的发展中也把教育对象扩展到世俗学生。在大教堂中学习的学生既有贵族子弟，也有贫民子弟。这些贫民子弟往往是一些经过挑选的、有天赋的学生，在大教堂学校享受免费的教育。贵族子弟则需要为这种教育支付报酬。教学内容以基督教的知识体系为核心，辅之以七个自由学科。教育方法多采用师徒制的形式。随着基督教教育体系的发展，修道院学校和大教堂学校逐渐产生了分化：前者主要提供与修道生活相关的培训，后者更多地传授自由学科。

需要指出的是，大教堂学校可能并不是指某一种特定的学校，而可能是指由主教主办、附属于大教堂的一系列学校，其中就包括歌咏学校和文法学校。这些不同类型、不同层次的学校共同组成了大教堂学校。

---

① ［法］亨利-伊雷内·马鲁：《古典教育史》罗马卷，王晓侠、龚觅、孟玉秋译，226页，上海，华东师范大学出版社，2017。

② ［英］博伊德、［英］金：《西方教育史》，任宝祥、吴元训译，110页，北京，人民教育出版社，1985。

　　歌咏学校和文法学校并不是查理曼时期首创的。博伊德和金认为："歌咏学校和文法学校显然是在大教堂里同时并存的，也是中世纪教育的一个固有特点，而这也许首先发生在七世纪初的坎特伯雷。"①查理曼颁布的教育法令反复要求各地修道院院长和主教举办学校，教授圣咏和阅读等知识和技能。一系列宗教会议的法令也明确了教会对各地初等学校和文法学校负有扶持和指导之责。因此，在主教辖区，特别是在其驻地，一些歌咏学校和文法学校陆续建起。里昂大主教莱德拉德（Ledrad）在一封写给查理曼的信中汇报了教区内学校建设的情况。他说："我现在有一所歌唱学校，学生中有一些已经成长得如此成熟以致他们有能力成为教师。我还有一所阅读学校，在里面不仅进行每日祷告所需的'功课'的正常阅读，而且还通过《圣经》的研习尝试着达到一种对精神意义的理解。许多学生已经能够搞懂《福音书》的准确意义……我们还做了一些对书本的誊写来说必须提供的训练。"②从这段话可以看出，与修道院学校和大教堂学校一样，歌咏学校和文法学校也是宗教教育体系的组成部分，同样包含一些读写等方面的基础教育，因为如果学生不具备基本的读写能力，那么宗教教育的计划就无法实施。

　　大教堂学校的发展改善和扩大了现有的学校体系。有学者认为："有充分的证据表明，到八世纪结束时（亦即西奥达尔夫和查理曼规定普通教育的时候），所有大教堂和联合教会都办了歌咏学校和文法学校。同时，歌咏学校不再是培养唱诗班歌手的纯粹专业学校，而是一种初等学校；文法学校同样不再是仅仅为神学学习作准备，而是一种向未来的教士传授普通课程以及一切专业课程的机关。"③

---

　　① ［英］博伊德、［英］金：《西方教育史》，任宝祥、吴元训译，112 页，北京，人民教育出版社，1985。

　　② ［法］菲利普·沃尔夫：《欧洲的觉醒》，郑宇健、顾犇译，52 页，北京，商务印书馆，2011。

　　③ ［英］博伊德、［英］金：《西方教育史》，任宝祥、吴元训译，113 页，北京，人民教育出版社，1985。

在大教堂学校，主教就是教师。在中世纪，许多主教本身就是学者。但是，作为一个主教区的宗教领袖，主教不得不为履职而四处奔走。因此，到 8 世纪，主教开始把他的教学任务委托给常住在大教堂的宗教会议的成员。歌咏学校也开始由教堂管理人员负责。11 世纪的法令将这种管理人员叫作合唱队指挥。文法学校被委托给牧师会的律师，它们有各种名称，如 scholasticus，magister，scholarum，archischola 等，日后被称为校长(chancelloz)。①

大教堂学校与修道院学校之间的区别之一在于办学环境，修道院往往坐落于较为偏远的地方，主教驻地往往是在城镇中。与单调、严肃的修道院生活不同，大教堂学校里的学习生活更为舒适，校外的生活更为丰富多彩。城镇里更为活跃的社会、政治与经济生活也对大教堂学校的教育提出了更多样化、更高的要求。到 10 世纪，随着城市的兴起，主教堂逐渐取代修道院成为整个西欧社会、经济和文化的中心。此时的大主教学校开始代表更高层次的教育，其学术地位也逐渐超越了修道院。

史书记载，卢瓦尔河畔弗洛里修道院的阿蓬(Apong)院长是在弗洛里修道院学习的。学成之后，他留在修道院任教。然而，他觉得自己的学识水平不够，于是就到代表高等教育的大教堂学校学习。他先后去了巴黎、兰斯、奥尔良的大教堂学校，最后"带着自己学到的，被称之为七种自由艺术的知识，重新回到了弗洛里，并把这些知识传授给了他的弟兄们"②。从这个故事可以看出，在 10 世纪末 11 世纪初，修道院学校已经难以与那些著名大教堂学校相提并论了。

10 世纪的学者、教会史上第一位出生于法国的教皇吉尔伯特的个人教育经历也为我们提供了另一个证据。在法国中部的圣杰拉尔修道院，吉尔伯特

①　[英]博伊德、[英]金：《西方教育史》，任宝祥、吴元训译，114 页，北京，人民教育出版社，1985。

②　[法]埃德蒙·波尼翁：《公元 1000 年的欧洲》，席继权译，186 页，济南，山东画报出版社，2005。

在语法学方面打下了扎实的基础。967 年，20 岁出头的吉尔伯特前往加泰罗尼亚游学。在几年时间里，他熟悉了四大学科，并在比克的奥托主教的指导下对数学进行了深入研究。他还接触了阿拉伯的天文学知识。970 年，身在罗马的吉尔伯特拒绝了奥托一世让他担任家庭教师的请求，而后来到兰斯，跟随兰斯副主教夏尔姆努斯(Garamnus)学习逻辑学，同时也向夏儿姆努斯传授数学、音乐方面的知识。当时的兰斯大主教阿达尔伯诺(Adalbero)正试图以改革教会学校为突破口，来带动教会复兴。从 972 年开始，吉尔伯特担任兰斯主教学校校长一职，直至 989 年。作为一名教师和学者，"他的知识之完全、造诣之精深及个人体验之丰富都是阿尔克温这样的人所无法比拟的。他具有十分全面的知识和教学的才能"①。作为兰斯主教学校的校长，他把基础性的语法教学留给了普通教师，自己着重教授逻辑学、修辞学、数学以及天文学，并且运用了灵活且有效的教学方法。尽管他传授的知识并没有多少原创性，"我们本可以对它们不屑一顾。但要全面地估计它们的价值，我们最好还是从历史的角度来看一下这些问题。在这个偏好抽象化的社会里，他竟如此富有独创性，这主要是因为他喜欢具体，并有一双灵巧的手。正是由于这一点，才使他得以领会并传授这些看来十分新颖而又惊人的知识。也可以说，正是由于这一基础，以后的科学发展才成为可能"②。

在 8—10 世纪，修道院学校和大教堂学校相辅相成，是基督教社会中最普遍、最重要的教育机构。在 8 世纪教育复兴之初，这两类学校并不存在明显的区别；但是到 10 世纪末时，两类学校开始出现层次上的分化：修道院学校的教育更多属于初级和中级的教育，大教堂学校呈现出高等教育的特征。具备这些特征的大教堂学校日后便成为中世纪大学的基础。

---

① [法]菲利普·沃尔夫：《欧洲的觉醒》，郑宇健、顾犇译，159 页，北京，商务印书馆，2011。
② [法]菲利普·沃尔夫：《欧洲的觉醒》，郑宇健、顾犇译，165 页，北京，商务印书馆，2011。

除了修道院学校和大教堂学校之外，基督教教育体系还包括另外一个很重要的组成部分，这就是教区学校（parish school）。这是由教区牧师为教区内基督徒举办的、提供初级教育的学校。面向乡村大众的教区学校的出现可以追溯到6世纪。529年，第二次韦松主教会议做出规定："所有主持教区的神父都应接收年轻人诵经者，用基督教的方法教导他们，教他们圣诗和经文的功课以及上帝规定的各种戒律，在他们中间培养合格的接班人。"这一决定在某种意义上可以被视为正式在乡村大众中系统普及学校教育的开始。① 9—10世纪，西欧大部分地区出现了教区，也就是一个由当地教堂和牧师承担宗教事务的地区。有的教区是由致力于农村宗教事务的主教建立的；有的是由修道院先建立教堂，再发展为一个宗教社区；更多的是从原来的家族教堂发展而来的。在查理曼时期，奥尔良主教西奥达尔夫就鼓励乡村牧师们开办学校，把读写知识传授给一切信任他们的学生，且"纯出于博爱"而不计较报酬。那些在教区学校崭露头角的贫民子弟有可能被选送到宫廷学校、修道院学校和大教堂学校接受免费教育。教区学校有助于让最为广泛的基督徒获得参加礼拜仪式所需的基本的读写能力。然而非常遗憾的是，关于这些学校，后人知之甚少。而且，原本收入微薄的教区教士实际上为提供免费教育而面临重重困难。因此，图尔主教赫拉德（Gerard，855—866年在位）和奥尔良主教沃尔特（Walter，869？—891年在位）只能敦促他们的教士尽可能地维持学校。

五、加洛林王朝时期的学问

（一）世俗知识与宗教知识

尽管"七艺"在加洛林王朝时期的学校教育中非常流行，但是将加洛林时期的学习精简为"七艺"，会令人误解。首先，理论上存在许多相互竞争的认

---

① ［法］亨利-伊雷内·马鲁：《古典教育史》罗马卷，王晓侠、龚觅、孟玉秋译，228页，上海，华东师范大学出版社，2017。

知图式。关于自由七艺的优先顺序及其相互关系，在那个时代仍然是一个令人烦恼的问题。阿尔琴通过证实语法可以成为神学的"侍女"，促进了自由学科的基督教化。他将基督教智慧的殿堂描述为由"七艺"支撑起来的殿堂，这一比喻形象地体现了世俗学问与神圣学问之间的关系。大约在50年后，约翰·斯各特·伊里杰纳提出了类似的比喻。他说"七艺"就像是一条大江的七个支流，它们在基督的默祷下汇聚在一起。然而，对于这些主张，并不是没有批评的声音。在9世纪，关于自由学科是否适合于基督教教育的质疑一直存在。特鲁瓦主教普鲁登修斯(Prudentius of Troyes)就曾批评伊里杰纳运用辩证法理解预定论。许多人担心，世俗知识与神圣知识的结合可能导致罗马异教在基督教世界中复活。尽管如此，在加洛林王朝，基督教化和汲取神圣智慧的迫切性驱动了世俗知识和宗教知识走到一起。奥尔良主教西奥达尔夫认为，即使许多异教著作没有价值，但是它们错误的封面下也掩盖着许多真理。

9世纪的美因茨大主教拉宾纳斯(Hrabanus of Maurus)有不少关于教育、语法和史学的著述，其中《论教士的教育》(Education of the Clergy)清晰地阐明了世俗知识与神圣知识在加洛林王朝的教室中是如何相互补充的。拉宾纳斯认为，在所有形式的智慧和知识中，神圣教义属于最高的形式，是"所有智慧的基础、内容及完善"，其他形式的智慧都必须到神圣教义中去寻找源头。由此出发，他认为，应该通过宗教的教育，把那些具有永恒性的真理或智慧传授给人们，只有这样才能赋予认识真理和智慧的可能性。[①]《论教士的教育》是拉宾纳斯在富尔达修道院任教时完成的，这所修道院的主要职责是培养年轻的教士。《论教士的教育》的第一部分向学生介绍教会、神职等级、法衣、圣礼以及弥撒；第二部分提供了一份规范化祈祷、一年礼拜仪式、宗教节日、赞美诗、《圣经》、基本的祈祷文、祷告、异端邪说等内容的大纲；最后一部

---

① 史静寰、李淑华、郭法奇:《外国教育思想通史》第三卷，335页，北京，北京师范大学出版社，2017。

分概括了牧师在培训中应该了解的内容，这些内容在本质上就是自由学科，包括语法、修辞、辩证法、算术、几何、音乐、天文以及哲学著作。① 从中可以看出，拉宾纳斯认为，一名合格的教士应该全面掌握知识。对于自由学科，他并不排斥，而是主张采用以我为主、为我所用的态度。他认为："对于那些世俗哲学家的自由学科，基督徒应学习它们的用途和益处；对于他们作品中所包含的真理，我们不应有所顾虑，而应把这些真理拿来为我所用，以我为主。"②

（二）文字的学问

从加洛林王朝时期学校教育的知识体系来看，世俗的自由"七艺"又可以被划分为文字的学问和数字的学问，即"三艺"和"四艺"。

查理曼在写给富尔达修道院院长鲍高尔夫的信中呼吁，加洛林的修士和教士要加强对文学的学习和研究。这意味着要改变宗教人士说拉丁语的方式，要纠正他们的"笨拙的语言""错误的语言"和"生硬的语言"，以便使这些上帝的人通过他们在阅读与歌咏中的"神圣交流"来教导信徒。敦促教士像教父以及像阿尔琴这样的学者一样说拉丁语，这将改革置于一个决定性的过程中。当然，加洛林王朝时期的学生生活于多种语言的世界。当学习像基督教教父那样说话和写作时，他们从未遗忘自己的第一语言，他们依然需要用第一语言进行沟通。未来的教士要学习拉丁语的宗教与神学概念，也必须学会如何用方言向民众解释这些概念。813 年，美因茨、兰斯和图尔三地的教会会议强烈要求主教用教区居民的语言进行布道，以便他们的说教更容易被理解。847年，美因茨的另一次教会会议重申了这一教规。无疑，教区牧师已经在使用民众的语言。

---

① Seda ErkoÇ, "The Content of Elementary and Higher Education in 8th-9th Century Frankish Monasteries," *Sakarya University Journal of Education*, 2014, 4(2), p.30.

② 史静寰、李淑华、郭法奇：《外国教育思想通史》第三卷，336 页，北京，北京师范大学出版社，2017。

在礼拜仪式中发音错误或使用错误的变格词尾，会暴露自己缺乏教育。费里埃的卢普斯对文字的使用与发音有着强烈的兴趣，不过他认为与他同时代的人对正确发音的强调有些过分，因为他们对语言中的错误的关注甚于对生活中的错误的关注。查理曼在与富尔达修道院院长鲍高尔夫的通信中提出了语言教育的一般性要求：除了正确发音之外，还要求能正确理解和使用词语。为实现这一目标，加洛林王朝时期的教士在教学实践中可以使用奥古斯丁的《基督教教义》、卡西奥多鲁斯的《宗教与世俗文献》、伊西多尔的《词源》以及马尔提亚努斯·卡佩拉的《论哲学与精神的结合》等著作。这些著作有助于加洛林王朝时期课程的具体化。它们既为知识和学习提供了系统的介绍，又明确将世俗知识与神圣学问连接在一起。因此，古代的自由学科在加洛林王朝时期的学校中找到了肥沃的土地。自由学科，无论是单一的还是作为一组，都是加洛林王朝时期受欢迎的教学科目。那个时期的教师编写"七艺"文本的选集，将其用于他们的教学。

加洛林王朝的学生在掌握了读、写、唱的基础知识之后，就开始学习第一门自由学科——文法。文法包括语法规则和文本研究，是加洛林王朝时期首要的学科。文法学习不仅是让学生能够正确地读、写、说，还要教他们如何思维，给他们提供探索神圣智慧之秘密的方法论工具。加洛林王朝时期的文法教学有很多资源可以使用。除了拉丁语语法的著述之外，还有爱尔兰、盎格鲁-撒克逊学者撰写的语法论述，以及加洛林王朝时期学者所著的评论和注释。这些新的评注旨在以一种简洁明了的方式消除深奥的哲学性讨论，用文学的、历史的方式去解释那些神秘的事物。评注者在进行评注时，还常常将数位作者的著述综合在自己的作品中，这提高了评注的实用性。

语法和文献阐释是加洛林王朝时期学校和文学的基础。语法只是智慧的要素之一，掌握了这个要素，就为其他自由学科的学习铺平了道路。语法、修辞、辩证(逻辑)实际上是一体的，都是为了理解话语。学生在学习语法和文献时，也开始学习如何通过修辞和辩证来控制语言。拉宾纳斯在《论教士的教育》中，是以卡西奥多鲁斯有关修辞作用的经典定义展开他的讨论的。卡西奥多鲁斯认为修辞的作用是"有礼貌的询问"，但拉宾纳斯在讨论中很快就转到了奥古斯丁及其《基督教教义》，从为基督教服务的角度，特别是牧师在布道中应该如何恰当地运用修辞的角度展开论述。但是加洛林王朝时期学习修辞学的另一目的是使读者能够理解宗教作品中的语言符号、转义和隐喻。对于大多数学生来说，学习修辞学等于掌握适宜的散文风格。通过学习范文，学生学习各种文学的写作，如如何撰写悼词，如何描述一位国王，如何撰写赞美的诗歌，等等。因此，当艾因哈德需要描写查理曼的体态特征时，他自然地模仿了苏维托尼乌斯对罗马皇帝的描写。

修辞学学习在加洛林王朝时期的学校中以及学术中的复兴伴随着辩证法的深入学习，以及辩证法在加洛林王朝智识辩论中的运用。阿尔琴的《论辩证法》起到了示范作用。该书用阿尔琴与查理曼二人对话的形式，呈现了演绎推理的基本要素。在9世纪，很多教师和学生认真思考了本质与普遍性等问题，并将亚里士多德的分类和演绎推理的方法运用于对神学问题的思考。

(三)数字的学问

除了文法、修辞和辩证法，其他构成学校教学科目的自由学科都与数字相关。加洛林王朝时期的学生出于明显的实用原因学习与数字相关的学科。查理曼于789年颁布的法令集要求年轻的学生学习计算，以及中世纪早期计时和决定日期的方法。他们也必须知道在征收十一税、计算田地收成与农民租金的时候如何处理数字。加洛林王朝大量的建设项目也激发了学生对建筑和几何等知识的学习热情。另外，对于加洛林王朝时期的思想家来说，数字还有一种更为深刻的意义，那就是，它体现了这个由上帝创造的世界具有内在的秩序。数字的合理性与体系常常吸引着有宗教信仰的人，它们通过数字之间的关系来理解世界。数字正确是语言、行为和思想正确的一种隐喻。

在《创世纪》中，造物主的造物活动是以"日"来计时的，天体的创造是用以表示季节、年和日的。自从造物主通过化身进入时间，通过耶稣受难和复活改变神圣历史的进程，以礼拜仪式和节日庆祝等及时、准确地纪念这些时刻具有神圣的意义。因此，决定正确的时间不仅仅是出于日常生活的便利。

加洛林王朝时期的学习者将阿基坦的维克多、波伊修斯、欧几里得、普林尼、比德等人的相关著述作为数学教学和天文学教学的文本。其中8世纪比德撰写的论文《论事物的性质》《论时间》和《时间的测算》等是较为重要的教学资料。许多学者和教师对这些文本加了评论和注释，或者做了精简，以便于读者和学生使用。普林尼的《自然史》为这一时期天文学的教学提供了大量的材料。在9—12世纪，这本书的摘录至少出现在数十本手稿中。普林尼的选本之所以能吸引教师的注意，是因为有关于天体运行的更多、更准确的细节，而且还提供了一个中世纪的论文中不具有的、解释行星运行的理论框架。当加洛林王朝时期的教师传授普林尼的知识体系时，教学创新之一就是补充了图解，从而使学生可以用一种简化的、直观的形式来理解普林尼的天文学。在9世纪，两套有关计算的书籍编辑而成，一套三卷本，一套七卷本，里面包含的内容包括算术、天文以及一小部分神学和历史知识。这两套书可以说是加洛林王朝时期计算知识领域的集大成者，其中就收录了普林尼的《自然史》中的部分内容。

在数字与次序中发现基本的宗教真理，这种信念推动了人们对数学、天文学的研究，也鼓舞了人们对音乐的研究。在加洛林王朝，无论是基督教礼拜仪式，还是智识发展，都需要研究和学习音乐。在加洛林王朝时期的欧洲，在教俗两界权力的支持下，罗马圣咏在各地传播开来，许多地方建立了歌咏学校。学生在开始学习唱赞美诗时就走进了音乐之门。加洛林王朝的教师努力规范音乐教材，为学生提供系统化的赞美诗旋律。当时，人们已经开始使用一种比较原始的纽玛记谱法(neumic notation)。纽玛记谱法尽管相当原始，但在那个时候是教学方法上的一个重要突破，因为它为美妙旋律提供了一种持久的、形象的呈现方式。波伊修斯是加洛林王朝的人了解古希腊音乐学说的主要中介。他的《音乐入门》和卡佩拉的《论七艺》激发了人们对音乐的兴趣。卡佩拉将音乐置于"七艺"之列，他的著述为加洛林王朝的教师理解古希腊的音乐理论和音乐术语提供了帮助。

六、加洛林王朝教育复兴的影响

查理曼、阿尔琴和他们的同道们启动教育复兴运动的目的是正确理解《圣经》，并把《圣经》传播到全体教士中去，进而通过他们将基督徒引入永生的道路。鉴于当时匮乏的物质条件和动荡的社会环境，这场教育难以实现其丰满的理想，即普及教育，但是教育改革的计划得到延续，教育复兴之路在起伏中向前延伸。

查理曼的儿子虔诚者路易尽管出于更为强烈的宗教偏好，试图限制学校中世俗知识的教学，但是并没有抛弃其父发展教育的计划。查理曼的孙子、西法兰克王国国王秃头查理在性格与兴趣等方面与其祖父多有相像。他继承了查理曼的教育传统，庇护学者，支持教育。用一个同时代的人的话来说，他"几乎是每个国家的学校教育的支柱"①。爱尔兰的伊里杰纳于845年左右进入秃头查理的宫廷，主持宫廷学校长达30多年。通过以伊里杰纳为代表的宫廷学者的努力，"宫廷学校重新发出了这样的光辉，以致那些同时代人把它当作新鲜事物而大为惊讶……当时公众对秃头查理宫廷中的文学的复兴有如此强烈的印象，以致不说 l'école de Palais（宫廷的学校，schola Palatii），而说 le Palais de l'école（学校的宫廷，Palatium Schola）"②。也正是因

---

① ［英］博伊德、［英］金：《西方教育史》，任宝祥、吴元训译，120页，北京，人民教育出版社，1985。

② ［法］基佐：《法国文明史自罗马帝国败落起》第二卷，沅芷、伊信译，311页，北京，商务印书馆，1995。

为如此，所以有学者把秃头查理时期的文化与教育活跃景象称为"第二次加洛林复兴"。

在查理曼之后，基督教会依然承担着学校教育的责任。教会在822年、829年、855年、859年召开的宗教会议上讨论了教会开办学校以及学校向民众开放的问题。在859年萨沃尼埃的宗教会议上，主教们要求秃头查理在一切有师资力量开展基督教教育和自由学科教育的地方建立公共学校。"不幸的是这期间乌云笼罩之势比以往更为浓重，致使这一宏伟的心愿终究未能实现。又过去了好几十年，才再次出现了把注意力转向教育问题的宗教会议。"①由此可见，艰难的时势给自查理曼开始的教育复兴计划的实施与持续带来巨大的挑战，但是从阿尔琴到其学生、富尔达修道院学校校长、被誉为"日耳曼导师"的拉宾纳斯，再到从富尔达修道院学校走出去的数目众多的学者和教师，我们可以看到教育复兴事业薪火传承。

查理曼的教育复兴运动的影响超越了时空。它对9世纪英国教育的影响特别显著。9世纪初，麦西亚王国国王奥法(Offa)致信阿尔琴，请求他为自己的臣民派遣教师。9世纪末，查理曼的榜样作用对韦塞克斯国王阿尔弗烈德的影响更大。871年，阿尔弗烈德即位时，发现自己面临着查理曼曾面临的问题，他解决问题的方法几乎与查理曼相同。

10世纪，萨克森国王奥托一世仿效查理曼，利用基督教鼓励学术发展和文化复兴。他的教育理想被他的兄弟布鲁诺复活起来。布鲁诺通过寻求最好的教师和最优秀的古典课本，让宫廷学校重新焕发出了光彩。他还通过鼓励高级牧师成为教育领导者，从而使知识得到传播。奥托一世的文化复兴事业在他的继任者奥托二世和奥托三世统治时达到了顶峰。可以说，奥托王朝较好地保存了加洛林王朝文化复兴的传统。这场文化复兴运动中产生了许多非

---

① [法]菲利普·沃尔夫：《欧洲的觉醒》，郑宇健、顾犇译，37页，北京，商务印书馆，2011。

常优秀的行政官和学者，其中的代表就是当时伟大的科学思想家奥里亚克的吉尔伯特。

因此，尽管如加洛林王朝时期的文化复兴带有缺点一样，这一时期的教育复兴也具有缺乏创造性，主要传承古希腊罗马以及中世纪早期积累的、以基督教文化为核心的知识体系，主要培养的是教士，学校数量和受教育者的人数非常有限等不足，但是它毕竟是中世纪教育复兴运动的开端，运动播下的种子结出了果实，人们对教育的需要也更加强烈。

第二节　阿尔弗烈德时期的教育复兴

阿尔弗烈德于 871—899 年统治着英格兰韦塞克斯王国。在位时，他打败了在英格兰肆意侵扰的丹麦人，初步建立了一个统一的盎格鲁-撒克逊王国。除了军事和政治上的伟大成就之外，阿尔弗烈德还支持教育改革和学术复兴，鼓励古代英语，即盎格鲁-撒克逊语的发展。可以说，他就是英格兰的"查理曼"。对于他留给英格兰的影响，丘吉尔曾做过高度的评价："他的血缘为英格兰人造就了许多伟大的统治者，他的鼓舞作用为基督教军队频传捷报提供了动力。"①正是因为如此，他成为英国历史上唯一享有"大帝"尊称的国王。

今天学者对阿尔弗烈德的了解主要有三个来源，其中最为重要的是阿尔弗烈德的传记——《阿尔弗烈德国王的一生》(*The Life of King Alfred*)。这部传记著于 893 年，作者阿塞尔(Asser)与国王生活在同一时代。在这部传记中，阿塞尔说自己曾经是威尔士圣大卫修道院的一名修士，后成为阿尔弗烈德国王身边的一名学者与顾问。对于这部传记的真实性，后世学者莫衷一是。但

---

① [英]温斯顿·丘吉尔：《英语国家史略》上卷，薛力敏、林林译，127 页，北京，新华出版社，1985。

不管怎样，对于任何一项关于阿尔弗烈德国王生平的研究来说，阿塞尔的传记都是一个有价值的资料来源。第二个主要来源是《盎格鲁-撒克逊编年史》(*Anglo-Saxon Chronicle*)，作者不详，可能出自多人之手。这部历史著述涉及阿尔弗烈德统治时期的政治与军事，包含了国王个人的一些信息。第三个来源是阿尔弗烈德国王的翻译作品。文本翻译是阿尔弗烈德国王教育改革的重要组成部分，也为后人了解阿尔弗烈德的思想与计划提供了许多有益的信息。

一、阿尔弗烈德生平

阿尔弗烈德出生于 849 年，是韦塞克斯国王阿特伍尔夫(Aethewulf)与其第一任妻子奥斯布(Osburh)的幼子。四岁时，他的父亲送他去罗马朝圣。《盎格鲁-撒克逊编年史》记载，在罗马，教皇利奥四世为他施坚振礼。856 年，他访问过西法兰克王国，在秃头查理的宫廷里逗留过数月。查理国王是查理曼的孙子，与其祖父一样，对宗教与教育改革充满热情，为学者提供庇护，同时自己也是一名虔奉基督教的学者。4~8 岁时两次游历欧洲大陆，对于一名王室子弟来说，可谓是一段独特的教育经历，增长了阿尔弗烈德的见识。不过，青少年时期的阿尔弗烈德并没有接受过系统的古典知识教育。因为根据阿塞尔的描述，阿尔弗烈德在青少年时期并没有学会读写拉丁文，或者说没有系统掌握拉丁文的读写。尽管他熟悉不少英语诗歌，但这些诗歌都是他博闻强识的结果。在战争岁月中成长起来的阿尔弗烈德，虽然贵为王子，但实际上缺乏良好的教育。在阿塞尔的笔下，阿尔弗烈德就像犹太人的国王所罗门(Solomon)一样，鄙视钱财，珍视上帝的智慧，把这种智慧视为具有高尚灵魂的特征。我们尽管难以确定阿尔弗烈德何时开始学习英语，何时掌握了拉丁语，但是有理由推测，他在为教育改革而聘用的基督教学者的帮助下，学会了拉丁作品的阅读和翻译。

在父亲去世后，阿尔弗烈德的四位兄长相继继承王位。865 年，阿尔弗烈德正式成为王位继承人，并担任军事指挥官。尽管他青少年时期体弱多病，但是在军事战争中，他证明了自己是一名勇敢的战士和优秀的军事领袖。871年，在最后一位兄长去世后，阿尔弗烈德继承了王位。

9世纪，来自北欧的维京人在欧洲各地肆意劫掠。对于这些海盗来说，英吉利海峡就像一条林荫大道，绝不是什么障碍，因此他们攻击不列颠岛就像攻击欧洲大陆一样轻松。到了9世纪后期，他们已经将抢劫升级为大规模占领和永久定居。盎格鲁-撒克逊的小王国一个接着一个沦陷。在9世纪70年代，唯有韦塞克斯在阿尔弗烈德的领导下苦苦支撑着。878年春，韦塞克斯迎来了战争的转折点。在经历了挫败之后，阿尔弗烈德重整旗鼓，终于在艾丁顿大败丹麦军队，迫使丹麦人签订条约——《韦德摩尔和约》。根据双方签订的条约，丹麦人的领袖古瑟罗姆（Guterom）皈依基督教，并同意维持永久和平；丹麦人撤出韦塞克斯，在不列颠岛的东部和中部地区建立了"丹麦法区"。

之后，阿尔弗烈德通过战争和联姻等形式逐渐统一了英格兰的南部和西南部地区。886年，阿尔弗烈德的军队攻占了英格兰最为重要的城镇——伦敦。这一胜利标志着英格兰人中产生了一种共同的认同感，他们在一个共同领袖的领导下，为了一项共同的事业而努力。此时的阿尔弗烈德成为非丹麦法区所有盎格鲁-撒克逊人的国王。

在战胜丹麦人后，韦塞克斯王国迎来了一代人的相对和平时期。根据阿塞尔的记述，阿尔弗烈德实施了一系列的军事、行政、教育改革。在军事上，他完善了募兵制，在全国各地建设了由30余个城堡组成的防御体系。正是有赖于这一时期的国防建设，韦塞克斯得以有力地抗击了893—896年维京人新一轮的入侵。他还以《圣经》为基础颁布了内容广泛的法律，改革了税收制度，重建了被丹麦人摧毁的城镇。此外，他致力于文教事业的振兴，恢复被战争摧毁的基督教文化传统。

阿尔弗烈德不仅是一名勇敢的战士，而且是一名虔诚的基督徒和留有著述的学者。

　　阿尔弗烈德每天参加弥撒，有时还在夜深人静之时躲开家人到不同的教堂祈祷。他将个人经受的病痛理解为上帝传达的信息，是上帝在提醒他去拯救青年于欲望，保持个人的谦虚和恭顺。他也希望自己在面对疾病的折磨时表现得像一个众人瞩目的人、全能的上帝选中的人。如《盎格鲁－撒克逊编年史》记述的，阿尔弗烈德将维京人的入侵理解成上帝对盎格鲁－撒克逊人道德堕落的惩罚。他相信，维京人给他的人民带来的痛苦是王国智识生活、宗教生活和道德全面衰败的结果，而不是导致这种衰败的原因。作为国王，他有责任去恢复智识生活和宗教生活，重振人民的精神，最终借助精神的力量战胜异教徒——维京人。

　　有学者认为，虽然阿尔弗烈德"不是中世纪西欧第一个善于写作的国王，但他或许是第一个实际上发布过一部原创性作品的国王"[①]。如果阿塞尔的记述是真实准确的，那么阿尔弗烈德本人是在887年的圣马丁节在阿塞尔的帮助下开始著述和翻译拉丁文作品的。此时，他已年近40岁。人们相信，为了给臣民提供他们能读得懂的基督教作品，阿尔弗烈德亲自将教皇格里高利一世的《司牧训话》、波伊修斯的《哲学的慰籍》、奥古斯丁的《对白》片段以及《圣经·旧约》中前50首作品从拉丁语翻译成古英语。此外，他还在其他学者的协助下翻译了其他作品。从译著的质量来看，阿尔弗烈德无疑可以比较熟练地同时驾驭拉丁语和英语，将本土的盎格鲁－撒克逊文化与外来的拉丁文化融合在一起。就像阿尔弗烈德·史密斯评价的："阿尔弗烈德的翻译技巧至少部分反映出他对方言表达方式的熟练与热爱，更反映出他融合外来文化因素于英语文化体系的愿望和努力。"[②]

　　[①]　Maureen Elizabeth Searing, *Alfred of Wessex a study in accidental greatness*, PhD diss., San Jose State Unirersity, 2009.

　　[②]　Alfred P. Smyth, *King Alfred the Great*, Oxford University Press, 1995, p.569.

在抗击丹麦军队和治理国家的过程中，阿尔弗烈德从各地招募有识之士来辅佐自己。最初，伍斯特主教威尔弗特（Werferth）、日后成为坎特伯雷大主教的普利门德（Plegmund）、教士埃特尔斯坦（Aethelstan）和沃尔武尔夫（Werwulf）等应邀从麦西亚而来。后来，在886年前后，圣伯廷的格里姆伯德（Grimbald of St. Bertin）、撒克逊学者约翰、威尔士修士阿塞尔等相继来到阿尔弗烈德的宫廷。阿塞尔在阿尔弗烈德的传记中提到，国王的随从包括许多东法兰克人、弗里斯人、西法兰克人、斯堪的纳维亚人、爱尔兰人、布列塔尼人，既有贵族，也有平民。这些人弥补了韦塞克斯王国人才的不足，在王国的政治、军事、经济、文化和教育等领域扮演了多重角色。他们不仅协助阿尔弗烈德实施翻译计划，编写史籍和法典，而且承担教师的职责，特别是帮助阿尔弗烈德提升拉丁语水平。除此之外，这些宫廷学者还担负了王国宗教与行政官员的角色。这些辅臣即使是外国人，也被阿尔弗烈德视同自己的人民，得到了他的重视和爱护。

899年，阿尔弗烈德去世。此时的英格兰在一定程度上已经由一个支离破碎的地区发展为一个统一的国家。阿尔弗烈德修订的法典成为日后英国法律改革的基础，他重建的城镇和道路大大改善了这个国家的基础设施，他推动的教育改革为英国公学的发展铺平了道路。他尽管历史贡献巨大，但是并没有像查理曼一样在随后的几个世纪里得到世人的尊敬。一个原因是维京人的入侵仍在持续，另一个原因是阿塞尔的《阿尔弗烈德国王的一生》并没有得到广泛的推广。直到17世纪，这部著作作为高贵行为指南由约翰·斯佩尔曼（John Spelman）爵士出版发行，此后才受到公众的注意。在18世纪，阿尔弗烈德被视为高贵国王的典范。在维多利亚时代（1837—1901），他进一步被确立为英帝国的奠基人、英国海军之父和英国历史上最伟大的国王，因而被冠以"大帝"的尊称。

二、阿尔弗烈德的文教政策

在9世纪80年代和90年代初期这样一个短暂的相对和平时期，阿尔弗烈德采取了一系列措施，试图推动韦塞克斯王国文化与教育事业的复兴。历史上把他的努力以及取得的成果称为"阿尔弗烈德的文化复兴"。

(一)教育改革的动机

作为一个与查理曼几乎处于同一时代的开明有识的君主，阿尔弗烈德与查理曼一样，在一个兵荒马乱的战争年代注意到了文化衰败的问题，并自觉地承担起文化复兴、教育重建和精神重塑的责任。如前所述，阿尔弗烈德从精神的根源去寻找韦塞克斯王国饱受战争摧残的原因，努力尝试重振民族精神以赢得对异教徒的最后胜利。"在他同时代的统治者中间，只有他意识到了精神问题的极端重要性，并且，他在恢复基督教文化的传统上花费的精力，并不比他在保护民族生存上花费的精力少。"[1]在劫掠中，维京人将修道院和城镇作为重点目标，这对在七八世纪一度繁荣的不列颠文化与教育事业造成了极大的破坏。阿尔弗烈德在《司牧训话》的序言中说道："在英国，学术的低落如此之普遍，甚至在亨伯河的这边，能懂英文礼拜或把一个拉丁字译成英文的人已经极为稀少；我相信在亨伯河的那边也不多。事实上，当我即位时，他们是如此之少，以致现在连一个在泰晤士河以南的也记不起了。"悲惨的现状让阿尔弗烈德不禁怀念起昔日的文化昌盛："我常想起从前全英国教会内外有过多么博学的人；也有过多么幸福的时代；那时统治国家的国王如何服从上帝和上帝的宣教师；他们如何在国内维护和平、道德和秩序，并向外扩张版图；他们在军事与学术方面是如何成功；还有奉圣职的人是如何热心于教导与学习以及对上帝的一切礼拜。"[2]阿尔弗

① [英]克里斯托弗·道森：《宗教与西方文化的兴起》，长川某译，94页，成都，四川人民出版社，1989。
② 郭守田：《世界通史资料选辑·中古部分》，58页，北京，商务印书馆，1981。

烈德相信，上帝赋予他关照人民物质和精神福祉的使命。他无疑感到提升人民的基督教信仰是他作为国王的责任。基于文化衰败的悲惨现实，他不得不去修复教堂和修道院，让教士重新掌握拉丁语，让民众理解上帝的智慧。

我们还可以从另一个视角来审视"阿尔弗烈德文化复兴"中的教育改革。阿尔弗烈德认为，一个接受过良好教育的民族就是一个坚强的堡垒，与他建立的由数十个军事堡垒构成的体系一样，是国家防御工程重要的组成部分。此外，编写《盎格鲁-撒克逊编年史》可以被视为齐心协力将不同的、离散的但最终集中在阿尔弗烈德统治之下的盎格鲁-撒克逊人的历史进行整理和统一的努力，因此是阿尔弗烈德文化防御工程的重要组成部分。阿尔弗烈德希望他的人民有一种统一的历史观，从而保持他们的"历史"纽带，并在面对维京人的入侵时能团结一致。

（二）教育改革的内容

在 9 世纪 90 年代初，阿尔弗烈德开始实施振兴文教事业的计划。这个计划体现在阿尔弗烈德写给他的主教们的一封信中。这封信也就是阿尔弗烈德翻译的《司牧训话》的序言。在这封信中，阿尔弗烈德明确宣布政府将实施两个新的重大计划：一是大众教育计划，内容是普及英语读写能力；二是翻译与书籍生产计划，目标是让每一个人都能得到所有重要拉丁文文本的英文版。两个计划是相辅相成的，翻译与书籍生产是为普及大众教育服务的。这封信成了盎格鲁-撒克逊最为著名的文本之一，因为在此之后的英格兰历史中，它以及阿尔弗烈德的翻译活动不时被提及。在 1876 年，这封信被收入亨利·斯威特（Henry Sweet）编写的《盎格鲁-撒克逊读本》中。这本书之后被不断刊印（1967 年发行第 15 版），进一步扩大了它的影响力。① "对于盎格鲁-撒克逊文

---

① Malcolm Godden, "The Alfredian Project and its Aftermath: Rethinking the Literary History of the Ninth and Tenth Centuries," in *Proceedings of the British Academy*, 2009, 162, pp.93-94.

化史来说，它在许多方面都是一份奠基性的文献，无论是在学术层面还是在大众层面，它都导致了拉丁语和英语教育改革的佳话、书籍历史的新生、英语散文的奠基、英格兰民族认同的产生，当然还有阿尔弗烈德国王本人文学与智识成就的诞生。"①学者史密斯(Smyth)也认为该文可以被视为阿尔弗烈德文化与教育政策的计划和蓝图。②

阿尔弗烈德振兴文教的政策确实受到了加洛林文化复兴的影响。不过，与加洛林文化复兴道路不同的是，阿尔弗烈德推动的文化复兴是循着先普及方言读写能力，传播英语文化，再进阶到普及拉丁语读写能力，传播拉丁语文化的路径的。加洛林模式是通过长期的、严格的学校教育，实现拉丁文化的复兴的。也正是因为如此，它不可避免地局限于精英，特别是教会的精英。阿尔弗烈德模式的核心是古英语(Old English)。这种路径虽然在某种意义上来说是狭窄的，但是有更多人可以进出，因为古英语有更为广泛的社会基础，更容易习得。当然，二者在宗旨上也具有共性，那就是以基督教文化为核心和灵魂。

1. 翻译拉丁作品

将古典拉丁语作品翻译成英语，其动机和目的是明确的，用阿尔弗烈德在《司牧训话》序言中所说的话来说，就是"把那些一切人迫切需要懂的书译成我们都能懂的语言"。与加洛林王朝时期的法兰克王国相比，位于不列颠岛上的盎格鲁-撒克逊王国距离拉丁文化的中心更为遥远，因此拉丁语的普及程度更低。在维京人发动侵扰劫掠之前，这里尽管曾经因为爱尔兰基督教的努力而出现过古典文化的繁荣景象，但是实际上局限在基督教修道院和教堂之中。即使是这样，也并不是所有的基督教修士和教士都具备拉丁语读写能力，更

---

① Malcolm Godden, "The Alfredian Project and its Aftermath: Rethinking the Literary History of the Ninth and Tenth Centuries," in *Proceedings of the British Academy*, 2009, 162, p.94.

② Alfred P. Smyth, *King Alfred the Great*, Oxford University Press, 1995, p.242.

何况普通的盎格鲁-撒克逊人。就像阿尔弗烈德在《司牧训话》序言中所说的：
"我忆起曾经怎样地看到我国在全被焚掠以前的情景；遍布于英国的教会是怎
样地充满珍宝与图书。尽管也有一大批上帝的仆人，但他们不懂这些书，因
为这些书并不是用本国文字写的，这就使他们根本无法理解。""当我回忆这一
切时，我极为奇怪，为甚么从前遍于英国的博学多能的人既然读懂一切书籍，
而不想把它们译成本国语言"，而"其他一切基督教国家也把它的一部分译成
自己的语言"。① 正是这种与时代和现实脱节的状况，促使阿尔弗烈德实施了
古典作品翻译计划。

阿尔弗烈德亲自翻译和领导组织翻译的拉丁作品除了上述的格里高利一
世的《司牧训话》、波伊修斯的《哲学的慰藉》、奥古斯丁的《独白》片段以及部
分《圣经·旧约》诗篇之外，还有格里高利一世的《对话录》、比德的《英吉利
教会史》和奥纳修斯（Onaseus）的《世界史》等。另外，阿尔弗烈德还组织编写
了《盎格鲁-撒克逊编年史》等作品。从教育史研究的角度来说，值得注意的是
这些作品的内容与用语。

从内容上来看，主要译著的主题均为基督教，包括基督教历史、基督教
神学和基督教文学。

格里高利一世是中世纪早期较有影响力的基督教领袖，《司牧训话》是其
最为著名的文字作品之一。它为牧师和主教就如何明智地按照《圣经》的精神
领导教会以及有道德地管理自己的生活提供了完美的指南。他所著的《对话
录》全名为《意大利教父生平与神迹对话录》，以故事的形式介绍了包括圣本尼
狄克特在内的意大利教父的生平事迹。中世纪早期哲学家和神学家波伊修斯
所著的《哲学的慰藉》探讨了哲学与基督教神学中一些基本命题，如天命、善
恶、自由意志、幸福等。《独白》是罗马帝国后期基督教杰出的教父奥古斯丁
的一部作品，包含了他未来所有思想的萌芽。比德的《英吉利教会史》约著于

---

① 郭守田：《世界通史资料选辑·中古部分》，58、59 页，北京，商务印书馆，1981。

731 年，主要关注英吉利基督教不同教派之间的冲突。该书最初使用拉丁语写作，是盎格鲁-撒克逊历史重要的原创性文献，在英国民族认同的发展中发挥了重要作用。奥纳修斯是罗马帝国晚期的一名神学家和历史学家。他所著的《世界史》又名《反对异教史》，是第一部由基督徒撰写的世界史。该书可以说是奥古斯丁的《上帝之城》的补集。在这本书中，奥纳修斯是在一个可以辨识的基督教框架中叙述人类自创世以来的历史的，他把人类历史理解成了一部基督徒与异教徒的斗争史。他和奥古斯丁一样，认为罗马帝国的灭亡不应归咎于基督教，基督教带给世界的福祉大于它所带来的伤害。同时，他也坚信异教徒绝对不可能战胜基督徒，因为后者得到了上帝的护佑。

从这些翻译文本可以看出，阿尔弗烈德试图以坚定、虔诚、正确的基督教信仰为基础，筑起民族坚固的精神堡垒，进而在对异教徒的战争中赢得胜利，恢复国家和平。

从语言上来说，阿尔弗烈德的译著实现了从古典语言到民族语言的转换。对于盎格鲁-撒克逊人来说，英语是"自己的语言""都能懂的语言"，而拉丁语在那个时候已沦落为极少数人的语言。因而，将这些拉丁文本翻译成英语，可以使这些"读不懂""无法理解"、被束之高阁的作品出现在更多的盎格鲁-撒克逊人手中。《司牧训话》的前言中就翻译的原因做了解释：一是因为与《圣经》相关的书籍有着从希伯来语到希腊语，再到拉丁语的翻译传统；二是盎格鲁-撒克逊人(包括主教)都读不懂这些语言，但是他们能读懂，或者听别人朗读时能理解用撒克逊语(如古英语)书写的书籍。

拉丁文本的翻译不仅仅只是实现了语言的转换。阿尔弗烈德以及其他译者基于王国教育水平与人民读写能力整体低下的现实，为方便英语读者理解和接受这些作品，对翻译手法的选择是相当灵活的，这体现了翻译目的的明确性，即"把那些一切人迫切需要懂的书译成我们都能懂的语言"，兼顾内容与形式，从而保证内容传达的有效性。《司牧训话》是牧师和主教工作与生活的指南，主要采用逐字逐句的翻译方式，以保证忠于原著。《世界史》原为八卷本的巨著，译者在翻译过程中实际上采用了编译的方法，对原著做了大量的删减，加入了自己的一些话语。例如，在译本临近结尾处，译者写道："哥特人不可能征服罗马人，因为上帝看在他们是基督徒的份上是不会允许这样的。"对于当时面对维京人攻击的基督徒来说，《世界史》无疑是一部完美的读物。而像《哲学的慰藉》《独白》《旧约圣经》中的诗歌这样一些年代比较久远、思想比较深刻、充满隐喻的作品，译者在翻译时加入了更多的阐释和注释。例如，诗篇二的翻译就用了类似的方法，阿尔弗烈德在翻译时补充了注释，增加了一小段引言，加入了一些短语，从而使文本变得更容易被理解。

对于译本的复制，阿尔弗烈德同样非常重视。从留存的古英语《司牧训话》来看，该书装帧精美，据说每一本的装帧耗费 50 个金币。阿尔弗烈德将此书发送给各地的主教以及世俗大贵族。由于在那个年代，书籍的制作费时费钱，因此不可能有大量的副本。但是，另一个值得注意的细节是，在那个时代，书籍往往不只是供个人阅读的，在很多情况下会被用在集会上朗读。从宫廷到宗教中心，这些古英语译本在当时传遍了整个王国，对广大民众起到了教育作用。从语言发展来说，它们的传播促进了古英语的标准化和古英语文学作品的创作。

2. 读写能力的普及

在学校教育极不普及的时代，阅读书籍不仅仅是一种闲暇活动，更需要经过严格的训练。具备读写能力也是承担公共服务的必要条件。在 9 世纪的英国，拉丁语作为宗教的语言仍然享有着重要地位。英语日益成为世俗行政文件，特别是遗嘱和特许状中使用的语言。阿尔弗烈德为此命令王国内的牧师必须掌握拉丁语，法官和行政官员必须具备英语读写能力，否则就会面临失去职位的危险。阿尔弗烈德个人重视学习，他觉得也应该让自己的臣民重视学习。为什么要让所有臣民重视学习呢？阿尔弗烈德在古英语《对白》序言中的一段话给出了答案:"一个人在其一生中获得的智慧和教育越多,那么他(她)提高自身水平和在来世获救的机会就会越好。"①

在《司牧训话》的序言中,阿尔弗烈德谈到了教育问题。他说:"如果我们有足够的安静,就可容易作到让现在英国出身于自由人家庭并有足够从事学习财力的青年,在他们还不适合于其他任何职业以前,专心学习,一直到他们把英文读好。对于那些继续学习的,以后再教以拉丁文,并提拔他们升等。"②从这段话可以看出,在阿尔弗烈德设想的正规教育体系中,教育对象首先是那些家有财力的年轻人(当然就是贵族子弟);教育分为两个阶段,即以英语教育为核心的基础教育和以拉丁语教育为核心的高级教育;此外,接受教育是青年人生涯发展的重要条件,因此正规教育也起到了筛选的作用。

遗憾的是,由于缺乏资料,因此对于阿尔弗烈德在普及读写能力上具体做了什么工作,后人并不清楚。仅有阿塞尔的传记中提及阿尔弗烈德国王曾用收入的八分之一来资助宫廷学校的建设。另外,阿尔弗烈德在《司牧训话》的序言中提到,聚于其宫廷的学者使得宫廷成了一个"知识之家"。但是如前所述,阿塞尔所著传记的真实性是存在疑问的,"知识之家"是否就是宫廷学校同样难以被证实。

尽管如此,我们不能否认阿尔弗烈德在英国教育史,乃至西方教育史中的地位。博伊德和金两位学者认为,"他个人主要的贡献,是把当代一些最好的著作从拉丁文翻译成英文";"他真正的成就,在于他通过教训和榜样,在英国学术范围开创了一种新生活,因而他为两百年后,以英国大学的兴起为标志而出现的教育复兴铺设了道路"。③尽管与查理曼相比,阿尔弗烈德在文化教育复兴事业上所取得的成就没有前者那么大,但是鉴于他所面临的更为

---

① Alfred P. Smyth, *King Alfred the Great*, Oxford University Press, 1995, p.575.

② 郭守田:《世界通史资料选辑·中古部分》,59 页,北京,商务印书馆,1981。

③ [英]博伊德、[英]金:《西方教育史》,任宝祥、吴元训译,122 页,北京,人民教育出版社,1985。

不利的改革环境，鉴于他在英语文学发展史上所做出的重要贡献，他赢得的历史赞誉仍是名副其实的。就像克里斯托弗·道森评价的那样："他普及当地基督教文化的质朴计划，或许比查理曼帝国的神权政治泛世主义更适合于时代的真正需要。"①

　　8—10 世纪，西欧已经看到了"觉醒的第一丝曙光"，这预示着西欧已经走出中世纪最黑暗的时段。在封建神权政治下，秩序在局部恢复，相对和平的时间越来越长。在这种情况下，一些开明的封建君主怀着一种使命感，携手基督教会增加和充实学术中心，扩大教化的范围，并把学术知识系统地用于提高教士和民众的文化水平。经过一代代人的努力，在这个时期，几乎熄灭的文化火种得以复燃，西欧整体学术水平不断提高，对教育的需求不断扩大。当然，这一时期的西欧战乱依然频繁，文化复兴与教育重建的努力不时被打断，已有成果经常被破坏。可以说，教育复兴处于一种不稳定的状态之中。853 年，阿尔琴一手建设起来的圣马丁修道院在战火中化为灰烬，全欧洲藏书最为丰富的图书馆被夷为平地，西欧失去了一个极为重要的教育中心。尽管如此，加洛林文化复兴中出现的教育复兴在此之后依然保持着它的连续性，社会各个领域有了越来越多受过教育的人，尽管他们仍属于少数。他们的力量不断扩大，足以使西欧能够抵御任何灾难。另外，这一时期形成的教育传统已经稳固确立，并影响着此后的数个世纪。所以，一旦危机过去，学校教育就能很快恢复。得益于 8—10 世纪教育的重建与发展，西欧步入第二个千年的时候，很快就出现了一种更为高级的教育形式——大学。

---

　　① ［英]克里斯托弗·道森:《宗教与西方文化的兴起》，长川某译，96 页，成都，四川人民出版社，1989。

第五章

中世纪复兴期的西欧(11—13 世纪)

1000—1300 年被许多研究中世纪的史学家称为"中世纪盛期"(High Middle Age)。这一时期是西欧走向全面复兴的时期。与加洛林王朝复兴的不同之处在于,它首先是一次经济的复兴。

在这个时期,外族的入侵已经退去,西欧的两个近邻——拜占庭和伊斯兰世界相继走弱。在西欧内部,无论是世俗政权还是宗教政权,都在等级制度的基础上走向中央集权,国王与教皇都拥有更大的权力和权威,整个社会变得更为稳定和有序。农业技术的革新使得粮食产量大幅度增长,农民开始在定期出现的集市上贩卖多余的粮食,购买各种所需的生产和生活用品,这又促进了商业和手工业的发展。随着商业和手工业的发展,城镇数量和城镇人口不断增长。尽管农业是整个中世纪的主要经济来源,但是到了 1300 年,城市已经成为西欧人生活中的一个重要组成部分。城市中不仅活跃着新兴的市民阶层,而且逐渐成为知识分子汇聚之地。随着物质的丰富,再加上受东方文化的影响,西欧贵族与骑士的生活品位发生了重大变化,宫廷式的文雅趣味自上而下影响着各级贵族,乃至骑士。总之,在这一时期,无论是农民、城市居民还是贵族,都身处于一个不断进步、充满机遇的时代,不仅在衣食住行等方面得到全面改善,而且有了许多别的选择。

留传下来的这一时期的契约、书信、政府记录等文字资料远远多于前一个历史时期。这一方面说明读、写、算能力在社会、经济和政治生活中至关重要；另一方面说明掌握读、写、算能力的人越来越多，而且，掌握这些能力的人——抄写员、律师、记账员及教士和教师，都成为拥有相当权力的人。这些现象的背后，是学校教育的普及，以及西欧从一个文盲社会转变成一个识字社会的历史事实。在10—13世纪西欧的学校体系中，修道院学校已经失去了先前的重要地位。这一方面是因为城市中大教堂学校的发展，特别是大学的兴起使之黯然失色；另一方面是因为修道院学校的教育目标过于狭隘，难以满足日益多元化的社会生活的需要。在11—13世纪，大学兴起和骑士教育引人注目。如果说骑士教育只是宫廷教育的下移与扩大，那么大学的出现则是这一时期城市中教育发展的显著成果。城市中学校教育的发展，使得一个新的术语和新的社会阶层——"知识分子"诞生了。这个表示学校教师群体的词语"出现在中世纪盛期，在12世纪的城市学校里传开来，从13世纪起在大学中流行"①。

第一节　中世纪城市的兴起与新兴市民社会

在11—13世纪的欧洲，随着农业、手工业，特别是商业的发展，旧的城镇恢复了活力，新的城镇一个个兴起，形成了自古罗马帝国解体后的一个新的城市体系。相对于欧洲大陆的北部和东部，南部和西部的城镇发展得更早，力度也更大。直到14世纪中叶黑死病爆发，中世纪盛期城市蓬勃发展的势头才被打断。这一时期的城镇仍然被广袤的农村包围，虽然它们"不是对封建制度的威胁，也不是反封建的例外，但它们也经常被如此形容，仍然真实的是，

① ［法］雅克·勒戈夫：《中世纪的知识分子》，张弘译，1页，北京，商务印书馆，1996。

它们是一种异常的现象"①。这一时期城市的兴起标志着一种影响西方社会以后发展的新兴模式——资本主义，以及新兴力量——市民阶层的出现。正是因为如此，美国学者汤普逊(Thompson)认为，"没有一个运动再比城市的兴起具有更持久的意义"②。城市学校和世俗教育的兴起，逐渐打破了中世纪基督教垄断教育的局面，为近现代教育的发展创造了可能。

一、城镇的兴起与发展

罗马帝国的城市首先是政治、行政和军事中心，然后才是经济中心。而中世纪城市首先是经济中心，这是它与罗马帝国城市之间主要的区别。在罗马帝国末期，因为战争、劫掠和饥荒，城市变得萧条和荒凉。在中世纪早期，残存的城市死气沉沉。从 10 世纪开始，城镇的面貌开始发生变化，旧有的城镇因为工商业的复苏而重新焕发了活力，新兴的城镇不断涌现。居住在城镇的人口越来越多，城镇生活越来越有生气，新兴市民阶层成为改变西欧封建社会的重要力量。

关于中世纪城镇的兴起与发展的原因，学术界曾众说纷纭，但目前达成了一种共识，即单一的发端和单一的解释是不够的。在每座城镇兴起与发展的过程中，不同因素的相对重要性并不相同。不过，地理因素仍是决定性的因素。美国学者汤普逊认为："城市运动不是一个全国性的运动。它是出现于中欧和西欧的各个地区和各个民族之间的一种社会经济现象，无关种族、语言或边界的。……然而，地理因素，对于一个中世纪城市生活的发展，是具有最大影响的。尤其重要的，地理的位置和它周围的自然资源使城市获得了

---

① [法]雅克·勒高夫：《中世纪文明(400—1500 年)》，徐家玲译，314 页，上海，格致出版社、上海人民出版社，2011。

② [美]汤普逊：《中世纪经济社会史(300—1300 年)》下册，耿淡如译，480 页，北京，商务印书馆，2017。

经济特征和重要地位。"①与罗马帝国的城市不同,中世纪城市的首要功能是经济活动的中心,而不是政治活动的中心。因此,它们是经济社会力量的产物。换句话说,农业、手工业、商业的发展是中世纪西欧城镇发展的内在动因。

这一时期西欧经济的发展起于农业领域发生的革命性的变化。在农业社会中,只要农民开始增产增收,经济就必然增长。10—11 世纪的西欧就是这样的。耕地面积不断扩大,农业生产技术取得诸多进步,如新型挽具和轭具的使用,新型轮犁的使用,水磨和风车的使用,更多金属工具的使用,三地轮耕制的普及,等等。这些变化产生的直接结果就是农作物产量成倍增加,这又带来一系列的结果:生活水平提高,饥荒减少,人均寿命延长,以及人口增长。根据学者的研究,在这 300 年中,欧洲人口增长了一倍,西欧人口增长更快。此外,农业的发展和人口数量的增加刺激了生产分工的细化,以及手工业与商业的发展。

商业贸易是城市起源中一个具有原动力的积极因素,也是城市发展过程中的一个基本根源。"中世纪的城市非常忠实于照管它们的神明及市内的宗教机构,同时积极扩张商贸区域并发展行政和法律机构。宗教、商业与城市政府并存在城墙以内,但是把城市改变为欧洲的经济中心,并让城市第一次只依靠商人和工匠的活动生存下来的,则是其商业活动。"②中世纪前期,西欧的商业因为经济的退步而陷于萧条,但是从来没有中断过。莱茵河、塞纳河、波河、洛瓦河、多瑙河、泰晤士河等河流成为内陆贸易的重要通道,许多沿岸的河谷成为富庶之地。即使是贵族,也没有忽视这些机会。国王和贵族鼓励在自己的领地内发展集市,吸引商人贸易,并通过金融或税收手段增加自

---

① [美]汤普逊:《中世纪经济社会史(300—1300 年)》下册,耿淡如译,481 页,北京,商务印书馆,2017。

② [美]朱迪斯·M.本内特、[美]C.沃伦·霍利斯特:《欧洲中世纪史》,杨宁、李韵译,181~182 页,上海,上海社会科学院出版社,2007。

己的财富。就这样，大量的城镇出现在欧洲主要的商道上。

最早、最大的商业城镇位于亚平宁半岛的北部。10 世纪，穆斯林的扩张势头受到欧洲的有效遏制，威尼斯、热那亚、比萨、那不勒斯等意大利城市的商人很快控制了地中海地区的贸易。他们将穆斯林和拜占庭的物品运到意大利的城市，并越过阿尔卑斯山将货物贩卖到法国和日耳曼诸国。这种贸易还带动了意大利内陆城市，如米兰和佛罗伦萨的发展。

在北方，佛兰德斯的城市也通过商业富裕起来。以此为中心的商业网络连接法国北部、不列颠群岛、莱茵河地区以及波罗的海沿岸。制造业，尤其是羊毛纺织业给这里的城市带来了财富。德意志北部的城市在 12 世纪中期逐渐建立起一个商业、政治联盟——汉萨同盟。该同盟几乎垄断了波罗的海沿岸的贸易，高峰时期成员超过 150 个。无论是大城市还是小城镇，无论是单个城镇还是城市联盟，商业的发展都为城市经济的发展注入了活力。

相对于农村，城市聚集了更多的人口与财富。有学者指出："城镇发展不仅指城镇绝对人口数量的增长，还指城镇人口在该地区总人口中所占的比例增长。这两种增长约在 1000—1300 年间同时出现在欧洲。"[①]在 13 世纪末，欧洲城市化水平最高的两个地区是意大利的北部和中部及欧洲大陆西北角的低地地区，尤其是弗兰德尔地区。不过，需要指出的是，这一时期欧洲城市人口在总人口中仅占较小的比例。根据中世纪史专家罗素的大胆估计，其比例在 1340 年黑死病爆发前为 5%~10%。当然，各个地区存在较大的差异。弗兰德尔和意大利手工业发达地区的城市人口比例可能高达 25%，法国和英国可能达到 10%~15%，其他地区比例可能低于 5%。[②]

中世纪城镇仍然代表着一种新的生活方式，一种试图摆脱封建制度束缚

---

① [荷]维姆·布罗克曼、[荷]彼得·霍彭布劳沃：《中世纪欧洲史》，齐修峰、卢伟译，210 页，广州，花城出版社，2012。

② [英]诺尔曼·庞兹：《中世纪城市》，刘景华、孙继静译，75~76 页，北京，商务印书馆，2015。

的力量。面对被城墙包围着的城市，中世纪中期的欧洲人心态复杂。对于城墙外的人来说，它既充满诱惑和魅力，又令人厌恶和生怕。即使是封建领主和基督教会，面对新兴的城市，也怀着一种爱恨交织的复杂心理，既予以诅咒，又想拥抱。

二、新兴市民社会

城墙与城门将城镇与农村分隔开来。法国历史学家雅克·勒高夫说："城镇通过炫耀地显示保护它们的封闭性的城墙，表明自己的独特和个性。""市民和农民间的差异是中世纪社会最尖锐的分界线之一。"①那么，生活在封建制度下的市民阶层与市民生活有什么独特性呢？简单地说，就是自由和自治。

(一)城市居民

城市居民之前叫作"市民"(civies)、"城堡民"(castrenses)、"城民"(civitatenses)、"城垒民"(castellani)，后来才比较统一地叫作"<u>堡</u>民"(burgenses)。现代法语和英语中表示资产阶级的"布尔乔亚"(bourgeoisie)一词就是由此而来的，由此可以看出中世纪城市居民与现代资产阶级之间的历史联系。在法语中，这个词最初表示的就是住在城墙内的人。

在中世纪，居住在城墙内的城市居民构成了一个相对封闭和独立的群体，换句话说，市民社会与更大的封建社会仍是一个有机的共同体。11—13 世纪，处于快速发展中的城镇需要有人迁入；农村中人口快速增长，需要转移部分剩余人口。因此，城市实际上是开放的，那些临时性的过客很可能成为永久性的居民。这个群体中，主要是手工业者和商人。他们主要来自富裕的农民阶层，也包括流浪者、逃亡的农奴，还有贵族们富有勇气和抱负的子女。即使是女性，也喜欢往城镇里跑，因为那里有着更多的可能性。

---

① [法]雅克·勒高夫：《中世纪文明(400—1500 年)》，徐家玲译，314 页，上海，格致出版社、上海人民出版社，2011。

城市与封建领主之间的关系也是密切又复杂的。中世纪的采邑分封制下，没有无土地的领主，也没有无领主的土地。因此，城镇最初受其领土的主人——贵族、主教或修道院院长的管辖，这是符合逻辑的。封建贵族或者领主有权对城市范围内自己的农奴征收领主税，甚至向那些商人征收象征政治管辖权的"土地税"，要求城市居民像村社里的农奴一样服劳役，此外还可以向城市居民征收各种税费。此外，中世纪的许多城市由于是在贵族原有的城堡、修道院、主教堂周边逐步发展起来的，因此，一开始就无法与其"胚胎"分离。贵族的法庭就是城市的法庭，主教堂就是城市居民的礼拜堂。贵族和主教，包括贵族的家庭成员和主教堂的神职人员，本身就是城市居民。

城市与农村、市民社会与贵族和农民所代表的社会、城市生活与农村生活之间逐渐产生区别应该是在城市取得自治权以后。城墙的修建在某种意义上就是这种自治权物化的象征。长期的聚居、共同的利益、增长的财力，使得城市居民逐渐产生一种强烈的共同意识，即要求领主承认城市是一个自治社会。他们想方设法要求贵族赋予城市一定的自由与特权，放弃其封建领主权。争取城市特权的斗争主要发生在11—12世纪，通常会涉及武力。城市特权以有效契约的形式——特许状得到保证，内容包括城市居民有"权利"和"自由"来处理自己的司法、征税、铸币、市场管理等事务，同时要求减少税费，扩大行动自由。领主或被动或自愿地颁布象征城市自由与自治的特许状，以保证城市给自己带来的经济利益不受损伤。为了获得这些特权，市民要付出一大笔钱，之后每年还得支付一笔钱，以表示对领主政治权力的承认。对于城市来说，特许状是一份重要的文件。有的城市将它重重锁在市政厅内，有的城市将它镌刻在市政厅或大教堂的墙壁上。由此，城市居民成了自由市民，"市民权"这个名词就有了一种特殊意义。

到12世纪末，城市自治运动在西欧取得了胜利。自治城市有自己的政府、法庭、税务机构，甚至军队。尽管赢得自治权的城市很少完全自由，但在封建制度下，封建主的权力因此受到限制。佛兰德斯的城市禁止新建修道院和遗赠土地给教会，限制主教法庭的审判权，并驳斥教会对小学的控制权。伦敦市市长由城市商人同业公会选出，不再由国王或大贵族的代理人担任。这改变了伦敦千年的历史传统，显示出拥有金钱者变得比拥有土地者更有权势。

到了 13 世纪，实际上每个市民都是自由人。他们不像农奴那样受到种种限制，无须服劳役，无须缴纳货币地租或实物地租，可以自由迁移、自由结婚。城市的发展带动了农民状况的改善。一方面，城市发展需要劳动力，提供了许多就业机会；另一方面，市民权为市民个人自由提供了保障。因此，一个试图寻求改善自身生活状况的农奴完全可以采用逃离封建庄园的方式逃到城市。而且一旦逃入城市，只要住满一年，逃亡的农奴就可以获得自由。

城市居民主要是商人和手工业者，也包括从事其他职业的居民。一般来说，城市规模越大，工商业越发达，社会生活越复杂，职业的种类就越多。不同的职业构成一个相互依赖的社会经济网络，保障了城市生活的运转。1260 年，巴黎出版了《职业手册》，书中列举了 101 种不同类别的行业，其中单单皮革业就细分成剥皮、制革、制鞋、缰绳制造、马鞍制造、精美皮具制造等。

城市居民中，除了存在职业分化外，还存在社会等级的分化。划分社会等级的标准，除了职业类别之外，还有财富的多寡、参与政治的机会及受教育水平和生活方式等。那些因经营工商业而致富的家族成为市民阶层的上层，在城市的政治、经济、文化生活中发挥着重要作用。他们领导了城市的自治运动，同时又是这场运动的主要受益者。这些人成了城市中的"贵族"，他们在发达以后甚至开始在某些方面接受和模仿旧贵族的价值标准与行为方式，如在乡村购买地产，发明家族徽记，建构家族谱系，赞助文化活动等。在城市显贵阶层的形成过程中，最明显的标志就是其集体认同感的确立。这种集体认同感体现在他们的人文主义教育、奢华的生活方式、阶级意识和婚姻联盟等方面。这些同时也是塑造其集体身份的重要渠道。

(二)行会

在作为工商业活动中心的中世纪城市中,市民生活首要的是经济生活。在城市的经济生活中,行会,即同业公会,无疑是最重要的组织结构,因为它们控制资本并管理劳动,支配生产与分配,规定价格与工资,"是中世纪时代解决商业和劳动问题的手段"①。

作为一个团体,中世纪行会的成员包括同城中从事同一行业的商人或师父。一名手工艺人的发展往往要经历三个阶段——从学徒逐步上升到帮工,最后成为师父。这也就是特殊的"工场等级制"。师父经营着自己的行当,同时指导和监督学徒与帮工。师父与学徒、帮工之间的关系和家长与子女的关系一样。学徒被视为师父的家庭成员,与师父同吃同住,须缴付学费,但没有工资。学徒学习时间不等,短则 2 年,长则 12 年。学成之后,他们往往需要再花几年时间为师父打工,一方面继续磨炼技艺,另一方面积累独立开店的资金。由于帮工收入很低,因此许多帮工一辈子都没有机会成为师父。如果有足够的资本独立营业,同时又通过了同业公会的技术能力测试,那么帮工就可以升任师父,成为行会的正式成员。师父是卓越的、能制作"杰作"的手工业者。他对学徒的教育包括技术教育和品德教育,教育的方式是言传与身教。"由于这个缘故,关于行会教育的内部情况,是很少知道的。"②

(三)市民生活

随着城市的发展,城市中孕育出与乡村生活差别越来越大的市民生活。市民生活中孕育了新的文化,并形成了凌驾于乡村之上的文化优势。

---

① [美]汤普逊:《中世纪经济社会史(300—1300 年)》下册,耿淡如译,517 页,北京,商务印书馆,2017。

② [美]汤普逊:《中世纪经济社会史(300—1300 年)》下册,耿淡如译,518 页,北京,商务印书馆,2017。

市民生活的优越性首先体现在物质生活方面。工商业的繁荣，使得城市成为财富的中心，市民的物质生活得以改善。"自治市之间的竞争心理使它们将财富投入建设教堂、市政厅、钟塔、喷泉、学校和大学。"①与此同时，东西方的贸易交流，生产技术的更新进步，使城市市场中不仅商品供应日益丰富，而且出现了越来越多的奢侈品，市民生活逐渐由简朴向精致过渡。城市中日益强烈的消费主义倾向冲击着基督教"守贫""节欲"的价值观。但是，对于那些追求美好生活的人来说，物质生活的优越性正是城市的魅力所在。

在中世纪盛期，城市在教育上也取得了明显的优势。在此期间，城市里的学校蓬勃兴起，其中既包括教会学校，也包括世俗学校。世俗学校自己招募教师和学生，选择自己的教学计划和教学方法，实际上摆脱了教会的控制。大学与经院哲学的出现象征着城市取代了修道院，成了新时期西欧教育的中心。在1300年前，意大利半岛就有五所大学：博洛尼亚大学(12世纪后半叶)、帕多瓦大学(1222年)、那不勒斯大学(1224年)、罗马大学(1240年)、锡耶纳大学(1246年)。教学与学习成了一种职业，大学的师生组成了类似于行会的社团——universitates。

尽管不能将中世纪的城市生活理想化，但是到了13世纪末，城市生活相对于乡村生活的优越性已日益明显。"农村的领主只能使生活在农村的农民大众感到自己是被压迫的受害者。即使领主的城堡有时能够为他们提供庇护和保护，但也只能给他们笼罩上一层阴影。相反，由巨大建筑组成的城市天际线，即使它们是富人在城镇中的统治工具和象征，也还是经常以赞赏和自豪这些占压倒性地位的情绪激励着城市居民。"②

我们在十二三世纪的文学作品中，可以频繁地读到赞美城市、贬低农村

---

① [美]威尔·杜兰特：《世界文明史：信仰的时代》下，台湾幼狮文化译，667页，北京，华夏出版社，2010。

② [英]温斯顿·丘吉尔：《英语国家史略》上，薛力敏、林林译，316页，北京，新华出版社，1985。

的文字。1175 年，威廉·费兹史蒂芬这样赞美伦敦："伦敦享受着新鲜的空气，笃行着基督的教诲；它拥有坚固的城防以及自然优美的环境；市民以它为荣耀，女人含蓄有礼。伦敦是座幸福的城市，不仅百业俱兴，还是养育高贵人物的摇篮。"①13 世纪，意大利诗人布鲁内托·拉蒂尼(Brunetto Latini)在一首诗歌中为我们呈现了当时城市的文化氛围与文化精神："当你穿过城市的时候，我建议你以庄严的风格前进，骑马要文雅，头略微低下。毫无节制地狂奔，是不文雅的。眼光不要老是盯着你经过的高处，也不要像一个鳗鲡那样蠕动。要泰然自若地穿越这些街道和人民。"②

第二节 中世纪文化繁荣期的知识生产与传播

在中世纪盛期，与社会经济生活充满活力一样，欧洲的文化生活同样生机勃勃，以至于许多学者认同这一时期又一次出现了文化复兴。从时间上来说，这次复兴最重要的时间段是 12 世纪。正是因为如此，美国中世纪史专家哈斯金斯(Haskins)直接把这次复兴称为"12 世纪文艺复兴"。"12 世纪文艺复兴"这一说法在 19 世纪就已存在，但直到哈斯金斯于 1927 年出版《12 世纪文艺复兴》(*The Renaissance of the Twelfth Century*)这一著作之后，才逐渐为人们所接受。不过，就年代的界限，哈斯金斯本人也曾指出，"世纪"不过是为方便起见而采用的一种比较随意的划分法，它实际上是指一个延长的 12 世纪，具体地说，是指 1050—1250 年的这 200 年。③ 从地理范围上来说，这次复兴

① [美]朱迪斯·M.本内特、[美]C.沃伦·霍利斯特：《欧洲中世纪史》，杨宁、李韵译，191 页，上海，上海社会科学院出版社，2007。

② 王挺之、刘耀春：《欧洲文艺复兴史：城市与社会生活卷》，12 页，北京，人民出版社，2008。

③ [美]查尔斯·霍默·哈斯金斯：《12 世纪文艺复兴》，夏继果译，5~6 页，上海，上海人民出版社，2005。

发生在法国、意大利、德国、英国、西班牙等地区，法国是核心区域。在哈斯金斯看来，在这次复兴中，法国在自由七艺上占有全面的优势；意大利的文化复兴主要体现在法学领域；德国与英国只是传播了法国和意大利的文化，没有创立自己的文化；西班牙在"充当与穆罕默德世界的学问之间的首要纽带"①。从内容来看，在这次复兴中，教育与神学处于核心地位。经院哲学在亚里士多德逻辑学的基础上形成了一种分析法，并将其应用到了各学科的教学和教材编写之中。大学的形成使高等教育逐步摆脱了宗教的束缚，成为重要的解放力量和知识与文化的中心。此外，从动力来看，"像三百年后的意大利后继者一样，12世纪文艺复兴从两个重要的源泉获得生命力：部分地根植于已在拉丁西方显现的知识和思想，部分地依赖于新学问和文献从东方的流入"②。

　　与9世纪的加洛林文化复兴和奥托文化复兴(Ottonian Renaissance)相比，中世纪盛期的文化复兴有着截然不同的社会经济背景。"殖民扩张、国际贸易发展、城市化进程加快、地域和社会流动性增大。"这种独特的背景"加剧了'精神饥渴'(Chenu语)，促进了心灵和自我意识的重新开放，推动了学术复兴，导致了对进步的真正信仰"。③　与缺乏创造性而重在恢复与继承的中世纪早期文化复兴不同，这一时期的文化复兴与15—16世纪的文艺复兴有了更多的相似之处，如人文主义的兴起、对个人的重视、对自然和世界的全新认识等。大学、经院哲学和哥特式建筑等，都是这一时期文化复兴的重要标志。因此，这次文化复兴再次告诉我们："像历史上的所有伟大时期一样，中世纪

---

①　[美]查尔斯·霍默·哈斯金斯：《12世纪文艺复兴》，夏继果译，6页，上海，上海人民出版社，2005。

②　[美]查尔斯·霍默·哈斯金斯：《12世纪文艺复兴》，夏继果译，225页，上海，上海人民出版社，2005。

③　[荷]维姆·布罗克曼、[荷]彼得·霍彭布劳沃：《中世纪欧洲史》，齐修峰、卢伟译，240页，广州，花城出版社，2012。

既具连续性又具变化性的特征。"①

一、学问的复兴

拉丁古典文化是中世纪自由教育的基础,复兴拉丁古典文化是每一次文化复兴的基础。关于中世纪西欧古典文化的兴衰状态,哈斯金斯一针见血地指出,它是每一个时期文化的"晴雨表"。他说:"它们虽然从来没有完全从人们的视野中消失,但是对它们的研究是有兴有衰的,这与教育和知识活动的总体水平密切相连。"②

(一)拉丁文学的复兴

中世纪早期,拉丁古典文化的复兴主要体现为拉丁语的学习和普及,属于初级水平的复兴。在中世纪盛期,古典文化的复兴有了进一步的发展,表现为:古典作品,特别是诗歌得到广泛阅读和评价;受过教育的精英阶层创作了大量优秀的拉丁散文和诗歌,其中有些已具有古典的特征。对于古典拉丁文学作品,中世纪盛期西欧人的态度是毕恭毕敬的。也正是因为如此,这一时期的拉丁作家缺乏发展和变化的观念,甚至连自身也被夸大为时代的巨人。

中世纪中期,西欧通行的语言是拉丁语,方言习语仍处于形成过程中。作为一种国际性的语言,拉丁语是宗教的语言、学术的语言、教育的语言、法律的语言。中世纪中期的拉丁语的使用者总是在努力运用标准拉丁语语法。"如此地接近古典拉丁文风意味着对拉丁语法的彻底钻研,12 世纪也是中世纪语法研究的顶峰,既包括狭义的正规词法和句法,也包括广义的学究气的

---

① [美]查尔斯·霍默·哈斯金斯:《12 世纪文艺复兴》,夏继果译,1 页,上海,上海人民出版社,2005。
② [美]查尔斯·霍默·哈斯金斯:《12 世纪文艺复兴》,夏继果译,71 页,上海,上海人民出版社,2005。

文学鉴赏。"①熟练准确地掌握拉丁语语法，需要足够的耐心、持久的专注力和反复的练习，这是一个人提高文化修养的基础。

中世纪中期，受欢迎的古典拉丁著作是维吉尔、奥维德、贺拉斯(Horatius)、马提亚尔(Martialis)等人的诗歌，西塞罗、塞涅卡等人的散文。在中世纪，维吉尔在欧洲一直享有至高无上的地位，"最伟大的诗人、风格的典范、学校教育的核心、语法学者的例证的取之不竭的源泉"②。在中世纪盛期，他的作品被传抄、引用、模仿、崇拜，不仅被视为拉丁语法的学习文本，而且被视为富有哲理和道德意义的文本。奥维德的作品，如《变形记》《爱的艺术》《爱的补救》等是大众喜爱的作品。他的有关爱情的作品被视为此类主题的最高权威。

除了古典拉丁作家的原著被广泛阅读和传抄之外，中世纪盛期西欧人对古典拉丁文学的兴趣还表现在以下几个方面。

一是在拉丁语语法、词汇、修辞书籍和各种摘录集中，可以读到大量的引用语。例如，普里西安的拉丁语语法书中大量摘录了西塞罗、萨卢斯特(Sallust)以及其他古典作家的作品。许多读者正是通过普里西安的这部语法书了解这些古典作家的。

二是中世纪盛期的学者对古典拉丁著作做了大量述评。"在古典著作上所作的评注或傍注(scholia)是学校文科教育喜闻乐见的形式"，"老一代人文主义者这种作评注的习惯遗存到 13 世纪"。③

三是方言诗歌深受古典拉丁文学作品的影响。"拉丁诗人提供了古典神话

---

① ［美］查尔斯·霍默·哈斯金斯:《12 世纪文艺复兴》，夏继果译，101 页，上海，上海人民出版社，2005。

② ［美］查尔斯·霍默·哈斯金斯:《12 世纪文艺复兴》，夏继果译，81 页，上海，上海人民出版社，2005。

③ ［美］查尔斯·霍默·哈斯金斯:《12 世纪文艺复兴》，夏继果译，88 页，上海，上海人民出版社，2005。

和古代传奇故事，用来模仿的模式和主题，甚至直接翻译的机会。"①因此，方言诗歌与拉丁诗歌保持着密切联系，相互影响，并行发展。

四是拉丁诗歌的创作充满活力。"11世纪末12世纪初诗歌的创作更多地局限于宗教和特殊场合的纪念诗文这种传统模式，在12世纪，各种类型的抒情诗和叙事诗、更为通俗的格律诗发展起来，并在1200年左右达到顶峰。"②这一时期新创作的拉丁诗歌种类繁多，数量丰富。可以说，"12世纪的拉丁诗歌远不只是古代格式和题材的复兴。它是这个时代朝气蓬勃、丰富多彩的生活的多维度的反映——不仅是一个宗教的时代，而且也是一个浪漫的时代"③。有关骑士的作品，如《熙德之歌》《罗兰之歌》《特里斯坦和伊索尔德》等，就是这一时期诗歌创作繁荣的缩影。

(二)哲学与神学的复兴

中世纪中期欧洲的哲学研究与神学研究合二为一，难以分割。一些哲学家在某种程度上也是神职人员，他们有着共同的信仰。与中世纪后期已变得刻板僵化的基督教神学家相比，这一时期以圣安瑟伦(St. Anselm)、阿伯拉尔(Abelard)、托马斯·阿奎那为代表的神学家(哲学家)相对灵活，富有冒险精神。不过，他们之间也存在观点上的分歧。一些哲学家试图为基督教建立逻辑基础，用理智使信仰变得更容易理解；另一些哲学家完全反对这种做法，认为理性永远不能达到基督启示的真理。

11世纪后期，西欧的基督教会学校中及随后的大学中，兴起了经院哲学。它既是哲学，也是神学。托马斯·阿奎那是经院哲学体系的集大成者。

---

① [美]查尔斯·霍默·哈斯金斯：《12世纪文艺复兴》，夏继果译，88页，上海，上海人民出版社，2005。

② [美]查尔斯·霍默·哈斯金斯：《12世纪文艺复兴》，夏继果译，123页，上海，上海人民出版社，2005。

③ [美]查尔斯·霍默·哈斯金斯：《12世纪文艺复兴》，夏继果译，122页，上海，上海人民出版社，2005。

中世纪中期是中世纪欧洲哲学发展的一个转折点。这一时期的哲学在复兴柏拉图和亚里士多德哲学思想的基础上，为中世纪中后期欧洲的学术发展开辟出了一条道路。哈斯金斯认为："中世纪早期的哲学对古代哲学的了解是零零星星的，只能利用其某一个方面，在发展过程中有许多矛盾和不一致的地方。12 世纪是一个转折点。12 世纪及随后的几年，亚里士多德的哲学和科学被全面发展，同时也是中世纪时期柏拉图学说复兴的重要阶段。同样在这一时期，逻辑压倒了文学，阿伯拉尔、格拉提安和彼得·隆巴德详尽阐述了学术方法。因此，这一时期为 13 世纪的大综合奠定了必要的基础，在一定程度上也为其准备了上层建筑。"①

中世纪中期的哲学从多个源头汲取了养分，包括古希腊哲学、伊斯兰思想、犹太思想、早期基督教神学家、早期中世纪学者及《圣经》。让中世纪中期的学者感到特别兴奋的是，较为完整的柏拉图和亚里士多德的著作从伊比利亚半岛和西西里岛进入西方基督教世界。在此之前，西方人只是通过罗马后期的译作评论对这两位古希腊哲学大师的著述和思想有了零零碎碎的了解。而在 12—13 世纪，亚里士多德的哲学成为大学中学者最感兴趣的知识和争论最激烈的焦点。为什么古希腊哲学，特别是辩证法深受那个时代西欧哲学家的欢迎呢？英国学者菲利普·沃尔夫是这样解释的："12 世纪的形势使人们感到需要在手头所有的古代文献里常见的、互相矛盾的原则中作出合理选择，需要从更精确的分析中导出一般概念，因此，他们需要更精致的推理办法。在他们看来，获得完全合理的方法是所有未来进步的关键。"②

为化解观念与权威之间的冲突，中世纪中期的哲学家试图建构起一个条理清晰的体系，体系建构的基本方法就是逻辑的方法。在那个时候，这种逻

① ［美］查尔斯·霍默·哈斯金斯：《12 世纪文艺复兴》，夏继果译，275~276 页，上海，上海人民出版社，2005。

② ［法］菲利普·沃尔夫：《欧洲的觉醒》，郑宇健、顾犇译，252 页，北京，商务印书馆，2011。

辑方法在很大程度上就是亚里士多德的辩证法。哲学家们把这种方法运用到诸多问题的探讨上，特别是他们较为关心的事关人类存在的基本问题，如人类的天性、人生的目的、上帝的存在与属性、人类道德的基础、人与神的关系等。其中两个问题争议最大：一是信仰与道德之间的关系，二是关于共相的问题。

中世纪哲学家都信仰上帝，也在某种程度上承认理性，认为理性可以服务于信仰。但是，他们眼中存在一个未解决的难题，那就是信仰与理性之间的平衡点在哪里。用早期基督教教父德尔图良的话来说，那就是"雅典和耶路撒冷有什么关系"。坎特伯雷大主教圣安瑟伦追随奥古斯丁，认为必须将信仰置于理性之上，但是理性可以用来解释信仰。他运用严格的逻辑推理证明了多个神学命题。"他把对理性的强调应用到对基督的坚定信仰上，使后世哲学的巨大进步成为可能。"①阿伯拉尔是 12 世纪西欧最伟大的逻辑学家之一。他努力用逻辑手段将互相矛盾的权威观念协调起来，这就是经院哲学方法的基础。阿伯拉尔的思想有着鲜明的批判精神。他反对权威，高扬理性，提出"若无首先理解，没有任何东西能相信"。但是他的思想旨归仍在维护信仰上，就像他自己所说的那样："如果成为亚里士多德那样的人会让我远离基督，那我宁可不做那种人。"托马斯·阿奎那同样将理性体系建立在坚定的信仰之上，但他承认信仰与理性有时会存在不一致，如果发生这种状况，那么原因是理性被误用了。在理性与信仰的关系问题上，认为信仰是第一位的观点占据着中世纪中期的主流。但是在 13 世纪，在阿拉伯阿维罗伊主义的影响下，欧洲出现了拉丁阿维罗伊主义者(Latin Averroists)。他们追随着阿维罗伊，主张双重真理论。

简单来说，共相就是普遍和一般，但是不同的哲学家会有不同的理解和

---

① [美]朱迪斯·M.本内特、[美]C.沃伦·霍利斯特：《欧洲中世纪史》，杨宁、李韵译，340 页，上海，上海社会科学院出版社，2007。

解释。3 世纪，新柏拉图主义者波菲利在《亚里士多德〈范畴篇〉引论》中提出了与共相相关的三个问题：种和属(共相)究竟是存在着，还是仅仅寓于纯粹的理智之中？它们的存在是有形的，还是无形的？它们是与可感知的东西分离，还是就在可感知的东西之中并且和它们一致？之后，奥古斯丁、波伊修斯等人都尝试回答这些问题。在中世纪中期，以哲学家洛色林(Roscelin，约 1050—1125)为代表的唯名论者(Norminalist)主张，普遍的东西在它们的名字之外根本没有什么实在性。与此相反，圣安瑟伦等唯实论者(Realist)认为，实在论是一种信仰，也是不证自明的。尽管唯名论者与唯实论者之间为此有太多的无谓之争，但是由此产生的批判精神和理性主义令人欣喜。

经院哲学试图用理性来建立信仰，这实际上承认了理性的权威，在客观上为理性的张扬提供了可能。许多经院哲学家在理性的指引下，开始了勇敢的探索。尽管在 15 世纪以后，经院哲学成为欧洲思想进步的绊脚石，但是在 12—13 世纪时，它"在人类思想界却造成一个革命性的进展或复元"。特别重要的一点是，它改造了欧洲人的思维，使之变得精确。孔多塞(Condorcet)曾说："由于经院哲学之助，使得逻辑、伦理学及形而上学达到前所未有的准确性。"法国思想的特质，如爱好逻辑、明晰和技巧，大部分是在中古法国学校哲学全盛时期形成的。①

(三)科学的复兴

在中世纪，科学也被视为自然哲学，由此可见科学与哲学之间关系密切。哈斯金斯认为，在中世纪中期的文化复兴中，"任何一个方面都不如在科学领域那么明显"，"完全可以肯定地说存在着一个科学文艺复兴"。②

早在 10 世纪的最后几十年，奥里亚克的吉尔伯特在加泰罗尼亚，通过与

---

① [美]威尔·杜兰特：《世界文明史：信仰的时代》下，台湾幼狮文化译，1022、1021 页，北京，华夏出版社，2010。

② [美]查尔斯·霍默·哈斯金斯：《12 世纪文艺复兴》，夏继果译，244 页，上海，上海人民出版社，2005。

阿拉伯学者的接触,获得了许多自然科学知识,并在日后的教学生涯中制作了很多教学用具和仪器以辅助教学。从那以后,特别是在 11 世纪晚期和 12 世纪,通过将阿拉伯语的科学著作(其中包括阿拉伯人翻译的古希腊科学著作和阿拉伯人自己原创的科学著作)翻译成拉丁语,西方学者持续不断地接受着伊斯兰科学的熏陶和启发。就在这三个世纪的时间里,西方学者走过了从学习到著述再到进行原创性研究的历程。下面简单地描述部分领域的情况。

中世纪早期,西欧的数学知识是初级的,这从这一时期的数学教科书中可以看出来。12 世纪初,欧几里得的《几何原本》有了译自阿拉伯文的拉丁文全译本。1126 年,阿尔·花拉子密(Al–Xorazmiy)的三角函数表被介绍到西方。1140 年,他的《代数学》被译成拉丁文。这本书在数的复位和对照方面为现代的数学解析奠定了基础。在 12 世纪,十进位制和印度数字(阿拉伯数字)也被引入西欧。13 世纪初,比萨的列奥纳德(Leonard)出版了《算术》(*Liber Abaci*)等多部著作。《算术》是基督徒撰写的第一部关于印度数字、十进制等数学知识的书,完全以欧洲人的视角加以注释,因而显示出数学在拉丁基督教世界的复活。在《算术》及《实用几何学》中,列奥纳德向西欧引入阿拉伯代数学,并最早提出了二次方程式和三次方程式的解法。在 16 世纪前,列奥纳德的代数学一直代表着最高水平。

12 世纪初,西欧的天文学知识主要来自比德和加洛林王朝的埃尔伯里克编写的手册。1126 年,阿尔·花拉子密的天文表被译成拉丁文。不久,阿拉伯学者白塔尼(Battani)和扎卡里(Zachary)的天文表、法格尼(Fagner)的简明天文学手册也被译成拉丁文。1160 年和 1175 年,古希腊天文学集大成者托勒密(Ptolemaeus)的名著《天文大集》分别由希腊文和阿拉伯文译成拉丁文。由此,西欧开始全面吸收古代天文学知识。这些知识又推动了占星学的发展,满足了航海的需要。

化学由于炼丹术的研究而取得进步。随着阿拉伯这方面的著作被译成拉丁文，很快西方基督教世界开始弥漫炼丹术之气息，甚至修道院也不例外。热衷者要么想从中找到点石成金术，把廉价的金属变为黄金；要么希望通过炼丹术获得长生丹。医学中的药剂使用也增加了人们的化学知识。特别是 12 世纪酒精的发现，大大丰富了化学知识和酿酒工业。与酒精蒸馏具有同样影响力的是火药的发明。大约 1270 年，一个名叫马尔库斯·格拉埃库斯(Marcus Graecus)的希腊人撰写了《焚毁敌人之火》，里面提供了制造火药的配方。

　　中世纪中期，西欧在医学方面取得了很大的发展，其中包括希腊医学著作的重新发现，阿拉伯医学家的重要著作的翻译，欧洲最早的医学校——萨拉诺大学的繁荣。医学之父希波克拉底(Hippocrate)的《格言集》、其继承人盖伦的《蒂格尼》等著作，经由阿拉伯人，并通过非洲人康斯坦丁(Constantine)在西欧流传开来。12 世纪末，阿维罗伊的《医典》进一步发展了希腊医学。到 12 世纪末，"西方已在很大程度上拥有了中世纪医学的各种书籍，大学的课程经常从这里选取内容"①。10 世纪，萨拉诺已经成为欧洲医疗行业的中心；11 世纪，医学校已经全面建立；12 世纪，萨拉诺大学的学者们已经出版了医学书籍。学校倡导的疗法后来因为一首题为《萨拉诺健康指南》的诗歌而变得家喻户晓。在中世纪中期，外科较医学其他分支进步得更快。萨拉诺的罗杰(Rojer)大约在 1170 年出版了《外科实务》。作为西方基督教世界最早的外科论文，《外科实务》在长达三个世纪的时间里一直保持着经典教科书的地位。在 13 世纪下半叶，医学院的学生和外科医生已经开始解剖尸体。

　　沟通学术研究与知识普及的桥梁是百科全书编纂者，他们将属于他们那个时代的知识整理成了一个有序的整体，使之成为智慧的基础。在 13 世纪，科学领域出现了多部百科全书。大约在 1200 年，西伦切斯特修道院院长亚历山大·内克姆(Alexander Nekem)和法国圣多米尼克修会修士、康提姆普雷的

---

① [美]查尔斯·霍默·哈斯金斯：《12 世纪文艺复兴》，夏继果译，261 页，上海，上海人民出版社，2005。

托马斯编写了一本通俗科学读物——《万物之性质》(*The Nature of Things*);大约在 1240 年,英国的圣方济各修会修士巴托罗缪(Bartolomen)编写了内容丰富的《论万物之属性》(*On the Properties of Things*)。1264 年,多米尼克修会修士、法国路易九世(Louis Ⅸ)父子的家庭医生文森特(Vincent)编写的《知识宝鉴》是中世纪著名的百科全书。为编纂此书,文森特参考了许多名希腊、罗马和阿拉伯作者的著述。

对于 13 世纪西欧科学的发展,威尔·杜兰特以"爆发"来形容,认为它"可与其哲学的光芒相媲美,也可和自抒情诗人过渡至但丁这种文学上的变化和光辉相媲美。像伟大百科全书和《神曲》一样,这一时代的科学,受患于过分的肯定及无法验证其假定,并且苦于知识与信仰之混淆而无法分辨。但是,航行在玄奥大海中的科学小艇,即使在一个信仰的时代,也作了很重大的进步。在阿德拉德、格罗斯泰斯特、大阿尔伯图斯、维拉诺瓦的阿诺德、萨利塞托的威廉、亨利·蒙得维尔、兰弗朗其、培根、清教徒彼得和西班牙的彼得等人的著作中,重新的观察和胆怯的实验,开始打倒了亚里士多德、普林尼和加伦为权威;对探险和进取心的强烈兴趣,牵引了冒险家的帆船;同时在这奇妙的世纪初期,亚历山大·内克姆已经彻底地表示出新的信仰,他写道:'科学是花费极大的代价而习得的,它需要经常的彻夜不眠、极多时间的消耗、努力不倦的工作以及极度应用心智才能获致'"①。

二、知识的传播

(一)书籍的世界

书籍是知识传播的重要载体。对每一个时代的知识史的研究都必须考虑那时一般能够利用的书籍,以及这些书籍制作和使用的环境。与中世纪早期

---

① [美]威尔·杜兰特:《世界文明史:信仰的时代》下,台湾幼狮文化译,1057 页,北京,华夏出版社,2010。

一样，中世纪中期西欧的书籍基本上收藏在修道院和主教座堂的图书馆、王室与封建诸侯的图书馆，以及为数不多的私人图书馆中。"从一开始就牢记这一点是有益的：当人们谈及中世纪图书馆时，他们并不是指的一个特定的房间，更不是一栋特定的建筑。通常用于称谓图书馆的词是armarium，意思是衣服保管库或者是书柜，这也就是那时的'图书馆'了。"①哈斯金斯想要表示的意思是，中世纪的图书馆绝不是我们今天看到的藏书千万的图书馆，而只是一个摆放着几十册书籍的书柜。

之所以图书馆书柜中的书籍如此之少，是因为书籍昂贵。首先是制作材料昂贵。中世纪中期使用的纸主要是羊皮纸、纸草和普通的纸。纸草来自埃及，价格相对便宜。但是自从阿拉伯人占领埃及后，欧洲就不再普遍使用它了。而普通的纸一直到12世纪都是昂贵的进口商品。1190年，日耳曼和法兰西开始建立造纸厂。13世纪时，欧洲开始利用亚麻来造纸。羊皮纸是通用的书写材料，但用羊皮制成的"皮纸"价格昂贵，因此它常常只用于制作精美的原稿。因为羊皮纸昂贵，所以很多写在羊皮纸上的原稿被刮掉，以便书写新的文字。在这个过程中，许多古老的作品遭到破坏，或消亡。

造成书籍昂贵的另一原因是抄书是一件费时费力、乏味痛苦的工作。一个人抄写一本《圣经》，通常需要一年多的时间。1162年，在莱昂，人们用了六个月的时间抄完《圣经》，然后又用了一个月的时间进行彩饰。就是这样一件事情，被作为一个突出的事件记载下来了。12世纪的西欧开始流行哥特式建筑和华丽彩饰，当时的书籍制作也迎合了这一趋势。讲究细线与钩回的哥特式书法取代了加洛林字体，在中世纪中后期大为盛行。书籍的封面装有珐琅、象牙、金银、宝石。书籍抄录工作繁忙而令人厌倦，以至于当工作全部完成时，抄写员总是如释重负，像是获得解放一般。有的人直接在末页写上：

---

① 　[美]查尔斯·霍默·哈斯金斯：《12世纪文艺复兴》，夏继果译，53页，上海，上海人民出版社，2005。

"感谢上帝，这事完成了!"有的甚至希望能够获得现实的回报。

正是因为如此，所以书籍数量不多，价格昂贵，即使是单薄的书籍也是奢侈品。"一部巨册《圣经》，售价10塔伦特(折合1万美元)；一部弥撒本可换上一座葡萄园；5世纪一名文法学家普里西安所著的两本书，索价一栋房子及其附近空地。"①在中世纪中期，大部分图书馆藏书不足100册。1084年，图尔修道院藏书270册；12世纪晚期，达勒姆主教座堂图书馆藏书546册，是当时最大的图书馆之一②；1300年，坎特伯雷大主教教区藏书高达5000册，这算是绝无仅有的特例。③

尽管图书馆规模都不大，但是为数不少。几乎所有的修道院都设立图书馆。许多地方的天主教堂均有藏书甚丰的图书馆。大学图书馆的建设是大学形成与发展的一个组成部分。私人图书馆也开始出现。像吉尔伯特这样的人是狂热的图书收藏者。不过，必须承认，在中世纪中期，私人图书馆建设还没有成为时尚。而且，中世纪的图书馆也不是公共图书馆。一是因为藏书有限，二是因为没有读书的大众。此外，图书，特别是那些装帧精美的图书如此珍贵，以至于常常不外借；即使是放在外边供大众自由阅读的书籍，为了安全，甚至常常被用链条拴在桌子上。"用链条拴住的《圣经》"，日后被新教徒视为不民主的标志而予以批评，然而最初本是为了方便阅读。

那么，中世纪中期西欧的图书馆都收藏哪些书呢? 蒙塔古·罗垚·詹姆斯(Montague Rhodes James)博士回答了这一问题："现在，欧洲的力量和能力在每一个部门都是巨大的，……今天，我们的图书馆塞满了中世纪的手抄本。格雷戈里、奥古斯丁、热罗姆、安赛姆的著作手抄本数以百计。这是精美的

---

① [美]威尔·杜兰特:《世界文明史:信仰的时代》下，台湾幼狮文化译，944页，北京，华夏出版社，2010。

② [美]查尔斯·霍默·哈斯金斯:《12世纪文艺复兴》，夏继果译，63页，上海，上海人民出版社，2005。

③ [美]威尔·杜兰特:《世界文明史:信仰的时代》下，台湾幼狮文化译，945页，北京，华夏出版社，2010。

《圣经》的时代，也是'注释'的时代——单本或一组《圣经》书籍，空白处和行间附带有评论(顺便提一下，其中许多好像在意大利北部制作)。同样，这一时期作家的作品也非常多，比如伯尔纳、圣维克托的于格和理查、彼得·科米斯特、彼得·隆巴德这些作家。后面两位是中世纪最流行的两本教科书的作者——彼得·隆巴德的著作是《箴言集》(一本系列教义)，彼得·科米斯特的著作是《经院哲学史》(一本圣典史教科书)。西妥会现在到处建造房屋，我认为它在为图书馆收藏书籍方面尤为积极，这是一些优雅但朴素的必读书。没有图案装饰——正像其建筑一样。它对世俗学问不感兴趣。"①

　　总体来看，中世纪中期西欧图书馆的藏书不仅有新书抄本，也有经典著作抄本。藏书比较齐全的图书馆一般都会有一些相同的收藏。首先是基督教书籍，包括《圣经》、祈祷书、宗教日历、修道规则、早期基督教作家的著作等。其中奥古斯丁的著述"对于高层次的中世纪思想的影响的持久性超过了任何人；他在12世纪的地位特别表现在经院神学的形成，也表现在历史哲学方面"②；格里高利的《职业道德》《对话集》《牧师的关怀》《以西结讲道》等对"低等的知识阶层"更具吸引力，因为它们不像奥古斯丁的著作《上帝之城》那么严肃和富有古典性。其次是古代文化传递者的著述，他们是马尔提亚努斯·卡佩拉、普里西安、波伊修斯、伊西多尔、比德等。卡佩拉是中世纪最受欢迎的作家之一，他的拉丁语语法著作是中世纪文化复兴的重要载体；波伊修斯的著作在中世纪中期广为流传，特别是充满人情味的《哲学的慰藉》；伊西多尔的《词源》仍然是最著名的百科全书之一；比德除了对《圣经》做了经典的诠释之外，他的教科书是当时年代学和天文学的标准。除了上述两类图书之外，法律类的著作和诗歌集也是当时图书馆中的基本藏书。

---

　　① [美]查尔斯·霍默·哈斯金斯：《12世纪文艺复兴》，夏继果译，58页，上海，上海人民出版社，2005。

　　② [美]查尔斯·霍默·哈斯金斯：《12世纪文艺复兴》，夏继果译，60页，上海，上海人民出版社，2005。

(二)书籍的翻译

中世纪中期知识的复兴离不开古代典籍的收集。对于此时的西欧来说，古希腊和古罗马的知识遗产，特别是古希腊自然科学的知识遗产，还没有被充分挖掘，但是懂希腊语的知识分子很少，因此需要进行大量的翻译。在这个过程中，阿拉伯人起到了重要的中介作用。尽管在这个时期，基督教与伊斯兰教之间充满敌意，但是这种敌意无法阻挡西方知识分子对知识世界的好奇。对于中世纪中期的拉丁基督教世界，阿拉伯人是知识的传播者。他们传播的知识不仅包括他们通过翻译吸收的包括希腊文明在内的其他文明的优秀成果，也包括他们自己总结的智慧结晶。"拉丁世界本来可以主要通过从希腊文到拉丁文(Graeco-Latin)的方式了解亚里士多德、盖伦、托勒密和欧几里得。它本来可以通过这种方式了解到许多希腊科学，然而，就大多数而言，它不是通过这种方式。那时，科学的流行语言是阿拉伯语，源自西班牙和普罗旺斯的整个科学运动最初都是以阿拉伯语为媒介的。源自意大利南部的科学运动部分地说也是如此。译自阿拉伯文的译本经常早于那些译自希腊文的译本，或者至少可以说，在大多情况下，它们在人们的日常生活中占有一席之地。这样自然又提高了那些相对应的阿拉伯评注和概要的地位，其中有些深深影响了欧洲的思想。"①可以说，阿拉伯科学对于中世纪中期的西欧有着巨大的影响。

从 8 世纪中叶起，阿拉伯阿拔斯王朝哈里发实施博采诸家、兼容并蓄的文化政策，大力倡导和赞助将古希腊、罗马、波斯、印度等国的学术典籍译为阿拉伯语，吸收先进文化遗产。这场大规模、有组织的学术活动持续了两个多世纪，其活跃期是 830—930 年，史称"百年翻译运动"。它推动了世界文明的阿拉伯化，有力地促进了伊斯兰世界学术文化的发展。阿拉伯的学者在

---

① [美]查尔斯·霍默·哈斯金斯：《12 世纪文艺复兴》，夏继果译，242 页，上海，上海人民出版社，2005。

继承世界文明学术遗产的基础上，在各个领域又做出了诸多创新。

在这场翻译运动中，古希腊哲学与科学典籍中的主要著作几乎全被译成了阿拉伯文，其中有亚里士多德的《物理学》《论天》《论生灭》《气象学》《动物志》《论灵魂》《形而上学》《伦理学》《政治学》《诗学》《问题篇》等，柏拉图的《政治家篇》《法律篇》《国家篇》《智者篇》《辩解篇》《蒂迈欧篇》《斐多篇》《高尔吉亚篇》《普罗泰戈拉斯篇》《斐德罗篇》《斐利布篇》《泰阿泰德篇》《巴门尼德篇》等，托勒密的《天文学大成》《四部集》《地理学》《光学》等，阿波罗尼奥斯(Apollonius)的《圆锥曲线》《比例截割》《有限极数》等，欧几里得的《几何原理》《数据》《现象》《光学》《论音乐》等，阿基米德(Archimedes)的《论球和圆柱》《圆的测定》《论平面板的平衡》《论浮体》《定律》等，盖伦的《解剖学》(7卷)、《技艺》等。

11世纪之前，西方基督教世界的知识分子通过阿拉伯人占领的伊比利亚半岛和西西里岛与阿拉伯学术界多有接触。在中世纪大部分时间里，伊比利亚半岛都是伊斯兰世界的一部分，西西里岛在902—1091年一直处于阿拉伯人的统治之下。因此，这两个地区是伊斯兰世界向欧洲传播知识的桥头堡。特别是在伊比利亚半岛，托莱多等城市甚至也是伊斯兰世界的学术中心。从11世纪开始，知识分子着手将阿拉伯文学术著作翻译成拉丁文。最早开始这项转译工作的大概是非洲人君士坦丁。1060年前后，他将希波克拉底的《格言》、盖伦的《评注》等译成了拉丁文。1085年，基督徒占领了摩尔人的文化中心托莱多，诺曼人在1091年占领了西西里岛。1096年，"十字军东征"开始。所有这些事件都加强了基督教世界与伊斯兰教世界之间的交往，尽管在宗教上双方相互敌视。

1130年左右，托莱多大主教雷蒙德(Raymond)组织了一个翻译团，成员多为精通多种语言的犹太人。其中改宗伊斯兰教并改名的犹太人阿维德斯(Avendeath)翻译了阿维森纳(Avicenna)、阿尔·花拉子密等人的著作，以及伪亚里士多德的哲学作品。也正是他,将印度数字——阿拉伯数字——介绍到西方。英格兰人、巴斯的阿德拉德在托莱多、塔尔苏斯等地学会阿拉伯语后,最早完整翻译了两本至今仍有影响力的基础数学著作——欧几里得的《几何原本》和阿尔·花拉子密的《代数》,并将三角学介绍到西方。意大利人、克雷莫纳的杰拉尔德(Gerald)也在托莱多开展翻译工作。他是一名多产的翻译家。哈斯金斯认为,通过他之手传给西欧的阿拉伯科学多于其他任何方式。① 在 12 世纪中叶,他将 70 多部著作从阿拉伯文翻译成了拉丁文,其中有亚里士多德的《分析后篇》、盖伦的医学著作《技艺》、托勒密的《天文学大成》。这些著作极大地影响了西方人对世界和人的看法。

在 12—13 世纪,西班牙成了学术翻译的中心。来自东方的新知识和新学问从这里翻越比利牛斯山,传播到了西欧其他国家。"这一时期译著的总量是相当醒目的。从西班牙传来了亚里士多德及其评注者的哲学和自然科学,其影响之大,以至于在 13 世纪改变了欧洲的思想。目前流行的盖伦、希波克拉底和以阿维森那为代表的阿拉伯医学家的著作的译本大多是由西班牙翻译家们完成的。从西班牙诞生了新欧几里得、新代数学,以及关于透视法和光学的论著。"②

从当今西方语言中存在大量阿拉伯语的科学与商业词汇这一现象,我们可以认识到西方世界在很大程度上受惠于阿拉伯人。代数学(algebra)、零(zero)、历书(almanac)、天顶(zenith)、天底(nadir)、方位(azimuth)、酒精(alcohol)、碱(alkali)、炼金药(elixir)、蒸馏器(alembic)、糖浆(syrup)等词汇都被原封不动地直接从阿拉伯语借用到了拉丁语中。

"十字军东征"和拉丁王国的建立使得西欧人有机会接触到大量的希腊藏

---

① [美]查尔斯·霍默·哈斯金斯:《12 世纪文艺复兴》,夏继果译,232 页,上海,上海人民出版社,2005。

② [美]查尔斯·霍默·哈斯金斯:《12 世纪文艺复兴》,夏继果译,233 页,上海,上海人民出版社,2005。

书，这推动了希腊文本的翻译和收藏。所以，12世纪出现了直接由希腊文翻译成拉丁文的著作。由于希腊语和拉丁语同属于印欧语系，因此相较于从阿拉伯文转译，从希腊文直接译成拉丁文有助于减少错误。这对于古希腊著作的翻译来说，是非常重要的。哈斯金斯认为："即使把那些在12世纪文艺复兴期间许多不被承认的作用排除在外，这些希腊文著作的翻译者对于中世纪晚期文化的贡献也是非常坚实的。只要他们陷入与阿拉伯著作翻译的竞争，人们很快认识到他们更为可信。"①

这一时期希腊文本的翻译者主要来自与地中海东部地区通商的意大利城市和西西里，因为这些地区是拉丁世界与希腊世界的结合部，生活在这些地区的学者受到了两种文化的熏陶。

1136年，君士坦丁堡举行了一场神学辩论，拜占庭皇帝出席，很多拉丁人参加了这一活动。其中有三人精通希腊语和拉丁语，且学识广博，他们是威尼斯人詹姆斯(Jame)、比萨人伯贡迪奥(Bogondio)和来自意大利贝加莫城的摩西(Moxes)。这三人是这一时期意大利翻译家的代表。在这次辩论中，他们不仅是辩论的参与者，而且充当了辩论会的翻译员。威尼斯人詹姆斯是亚里士多德的《新逻辑》的译者。伯贡迪奥是比萨的公众人物，尽管翻译是他的业余工作，但其成果"超过了他那个时代的任何一位拉丁翻译家"②。他的译著主要是神学作品，包括巴西尔、克里索斯特姆、大马士革的约翰等人的著作。除此之外，他还翻译了《法理会要》、希波克拉底的《誓词》、盖伦的10部著作等。

13世纪，希腊科林斯(Corinth)主教、莫尔贝克的威廉在助手的协助下，将50余部希腊文著作译成拉丁文。这些著作几乎囊括了亚里士多德和阿基米

---

① [美]查尔斯·霍默·哈斯金斯：《12世纪文艺复兴》，夏继果译，240页，上海，上海人民出版社，2005。

② [美]查尔斯·霍默·哈斯金斯：《12世纪文艺复兴》，夏继果译，237页，上海，上海人民出版社，2005。

德的全部作品。这些译著为圣托马斯·阿奎那的学术研究提供了宝贵的资源。到 1280 年,亚里士多德的著述几乎完全传入西欧。

中世纪中期拉丁基督教世界的翻译工作影响深远。阿拉伯和希腊的学术著作刺激了复苏中的学术界,激发了西方知识分子的探索精神。这种探索导致的必然结果就是人们对现行权威与秩序的质疑。从教育的角度来看,翻译工作也扩大了学校课程的范围,推动了 12—13 世纪大学的发展。

第六章

中世纪西欧的骑士教育

骑士教育是西欧封建社会中一种特殊的家庭教育方式,是西欧封建制度的反映。骑士教育产生于9世纪后半期,至12世纪"十字军东征"时发展到顶峰,14世纪开始衰落。到16世纪,由于军事技术的发展、步兵作用的增强、火药武器的改善、笨重骑士在军事上的重要性逐渐减弱等,骑士教育完全消失了。骑士教育是中世纪教育的一大特色,因为"骑士制度是封建制度的精华,与修道院制度同为黑暗时代的两盏明灯,使历时数百年之久的黑暗时代平添生趣,这是中世纪社会的一大特色"①。正是"教堂的钟鼓声交织着骑士的马蹄声,谱成了中世纪教育的基调"②。

第一节 骑士制度及其发展

在中世纪的西欧,骑士阶层是社会、国家的军事、政治活动的中坚力量。

① 冯作民:《西洋全史(五)中古欧洲(上)——黑暗时代及其以后》,645页,台湾,燕京文化事业股份有限公司,1976。

② 曹孚、滕大春、吴式颖等:《外国古代教育史》,116页,北京,人民教育出版社,1981。

从私人格斗、城堡争夺、王国战争到"十字军东征"，骑士阶层无不是作为其中的主体活跃在历史舞台上的。

骑士制度（Chivalry）是西欧封建制度（Feudalism）的产物，是封建制庄园和封建等级政治的产物。Feudalism 一词源于拉丁文 *feudum*（fief，采邑），最早可追溯到 8 世纪晚期圣高尔（St. Gall）的特许状中，意为"年地租"。起初，该词写为 feo 和 feu，后来常以 fevum 或 feodum 等形式出现，还具有货币、土地、礼物、赏金、报酬等词义。就 feudum 的起源而言，它源于拉丁词 fides（忠诚、信任），意味着取得土地者必须为领主效忠。可见，在西欧中世纪，封建制度通常和采邑密切联系。"我们对西欧中世纪采邑的通常理解是，以服兵役为条件从领主处获得的一份土地。而实际上，从 12 世纪以前的情况看，feudum 所包含的内容十分宽泛，所指的对象也较为复杂。首先，采邑有可能是一座桥梁、一个渡口、一段交通要道、一处出租房屋、一座矿山、一个市场等，凡能够带来收益的财产，其主人都可把之作为采邑分封给手下人；甚至，像城堡、要塞、堡垒等也都可作为采邑进行分封。其次，采邑除了土地和其他实物财产外，还可以指以服役为条件每年获得固定的货币收入，即所谓的'采邑年金'（feudum de camera）。……它还可以用相当于一定货币价值的农副产品代替，如谷物、葡萄酒、鸡和木材等。再次，采邑还可能是某种权力或一份职务。……这类采邑体现的是一项职位和对某地区的管理权。除了高级职位外，一些较低的职位，如市长、区长、镇长，甚至法官、辩护人、收债人等权力，都可并称为采邑。此外，某些修道院、教堂等有可能作为采邑分封下去。……一般认为，采邑授予的对象通常是服兵役的军人，但实际情况要复杂得多，采邑有可能被领主授予一个管家、一个手艺精湛的工匠、一位行吟诗人、一位神职人员等以自己的特长为领主效力的人员。甚至一些做杂役的佣人所获得报酬也有可能被称为采邑。""通常而言，持有采邑者除了承担军事义务外，还要帮助领主进行管理和统治，必要时也要为领主提供经济等方面援助。"①由此可见，封建主义的采邑这一概念中，蕴含着土地、分封、等级、权利、义务、援助等概念。

西欧进入中世纪后，城市破败，经济萧条，又重新进入了农业社会。中世纪的西欧社会大体上有三类人群以及与之相对应的三个社会等级：祈祷和赞扬上帝，在精神上拯救人类的教士；防御侵犯、维持秩序、主持公道、管理公共事务的贵族；辛勤劳作、支持上面两个特权等级的农民。由领主和依附于他的农民所构成的社会组织形式就是庄园，由此，庄园成了西欧封建制度的基础组织。一般的庄园为一个自然村，有的庄园包括若干小村，也有的大村分为几个庄园。庄园的领主可以是国王、大贵族，也可以是骑士。一个领主至少控制一个庄园，大领主可以拥有几百个甚至上千个庄园。一个小的庄园有十几户人家，一个大的庄园有五六十户人家。贵族阶级的内部分为许多等级，土地数量、庄园规模等决定等级的高低。封建主之间主要以土地关系为纽带，层层分封，形成上下尊卑的封建等级制度。在这种封建政治体制中，封臣与封君相互负责。封臣宣誓效忠封君，并承担封建义务，包括为封君服兵役，提供军事上的物资支持，若封君被敌人逮捕，要筹集赎金等；封君要保护封臣的荣誉、生命和财产，通过提供衣食，或者授予封地，来维持封臣及其家庭的生活。10世纪以后，西欧出现了"没有无土地的领主，也没有无领主的土地"的状况，从上到下形成层层分封的等级制：国王将采邑授予大封建主，大封建主依次将这些采邑划分为更小的单位，再封给封臣，封臣还可以再继续下封。结果，统治阶级的所有成员从地位最低的骑士到国王，都在封建等级中有着自己的一席之地。正如一位学者所指出的那样："全国所有的领主与封臣都照金字塔形排列，整齐而又匀称。在封建金字塔的最高层是国王；次一阶层是国王的主要封臣；而他们也是拥有封臣之封建领主。国王封臣的封臣称为'再封臣'（rear vassals），所以他们是封建金字塔之第三层。

① 倪世光：《"封建制度"概念在西方的生成与演变》，载《世界历史》，2014(5)。

但是，他们也可拥有自己的封臣。这种'封臣'又有'封臣'的'再封建'(subin-feudution)过程一直发展到封建金字塔的基部，发展到没有赠封资格的最低封臣为止，这些地位最低的封臣虽然不再拥有'封臣'，但是他们仍然是武士贵族统治阶级中的一分子。……土地拥有的方式在理论上也形成了相类似的金字塔。只有国王拥有土地；所有的封臣，可以说是直接或间接地依据封建契约规定从国王处'租借'他们的封邑，并且他们对封邑具有世袭的租借权。"①这种分封制度下出现了所谓"我的封臣的封臣，不是我的封臣"的局面。封建国家的最高统治者是国王，其下是有爵位的贵族，依次称为公爵、侯爵、伯爵、子爵、男爵，最低一级的贵族是骑士，他们一般是贵族家庭中的次子，不能继承家庭的封地和爵位，只拥有很少的土地和农民，主要依靠为国王和大贵族打仗获得分封和奖赏。

骑士一词在英语中为 knight，它与盎格鲁-撒克逊语 cnibt 是同源词，法语为 chevalier，德语为 ritter，意大利语为 cavaliere，西班牙语为 caballero。从词源上看，它们共源于拉丁文的 miles。miles 一词最早出现于法国，时间大约在8 世纪。9 世纪后，miles 指聚集在领主(domius)周围的全副武装的士兵。10世纪，miles 开始作为法国骑士的头衔。11 世纪初，miles 专指骑兵。就社会地位而言，他们出身不算高贵，有一点小资产，但是不能与大贵族、伯爵及城堡主相比，因此可被称为中小贵族。中世纪骑士通常是身披盔甲的骑兵，一般都出身于贵族，有可能还家世显赫。如果为了争夺某种利益或者战争，被征招入伍，他们就自备战马和武器，充当骑兵，冲锋陷阵。他们都举行过触肩册封仪式，并获得了骑士身份。在经济上，他们占有一定数量的土地，土地收入用来维持他们的装备和供给。骑士的共同特征包括以下三个方面的内容。其一，在军事方面，骑士是一个战士。虽然在不同国家有不同的名称，但他们总是骑马被甲，以作战为职业。所以骑士首先是重装骑兵。其二，在

---

① 李秋零、田薇：《神光沐浴下的文化再生》，159 页，北京，华夏出版社，2000。

经济政治方面，骑士是封君封臣制度的一部分。在这种占主导地位的制度之下，骑士作为封臣，从其封君那里领受土地并承担效忠封君、在封君需要时为之作战的义务。其三，在社会关系方面，早期骑士因拥有昂贵的战马和装备而产生的个人自豪感逐渐转变为一种成熟的阶级意识，教会又为骑士规定了一系列道德标准，这些成为骑士精神形成的根源。[①]

英文中还有一个词表征骑士，即 chivalry。knight 和 chivalry 相比，knight 是可数名词，指的是个体的"骑士"。最初它仅指所有青年男子，随后专指为领主做侍从的年轻人，进一步引申为军事服役者，后又指依附于某个领主、持有少量土地、为领主作战的战士。chivalry 是集合名词，既指"重装骑兵"和"骑士"，又包含"骑士精神""骑士制度"的含义。我们从 knight 和 chivalry 这两个词可以发现骑士的演变，也就是从起初的重装骑兵，旨在马上作战，发展到中世纪后期的骑士制度。骑士制度是指骑士特有的宗教意识、道德观念和社会行为标准。换句话说，骑士由原先个体的骑兵演化为一种制度、一种观念、一种社会行为模式。这种演变大体经历了三个阶段：第一阶段，9—10 世纪，骑士形成。这一时期，马蹄铁、马镫的发明对骑士的作用产生了决定性的影响；第二阶段，11—13 世纪，骑士制度发展成熟；第三阶段，14—16 世纪，新的社会力量出现，骑士逐步退出历史舞台，骑士制度衰落。

从骑兵到骑士再到骑士制度的形成这一过程是伴随着西欧封建化进程而展开的，最先发展也是发展得最为典型的是法兰克王国。随后以法兰克为代表，西欧其他国家也形成了骑士制度。

11 世纪之前，骑士是个开放的阶层，任何能置办得起战马和盔甲的人行过"臣服礼"之后，都可以成为骑士。这些骑士在行为上很不成熟，带有非常浓重的日耳曼人嗜血尚武、残暴自私、掠夺成性的特点，手无寸铁的平民、

---

① 陈志坚：《西欧中世纪骑士的起源和演变》，载《首都师范大学学报(社会科学版)》，2002 (4)。

农民和教会神职人员常常成为这些野蛮暴虐的武夫们最直接的受害者。10 世纪之后，随着罗马教会地位的上升，教会对世俗社会事务的干预越来越多，对世俗的思想和行为的控制也越来越严重，其中就包括对骑士的改造。首先，教会反对骑士参加贵族比武大会和家族仇杀，号召骑士到圣地去，把力量和本领用来抵抗东方的异教徒。伴随着骑士参与的一系列的军事远征，尤其是"十字军东征"，骑士制度逐渐走向了完善。

13 世纪，伴随着骑士阶层军事功能的弱化，好勇尚武的习惯逐渐消退，骑士进入了上层社会，进而养成了与其身份和地位相应的文质彬彬的风度。"骑士精神"最终形成，原本骁勇善战的"战士"变成了风度翩翩的"绅士"。

16 世纪，随着商品经济的不断发展，以采邑为特征的庄园经济逐渐衰退。商品经济的发展消解了骑士在政治权力中的作用。随着冷兵器时代的结束，火药和枪支等新式武器的出现，骑士在战争中的地位逐渐降低及骑士身份和资格的泛滥，骑士威望大为下降，成了失去实际价值的称号和头衔，甚至成了人们嘲讽的对象。文艺复兴时期，人们已经看不惯中世纪时期的那套做派，骑士历时数百年的思想观念及其行为规范显得迂腐和陈旧，从而遭到普遍蔑视和嘲弄。在文艺复兴思想潮流中，骑士制度最终在人们的观念中瓦解，至17 世纪左右消亡。当然，骑士制度的瓦解不等于骑士精神的消失，骑士精神被后来社会继承和发展，并成为西方思想文化的重要组成部分。"虽然骑士作为战争艺术的实际用途已经衰落了，但它作为教育的功能却依然存在……在人的行为上、道德上，在宫廷里、在社会中，在所有有关的政治阶级中，它的影响是深远的。"[1]

---

[1] 转引自陈志坚：《西欧中世纪骑士的起源和演变》，载《首都师范大学学报 (社会科学版)》，2002(4)。

第二节　骑士教育的理念

早期的骑士是起源于日耳曼习俗的重装骑兵，是中世纪欧洲战场上的主力军；11 世纪，在教会的影响下，骑士逐渐演变为"基督教战士"，并成为一种身份标志；13 世纪左右，在教会和社会环境的约束下，形成一种绅士风度和骑士精神。① 不同的学者对"骑士精神"的理解不同。埃德加·普雷斯迪奇（Edgar Prestage）认为，骑士精神包括骑士特有的宗教意识、道德观念和社会行为标准。莫里斯·肯恩（Murice Ken）认为，骑士精神是一种时代精神，其中混合着尚武、高贵、基督教化的因素。奥尔多·斯卡格莱昂纳（Aldo Skagreona）认为，骑士精神是一个文化适应的过程，这个过程包括两个阶段：第一个阶段是骑士被改造成基督战士，为信仰而战；第二个阶段是骑士被改组成彬彬有礼的君子。② 李秋零和田薇认为，武士的忠诚、基督徒的谦恭、对理想中的女性的纯洁无瑕的爱情，成为每个骑士必须具备的三种美德。③ 张云玮通过对骑士宣言的解读，把骑士精神归结为八项美德，即谦卑（Humility）、荣誉（Honor）、牺牲（Sacrifice）、英勇（Valor）、怜悯（Compassion）、精神（Spirituality）、诚实（Honesty）、公正（Justice），此外，慷慨、谦逊、注重礼节和仪表风度，以及对爱情的崇拜等，也是骑士的重要精神。④

在中世纪，骑士教育是一种教育类型。它既没有专设的教育机构，也没有专职的教育人员。骑士教育是在骑士生活和社交活动中进行的。骑士教育的目标是把贵族子弟（尤其是贵族的次子）训练成彪悍勇猛、虔敬上帝、忠君

① 陈志坚：《西欧中世纪骑士的起源和演变》，载《首都师范大学学报（社会科学版）》，2002（4）。

② 张慧：《论中世纪教会对骑士精神的培养》，载《首都师范大学学报（社会科学版）》，2012（1）。

③ 李秋零、田薇：《神光沐浴下的文化再生》，242 页，北京，华夏出版社，2000。

④ 张云玮：《试述中世纪骑士文化及其影响》，载《法制与社会》，2008（2）。

爱国、宠媚贵妇的职业军人。

彪悍勇猛是指骑士应该具有强壮的体魄和果敢的战斗力,它是每一位骑士必备的精神。中世纪有"无骑士不勇敢"之说。骑士及骑士制度的形成源于古老的日耳曼民族及其精神。他们崇尚武功,勇敢顽强是日耳曼人的首要品格。他们无论办理公事还是私事时,兵器总不离手,甚至结婚的彩礼都弥漫着一股刀光剑影的味道。"但这些采礼只是一轭牛、一匹勒缰的马,一面盾,一支矛或一把剑"①,其尚武风气可见一斑。"他们专门乘着黑夜交战。他们就像一群阴兵鬼卒似地借着这惨淡可怕的情景使敌人感到惊慌失措。……在任何一场战争里,眼光总是被最先慑服的"②。他们习惯于用骑兵作战,能够风驰电掣般出其不意地给敌人以打击。正是这种冒险尚武精神才使得日耳曼人的生存空间不断拓展。

虔敬上帝是指忠于教会,为宗教献身。起初骑士效忠的只是自己的领主,往往对教会人士,乃至对教会本身,都会表现出大不敬。而在 12 世纪以后,教会对骑士的诸多方面加以改造和培养。首先,教会将骑士对首领的忠诚转化为对上帝的忠诚。教会规定,只有成为基督徒的战士才可以被称为骑士,经过圣水洗礼的骑士会得到净化,他们思想中的日耳曼传统也会随之净化为基督教信仰。然后,教导骑士要保卫教会。教会要求骑士放弃一切杂念,清心寡欲,将自己的生命圣化为只有一种追求——维护基督的十字架,骑士的所有行为都是为了实现其人生的双重目标——维护自身灵魂的安宁和基督教会的荣誉。骑士必须以坚韧斗志和英勇气魄为教会而战,最后的野心应该是光荣地战死。教会还对骑士在战时的宗教仪式制定了诸多规定,如对作战程序、军旗尺寸、阵型排列和战斗信号等做了一系列说明。最后,教导骑士要

---

① [古罗马]塔西佗:《阿古利可拉传 日耳曼尼亚志》,马雍、傅正元译,56 页,北京,商务印书馆,2017。

② [古罗马]塔西佗:《阿古利可拉传 日耳曼尼亚志》,马雍、傅正元译,70 页,北京,商务印书馆,2017。

停止私战，反对异教徒。教会通过"和平运动""休战运动"等，企图抑制不正义的私战，但鼓励为了基督教会的安全和荣誉而进行的所谓"正义"战争。正是通过这种种举措，教会将强烈的宗教观念植入骑士心灵，使骑士献身于上帝，服从上帝的指引。教会把日耳曼传统中侍从对首领的绝对忠诚转化为对上帝的忠诚，这种对上帝的忠诚使骑士完全听凭教会的驱使。"首领们的好战行为本身并不是目的，真正的目的在于服务于基督教世界……。因此，为信仰而战死的骑士就不只是一位英雄，他还是一位殉道者。"①

忠君爱国是指效命于封君及国王。日耳曼民族起初是为战利品和声望而战，首领与部下之间提供的是纯精神上的忠诚；后来他们为了土地、特权和荣誉而战，这时首领与部下之间提供的不仅有精神上的忠诚，而且有物质化了的忠诚；最后，首领和他们的亲兵们成了大大小小的封建主，其传统的附庸关系和忠诚、善战、英勇、荣誉感形成了骑士制度的世俗内涵。首领与士兵之间是保护与效忠服从的关系，士兵保护酋帅，甚至将自己的军功献归酋帅的名下，这才是精忠的表现。酋帅们为胜利而战，侍从们为酋帅而战，把生命交给对方是忠心的最高的而且是唯一的境界。这种高尚的道德境界为中世纪骑士与领主之间的关系提供了榜样。可以说，骑士对领主的忠诚及领主对骑士的保护，是古代日耳曼祖先高尚精神境界的翻版。骑士对领主的忠诚还表现在当受到领主伤害甚至侮辱时仍努力地善待领主。源于日耳曼民族的封建制度本身的依附关系加上教会的规定，使封君和封臣之间的关系更为稳定和牢固。11 世纪末，苏里特立主教伯尼佐（Bonizio）在《基督徒生活手册》（*Book of the Christian Life*）中号召骑士要效忠自己的主人，强调一名骑士必须准备为保护自己的领主而死，为国家战斗而死。为效忠主人而战乃是骑士的义务，而不是为了什么战利品。骑士应该为保护主人的生命不惜牺牲自己，

---

① ［英］克里斯托弗·道森：《宗教与西方文化的兴起》，长川某译，164~165 页，成都，四川人民出版社，1989。

为了自己主人的利益战斗到最后一刻。在西班牙史诗《熙德之歌》中，熙德(Mio Cid)尽管因遭到谗言而被国王罢黜并放逐到异国他乡，但是依然时刻眷恋着他的君主，在每次取得重大胜利后，都派人将最好的马匹和最昂贵的礼物送给国王，以表达他对国王从未改变的赤诚之心。正是教会的宣传和提倡，骑士们在忠诚于教会的同时，依然保持着对领主和国王的忠诚。

宠媚贵妇是指骑士以豪侠的态度媚事妇女，以博得贵妇人的欢心。中世纪的骑士，尤其是早期的封建骑士，几乎都是残酷、野蛮、无法无天的武夫。他们欺负弱者，抢劫农民，滥杀无辜，对妇女态度冷漠，行为粗暴甚至残忍。他们不仅强暴领主的妻子，而且强奸和杀害修女。妇女在骑士的眼中无足轻重，他们关心更多的是战马、武器和猎狗。针对这种状况，从11世纪开始，基督教会开始用基督教精神来驯化这些桀骜不驯的封建骑士，"在这一可怕时期——在我们历史上的关键时期——教会着手进行基督教军人的教育；也正是在这一时期，她采取了坚决的步骤，抓住强悍的封建贵族作为对象，并为他指出理想的规范，这一理想规范就是骑士精神"①。到11世纪末期以后，骑士对妇女，尤其是对贵族妇女的态度有了明显的转变。在杰弗里·德·查尼(Geoffrey de Charny)的《骑士制度规则》中，对妇女的尊敬、保护和救助专门被定为骑士必须遵守的规则。例如，在英国王位更迭的过程中，伊莎贝拉(Isabella)因与英国国王的丈夫爱德华二世(Edward Ⅱ)矛盾激化而流亡至法国以寻求帮助。当各种努力都失败后，这位王后逃到瓦朗谢内时已身无分文，无奈下向汉诺特的威廉及其兄弟约翰求助，这二人当时被视为骑士的楷模。她的请求立即得到慷慨的回应，汉诺特的骑士们前往她的驻地为其保驾护航，并沿途举办长矛比武供她娱乐。当时许多人反对帮助这位王后讨伐英国，认为这是一件充满危险的事。但约翰态度坚决地宣布，"每一位骑士必须竭尽全力帮助妇女和处于危难之中的姑娘"，并表示，他只能有一次死去的机会，要

_____

① 转引自肖明翰：《中世纪欧洲的骑士精神与宫廷爱情》，载《外国文学研究》，2005(3)。

尽快为效力于这位高贵的夫人而献身，更何况这位夫人是从她的国家被驱逐出来的。随后，讨伐战争爆发，爱德华二世被迫退位。① 爱情在骑士行为转变的过程中，发挥着重要的作用。12 世纪 80 年代，安德瑞斯(Andreas)在《爱的艺术》(*Do Amoe*)一书中描述了一位贵妇人与骑士的谈话内容，其中显现出爱情作用下的骑士的道德标准：能赢得爱情的骑士，至少不贪婪，而且非常慷慨；如果遇到饥饿的穷人，应送给他食品，同时不应该表现得盛气凌人；谦卑是骑士的重要美德，不应有轻视别人的言论，也不能嘲笑任何人，特别是那些可怜的人；绝不制造和传播谣言，尽力把谣言限制在最小范围；不应该轻率地做出许诺，空头的许诺无异于欺骗，品格高尚的骑士应重视诺言；不应有污言秽语，更不能做声名狼藉的事情；不该用羞辱或讽刺的语言攻击神职人员及修士，因为他们所从事的事业是为了上帝。② 到了 12 世纪以后，"骑士的浪漫正鼓励这种观念，即一名骑士应献身于寻求荣誉、赢得爱情和对已选定为之效劳的女士的无限崇敬当中。这种观念很快影响了骑士的行为，它使骑士进入一种庞大的游戏当中，在此游戏中，礼节、仪式、外表的装饰和习俗都变得至关重要并且越来越精细"③。从 12 世纪开始，许多宣扬骑士高尚品德、表现骑士英雄业绩的骑士浪漫故事大量涌现，广为流传。除文学作品外，这期间还出现了一些阐述和总结骑士精神、骑士行为规范、骑士品质和美德的专门书籍。于是，西欧出现了骑士文化。在骑士文化中，比较典型的是宫廷文化。"随着宫廷文化的发展，新的理想、新的价值观念和新的行为规范也逐渐发展起来，风度翩翩、举止优雅、能歌善舞、能谈情说爱、知道如何向贵妇人献殷勤等社交技巧也相应成为一个理想的骑士所必须的'美德'(virtues)。"④骑士对爱情的理想目标是贵族妇女，尤其是贵夫人。在众多

---

① 倪世光：《中世纪骑士行为变化与爱情观念》，载《世界历史》，2005(2)。
② 参阅倪世光：《中世纪骑士行为变化与爱情观念》，载《世界历史》，2005(2)。
③ 转引自倪世光：《中世纪骑士行为变化与爱情观念》，载《世界历史》，2005(2)。
④ 肖明翰：《中世纪欧洲的骑士精神与宫廷爱情》，载《外国文学研究》，2005(3)。

中小骑士眼中，贵夫人不单单是一位成熟美丽的女性，还是财富、地位和高贵的象征，而财富和高贵的社会地位也正是骑士梦寐以求的目标，因此贵夫人又成了骑士心目中完美的偶像。骑士一旦选定了自己追求的对象，就会视情人为至高无上的"女神"，倾心伺候，顶礼膜拜。这种骑士的爱情事实上是一种婚外情，更多体现的是一种精神上的愉悦，是对贵妇人的一种美化。当然，基督教会也要求骑士对婚姻要保持忠诚。最初教会也要求骑士像僧侣一样坚持禁欲，但是这一要求未能得到骑士的响应，随后教会把禁欲的规定逐渐演变为对婚姻的忠诚。12世纪以后，婚姻不再是早期的一种世俗行为，而是成了一种宗教仪式，教会对婚礼的祝福越来越普遍，在教堂举行婚礼以及由教士为新娘戴上戒指的习俗流行起来，婚姻被奉为人生第七大圣事。"基督教自始至终都对婚姻持严肃态度，尤其在反对离婚与再婚方面，教会婚姻法比任何一种法律都更严厉。"①虽然骑士文学中描写的爱情非常浪漫，但是这种爱情和婚姻无关，也不会影响骑士或领主对妻子的忠诚和婚姻的稳定性。骑士虽然热衷于所谓"典雅爱情"，但是仍然会忠于自己的妻子，有的骑士甚至会对谄媚于自己的女人冷眼相待。

由骑兵至骑士再到绅士的发展过程中，骑士精神以及骑士教育的理念都在发生着重要的变化，直至最后走向程式化、标准化、规范化。在骑士教育理念发展的过程中，影响的因素多种多样，既有骑士原生家庭的作用、骑士之间相互交往过程中的友谊，也有教会的教导、教会律令的约束，还有宫廷的教化。11世纪和12世纪，随着西欧社会、政治和经济上的发展，欧洲内部的冲突逐渐减少，社会比较安定，封建君主和贵族有了更多的闲暇时间，于是他们把更多的精力放在文化娱乐方面，赞助和收养诗人、学者、音乐家、行吟诗人等文化人也逐渐成为国王和高等贵族宫廷中的时尚。到12世纪时，

---

① 刘文明：《上帝与女性——传统基督教文化视野中的西方女性》，222页，武汉，武汉大学出版社，2003。

西欧出现了一场学习热潮，史称"12世纪文艺复兴"。这次文艺复兴的中心在法国巴黎和意大利博洛尼亚。当时人们热衷于学习古代哲学、法律、科学和文学艺术，建立了许多新式学校并聘请著名学者讲学，一场思想和观念的变革席卷了整个欧洲。这场变革也影响到了骑士阶层。伴随着西欧冲突的减少、和平的到来，原本以习武打仗为要务的骑士，其活动范围从室外和战场转向了国王的宫廷或主人的城堡，以膂力和武艺赢得荣誉的时代已不复存在。此时他们只有适应和掌握各种高雅的社会风尚，如宫廷礼节、室内游戏、衣着服饰、审美品位、潇洒得体的举止、风度翩翩的谈吐，以及文学、诗歌和音乐等，才能取悦于那些名媛贵妇。通过努力学习和受贵族生活的耳濡目染，过去雄赳赳的战士变成了文质彬彬、风度翩翩的绅士。当然，在骑士成长和发展的过程中，骑士教育发挥了重要的作用。

第三节 骑士养成的三级教育实践

由于中世纪的欧洲国家是从"蛮族"社会组织的基础和战争中发展而来的，因此其整个结构和社会风气都带有军事的性质和特点，维持社会稳定和统一的力量就是军事贵族骑士阶层及其首领。所以，要成为一名贵族，首先必须成为一名勇武的骑士。"骑士的美德表现在九个方面。有三种是属于军事方面的美德：勇敢（courage）、忠诚（loyalty）、慷慨（generosity）；有三种是属于宗教方面的美德：效忠教会（fidelity to the church）、服从（obedience）、贞洁（chastity，或忠贞）；还有三种是属于社会方面的美德：礼貌（courtesy，或谦恭）、谦卑（humility）、善行（beneficence）。"[①]要具备这些美德，进而成为一名

---

① Eby and Arrowood, *The History and Philosophy of Education—Ancient and Medieval*, New York, Prentice-Hall, Inc., 1940, pp.796-797.

骑士，必须经过由家庭教育、侍童教育和侍从教育三个阶段构成的封建骑士教育体系。"城堡或大庄园是封建社会的年轻成员，无论男性还是女性，接受教育的学校。在这里，通过积极地参与各种正式的事务，通过正规的教学，他们习得其阶层的义务、价值体系、行为方式、精明能干，以及所认同的观念。"①

一、家庭教育阶段

家庭教育阶段也是幼童教育阶段，该阶段指的是从出生到七八岁，教育场所主要是在受教育者的家庭中，教育者是父母，主要教育责任由母亲承担，教育内容以宗教教育、道德教育、身体养护和清洁卫生为主。"最初幼时，即在家中，受母亲的教育，至七八岁止。在此期中，开始受宗教教育，学习尊礼前辈，及服从长上，并造成粗豪的体气和强有力的基础。"②

中世纪的骑士准则规定，骑士首先必须是基督徒，非基督徒不能被接纳为骑士，因为没有经过洗礼的人不会怀有一颗纯净的心，没有基督教信仰的人无法履行骑士的义务。信仰上帝且服务于上帝是成为一名骑士的前提。基于此，孩子出生后的第一件大事，也是人生中的一件大事，就是接受洗礼。接受洗礼标志着这个孩子已成为基督徒，其以后的思想观念和行为都将受到基督教的左右。在给孩子洗礼时，家长已为孩子选定了教父和教母，通常教父和教母都是地位和威望比较高且信仰虔诚的贵族和贵夫人，教父和教母的数量甚至可以反映该孩子地位的高低，地位高的孩子的教父和教母的数量可达十几位。在洗礼的时候，孩子的教父和教母必须参加。教父和教母监督孩子接受洗礼，并对受洗者以后的宗教信仰和行为负有监督、教育和保护的责任。

---

① Eby and Arrowood, *The History and Philosophy of Education—Ancient and Medieval*, New York, Prentice-Hall, Inc., 1940, p.795.

② [美]格莱夫斯:《中古教育史》，吴康译，65 页，上海，华东师范大学出版社，2005。

在以基督教为主流意识形态的中世纪，宗教教育体现在人们生活的饮食起居等方方面面。孩子的教育不仅来自父母、亲人、教父和教母这些人的言传身教，也来自教会神职人员不知疲倦的灌输和宣传。孩子在跟随父母去教堂参加各种宗教仪式的时候，在参观教会在宗教节日展览的宣传画的过程中，都在随时随地地吸取着基督教思想，《圣经》中的故事更是他们耳熟能详的内容。随着年龄的增长，未来的骑士也逐渐并自觉地参加各种宗教活动，履行宗教义务，像一名真正的骑士那样，服从教会的指挥，虔诚地做弥撒，在敬畏中忏悔并服侍上帝。此外，在家庭教育中，母亲或贵妇人还经常会教导未来的骑士，无论何时何地，不仅不应该侵害教会的利益，而且要舍身保护教会。使教会不受外来力量的侵害是每个骑士义不容辞的职责。家长还会给孩子讲述关于教会神圣不可侵犯，否则会遭到惩罚的一些故事。因此，虔诚地信仰上帝，维护教会的利益，并竭尽全力保护教会，便经由家庭的教育，在孩子幼小的心灵扎下了根。而且宗教教育一直会延续骑士的一生。

在中世纪社会中，尊重和保护弱者是教会大力提倡也是孩子们经常被告诫的事情。在教会的观念中，弱者不仅是指妇女、儿童、鳏寡孤独者，也包括僧侣、修士和贫弱的人们。骑士首先要尊重他们，并保护这些人不受强者的欺凌和伤害。匡扶正义、扶助贫弱是骑士的一大美德。此外，在骑士很小的时候，父母便会教育他们不要过分吝惜钱财，对那些穷困潦倒并且善良的人应予以接济；劝导孩子慷慨、大度、广施恩泽，施舍的越多，获得的荣誉也会越多，人也就会越富有。对妇女的保护和尊重，到 12 世纪以后演变为尊敬、爱慕、追求贵妇人的时尚，西欧各国上层社会逐渐形成了尊重女性的风气。

在中世纪，骑士的职业是作战。作为军人，其重要的职责之一是保卫祖国，只有热爱自己祖国的骑士才是合格的骑士，热爱祖国的教育从孩童时便开始了。在基督教是主流意识形态的中世纪，热爱祖国的教育往往是与打击异教徒联系在一起的。在西欧社会中，罗兰(Roland)是孩子们心中的英雄形象，是他们从小就崇拜的偶像。他对祖国的无限热爱和对异教徒的刻骨仇恨，教育了一代又一代的孩子和骑士。

忠诚、勇敢也是家庭教育中需要培养的非常重要的品质。在中世纪社会，只有忠实勇敢，懂得履行许多职责，才能维持正常的生活，因而忠诚乃是成为骑士的重要品德。忠诚不仅体现为对上帝忠诚，以《圣经》的教义时刻约束个人行为，以教会的要求为己任，准备时刻为保护教会而战，还体现为对领主忠诚，捍卫领主的地位和荣誉，甚至不惜牺牲自己的生命。对领主的忠诚还体现在对其服务上。中世纪的服务精神被视为非常高贵、非常优秀的品德。作为领主的骑士，只要对工作勤勤恳恳，毫不偷懒，都会受到别人的尊敬。与忠诚相连的是诚实。诚实不仅是不撒谎，还包括不为谎言辩护和信守诺言。不忠诚、不诚实、不守信用、违背诺言者为人们所不齿。在骑士阶层内部，诚实与信守诺言是关系到声誉和威信的大事，对某个骑士的忠诚和诚实表示怀疑，往往被视为是对其人格的侮辱。教会也同样重视对人们的忠诚和诚实教育，诚实是信仰虔诚的重要前提。中世纪有"无骑士不勇敢"一说，可见勇敢也是骑士应具备的最起码的品格。勇敢是指不能贪生怕死、苟且偷生，更不能屈服于别人的侮辱。西欧历史上许多伟大人物和英雄人物，如罗兰、奥列维、亚历山大、恺撒、亚瑟王、查理曼大帝等，都是孩子们学习的榜样和效仿的对象。此外，真诚、谦逊、懂礼貌等，也都是家庭教育非常重视的品德。

在受到宗教和道德等方面的教育的同时，贵族子弟也学习一些文化知识。在中世纪早期，贵族子弟能够读书识字的并不多，所学的文化知识也多是通过宗教道德教育学到的。查理曼时期，可以说是法兰克王国国势最为强盛的时期。但是法兰克人的文化水平低，管理能力差。为了巩固统治，提高贵族阶层的文化知识水平，查理曼于 787 年发布公告，要求"主教区与修道院，除了维持修道院生活的秩序，进行神圣的宗教活动外，还应该对靠上帝恩赐能够学习的人，按照他们的才能，热忱地教他们学习识字"①。与此同时，查理曼还以身作则潜心学问，并在宫廷中为贵族子弟开办学校，招聘国内外著名学者前来任教，还聘请欧洲学者前来讲学，同时担任自己和朝廷官员们的顾问和教师。这些举措推动了当时教育的发展。到 12 世纪时，西欧出现了一场学习的热情，贵族子弟学习文化知识开始成为一种流行。一些贵族子弟在其母亲的膝盖上时便开始学习字母。除父母教些简单的知识外，贵族子弟通常还会由老师教些文化知识，这些老师大多数是神职人员。除学习本国文字的阅读和书写外，有的也学习拉丁文和其他国家的语言。当然，当时的贵族子弟对阅读能力并不太看重，他们更看重的是宫廷礼节、室内游戏、衣着服饰、审美品位、潇洒得体的举止以及文雅风趣的谈吐。除了语言之外，贵族子弟还并不系统地学习算术、几何、音乐、天文、语法、逻辑、占星术、地理、历史等知识，但是大多数贵族子弟对这些知识不感兴趣。总体来说，中世纪时期，贵族子弟的知识教育是肤浅的、混乱的、不系统的。相比较而言，人们更重视对男孩子体能和军事方面的训练。

中世纪骑士教育早期阶段的家庭教育，通常是粗放式的。在宗教教育、伦理道德教育之外，更为重要的是保证孩子身体不受伤害且体格健壮。此时，贵族子弟在长辈的引导下，玩一些游戏，做一些简单的体育活动，主要有板羽球、毽球、皮球、跷跷板、踩高跷、户外奔跑、翻跟头等。父辈也会把他们放在马背上，让他们熟悉在马背上的感觉。此外，他们会和小伙伴玩掷骰子、象棋和"十五子"等游戏。

---

① ［美］E.P. 克伯雷：《外国教育史料》，任宝祥、任钟印译，103 页，武汉，华中师范大学出版社，1991。

二、侍童教育阶段

侍童教育阶段又称礼文教育阶段，是指经过家庭教育阶段，等贵族子弟在宗教信仰、封建道德礼仪、身体锻炼以及个人良好卫生习惯养成方面都有了较好的发展之后，到七八岁时，贵族之家按照自身的等级，把自己的儿子送到高一级的、武功较强且有威望的封建贵族家庭的城堡中接受教育和锻炼，充当侍童，侍奉主人和领主夫人。"此后遂成一种风气，凡缙绅之族，上自最高级，下至最低级，都把子弟送入普通贵族或者牧师的官邸第中，冀得一种'礼文'(Courtesy)上的武士教育。其所选事的贵族，常即为儿的父亲的采邑主，然而国王和大诸侯之子，亦有在他们自己宫中教育的，儿童到这个时候，变成一个'侍者'(Page)，而得列入于下级家人之内了。"①

这一阶段，由于孩子年龄较小，封建贵族对他们的教育通常会采用循序渐进的方式。这些孩子最初主要是与城堡的主妇及其子女一起生活的，平日里服侍贵妇人及其女儿的饮食起居，为她们端饭送水、打扫大厅、清洁院落、浇花等，从中学习日常生活的基本礼仪；从贵妇人那里还可以学到如何成为一名举止得体、彬彬有礼的骑士；在跟随贵妇人出席各种社交场合、和上流人士接触的过程中，学会上流社会的各种社交礼节、礼仪和行为规范等。此外，贵妇人还告诉他们要梳理好头发，保持耳朵和鼻子清洁，不要用手抠鼻子，经常洗手、修指甲，衣服要整洁得体等，还要学习识字(如拉丁文、法语的学习)、读书、吟诗、弹琴、唱歌、弈棋等。在这一阶段，侍童还要继续接受宗教教育。他们经常会跟随领主及其夫人，到教堂去忏悔祷告，聆听上帝的声音，或者领主安排专职牧师定期地给他们讲经布道，洗涤心灵的积垢。有时领主自己会亲自登场，把自己所悟的上帝的旨意教给年轻的侍童，以匡正年轻人的失误，培养他们对宗教的虔诚、对教会和领主的忠诚。

为了在未来成为身强体壮、能征善战的骑士，侍童还接受体育和军事训

---

① [美]格莱夫斯：《中古教育史》，吴康译，65~66 页，上海，华东师范大学出版社，2005。

练方面的教育。这一阶段，剑术是学习的重点，也是侍童喜欢和热爱的一项运动。剑术规则复杂，套路灵活多变，需要下苦功夫长期进行练习，这样才能成为一名精通剑术的骑士。但是练习击剑是一项危险的事情，两人对练时失手击伤或击死对方的事情时有发生。由于年轻气盛，相互练习时互不服气，因此故意刺伤甚至刺死对方的事情也屡见不鲜。基于此，在侍童阶段，军事练习全部使用木制军械。"他们首先在使用真正武器之前，都用木制的剑和盾牌互相对杀。木剑的刃先是钝的，然后才逐渐锐利起来。"①

　　在练习击剑的同时，侍童还要学会如何使用长矛、棍棒、弓箭等战争中常用的武器，还要学会使用盾牌来有效地保护自己。作为未来的骑士，骑在马背上的战士，学习骑术是每天都要进行。他们需要熟练掌握骑上快速奔跑的马操纵长矛、十字剑进攻敌人的技艺，还要了解战马的知识和习性。

　　学习狩猎也是骑士教育的重要内容。在中世纪，在庄园城堡生活中，狩猎不仅是一项有趣的娱乐消遣活动，而且能够锻炼参加者的谋略和胆量。狩猎如同实战演习，可以演练战术，增强作战能力。狩猎过程中有许多经验和学问，这些都是侍童需要学习的。参加狩猎的人需要了解许多动物的习性，掌握快速发现它们踪迹的本领，了解对不同动物进行追踪的方法，熟悉猎取不同动物的手段等。受训的侍童在狩猎的过程中配备适合自己身高和力量的弓箭。训练和使用猎狗也是侍童在平时和狩猎过程中需要学习和掌握的重要内容，领主会派专门的有经验的人来负责教授这些东西。在中世纪，猎鹰是贵族狩猎的重要工具之一，拥有一只优秀的猎鹰也是他们炫耀的资本。把一只训练有素的猎鹰作为礼品送给某位贵妇人或者小姐，以示自己的崇媚之情，这对于骑士来说，是一件非常体面的事情。此外，他们还要进行赛跑、角力、游泳等身体与技能的练习。

---

① 转引自王德林：《试论西欧中世纪的骑士教育》，载《河北大学学报》，1992(2)。

三、侍从教育阶段

从 14 岁左右到正式被封为骑士(20 岁左右)之前,经过一种仪式,立志成为骑士的青少年获取骑士扈从(squire)的身份,这段时间被称为侍从教育阶段。这是一个深入培养军事作战能力的教育阶段,是一个全面军事教育的阶段。因此,骑士教育中侍从教育阶段的教育内容和教育手段都是以体育和军事为主的。

在这一阶段,扈从由前一阶段跟随贵妇人转向为领主服务,变成了男主人的贴身侍卫。他们的主要职责是为领主提供服务。作为贵族和国王,能够网罗各地方的贵族子弟到自己的门下为侍从,是其增强势力、扩大影响力的重要手段。有的贵族为此专门开设学校,招揽贵族青年子弟前来学习,接受培养;有的国王甚至命令其附庸必须把他们的子弟送到他的宫廷接受培养和训练,从而为日后选拔优秀的骑士做准备。扈从平时训练非常严格和辛苦,每天都起得很早,第一件要做的事是赶到马厩,照料主人的战马,喂养并精心地为战马梳理。如果天气炎热,扈从还要为战马洗澡。结束了马厩的工作,扈从接着就是照料主人的猎狗和猎鹰。忙完了上述事项后,扈从要赶到主人的房间,侍候睡眼惺忪的主人起床,帮助主人穿衣服等。如有客人来城堡居住,扈从还要负责接待,帮助保管武器,照料马匹。到了开饭时间,扈从负责吹号通知,并准备洗手水及桌椅等。主人在就餐的过程中,扈从通常站在领主、客人及女士的身后,随时帮助传递食物、切肉、切面包、倒酒等。表现好的扈从可被选为"荣誉扈从官",有资格参加骑士的重大仪式并为其领主拿着宝剑。在重大场合,他们有资格站在领主的桌椅边上,或者在招待活动中负责处理一些事务。主人和贵族骑士外出旅行,扈从应跟随左右,为主人看护东西。主人如参加比武大赛或狩猎,扈从需要为主人准备好武器和装备,照顾好马匹。直到深夜,扈从服侍主人脱衣就寝,照顾好马匹和猎狗、猎鹰。最后扈从还要在城堡的各个角落巡视一番,查看每个地方是否安全,然后自己才能去睡觉。[①] 战争的时候，扈从要跟随领主出征，形影不离地为领主提供服务，并且要在战争中尽力地甚至以生命保护领主。在战争中表现得机灵、勇敢，可为未来成为骑士增添重要的砝码。

扈从除了每天为领主和主妇提供各种服务外，还要进行体育和军事训练，进一步学习一名合格骑士所必须具备的"骑士七技"：骑马、游泳、投枪、击剑、打猎、吟诗和弈棋。学习骑马是要熟悉战马的习性，能够在飞奔的战马上操纵武器进攻敌人；游泳实际上是指骑马游泳，在游泳过程中要使用皮囊和干树枝，将其捆在一起，以免下沉；长矛和十字剑是骑士的传统武器，是每个骑士必须学会的战斗武器；学习打猎不仅是一项娱乐活动，而且能够练习战术，锻炼计谋和胆识；学习吟诗的目的是通过许多文学中对于骑士英雄典范的描写，为骑士树立榜样，引导骑士向他们学习，以他们的事迹和精神来激励自己，同时还能歌颂和赞扬领主的武功和领主夫人的贤淑、美貌；学习弈棋的目的是培养未来骑士排兵布阵的能力、灵活性、随机性和应变性等。此外，扈从还要练习骑士盔甲的穿戴。在中世纪，城堡是主要的军事目标，战争主要是围绕城堡的争夺进行的，攻城锤、袭击塔、投石机的使用也是扈从必须要学习的。扈从还要通晓并能使用封建城堡的军事功能，熟悉查理曼战术、十字军战术等基本的战略战术，并在比武中接受实战考验。作为一名优秀的骑士，弓箭和十字弩是他们藐视并不屑使用的，这些是下等步兵的武器。

侍从阶段在 21 岁时结束，他们参加授职仪式，获得骑士称号。授职仪式也是骑士的册封仪式。这种仪式包括很多细节。仪式通常选在宗教节日举行，许多人汇集于教堂。候选的骑士提前一天斋戒、洗浴、祈祷、忏悔自己的罪行，晚上一个人在教堂守一整夜，第二天一大早开始做弥撒、领圣餐，发誓要维护骑士的荣誉，接着听布道，布道从基督信仰开始，到摩西十诫等。候

---

① 倪世光：《西欧中世纪骑士的培养和教育》，载《历史教学》，2003(1)。

选骑士把自己的佩刀呈送给牧师，请其祝福，随后便是宣誓仪式。

授予仪式结束后，扈从便成为真正的骑士，这是一名武夫进入上层社会的标志。作为一名真正的骑士，就要时刻依据教会准则、主人要求等履行自己的职责。骑士还必须遵守自己骑士团的团规、信念和教条，把不同出身的骑士们凝聚在一起。他们彼此友爱，拥有共同的立场和目的，对信仰无限忠诚，对领主无比尊重，在言语上谨慎有礼，在战场上公正宽容。

骑士教育是中世纪特定社会背景下的一种特殊的教育形式，虽然有其野蛮和愚昧的一面，但是其内容简单、实用，符合时代的需要。在普遍为来世所困扰、避世遁俗的年代里，骑士教育主张尽力于人间事务，并且自由地享受有生之乐，从而点燃了世俗教育的火炬，并与教会教育相得益彰。骑士教育是一种有效的非形式军事教育，培养了西方冷兵器时代最具战斗力的骑士部队。骑士组成了封建社会的主干，活跃于政治、经济、军事等各个领域，推动了欧洲的封建化进程。骑士教育也在一定程度上改变了欧洲中世纪的骚乱和野蛮现象，其中"典雅爱情"提高了妇女的地位，奠定了西方社会尊重女性的基础，女士优先成为西方社会一条重要的行为准则，延续至今。骑士文学中浪漫的爱情故事为世人津津乐道，爱情更是成为西方文学史上一个源远流长的创作主题。骑士教育中封建上层社会的礼仪教育，在充斥着野蛮、混乱、争斗的时代，对于稳定当时西欧人的情绪、规范他们的行为方式、促进其文明化的进程，无疑发挥了重要的作用。随着冷兵器时代的结束，火药和枪炮的发明及在军事上的使用，骑士逐渐失去了其原有的地位和作用。但是作为一种时代精神，骑士精神仍然在其后的历史时代有着重要的影响。一方面，因为封建经济结构的变化，骑士逐渐转化为城市贵族阶层或乡绅。例如，1284 年，意大利皮斯托亚城的市民在命令中将显贵、权势者定义为骑士或骑士的儿子，现有骑士或者曾经有过骑士的家族的成员；13—14 世纪时，维也纳城法律规定新的上层阶级家族(商业贵族)和旧的骑士出身都是平等的，上层阶级还多热衷于骑士贵族的生活方式，所以骑士精神在城市社会发展中占有一席之地。另一方面，骑士作为一个等级阶层，在国家与社会政治中发挥重要作用。"骑士制……日益世俗化，例如，像我们在中世纪末叶在勃艮第宫廷所看到的那样，中世纪骑士的形象几乎不知不觉地转变成了文艺复兴时的谄媚者的形象。然而，即使是这样，骑士制较高的精神理想也从未完全失去信用或彻底消失。……很有可能，从骑士制传统和礼节传统中承袭下来的二元对立因素，从一开始，便将一种为更加一体化的中世纪基督教世界的制度所不具有的适应能力和生存能力赋予给骑士制理想。然而，无论这种理想是什么，这一点却是确凿无疑的：即基督教骑士制的理想一直保持着它对西方思想的吸引力和对西方伦理标准的影响。"①

① ［英］克里斯托弗·道森：《宗教与西方文化的兴起》，长川某译，181～182 页，成都，四川人民出版社，1989。

第七章

经院哲学及其教育

经院学术（scholasticism）一般被称为"经院哲学"，是一套思维模式和论证方法的总称，并非哲学中的某个特定领域。经院式的方法是指在有预设的前提之下，通过符合逻辑（logical）的推理去阐释和解答问题。它要求在提出一个命题之后，从正反两个方面寻求论据，如"信仰需要理性的支持，抑或不需要"。正反双方通过相互比较论据、分析论证，得出观念正确的合理解释。如果命题被驳回，则须证明它要么与事实相反，要么与证据抵触，或者不符合逻辑，抑或概念不够清晰等。

西欧中世纪的学者提出经院式的方法是受亚里士多德哲学思想的影响，确切地讲是学习和接受了其逻辑学的论著《工具论》（*Organon*）的结果。经院学者常采用的论证方式是典型的三段论（syllogismus），即大前提（proposition major）、小前提（proposition minor）、结论（conclusion）或是解答（solution）。大前提给出的是一般性或者普遍性的认知，小前提给出的是特殊事例。两者之间若能对应吻合，则可以推导出符合逻辑的结论。大前提和小前提本身都是具体的命题（proposition），经院学者要做的是为每个命题寻找有力的论据，论证其成立。当大小两个前提所设置的命题都可以充分立论时，再利用逻辑学提供的从一般到特殊的演绎推理法（deduction），推导出最终结论。例如，善不能为恶所用，钱可以为恶所用，所以钱非善物。

经院学术发生、发展于西欧中世纪时期，盛行于 12 世纪以拉丁语为主要学术语言的西欧知识分子中间，又随着人文主义思潮的兴起，特别是科学思想在近代的形成走向衰落。12 世纪的文化复兴对理性的认知与推崇，对经院式方法产生了重要的推动力。中世纪的知识分子认为，学问或者说知识有固定模式，所有理论知识均以理性的模式表达出来。经院学术所认知的"科学"是从原则出发证明出来的结论，是通过演绎获得的确定知识，适用于所有合理的知识，包括关于上帝的知识。理性模式要经过学习才能获取，为此就要接受学校教育。

"经院的"一词的字面意思是"学校的、学校式的"。从词源的角度看，它来自古希腊语中的学校（σχολή）。在亚里士多德笔下，它泛指教育以及与教育相关的（σχολαστικός）。① 古罗马先贤西塞罗用它统称所有与学校有关的人和事物，特别是受过良好教育的人，如修辞学家。② 中世纪的西欧以罗马人的拉丁语为官方语言，而罗马人的学校教育传统经"蛮族"入侵之后在中世纪早期被破坏殆尽。经过 8—9 世纪加洛林王朝时代的文化复兴之后，学校在教堂、修道院以及部分城市当中重新出现。经院学术的出现与学校教育在 12 世纪的西欧广泛地恢复有密切关系。接受过学校教育的人特别是各类学校中的教师，是当时社会中为数不多的饱含学养之人，也有汉译称之为"士林"。他们是中世纪的智识人或当时的知识分子。③

经院式的方法常被中世纪学者用来解决神学命题，确证基督教教义。但其适用范围不限于基督教信仰和神学领域，而是为在中世纪能够被称为学问的各个学科所采用，包括哲学、医学、法学等。当时，这些学问的共性是，

---

① ［古希腊］亚里士多德：《政治学》（1313b，1322b，1341a），吴寿彭译，297 页，342 页，436 页，北京，商务印书馆，2017。

② Cicero, *Tusculanae Disputationes*, Harvard University Press, 1966, pp.10-11.

③ ［法］雅克·勒戈夫：《中世纪的知识分子》，张弘译，北京，商务印书馆，1990。

它们都有传世的经典文献作为各自的专业领域，各个领域中的知识均来自经典文献中蕴含的信息与学说。学说、文献与作者共同构成占据绝对主导地位的权威。在阅读文本阐释权威的过程中，各个学科采用的路径是相同的，即经院式的逻辑推理方法。可见，中世纪的不同学科之间在思维模式上具有一致性和统一性。这也反映出经院学术不是专门的学科门类——即便在中世纪也不是，而是融汇于当时的知识体系之中，是各个学科普遍使用的一套立论和说理的技艺。

中世纪大学出现之后，经院学术的思维模式与方法完全占据了大学的课堂与学习，是中世纪大学里四大学院通行的教学模式。在初等的艺学院，经院学术是主要的学习对象和内容。在医学院、法学院、神学院等高等学院中，经院式的方法同样不可或缺，知识传承通过它才得以实现，对权威的困惑和设问通过它才获得解释。课堂讲授和各种形式的论辩是经院学术采用的主要教学方式。讲授的内容和论辩的成果还可以被编写成《评注集》（Commentarii）、《箴言集》（Sententiae）①、《大全集》（Summae）等流传。大学里面正规的课堂是经院学术得以传承的重要场所，中世纪大学对经院学术的深入发展和广泛传播起到了推动作用。此外，只有经得起经院式方法推敲的学科才能进入中世纪大学的殿堂；换言之，经院式的方法是衡量一门学问在中世纪是否可以被视作学问的标准。可以说，经院学术涵盖了西欧中世纪各门学问的精髓。

经院哲学只表明了这种方法源自古希腊哲学，而不是它的全部内涵。不过，经院学术是围绕一些词汇展开研究的，这些词汇确实大多——但不限于——与哲学思想密切相关，如原因（causa）、存在（esse）、共同性/共相（universale）、真理（veritas）等。本章为遵照传统，便于读者接受，继续沿用

---

① 拉丁语"sententiae"一词的本义包括观点、见解、看法、判断、评价、意义等。在作为西欧中世纪学者的著作的标题时，本章采用汉语学界通行的译法"箴言"。

汉语学界通行的表述方式——经院哲学。

第一节　经院哲学的兴起

从学术史和教育史的角度而言，欧洲古代文明的终结或者说中世纪的开端或许可以定格在 529 年。是年，东罗马帝国信奉基督教的皇帝查士丁尼关闭了已有九百年历史的雅典柏拉图学院（Platonic Academy）。① 几乎是在同一年，西欧的文化史上发生了一件大事。在已灭亡的西罗马帝国腹地意大利中部的卡西诺山（Monte Cassino）上，本尼狄克特建立了隐修院（Benedictine Abbey），本笃会（Benedictine Order）正式成立。修会中的修士以绝财、绝色、绝意为规章制度，以祈祷、诵读、劳动为日常功课。修士每日阅读《圣经》、使徒传记和早期教会圣父们的著作，在力图拯救灵魂的同时保存了濒临毁灭的拉丁语文化。

上述两个事件的发生虽然只是时间上的巧合，但标志着欧洲文化发展进程的重大转向。以城市为场所、政治生活为核心的古代世俗教育和古希腊文化逐渐衰落。取而代之的是，西欧在中世纪早期开启了由教会主导的文化新纪元，修道院成为施教主体，宗教知识和信仰体验成为教育的主要内容。教学场所向离群索居的修道院转移，使得文化与教育脱离了世俗生活和普罗大众，遁入深山僻壤。

一、奠基磐石：自由技艺

经院哲学是建立在传世的经典文献基础之上的一套方法，文本乃是思维

---

① 不过，也正是查士丁尼下令编纂出完整的罗马法法典，即著名的《民法大全》（Corpus Iuris Civilis），它包括《查士丁尼法典》（Codex Iustianus）、《学说汇编》（Digesta）、《法学阶梯》（Institutiones）、《新法》（Novellae）四个部分。

通过语言文字的书面表达。所以经院哲学与语言，确切地说与拉丁文的关系非常密切。它特别强调经院学者对逻辑与语义的掌握。在西欧的中世纪，掌握它们的途径是学习自由技艺。① 所幸的是，古代文化在中世纪早期虽然严重衰落，但未曾彻底泯灭。自由技艺承载着古代教育理念的精髓，在中世纪早期的赓续为经院哲学的兴起提供了基本前提条件，是古典文明为中世纪经院哲学埋下的一粒种子。不可否认的是，基督教会为保存和传承欧洲古代文明，特别是拉丁文的书写文化，做出了不可磨灭的贡献。教会中的学者对此起到了举足轻重的作用。在西欧历史从古代晚期向中世纪早期过渡的过程之中，自由技艺界定的范围与内容也初露端倪。②

奥古斯丁是古代晚期重要的基督教思想家、教父哲学的代表人物。他明确主张，古典教育虽然属于异教文化，但既有对真理的崇拜，也含有崇高的道德规则，所以依旧有益。奥古斯丁所指的古典教育就是自由技艺，其渊源是古希腊思想中的"贯通教育"理念。奥古斯丁遴选了诸多技艺中的一部分，将涉及语言和思维的科目与基督教信仰相结合，或者说使其基督教化。自由技艺成为研习神学的工具，世俗知识成为服务于上帝的知识。奥古斯丁的真知灼见在客观上拓宽了时人的视野，使人们将眼光投射到宗教著作之外的古代作家的世俗作品，即便阅读的目的主要是学习拉丁文。

卡佩拉生活在5世纪至6世纪初的迦太基——一座受罗马文化浸润的北非城市。他在著作《菲萝萝嘉与墨丘利的联姻》(*De nuptiis Philologiae et Mercurii*)中率先提出了自由七艺的概念。不但将自由技艺的数字确定为七，还明确了自由七艺为文法(grammatica)、修辞(rhetorica)、辩证(dialectica)③、算

---

① 常被译为"博雅教育"。不过西欧中世纪的教育既无关广博，也并非志在高雅；相反，自由七艺所包含的内容在当时都是实用性的学科，所以归为艺学(artes)，所对应的是古希腊思想中的技艺(τέχνη)概念。

② 沈文钦：《西方博雅教育思想的起源、发展和现代转型：概念史的视角》，112~130页，广州，广东高等教育出版社，2011。

③ 也就是逻辑(logica)。

术（arithmetica）、几何（geometria）、音乐（musica）、天文（astronomia）。他在书中以寓言的手法将七个科目比作伴娘，也就是说，"七艺"可以被视作古代语文学（philologia）的"侍女"。卡佩拉的这部著作也被直接叫作《七科之学》（*De septem disciplinis*）。该书深刻影响了西欧中世纪早期直至加洛林王朝时代的教育思想，还被当作学校中的课本广泛流传。

二、产生的前奏：转向逻辑学

卡佩拉、卡西奥多鲁斯、伊西多尔的著作在中世纪早期传授自由七艺的过程中是通行的"教科书"。7世纪之后，基督教推崇的宗教教育，即对《圣经》、《圣经》注解、圣徒传记的阅读占据了教育的主流。即便如此，掌握自由七艺——起码其中的部分科目——也必不可少。中世纪早期的教会学者仍然看重对拉丁文文法的学习。文法是一项基本的技艺，只有通过文法之门才能学习修辞和逻辑等高阶的语言科目，进而才能研读《圣经》以及其他神学著作。另外，学习拉丁文文法是一个艰苦的过程，是对智力和耐力的磨炼。教会认为这一过程可以历练人的灵魂，提升教会神职人员的思维能力，有助于阅读、思考、布道和传教。

从10世纪开始，西欧学者对自由七艺的着力点逐渐从文法转向辩证法或者说逻辑学。在波伊修斯之前，西欧学者对逻辑学的理解完全是接受古希腊传统。为了能够说明问题就要使用论证，论证必须可信，最可靠的是证明性论证（demonstrative arguments），如几何中的公理。由证明性论证产生的结论才是知识，才能被确定和接受。而波伊修斯认为，辩证法与论证存在直接关联，辩论性论证（dialectic reasoning）也可以求得真理。在说服别人的过程中，它比证明性论证更加实用。不过，辩论性论证有时候在逻辑上并不像证明性论证那样一以贯之地可靠。所以在波伊修斯看来，这两种论证实现的目标不同，但同样都是极为重要的论辩技艺。原本辩证法是逻辑的分支之一，证明也是逻辑的一个分支,其他的分支还包括诡辩等,而到了 11 世纪,学者对波伊修斯谈及的辩证法有了新的讨论,将辩证法等同于逻辑,赋予了辩证法更为广泛的意义。

随着对亚里士多德著作的重新发现,逻辑学在教学和学术活动的各个领域复兴起来。12 世纪中叶,亚里士多德的《工具论》(*Organon*)系列论著已全部被翻译为拉丁文,它们包括六篇主要著作:《范畴篇》,《解释篇》,《分析前篇》(*Analytica Priora*),《分析后篇》(*Analytica Posteriora*),《论题篇》(*Topica*),《辨谬篇》(*De Sophisticis Elenchis*)。[①] 这极大地丰富了中世纪学者对逻辑学的认知,促使他们深入思考其实践意义。在此之前,学界所掌握的主要是"旧逻辑"(logica vetus),其核心内容来自亚里士多德的《范畴篇》与《解释篇》,波菲利的《导论》(*Isagoge*),西塞罗的《论题篇》(*Topica*),波伊修斯的《论题的种差》(*De topicis differentiis*)及其论述"三位一体"的一些著作等。"旧逻辑"的根本内容是亚里士多德有关概念与判断的理论。当《工具论》系列论著中的其他四篇重见天日之后,所谓"新逻辑"(logica nova)诞生了,它在"旧逻辑"之上加入了论辩、证据、推断、谬论等元素。

随着"旧逻辑"向"新逻辑"的演进,西欧中世纪的学术向经院哲学迈出了关键性的一步。除了拉丁文文法作为语言方面的基础之外,提炼经院式方法的经典文献至此已基本齐备。另外,"新逻辑"的出现不但推动了逻辑学发展至新的阶段,还带动了语义学、哲学、神学的深化和拓展。由此,中世纪学者更为全面地接触和接受了古代希腊的逻辑知识,还在此之上开辟出具有中世纪特色的逻辑学新分支。对时人而言它是"现代逻辑"(logica moderna)。它关注的是句子当中词项(terms)的属性,词项主要指在句子当中作主语和谓语的词汇。"现代逻辑"讨论的是词项的指代发生变化对逻辑推理会产生什么影响。例如,从"每一个人在跑"这个命题可以推理出"某人在跑";当加上"只

---

① 苗力田:《亚里士多德全集》第一卷,北京,中国人民大学出版社,2016。

有"之后，改变了主语"人"的指代，从而也改变了推论的结果，从"只有每一个人在跑"（相当于"每一个人都在跑"，"在跑的只有人"）无法再推导出"只有某人在跑"。进言之，"每一个""只有"等词属于附范畴词（syncategorematic），类似的还有"仅仅""如果""除非"等。这一类词本身虽然不能成为句子中的词项，也就是主语或者谓语，但可以对后两者产生限定作用。附范畴词在与词项结合之后并没有改变句子中的语法规则，却使句子产生新的意义，从而影响逻辑推理的结果。这其中的变化是中世纪学者经常讨论的逻辑学主题。

三、时代背景：12 世纪的文化复兴

城市生活的再度繁荣和商贸往来的兴盛发展推动着人员流动与知识交流，西欧 12 世纪的文化复兴就是在此影响之下发生的。它与加洛林王朝时代的文化复兴以及意大利的文艺复兴均有不同。与前者比较，12 世纪的文化复兴不是在某个王朝、宫廷或是帝王主导之下完成的功业。与后者比较，它不单纯归功于某个国家或者地区。12 世纪的文化复兴建立在广泛的社会层面之上，突出的一点是，坐落于西欧不同地区的大教堂很多成为修道院之外新的知识中心和教育场所。与修道院截然不同的是，大教堂都设立在城镇，可以为优秀的学者提供教会圣职，以此将饱学之士吸引到主教身边为教会所用，如英国的坎特伯雷大教堂。伊比利亚半岛上的托雷多（Toledo）是基督教、伊斯兰教、犹太教三种文化的汇聚之地，那里的大教堂积极推动三教之间的学术交流与文献翻译，将很多阿拉伯文献与犹太典籍翻译介绍给了西欧的拉丁语学者。尤为突出的是法国北部的巴黎（Paris）、沙特尔（Chartres）、兰斯（Reims）、拉昂（Laon）等地的大教堂，那里的大教堂附设学校将教育重新带回城市生活当中，又令其仍置于教会的掌管之下。

从知识传承的角度看，12 世纪的文化复兴有赖于两条路径。一是古代知识在拉丁语世界的赓续及西欧学者在此基础之上取得的新成就，如将逻辑学推进

到新阶段。二是新文献和新知识从东方传入。这其中相当一部分是古希腊的哲学和科学著作,它们本不算"新",只是由于古代晚期至中世纪早期社会动荡,因此不再为西欧的学界所知。而很多古希腊文献自身也经历了曲折的流传过程,在传入西欧之前甚至已经经历了古叙利亚文、希伯来文、阿拉伯文的多重翻译。这些译本经过长途跋涉,路经君士坦丁堡辗转至西西里以及意大利南部,抑或通过北非流传到伊比利亚半岛,在当地被翻译为拉丁文后,最终传入西欧的知识界。所以,当时的西欧学者认知的古希腊智慧,如亚里士多德的著作,并不是直接来自古希腊的原文,而是经历了几种语言的翻译,大多是从阿拉伯文译本转译为拉丁文的。然而,通过阿拉伯文间接地接受古希腊哲学却也有其独到的益处,那就是同时接触到伊斯兰学者对古希腊哲学的评注及其在评注之上发展出的独特思想。[①] 波斯学者阿维森纳、成长于伊比利亚半岛的阿拉伯学者阿威罗伊(Averroes,1126—1198)的著作和思想逐渐被西欧学者知晓和吸纳。另外,传入西欧知识界的不只古希腊的哲学和自然科学著作,还有伊斯兰教和犹太教的知识精髓,包括数学、几何学、光学、医学、天文、占星术、炼金术等,其中的大部分涉及科学领域。由此我们可以说,西欧 12 世纪的文化复兴不仅是对古希腊文化的复兴,也是对阿拉伯文化的复兴。[②]

12 世纪的文化复兴来得正当其时,对保持西欧知识界学习自由七艺的热情至关重要。教育的核心内容在当时依旧是宗教知识和神启学说,自由七艺相对而言处于劣势。虽然教会的各类学校提供两方面的教育,但是,随着克吕尼(Cluny)修道院发起的改革运动在 11 世纪的盛行,西欧多地的修道院重拾本笃会的院规,片面强调宗教教育的趋势越来越明显,世俗教育大有被继续边缘化的危险。当时社会上也怀疑过自由七艺的作用,甚至争论过其是否有害。

---

① 有关西欧中世纪的哲学与伊斯兰以及犹太思想的交流与融汇,详见[英]马仁邦:《中世纪哲学——历史与哲学导论》,吴天岳译,北京,北京大学出版社,2015。

② [美]查尔斯·霍默·哈斯金斯:《12 世纪文艺复兴》,夏继果译,242 页,上海,上海人民出版社,2005。

四、悄然兴起：对理性的认知

在 12 世纪文化复兴期间，西欧学者完成了诸多文献整理方面的重要工作。传世和流入的权威文本被重新编纂、抄写，在经过语法的检验之后，获得了新的诠释和评注。在此过程当中，西欧学者使用的方法开始有别于先前对《圣经》以及对早期教父著作的释读。经院式的方法在释经实践当中悄然兴起。12 世纪的西欧，坐落于城市当中的学校里发展出一种新的神学，它与修道院学校里的思维模式（modus）不同。这种新的方式以学术性的逻辑学为基础，将神学问题从现实层面转向语言层面，通过辩证法的分析论证给予解答。论证几乎成为一项新的技艺，经院哲学的出现正是以这项技艺为依托的，辩证性论证成立的基础乃是出于对理性的认可与依赖。

西欧学者对理性重视程度的提高可以追溯至之前的一个世纪甚至更早。奥里亚克的热尔贝也被称作兰斯的热尔贝（Gerbert of Aurillac/Gerbert of Reims，约 950—1003），早在 10 世纪末期就以其著作《论理性以及理性应用》（De Rationali et Ratione Uti）闻名于世。他在书中强调了辩证法作为艺学科目之一的突出地位及其实用价值。这位热尔贝日后成了西尔维斯特二世（Sylvester Ⅱ，999—1003 年在位）。

在理性的重要意义被祭出之后，经院哲学晚期阶段集中讨论的共相问题，也于 11 世纪和 12 世纪交汇之际浮出水面。所谓共相问题，讨论的是在物质本身之外是否存在客观的实体对应现象。实体对应的是个体的物，还是对应一类；事物的名称占据主观想象对应的实体，还是名称只是词语发出的语音。处理共相问题是为了弄清物质与语言表达之间在含义上的联系，这是触及中世纪哲学原则的主要问题。

法国神学家罗塞林（Roscelin，约 1050—约 1125）提出概念只不过是名称，是由声音产生的气息（flatus vocis），或者说是一个声响而已。由此，罗塞林被认为是唯名论的重要奠基人物。他认为"三位一体"不过是个概念，是将三个实体集合在一起的一个称谓。罗塞林的理念与"三位一体"乃不可分割之唯一实体的教义明显冲突，遂被定为异端。与罗塞林唯名论观点相对立的是唯实论一派，其代表人物包括坎特伯雷的安瑟尔姆(Anselm，1033—1109)。他是罗塞林的主要论战对手，也被称作"经院哲学之父"①。罗塞林的弟子中有一位名气和成就远远超过了老师，他就是彼得·阿伯拉尔(Peter Abelard)。

11世纪末至12世纪初，几个要素的相继出现最终促成经院哲学的产生。

首先，在坚持自由七艺的传统之上，西欧学者的着眼点从文法更多地转向了逻辑学。其间，对亚里士多德著作更全面的了解和接受起到了极大的促进作用。

其次，经院哲学与神学有密不可分的关系，在很大程度上以基督教教义为前提，以逻辑推理得到论证。但经院哲学有其独立性，如语义逻辑、共相问题等都属于哲学范畴。然而，对这些哲学命题的讨论最终也会波及对基督教教义的怀疑和解释。

再次，将神学知识进行系统化论证之后，以理性进行辨别、认同与接受。也就是说，在信仰之外，理性的作用同样重要。最理想的状态是协调两者之间的关系，把它们充分地结合在一起。

最后，以教授逻辑辩证为核心的学校教育，也就是经院式的教育模式，先是出现在大教堂学校中，后在中世纪大学里普及开来。经院哲学的教学模式明显不同于修道院学校，后者以冥想(meditation)为主要认知方式，希望直接感知上帝的意志，期待获得上帝的启示。这是用直觉去了解上帝的本质的神秘主义(mysticism)。它认为上帝是体验，而不是理性的对象，它所倡导的是绝对信仰。② 传统的教父哲学(patristic philosophy)奉行的正是这种神秘主

---

① Grabmann, Martin, *Die Geschichte der scholastischen Methode*.2 Bde., 1909, Reprinted Berlin, Akademie Verlag 1956, Bd.I, S.259.

② [美]格莱夫斯：《中古教育史》，吴康译，46~50页，上海，华东师范大学出版社，2005。

义。另外，在经院式的方法产生之初，传统的修道院学校非但没有助力还横加阻挠。当经院哲学的地位最终确立之后，特别是在大学诞生之后，经院式的神学与传统的神学处于共存状态，还相互提携。

在教学方法上，经院式教学的主要方式是课堂讲授，通过分析语法解释传世的权威文献，力图领会和理解文字背后的思想与观点。权威文献依然是以《圣经》为主体的宗教著作及中世纪学者为它们所写的注解性作品。其中较为知名和常见的学校"教材"是彼得·伦巴德（Peter Lombard）的《箴言四书》（*Quator libri sententiarum*）。在课堂讲授的过程当中，凡遇到文本的语义不明，或者不同文本之间的内容有所龃龉之时，学生就会产生设问。为了答疑解惑，教师可以根据自己的理解给予说明和诠释，对不同的理解和观点也可以进行讨论。然而，权威文献本身的权威性不容置疑，学校的教师自己阐发的观点无法进入权威的行列。不过，经院学者可以著书立说，汇编箴言集是常见的形式。这一时期还产生了新的著述形式大全，它在解释教义的过程中全面综合了权威与理性。

第二节　经院哲学的发展阶段

一般而言，学界将西欧中世纪经院哲学的发展分为三个阶段：早期、中期或盛期、晚期。① 早期大致从加洛林王朝时代的文化复兴开始至 1200 年左右，这一时期主要是对经院式方法的探索阶段，特别是对亚里士多德的著作的重新发现。中期是指 1150 年至 1300 年的一个半世纪。其间，亚里士多德的著作全部被发现并被译为拉丁文，经院式的方法在各类学校尤其是中世纪

---

① Grabmann, Martin, *Die Geschichte der scholastischen Methode*. 2 Bde., 1909, Reprinted Berlin, Akademie Verlag, 1956.

大学里被广泛使用，而且在西欧遍地开花。晚期是指 1300 年至 1400 年的百年，经院式的方法逐渐式微。其实，三个阶段之间并没有严格意义上的时间界限，每个阶段各有其代表人物，时段的划分大致是根据杰出学者的影响力。故此，本节对各个时段的代表性学者做一简要梳理。①

一、早期

11 世纪下半叶至 12 世纪上半叶，西欧学者尝试为神学命题寻找可靠的论证。这要求将逻辑与语法应用于对《圣经》和神学文献的解读与诠释。大教堂学校以及部分修道院学校涌现出一批学者。他们认识到亚里士多德的逻辑学意义非凡，有助于理解和传播神学。大教堂学校的教师，如安瑟尔姆(Anselm)等，开始用经院式的方法研究和阐释神学文献，首先是《圣经》。他们从方法上逐步摆脱对《圣经》内容的单纯依赖，尝试用理性去探究信仰的含义，表现出理性化思维的倾向。

(一)安瑟尔姆

坎特伯雷的安瑟尔姆生于意大利的奥斯塔(Aosta)，做过法国贝克(Bec)修道院的院长，后成为英国坎特伯雷的大主教。他主张根据文本提出设问，再从概念的角度出发给予辨析，力图解释的是这样一对矛盾：一方是上帝存在的秘密，另一方是通过理性获得的上帝的启示。安瑟尔姆的著作包括《独白》(Monologion)、《宣讲》(Proslogion)等。在其著作当中，安瑟尔姆并不诉诸

---

① 对经院学者生平和思想的介绍大多参引自下列文献: Kenny, Anthony, *A New History of Western Philosophy*, *vol.* 2: *Medieval Philosophy*. Oxford, Clarendon Press, 2007; [法]吉尔松: 《中世纪哲学精神》，沈清松译，上海，上海人民出版社，2008; [法]勒戈夫: 《中世纪的知识分子》，张弘译，北京，商务印书馆，1996; [美]戴维·林德伯格: 《西方科学的起源》第二版，张卜天译，长沙，湖南科学技术出版社，2013; [英]约翰·马仁邦: 《中世纪哲学》第三卷，孙毅、章平、戴远方等译，北京，中国人民大学出版社，2009; [英]约翰·马仁邦: 《中世纪哲学——历史与哲学导论》，吴天岳译，北京，北京大学出版社，2015; [英]大卫·瑠尔斯: 《中世纪思想的演化》，杨选译，北京，商务印书馆，2012; 赵敦华、傅安乐: 《中世纪哲学》，北京，商务印书馆，2016。

权威，而是依靠论证去证明上帝的存在、上帝的完美性以及"三位一体"。因为他坚信，"三位一体"的教义不仅可以通过神启，而且可以通过推理被认知。安瑟尔姆区分了语法意义的辩证与事实情况的辩证：前者是说话者的表达方式，后者是说话者所指的内容。他认为事物中的某种真理，不是严格地被意指出来的，而是要通过某种想象。神的本质超出了人的理解力，人若想接近它，只有通过隐喻。安瑟尔姆力图为信仰找到理由，因为他相信"信仰所寻求的正是理解"；反过来，人之所以"信仰乃是为了能够理解"。

(二)阿伯拉尔

阿伯拉尔确信只有将逻辑和辩证两门学问结合起来，才能掌握语言的规则，也才能自觉地理解文本中的要领，进而获得解决难题的门径并最终解惑。这一门径就是疑惑和查实。唯有如此，才能领会到真理与人的理解力之间是如何对应起来的。为此，人们就需要有信仰。不过，由于信仰当中仍有不确定之处，因此学习辩证法至关重要。在其名著《是与否》(*Sic et Non*)当中，阿伯拉尔列举出158个命题，每个命题都有肯定与否定两种意见，这些意见都摘录自教会认可的神学权威著作，如奥古斯丁的作品。书中每一节的形式都相同：首先提出一个观点或者是设问，其次是支持的意见，然后是反对的意见，最后对每个问题做出分析解答。该书的著述形式是对经院式方法的鲜活运用，成为后学的典范之作。阿伯拉尔的著作展示出由怀疑而提问，由提问能获得真理，通过阐释可以解决很多看似矛盾的难题。因为权威意见之间也有互相矛盾之处，所以用辩证法讨论才有必要性。运用辩证法最终会确立其中一种权威意见的正确性，最终获得信仰的真理。如此，传统神学衍变为辩证的神学。为了阐明辩证法的重要性，阿伯拉尔为亚里士多德、波菲利以及波伊修斯的逻辑学著作都写过评注。

(三)伦巴德

伦巴德精心选摘了早期教父著作和权威神学作品中的精要见解，将其系统地汇编成《箴言四书》,为用经院式的方法解释基督教教义奠定了基础。伦巴德在书中采用论辩的方式,为每个命题提供赞成与反对两种意见,再用逻辑分析和推理的形式论证其中一种意见如何正确,另一种意见如何错误。借此,伦巴德梳理出了自己的神学体系,即善与圣灵的统一。更为重要的是,这部著作成为后来各类学校特别是中世纪大学里的必读"教材",讲授、论辩等教学活动无不围绕着《箴言四书》展开,伦巴德也被称作"箴言大师"(magister sententiarum)。其身后的学者,如博纳文图拉(Bonaventura,1221—1274)、托马斯·阿奎那等,纷纷为这部著作撰写评注。更有诸多学者以伦巴德的著作为模板,编纂出自己的箴言集。

(四)圣维克多的休

圣维克多的休(Hugh of St. Victor,1078—1141)出生于德国的萨克森地区,自十几岁踏入位于巴黎的圣维克多修道院接受教育起,一生不曾离开,不但是院中的教师,而且最后成为院长。他认为自由七艺对所有的学问都重要。"三艺"当中应以逻辑为主,它是正确说话和清晰论辩的学问,只有在它的帮助之下,其他学问才学有所指、辩有所终。"四艺"当中算术为先,它能展示出上帝创造出来的宏观和微观宇宙的秩序与和谐。另外,掌握每一门学问就是要精通这门学问的权威文本。而且,在阅读或者讲授的过程当中,对原文的逐字把握要从外部的表面意义延伸至深层含义。所有真正的哲学都是神学,无论是世间神学(theologia mundana),还是神之神学(theologia divina)。圣维克多的休著述颇丰,内容包括神学、哲学、物理学、数学、医学、自然法等,可谓包罗万象。

12世纪的一批学者及其著作为经院哲学打下了坚实的基础。这些早期经院学者使巴黎及其周边的大教堂学校圈内形成了新的学术氛围,他们获取知识的方法不是冥想,而是推理和论辩。

12世纪的巴黎是经院哲学的重要策源地之一,具有新观念、掌握新方法的经院学者层出不穷地涌现出来。法王菲利普二世（1180—1223 年在位）于 1200 年为巴黎大学颁发的特许状来得正当其时。由巴黎的师生共同体（universitas magistrorum et scholarium）组成的大学获得王权的正式承认，从此在巴黎城中生根成长。经院式的方法更名正言顺地进入中世纪大学的课堂，虽然在初期仍被神学院的教授们谨慎地接受和采用，但在传统的释经之外，经院式的方法已经有了稳固的地位。

二、盛期

中世纪大学的出现并非标志着经院哲学自动进入全盛时期，一个重要的助推动力来自大学之外。13 世纪的西欧对古希腊和阿拉伯文献的吸纳程度达到极限，越来越多的哲学和自然科学文献从古希腊语和阿拉伯语被翻译引介给西欧的拉丁学界。最晚至 1280 年，亚里士多德的全部著作都有了拉丁文译本，而且其中的大部分是从古希腊文直接翻译的，如此避免了多语种之间移译产生的讹误。另外，阿拉伯和犹太学者对亚里士多德著作的评注也随着翻译家的译介进入拉丁学者的视野。阿维森纳、阿威罗伊、迈蒙尼德（Maimonides，约 1135—1204）本身并非经院学家，然而他们的著作以及对亚里士多德著作的评注都深刻影响着经院哲学家的思想与学术实践。此时的经院哲学更加明确地以理性为工具去坚定基督教信仰。以博纳文图拉和托马斯·阿奎那为代表的学者认为，理性与信仰可以相互协作。真理一方面来自从信仰的角度接受的神启，另一方面由理性的论证获得。当然，理性与信仰之间也有明确的界线。从 13 世纪开始，经院哲学家基本都受过中世纪大学的教育。虽然并非每位经院学者都是中世纪大学和教会学校的教师，但他们中间的大多数都有在各类学校的教学经历。

（一）大阿尔伯特

大阿尔伯特（Albertus Magnus，约 1200—1280）是一位博学的通才，他的著述涉及神学、哲学、法学、自然科学等。他力图将流传下来的知识都写入他的著作,试图全面掌握柏拉图、亚里士多德、犹太哲学、阿拉伯哲学的所有材料,并将它们统一起来。这其中不乏异教徒的著述和学说,它们在当时仍不断受到责难和非议。但大阿尔伯特热忱地接受这些新材料,力主将它们的精华吸纳进基督教教义。他自己也从中汲取了很多养分。大阿尔伯特服膺古代的智慧,认为它们包含了经验与观察。他认为哲学的知识建立在理性之上,神学的知识建立在神启和灵感之上,两者之间有明显区别,各自的基本原则并不相互适合。信仰的问题,如"三位一体"只能属于后者的领域,非理性可以讨论。大阿尔伯特的神学更倾向于神秘主义,而又与哲学并行不悖。他承认哲学家也需要沉思,神学家的沉思是通往天堂的路径。

(二)罗吉尔·培根

罗吉尔·培根(Roger Bacon,约1214—约1292)。罗吉尔·培根认为,人有两种途径获得智慧:一是上帝的神启,二是哲学的思考。若想通过学术的方法获得知识,就必须遵从智慧要求的秩序,最高深的智慧蕴含在《圣经》及神学著作当中。哲学及所有学术性的思维可以帮助人解释这些智慧。语言的知识是通往智慧的门径,逻辑是必不可少的钥匙。罗吉尔·培根的先见之明是数学与逻辑的联系最为紧密,数学是全部科学的基础,是所有科学知识的大门和钥匙。因为数学的证明过程是最可靠和有序的,所以只有借助数学才有绝对的把握去理解其他科学。此外,罗吉尔·培根非常重视经验的作用,认为它具有确定性,可以用来证明其他学科。例如,人借助推理论证认识到火在燃烧,但手指被烫的经验能教人避开烈火。这是人的外在经验,可以用来揭示自然的奥秘。人借助于信仰还可以获得内在经验。罗吉尔·培根希望以实验的方法超越亚里士多德,把心灵引向结论而不是原理,认为要相信经验而不是一味地推理论证。罗吉尔·培根尝试为经院哲学的纯理论引入的新气象被称为实验科学(scientia experimentalis)。通过经验来证实其他科学的可证明结论，这是实验科学的专属特权。除语言学和数学之外，罗吉尔·培根还对自然科学怀有浓厚的兴趣。

（三）博纳文图拉

博纳文图拉认为神学是一门论证的学问，论证的工具就是亚里士多德的逻辑学。与阿奎那不同的是，博纳文图拉不相信哲学可以脱离神学而独立存在，他认为缺乏信仰的哲学家都将误入歧途。对博纳文图拉而言，上帝的存在无可动摇，是一切知识的基础。博纳文图拉相信，人的灵魂具有六种能力：感觉、想象、推理、理性、智慧、心灵中神性的显现。人的智力具有抽象的能力，理性的灵魂遵从宇宙的法则。不过，神学的地位在所有知识和学问之上，理性只能揭示部分真理，其他的只能依靠上帝赐予的想象力，最终还是需要上帝的光照。

（四）阿奎那

阿奎那通常被认为是西欧中世纪伟大的神学家，他的神学思想与其哲学思想很难分离。他对哲学的价值毫不设问，以哲学有益为自己思想的基本前提。阿奎那主张，基督徒可以研究哲学，但必须以理解上帝为哲思的终极目标，哲学的意义在于能帮助人理解教义。他认为上帝创造万物，是一切事物的开始和终结。也就是说，上帝是一切事物存在的原因，也是任何事物追求的目标。正如亚里士多德认为每个事物都在追求自己的善，在阿奎那看来，任何事物的善都源自上帝，上帝之中包含着所有等待人去发现的完美，上帝是理性个人所追求的目标。

在阿奎那看来，人是理性的、有智力的动物，人的身体会死亡，但人的灵魂不朽而免于毁坏。人不需要上帝的神佑就可以进行理性思考，并将理性思考作为通往知识的路径。人的思考从感觉出发再抽象出形象，这是理解的基础。此后是推理，它以自明的原则为基础，将思想整合成命题的形式，进而构造出三段论给予论证，才有可能达到真理。阿奎那认为，理性思想是即时的、不可错的；推理需要时间和努力，而且还有出错的可能。信仰的道理是人无法精确证明的，因为它是有关上帝的知识，是一门学问的公理，这门学问叫作神之教义（sacra doctrina），属于灵界范畴。

阿奎那著述颇丰，终其一生都在从事教育事业，他对教育的可能性和教学的过程也有较为深入的思考。阿奎那思考的教育的根本问题是，上帝和教师谁才是真正的人师。阿奎那认为，上帝通过创造赋予了人理解的能力，一个人可以教另一个人学会如何发现真理。人在运用理解能力的过程中受到另一个人的帮助，那么另一个人就是人师。获取知识有两条途径：一是凭借自己的理性获得未知事物的真理——这叫作发现；二是一个人协助学习者运用理性——这叫作指导性学习。人的理性是以空白开始的，人具有纯粹的潜能去理解。教师的引领协助学生将此潜能转化为现实，使学生获得知识。无论如何，学习的过程都需要推理的能力，人内在的自然能力——理性——才是首要原因。

在阿奎那看来，理性是灵魂的能力，具有接受的能力。当它接收到内容时，其自身也就获得了完善。知识并不是与生俱来的，知识的获取是内在的，因为人拥有能动的理性和探索的能力。人知道自己具有理解力是因为人具有经验，那么理解的运作一定在人之内。理解的过程中伴有感觉或者想象，感觉与理解是合作关系，但感觉是工具，是次要的。人所理解的事物来自经验，至于人从经验中选取什么则依赖于所提出的问题。人的心智可以筛选从感觉而来的材料，选出来的是那些形成理想事例的材料，筛选要通过理性。不过，感觉无法做到的是反思自身的运作，心灵可以做到这一点。

阿奎那的教育观念与奥古斯丁既有相似的地方，也有区别。奥古斯丁认为，人在上帝之中看到真理，这就是光照。而阿奎那抛弃了这一主张，认为人借助上帝赋予人的理性之光去发现或者掌握真理。人需要判断是或者不是，否则不会知道真理为何。发现是每个人都可以做到的，教学是人与人之间的活动。因为上帝赋予了人理解力，所以上帝终为人师。然而阿奎那依然强调，人拥有理解力，借此可以实现教学活动，老师可以教会学生，学生也可以被老师指导。①

三、晚期

有学者将 1277 年的"大谴责"定为经院哲学由盛期走向晚期的时间节点。1323 年，阿奎那被罗马教会封圣。1325 年，教会公开宣告，废除 1277 年的谴责中违背阿奎那观念的那些条目。至此，阿奎那完全恢复了声望。经院哲学家们在整个 14 世纪依然非常活跃，新的杰出人物仍不断涌现。

（一）艾克哈特

大师艾克哈特（Meister Eckhart，约 1260—1327）是多明我会中坚定的托马斯主义者。他出身于德国图林根的骑士家庭，在科隆多明我会的学校接受过良好的教育。他大约于 1293 年在巴黎大学讲授伦巴德的箴言集，1302 年获得神学硕士学位后回到多明我会，在斯特拉斯堡、科隆等地的学校任教，并在当地布道。艾克哈特的著作一部分用拉丁语写成，另一部分用中古德语写就，目的是教导没有受过学校教育的人。他善于运用经院哲学的术语和辩证法，论证了在上帝中存在和智思是同一的。艾克哈特认为，不是因为上帝的存在他才智思，而是因为上帝在智思所以他才存在。上帝就是智思，智思是上帝存在的基础，上帝是最高的存在。有研究认为，艾克哈特的思想在根本上属于神秘主义，但是不归属任何教派。他有时也被称为神秘主义的经院哲学家。艾克哈特的部分学说在其晚年受到了谴责，还经历了宗教裁判所的审查。他上诉至教宗，亲自跋涉到当时教廷的所在地阿维尼翁为自己辩护。教廷的审查认为其思想并非异端，但教学内容实有错误。不过，艾克哈特没有等来最

---

① ［美］凯利·克拉克、吴天岳、徐向东：《托马斯·阿奎那读本》，52~59 页，北京，北京大学出版社，2011。

后的裁决就逝于阿维尼翁。据说，他在生前宣布，自己摒弃了被认为与信仰有冲突的部分观念，由此得到了教宗和教廷的宽恕。

(二)司各脱

司各脱(Scotus，约 1265—1308)推崇阿维森纳，也对亚里士多德的形而上学抱有浓厚的兴趣。在他看来，在上帝和其所造的事物那里，存在是单一的，无论用在什么地方都有相同的含义。人的心灵虽然无法理解存在本身，但是有抽象的能力。他的观点与阿奎那有明显的分歧。阿奎那认为存在并非是单一的，存在的概念容纳了关系、性质、质料、精神直到上帝的一系列等级，上帝创造出来的存在可以生出心灵，心灵是上帝存在的反映，能够在上帝那里发现万物之源。在阿奎那看来，存在是真正实在的实体。相反，司各脱认为存在没有实在内容，既没有深度也没有等级，存在与本质之间没有地位的差别。一切存在都是偶然的，而且是由质料和形式复合而成的，但这需要一个必然的、单一的、无限的原因。无限性意味着完美无瑕，包括存在，也就是上帝。这是司各脱在形而上学的层次上论证上帝的存在。在认识论方面，司各脱同意阿奎那的观点，即心灵通过由感觉抽象出来的本质而获得知识，进而获得概念。这是人的理性力所能及之处，无须神的启示。司各脱的独到见解是，个体性使一个存在不同于所有其他存在，并在当时呈现给人的意识。个体性的基础有赖于它的形式而不是质料，此种形式叫作此性(haecceitas)，它是一般和特殊之下的终极概念。人所理解的首先是个体性，而不是共同的本质。由此，个体的重要性凸显了出来。从这一点来说，司各脱是坚定的唯实论者。

(三)奥坎姆

奥坎姆(Ockham，约 1288—1347)主张人运用自然能力无法直觉地认识上帝，人甚至不能掌握论证上帝存在的方法，上帝也就完全不为人知。不过，奥坎姆并不否认理性。他认为心灵依靠直觉而获知个体，个体存在于自然事物之中(in rerum natura)。奥坎姆作为唯名论的杰出代表，认为所有事物都是个别的，事物之间的区分就是实在的区分，而概念之间可以通过理性区分。人只知道个体和单一，认识的过程依靠直觉，世间万物都是独一无二的，根本不存在共相。人对一个特定事物的认知是一个思维的符号(signum)，它在所有人那里都是相同的，人们只是用各自不同的语言给这个符号起名字。由于没有共相这样一种事物，而无论什么事物都是不可简约的个体，存在作为形而上学的实体并不存在，形而上学的知识都是不可能的，因此形而上学也就根本不存在。奥坎姆值得称道的是其"奥坎姆的剃刀"(Ockham's razor)理论，它被后人精简为"如无必要，勿增实体"。也就是提倡在诸多能解决问题的方法当中，应采纳最简单方法的极简原则。

中世纪晚期，出身教会的学人反而站到了世俗君主一方来对抗教会。这是一种新的社会现象。从此以后，学术的场域渐渐地走出教会，进入更为广阔、更为自由的境界，哲学也开始逐步摆脱神学。在经院哲学的鼎盛时期，以博纳文图拉和阿奎那为代表的经院学者认为，人一方面可以从信仰的角度接受神启的真理，另一方面可以通过理性的论证获得真理，理性与信仰既能协作，也有相互之间明确的界线。到了经院哲学晚期阶段，奥坎姆则认为，信仰和知识泾渭分明固然不错，但将两者结合起来既无意义，也不值得期待。

第三节 经院式的教育

一、经院哲学对教育的影响

中世纪的教育具有明显的时代特征，至少在四个方面有比较鲜明的体现。一是性别特征：在接受教育的人当中绝大多数是男性，女性接受教育只是特例，而且是以私教的方式(如上文提及的阿伯拉尔就曾经是赫洛伊丝的私人教师);各类学校中的教师与学生几乎都是男性。二是社会性特征:接受教育的人一般出身于自由民家庭,尤以城镇中相对而言较为富足的市民居多,男孩子从七岁开始就可以被送进学校;对于不自由的农奴和仆从而言,其子弟没有资格上学,普通的农民受财力所限也无法供养学子。三是宗教性特征:参与教育的人必须是基督徒,异教的信仰者不能上学,中世纪时期的教育基本控制在基督教教会手里,学校的教学内容更是以基督教的信仰为前提,对知识的追求与宗教生活紧密地联系在一起。四是语言特征:拉丁语是中世纪教育的通行语言,虽然在中世纪漫长的千年当中,不再是任何人的母语,但却是书写和阅读的主要载体;也就是说,任何人在中世纪接受教育的先决条件是,要全方位地掌握拉丁语这门外语,听、说、读、写各项都是学校教学过程中的必备能力。

经院哲学产生之后,上述的特征在经院式的教育当中不但得以保留,而且被进一步固化。① 经院哲学产生于教会学者当中。教会认为真理是存在的,上帝的神启将真理传递给教会,经院式方法的目的就是要证明理性与教义是相符的。当然,经院哲学也给中世纪的教育带来了不少新意。由此而言,经院哲学对教育和教学的发展具有积极的作用。

第一,经院式的教育从根本上说是学校教育。它源自大教堂学校,兴于中世纪大学。大教堂和大学都扎根在城镇当中,城市当中物质、财富以及社会生活的丰富性令山野乡村无可企及,也使教育恢复了应有的社会生机。从社会生活的层面看,修道院式(monastic)的教育与经院式(scholastic)的教育是两种截然不同的生活方式的体现。前者志在远离尘嚣,通过冥想直通上帝的神启;后者希望更合理地解释现世。

第二,信仰之外还要运用理性。随着亚里士多德的著作被译为拉丁文并

① 有关教育在经院哲学时期的一般情形,可参见 Bowen, James, *A History of Western Education*: *Vol. two*, London, Methuen & Co Ltd., 1981,特别是第二册第 138~175 页。

被广泛传播，随之兴起的亚里士多德主义对传统的世界观和知识论均产生了巨大的冲击，尤其是对神学。神学不再是不言自明之学——只靠冥想是不够的。神学同样是理性思维的学问，特别是进入大学之后，神学也要同其他学科一样，整齐划一地采用经院式的方法，经得起论证的推敲。神学是学问宝塔上的明珠，不仅是信仰，而且需要用理性论证。这迫使神学采用形而上学的思维模式，接纳自然哲学的观念，如行为与能力、物质与形态、运动学说等。

第三，推动了辩证法的发展。辩证法的基础是亚里士多德的逻辑学。在经院学者看来，逻辑是指导人们如何正确思维的技艺，对于探求真理至关重要。经过逻辑推理的命题具有不容反驳的确证性。如果论证后的结论让人无法接受，那么说明逻辑使用不当。所以，为了掌握论证的技艺，就需要学习逻辑学和辩证法，需要接受专门的学校训练。经院学者在教学中对辩证法的传授和在著述中对其广泛的应用，不但拓展了逻辑学的应用范围，而且确立起一套由理解（apprehensio）到判断（iudicium）再到推理（ratiocinium）的思维范式。其目的是通过辩证法的手段和概念分析并确定文本的含义。中世纪的学术有赖于权威文本传承下来的既有知识，必须被恭敬地诠释出来，不能用隐喻的修辞手法。逻辑学的方法正好提供了确定性。

第四，逻辑思维的精进推动了对共相问题的深入讨论，唯实论与唯名论之争遂起。两者的争论在于共相是否真的存在，共相是存在于所有个体之外的一个实体还是仅存在于个体之中；假设共相与个体是分离的，共相是仅存在于思维之中，还是也存在于思维之外。① 从历史渊源上看，共相问题在古希腊时期已然出现，涉及哲学中本体论的根本问题。柏拉图倾向于唯实论，承认共相在思维之外，是一种实体。亚里士多德倾向于唯名论，认为共相是一

---

① ［法］阿兰·德利贝拉：《中世纪哲学》，姜志辉译，133～134 页，北京，商务印书馆，2004。

类事物的共同属性，存在于每个个别事物之中。例如，白马和黑马是一匹匹真实存在的马，但马是一个类的概念，并不存在一个实体对应抽象的马。相反，唯实论认为马的抽象实体是真实存在的。经院哲学延续了这两条思想路径(via)，或者说看待和解释世界的方法。前者被称为"古法"(via antiqua)，后者被称为"新法"(via moderna)。唯实论在 13 世纪风行一时，代表人物如阿奎那；唯名论在 14 世纪后来居上，主推者包括奥卡姆的威廉等。两种思想角逐的"主战场"就是中世纪大学，双方争夺的焦点是艺学院课堂上的话语权。经院哲学在晚期还发展出一个折中的方案——概念论(conceptualism)。它认为共相存在于事物之中，但其存在的形式是概念或者说是事物的名称。近现代哲学一直保持着对共相问题的兴趣，特别是分析哲学或者语言哲学。经院哲学在中世纪时期已开拓出颇为宽广的讨论空间，其涉及的领域不限于逻辑学，也流露出从语义学、认识论、本体论等多个角度进行探究的端倪，为近代以后对共相问题的研究开阔了思路。

第五，经院式的学术对教育的影响在教学方式上有明显的表现。经院哲学不但继承了传统的教学方式，在此之上又有所更新，还开创出新的教学法。新的方式又带来了新思维、新成果、新著作、新认知。讲授(lectio)是从古至今基本的教学方式，也是经院哲学用来传播知识和方法的基本形式。讲课的过程当中可能会产生疑问，教师为了解惑，就要分析、阐明自己的见解。另外，为了训练学生的逻辑和推理能力，经院式的教育发展出新的教学方式——论辩(disputatio)，其形式类似于现代学校中的辩论练习课。教师提出论辩式设问(quaestio disputata)，学生从正反两个方面提出论据进行辩论，教师最后做出结论或者决断。中世纪大学当中还针对任意论题进行即席论辩，这对参与者熟练且灵活地掌握辩证法与逻辑推理能力提出了更高的要求。

二、教学的方式及其特征

(一)讲授

讲授是对传世经典文献进行讲解和评注。一般来说,这些权威文本(auc-toritas)是知识的可靠来源(authentica)。相对而言,经院学者在课上讲授的是自己的理解和诠释(magistralia),不能算作权威之列。经院教师对权威的解析一般从语言和文字入手,以解释疑难词汇为基础,然后逐段分析文本使学生了解其大意。在此期间,教师会对文本做出评注。最后,教师汇总对全篇文本的见解。讲授采取的是最为常见的讲课形式,由单独一位教师主讲,学生聆听、做笔记。解析的过程当中使用的方法是语法讲解和逻辑辨析,所以自由七艺中的前"三艺",即语法、修辞和逻辑是经院式教学的根基。为了解决内容上的疑惑(dubia),经院教师发展出是与否的形式,从正反两个方面辨析文本中的真谛。阿伯拉尔就是熟谙此法的大师。

在讲课之余,教师可以将讲授的内容及自己的见解汇编成文集,以抄本的形式流传出去。在经院学者的著述当中,最基本、最简明的形式是释词,它经常写在被讲解文本的行间空白或者页边空白之处。教师对《圣经》等神学作品所做的评注大多被编成箴言集的形式,由教师自己编订的是亲定版(expo-sitio/ordinatio),由学生记录下来的叫复述版(lectura/reportatio),很多复述版也经过教师的亲自审读。教师将自己的观点、评注、学术见解系统编辑成一部内容更充实、完整性更强的著作,其中也不乏教师本人的创新观点。这类包含思想体系的著述就是大全。

(二)权威

经院学者推崇的权威(auctoritas)主要指《圣经》、早期教父的神学著作,如奥古斯丁的著作,后来也有亚里士多德的哲学作品。12 世纪以后,所有经院学者都在使用亚里士多德的话语体系,或者说都在其开辟的哲学领域继续思考和论辩。亚里士多德确立的基本哲学概念也就是经院学者们的哲思对象和思维范畴。当然,中世纪的学者也会质疑亚里士多德,率先需要辨明的是某些文本是否真的出自亚里士多德之手,然后是对其思想的理解是否正确的问题。为此,学者就需要释词、论证、论辩。分析的过程当中牵扯到古代语文学(philology),更多的还是阐释(interpretation)。

西欧中世纪经院学者理解的权威还有以下几个特征。①

首先,权威不是简单要求获得普遍认可,而是寻求知识的过程最终还是要归于权威,权威本身就是真理寻找的对象。

其次,权威更多是指文本的权威性,或者说文本才是权威。所以,中世纪经院学者论及的权威是有复数形式的。亚里士多德只有一位,但是文本有很多,相关注释也不止一种。权威文本也会出错,更不用说对它们的注释和评注了。而且,权威之间也会相互矛盾和抵触,特别是早期教父的学说常有龃龉之处。

最后,理性和权威都可以作为论据。理性具有普遍的效力,但不一定具有普遍的适用性。面对哲学强调的通过理性认知权威,神学的态度是承认理性的能力及人使用理性的合理性,但是上帝的权威与人的权威不同,它无法通过人之理性(ratio humana)被认知。

(三)注释

经院哲学的训练过程主要是在学校中接受教育,教学方式是学习和阅读经典文本及其注释。对中世纪的人而言,全部知识都来自文本(text)。一切均已写定,后人唯有去理解和诠释,无须有原创性的见地。教育实践与课程都围绕对经典文本的讲授与学习展开,连中世纪大学的课堂也不例外。中世纪的学者做学问的方式是为经典文本和作家撰写注释,对其内涵进行阐释,帮助时人及后人领会和掌握经典。经院式的注释推动了诠注之学在中世纪的发

---

① Schönberger, Rolf, *Was ist Scholastik*? Hildesheim, Bernward Verlag, 1991, pp.103-108.

展。不过，经院学者认为真理已然包含在权威之中，注释是阐明真理的手段。他们力求确定在何等条件下，文本中的权威学说能够成立，而从不质疑权威本身的权威性。然而，文本的意图与真理之间未必总是统一的，经院学者忽视了这一点。

（四）设问

设问是经院哲学进行思考和表达的基本方法。设问的问题来源经常是讲授中遇到的疑问。每一个设问都是一个命题，通过对矛盾进行阐释，从正反两个方面给予论证，最后得出具有智慧的真理。经院哲学的设问并非一般意义上的问题，具有鲜明的自身特点，总结起来有十余条之多。①

第一，设问对所处理的难题一般具有正反两方面的意见，而最终结论只能归结为其中一方。它以抽象的方式进行理论性的论辩，通过对真理的讨论去定义唯一性。

第二，怀疑是决断的先导，对真理的探寻若缺少怀疑，就无方向性可言。以至于在很多中世纪的经院学者看来，寻找真理的过程就是解释疑惑的过程。

第三，设问一般都会指向普遍性的问题，也会设问在当时本来毋庸置疑的问题，如上帝是否存在。其意义在于通过论证衡量理性的可能性与真理之间的关系，所以也会出现针尖上到底能站立几位天使之类的极端问题。

第四，绝大多数经院学者认为，对真理的追寻与对救赎的认知是一致的。对于什么是知识的问题，以对救赎的认知为前提。人为了获得救赎又必须知晓神的启示。知识具有等级结构。在古代人看来，形而上学是所有学科的前提。中世纪的学人并不反对这一观念，他们也认为知识可以使灵魂更为完满。而经院哲学还要追问一层，是否存在神学意义上的标准可以判定知识的价值。

第五，经院哲学对普遍性、一般性的设问导致了知识的等级结构，也明确提出知识要包罗万象，这两者之间存在张力。

---

① Schönberger, Rolf, *Was ist Scholastik*? Hildesheim, Bernward Verlag, 1991, pp.52-80.

第六，设问的能力要通过学习获取，要习得所要找寻的是什么，学习的方式是阅读经典的权威文本。

第七，经院哲学顾名思义是学校中训练的哲思方法，然而矛盾的是，如此训练出来的循规蹈矩会扼杀哲学性的思考。

第八，经院式的哲思也面临困境，它有过高估计理性的价值之嫌。它从不怀疑哲学是可以被传授的，也是可以被学习的。它潜在的弱点在于，讲授与学习作为经院哲学的必要条件，其本身没有被置于设问之下。

第九，经院哲学的体系难以不言自明、无师自通，必须通过教师的传授。在学习的过程当中，教师备受尊敬，被学生视同"师父"。当学生在将来成为教师时，师生之间的社会关系模式得以不断传承。

第十，经院学者之间在思想上有分歧，学术的风格不同，使用的术语也不统一，如对存在概念的理解。另外，同一学者对同一概念的理解和阐释在不同时期也会发生变化。

第十一，经院哲学的有些论点并不是通过原因论证出来的，其论证已包含于原因之中，论据只是对论点的再次一支持，论点才是全部的重心所在。设问是一种形式，难题在这种形式中获得解决，设问毫无疑问是做出决断的最佳方式。

(五)论辩

论辩是对学生的思维和专业能力的训练。教师一般每周组织一次论辩，常在教师的家中或在他租用的教室中举行，时间通常是在上午。教师先列出设问的命题，一名学生充当反方(opponens)，也就是辩方，提出与命题相反的论据；另一名学生充当应方(respondens)，也就是正方，回应辩方的"挑战"。教师是论辩结果的最终决断人(determinator)。论辩经常被记录下来写入教师的箴言集或者大全类的著作，一般的形式如下：

设问：是否……？（*Quaestio*：*Utrum*…?）

看起来是……（*Videtur quod*…）

相反则是……（*Sed contra est*…）

回应……（*Responsio*…）

决断……（*Determinatio*…）

中世纪大学还在公开场合举行针对任何命题的论辩，一般每年两次，一次在复活节前的大斋节（Lent），一次在圣诞节前的降临节（Advent）。在此，设问不由教师提出，参与论辩的任何人（a quolibet）——包括学生——提出关于任何事物（de quolibet）的命题。题目是随机的，没有事先的准备，即所谓即席论辩。学者可以自由发挥，借机阐发自己的哲学思想。

在逻辑推理和辩论的实践中，诡辩是经常会遇到的难题。所以，平时的学习当中也要训练如何应对诡辩，尤其是应方需要时刻警惕和做出合理的拆解。辩方的目的是通过层层推理，令应方获得自相矛盾的结论，由此推翻先前提出的命题。学生在平日的论辩课堂上也会就诡辩的命题进行练习，其难点在于揭开诡辩命题在逻辑上或者语言上的混乱之处。这种练习是为了在正式的论辩中避免掉进一方为另一方设置的逻辑陷阱。

（六）学科通用性

在中世纪大学的四大学院——艺学院、医学院、法学院、神学院，经院式的讲授和论辩是通行的教学方式。经院式的方法不仅适用于逻辑学与神学的命题，对医学和法学也同样有效。反转视角来看，经得起经院式方法的解读和论证，也就成为中世纪大学里面的学科"准入资质"。中世纪大学中学科的基本要求是，要有传世的经典文献作为学习和讨论的出发点。这也可以从一定程度上解释为何建筑、绘画、雕塑等科目没有进入中世纪大学。中世纪大学中无论哪门学科，教学的首要任务是弄懂权威文本的内容。但是，基本的前提是，权威文本中的内容肯定是正确的及合乎逻辑的——这不排除拉丁语译文本身的和传抄时产生的错漏与讹误。师生要做的是解释、掌握和接受，而不是提出内容与观念上的异议。之后进入设问与解答阶段，也就是论辩。

艺学院的通行"课本"中除了拉丁语的语法之外，最重要的是亚里士多德的逻辑学著作及中世纪学者对他的评注。学生学习他的形而上学/自然哲学、伦理学，为进入高阶学院奠定基础。医学院主要研习古希腊医学家盖伦的著作，还受到阿拉伯学者，如阿维森纳的著作及犹太医学文化的影响。法学院分为两支：世俗法或者民法分支学习《罗马法》(*Corpus Iuris Civilis*)，教会法分支学习《教会法典》(*Corpus Iuris Canonici*)。神学院的文本首推《圣经》，然后是其他神学著作，如早期教父们的作品及像伦巴德《箴言集》一类的各种评注。

关于经院式的方法对哲学和神学的意义，上文已经多有论述，医学和法学等所谓"实用"学科是如何运用经院式的方法的呢？以教会法为例，所谓《教会法典》是教会法规、宗教大会决议、教宗训令等文献的汇编。博洛尼亚的修士格拉提安(Gratian，11世纪晚期—约1160)在1140年左右编纂的《格拉提安教会法令集》(*Decretum Gratiani*)成为各类法律学校的通行"教材"，中世纪大学法学院的教会法分支也将其用作"课本"。此外还有其他种类的法令汇编。然而在编纂和传习的过程当中，学者们发现各类汇编之间存在分歧，同一汇编内部也存在不明的文字与段落，这无疑会对教会法的权威性产生不良影响。[①] 经院式方法中的释词、分析、设问、论辩等形式正好可以用来阐明教会法规中的真谛，消除法规文本中的大量矛盾之处。经院式的方法在医学著作及罗马法的编纂、研习和传承当中的情况也大致如此。依据经院式的方法，中世纪大学中的各个学科所开展的都是以文本为基础的"理论式"教学，教学方式是理性至上、三段论式的论证，而对实验的方法少有涉猎。

---

① 王亚平：《西欧中世纪社会中的基督教教会》，94~100 页，北京，中央编译出版社，2011。

三、经院哲学的反对者

对经院哲学及其方法的认知本身也是一个辩证的过程。它刚出现之时，给旧的认识方式带来冲击，受到诸多持传统观念的神学家的阻挠。其除旧立新的过程对学术与教育都产生了推动力。在经历了鼎盛时期之后，经院哲学在中世纪晚期逐渐衰落，沦为新思想、新观念、新方法的障碍物，在科学革命(Scientific Revolution)之下走向终结。在经院哲学的不同发展阶段，其反对者大致有三类人。

第一是彼得·达米安(Peter Damian，约 1006—约 1073)、克莱尔沃的贝纳尔(Bernard of Clairvaux，约 1090—1153)等传统的神学家，他们是经院哲学产生初期的反对派。他们对神学大多持神秘主义的态度，反对在神学领域中采用逻辑学和辩证法，因为推理出来的结论可能与教会的传统教义产生冲突，从而损害教会的权威性。在他们看来，哲学不过是神学的婢女。不过，随着时间的推移，经院哲学从 12 世纪开始在哲学乃至神学领域都居于主导地位。

第二是从彼得拉克(Petrarch，1304—1374)至伊拉斯谟(Erasmus，约 1466—1536)等一众人文主义者。他们攻击整个经院哲学，认为它已经完全陷入诡辩的泥沼，既无根基也不实用。人文主义者还批评经院哲学家根本不懂亚里士多德，因为他们过于依赖权威译本，而这些译本中的拉丁语本身就问题重重。另外，在极力推崇古典拉丁语的人文学者看来，经院学者所使用的中世纪拉丁语的语法相当糟糕，所以也无法接触和理解文本中的真谛。

第三是近代早期具有科学思维的学者。人文主义之所以无法从根本上撬动经院哲学，是因为没有提供能够取而代之的思维模式。弗朗西斯·培根(Francis Bacon，1561—1626)的《新工具》(Novum organum)提倡实验科学，以经验检验理论，将学术的焦点从文本中的词句引向了实在的事物。他还将归纳法总结为科学的主要工作方法。借此，经院哲学的推理演绎法获得了修正与补充。

经院哲学过度信赖推理演绎法，力求获得最具普遍性的真理，将其认定为放之四海而皆准的法则，却忽视了推理过程也会出现错误。经院哲学家坚信，形式完美的逻辑推导出的理论性知识是最为可靠的真理，而观察与经验常会犯错，是不严谨的，符合逻辑的推理才严谨且具有普遍性，是求得真理的唯一路径。另外，经院学者僵化地将他们的方法用于所有领域，违背了事物的规律。

在经院哲学的世界当中，正反双方都有论据。这是自亚里士多德开始的思维方式。正反双方通过陈述论据进行论辩，以此为问题找到出路和答案。借此，不但可以将相互关联的观点汇集在一起，而且能在寻求答案的过程中对所质疑之处更为明确。经院式的方法是在诠释文本的过程中产生、发展和完善的，经过如此推理论证而历练出的答案才有坚实的基础。论辩的焦点经常会归结于所使用词语的语义和观点的逻辑性，只有先统一它们，才有可能在观点上取得一致。在最后的决断中起关键性作用的一是权威，二是理性，两者都是申述理由的例证。理性的优势在于具有普遍性，神学作为信仰与神启的学问更是最大限度地挑战了理性。包含着真理的权威文本则需要被诠释透彻才能发挥出最大的效力。为此，教师的地位和作用就尤为重要，真理在多大程度上被揭示出来在很大程度上依赖于教师的水平。所以，神的权威之外，还有经典文本的权威及人的权威——经院大师。

经院式的方法从古代晚期到近代巴洛克时期一直在师生之间传授。在宗教改革之后，耶稣会的学校赓续着经院哲学。时至 19 世纪，经院哲学在天主教会的主导之下在法国和意大利有过短暂的复苏，被称为"第二次经院哲学"或者"新经院哲学"，但已然无法被纳入现代科学思潮的主流。

第八章

中世纪大学的出现及其影响

中世纪大学是指出现在西欧 11—12 世纪，以探究和传播高深学问、培养社会所需的专业人才为主的高等教育机构；是众多学者和学生组成的学者行会。"当时所谓的'大学'，仅仅是意味着一定数量的、身份多元的人们所集聚的地方。"[1]中世纪大学历经几个世纪的演变和发展，终成现代大学。因此，中世纪大学是现代大学的雏形。

第一节　中世纪大学出现的社会及文化背景

中世纪大学出现在西欧的 11—12 世纪，有其深刻的政治、经济、社会、文化等原因。在讨论中世纪大学产生的时代背景前，首先需要弄清楚中世纪大学的称谓及其演变。

---

① ［英］海斯汀·拉斯达尔：《中世纪的欧洲大学——大学的起源》，崔延强、邓磊译，4 页，重庆，重庆大学出版社，2011。

一、中世纪大学的称谓及其演变

在现代西方各种语言中，指称大学的词汇，英语是 university，法语是 université，德语是 universität。大学的称谓虽然在不同的语境中不尽相同，但是却有着共同的词源，即拉丁语中的 universitas。然而，在中世纪文献中，universitas 最初并不具备现代意义上的大学的含义，通常是作为法律用语使用的，是指具有某种共同属性的社团，相当于罗马法中的"法团"（collegium）。中世纪早期，universitas 并没有专门指称的对象，最初可以用来泛指中世纪任何具有共同利益和享有独立合法地位的法人团体。12 世纪末和 13 世纪初，universitas 这个词开始被用来称呼教师或者学生的联合体，但其指称的范围依然非常广泛，其他团体也可以使用该词。在指称学者行会的时候，其通常用在学生行会（Universitas scholarium）、师生行会（Universitas magistrorum et scholatium）这样的短语中。基于此，就其历史源头而言，university 一词只是用来称呼学者团体，而不是用作学者团体建立的地点，也不用作团体建立的学校。在中世纪文献中，用来指称大学的流行词汇先后出现过 studium 和 studium generale。到 15 世纪之后，universitas 逐渐取代 studium 和 studium generale，成为中世纪大学的最后称谓。①

中世纪后期，尤其是 10 世纪之后，随着欧洲社会走向稳定，西罗马帝国灭亡时期被摧毁的城市开始复苏并大量涌现，许多城市摆脱了封建主的统治，获得了一定的自治权利，城市的政治、经济和文化呈现出相对繁荣的景象。伴随着社会分工和商业贸易的推进，社会上出现了对不同于神学教育的新的教育，如法学教育、医学教育、神学教育等的需求。原本在一些较为发达的

---

① 参阅延建林：《中世纪大学称谓的变迁》，载《教育学报》，2007(6)。宋文红：《欧洲中世纪大学：历史描述与分析》，博士学位论文，华中科技大学，2005。石广盛：《欧洲中世纪大学研究》，博士学位论文，复旦大学，2007。李海龙：《大学为何兴起于西方》，博士学位论文，南京师范大学，2016。

城市里存在的、致力于此类教育的学校，逐渐把自己的组织发展为永久的教育机构，建立起能够保障教师和学生安全的管理机制，最终赢得了市政当局或罗马教皇的认同，成为较早的中世纪大学。人们将这些教育机构称为 studium，意即从事学问研究的场所。中世纪最初被称为 studium 的教育机构主要有：11 世纪中后期(1050—1060 年)以医学著称的萨拉诺(Salerno)医科学校；11 世纪末(约 1088 年)以法学著称的博洛尼亚(Bologna)法学学校；大约 12 世纪中期，在原有的圣母院(Notre Dame)大主教教堂、圣维克多修道院(Abbaye de Sainte Victor)、圣热纳维埃夫修道院(Abbaye de Sainte Gnevieve)的基础上建立的以神学和人文学科为主的巴黎大学。这些中世纪早期的 studium 有如下的一些特点："这些学校设备简陋，没有实验室、图书馆，有的甚至连校舍都得租用民房，校址因此并不固定；学校缺乏完备的组织管理制度，学习年限视情况而定，没有课程表，课时长短由教授掌握；教师的任教资格没有明确限定，在博隆纳，只要能招到学生，任何学者都可以进行教学；在巴黎，只需要圣母院大主教批准即可。学生则享有自由游学的权利。"①

在中世纪早期，就其服务的范围而言，studium 主要有两种类型：一类为 studium paticulare，这是只为本国或本地区学生提供服务的学校；另一类为 studium generale，这是为来自不同国家或地区的学生提供服务的学校。从 13 世纪开始，studium generale 成为中世纪大学最为流行和普遍的称谓，其含义也远远超过了最初的 studium。大学史家科班(Cobban)的解释为：studium 表示一所学校，开展有组织的学习活动；generale 既不是指教授全面的或者普遍的学科，也不是指学生的数量，而是指学校吸引来自本地之外的学生的能力。② 大学史家拉斯达尔(Rashdall)全面归纳了 studium generale 的三个基本特

---

① 延建林：《中世纪大学称谓的变迁》，载《教育学报》，2007(6)。

② [英]艾伦·B. 科班：《中世纪大学：发展与组织》，周常明、王晓宇译，27 页，济南，山东教育出版社，2013。

征："（1）致力于吸引，或者至少邀请世界各地，而不是某国家某地区的学子前来研究学习；（2）提供高层次的学科教育，也就是说，至少提供神学、法学、医学三大高等学科其中之一的教育；（3）拥有相当多位不同学科（至少两个以上）的教师进行教学和研究。"①在这三个特征中，第一个是最重要和最根本的，那就是接收来自各地的学生。

在 13 世纪初期，一所 studium（学馆）要被冠之以 studium generale（大学馆）的头衔并没有什么限制，如巴黎、博洛尼亚等地最早出现的学馆都自称为大学馆，此后出现的许多学馆为了获得与巴黎和博洛尼亚同等的地位，也自称为大学馆，"13 世纪上半叶不论是在教皇或非教皇文件中都使用 studium 这个词来指当时的一些高等教育中心，如博洛尼亚（Bologna）、巴黎、牛津、帕伦西亚（Palencia）、维切利、帕多瓦（Padua）、那不勒斯（Naples）、巴伦西亚（Valencia）、图卢兹（Toulouse）等，整个 13 世纪甚至之后都在使用 studium，studium 和 studium generale 的含义是难以严格区分的。"②到了 13 世纪后半期，卡斯提尔国王阿方索十世（Alfonso Ⅹ of Castile）制定的法典《七章律》（*Siete Partidas*）颁布后，studium generale 的性质有了最初解释，其中在提到大学时涉及了教师薪水、教学方法、大学学科、学生生活的组织、考试和许可证的授予及司法事务等，尤其是对 studium generale 的地位规定了两个基本的要求：一是学校必须为自由七艺的每一科配备教师，还要有教会法和民法教师；另一个是 studium generale 只能由教皇、皇帝或者国王这些权威建立。③ 由此，能否获得来自官方的认可是一所学校能否上升为 studium generale 的必要条件。"以皇帝之名、并且的确是所有条款都有明确法令依据的第一所大学是由神圣

---

① ［英］海斯汀·拉斯达尔：《中世纪的欧洲大学——大学的起源》，崔延强、邓磊译，5 页，重庆，重庆大学出版社，2011。

② 贺国庆：《欧洲中世纪大学》，6 页，北京，人民教育出版社，2009。

③ ［英］艾伦·B. 科班：《中世纪大学：发展与组织》，周常明、王晓宇译，28 页，济南，山东教育出版社，2013。

罗马帝国皇帝腓特烈二世(Frederick Ⅱ)于 1224 年在那不勒斯创办的;最早受教皇之命建立的大学是格列高利九世(Gregory Ⅸ)于 1229 年在图卢兹创建的,教皇英诺森四世也于 1244 年或 1245 年在罗马教廷创办了一所'studium generale'。这些大学的产生使得只有教皇或者皇帝才有权建立 studium generale 的观点逐渐形成。"①到 14 世纪,这一观念作为不成文的规定已经被人们接受。至此,studium generale 这一术语中的 generale 的含义,由原来一所学校有着吸引各地学生的能力,转变为由教皇或者皇帝(尤其是教皇)授予的世界性特征。这一时期,studium generale 的特点有:"在本质上,'大学馆'是一个以行会形式组建起来的高等教育机构,由教师或者学生组成,有较高程度的司法自治权,有权选举自己的官员,制定法规,有团体的印章。它有能力吸引来自广阔地区的学生,除了能够提供文科的教学之外,还能提供法律、医学、神学这三门高级学科中至少一门的教学,有一群教师能够适应不同的教学需要。从 13 世纪后期起,一所学馆还需要教皇或者皇帝对其'generale'地位的认可。"②

伴随着 studium generale 的不断发展和名声的不断扩大,往来于位于各城市的大学馆的人数也在不断增加。为了自身的安全,以及保护自己的权益,从 11 世纪到 12 世纪,来自同一地区的学子纷纷联合起来,成立了基于民族和地缘关系组织起来的人的集合——同乡会(natione)。从 13 世纪之后,巴黎大学的教师根据自己任教的学科(文学、法学、医学、神学)成立了教授会(facultas)。"中世纪大学师生的同乡会发挥着学术行会的组织作用。借助同乡会组织,大学师生与各种宗教和世俗的势力进行周旋,从而获得从事学术活动所需的各种社会权益。"③在与教皇、皇帝、市政当局等势力争夺各项社会

---

① 贺国庆:《欧洲中世纪大学》,7 页,北京,人民教育出版社,2009。

② 孙益:《西欧的知识传统与中世纪大学的起源》,47~48 页,北京,北京师范大学出版社,2012。

③ 延建林:《中世纪大学称谓的变迁》,载《教育学报》,2007(6)。

权益的过程中，教授会和同乡会通常会相互配合，构成一种整体的力量。由此，指称大学师生整体的 universitas 这一词汇应运而生，并逐渐取代了 studium generale，成为大学的术语，最终为英语术语所采纳，演变成了今天人们熟知的 university。

拉丁语 universitas 的本义是"普遍、一般、全体"；作为法律用语，是"指各种行业社团，甚至包括任何拥有一定程度一致性和道德一体性的集合"。从 12 世纪末到 13 世纪初，这个词开始被放到教师（magistrorum）、学生（scholarium）或者同乡会之前，用来指称全体教师、全体学生或者全体大学师生。例如，13 世纪博洛尼亚大学两个规模较大的同乡会，分别被称为阿尔卑斯山以北的同乡会（universitas citramiontanorum）和阿尔卑斯山以南的同乡会（universitas ultramontanorum）；1205 年，罗马教皇英诺森三世（Innocent Ⅲ）的一封信中提及"巴黎所有教师和学生"（universitas magistrorum et scholarium Parisiensis），1208—1209 年的另一封信中提到了全体学者（universitas scholarium）；1215 年，博洛尼亚一位法学家出版的著作中提到，该作品曾经在"全体民法和教会法教授以及学生"（universitas professorum juris canonici et civilis et aliorum doctorum scholarium）面前宣读过；同年，罗马教皇特使库尔松（Robet de Courcon）颁布的敕令中正式使用 universitas。从这些文献中可以看出，13 世纪之后，大学师生事实上已经被全社会看成一个整体。universitas 作为修饰大学师生整体的词汇，也已经在教会和学者的日常话语中得到普遍使用。在巴黎，universitas 在经历了变迁之后最早被确立下来，因为有大量对于大学的描述使用了 universitas，它们集中出现在教皇的信件和谕旨中。大约在 13 世纪中期，universitas 作为描述大学的概念在社会的交往语言中开始保持住稳定。人们发现，1208 年使用的是 universitas vestra；1215—1222 年使用的是 doctorum et discipulorum parisciensium universitas；到了 1228 年之后，universitas scolarium 被使用得最为频繁。对于巴黎大学的学者行会而言，universtas 在官方文件中的表述频率逐渐超过了 studium，且所表达的正规性更强。作为指称大学的 universitas，其特点表现为："作为大学师生整体的泛称，universitas 所代表的实际上就成为一种追求以自由的知识探究和传授作为生活和生存方式的人的联合，正是这种人的联合，使得'学问的各个分支领域集中到一起，人的学问的所有方面尽可能多地集中到一起'。……如果说 studium generale 所代表的是一种拥有固定建制'死'的机构的话，那么 universitas 所代表的却是一种追求知识自由的'活'的精神。从这种意义上讲，是 universitas 所指称的大学师生，而不是 studium generale 所指称的学校机构，更能体现出大学作为一种知识机制本身所蕴含的社会意义，如果没有大学师生的存在，学校机构只能成为名存实亡的空壳子。所以，到中世纪后期，尤其是 15 世纪之后，universitas 逐渐取代 studium generale 成为中世纪大学唯一的代名词。"①

二、中世纪大学产生的社会及文化背景

(一)中世纪后期城市的复苏和发展是中世纪大学产生的重要基础

城市是大学的社会存在基础，大学是城市的灵魂。大学因城市而存在，城市又因大学而扬名。众多具有地理意义的中世纪大学的名称都说明了大学与城市的联系密切，也表明了这些城市是大学的发源地。城市早在西方古代就存在了，希腊文明就是建立在城邦的繁荣之上的，古希腊的雅典孕育了柏拉图的阿卡德米学园、亚里士多德的吕克昂学园及后期的一些哲学家创办的哲学学校，这些教育机构被后人合称为雅典大学。罗马帝国在"蛮族"的冲击下，最终解体。中世纪从罗马帝国那里继承来的只是残破的城市，以农村生活和农业生产为主的采邑制成为欧洲主要的经济形式，"在几段漫长的时间里，商业活动停滞不前，而且城市生活几乎完全消失"，许多城市的建筑毁于火灾，瘟疫使城市人口大幅度减少，"蛮族"入侵催垮了城市的权力基础。"在

---

① 延建林：《中世纪大学称谓的变迁》，载《教育学报》，2007(6)。

西罗马帝国城市'遗址'的围墙内只住有少数居民和一名军事、行政或宗教的首领。城市首先是主教驻在地,寥寥无几的世俗人聚居在相对来说多得多的教区周围;经济生活局限在一个小地方,也就是交换日常必需品的市场内。"①

9世纪以后,随着查理曼对欧洲的统一,尤其是10—11世纪后,欧洲封建制度进入巩固和发展时期,社会也进入稳定阶段。农业生产出现稳步上升的趋势,与农业有关的副业也逐渐发达起来。手工业技术也有了显著的提高,手工业逐渐地从农业中分离出来成为专门的职业。社会的商业范围日益扩大,自给自足、相对封闭的庄园经济被新兴的近代农业打破。工业经济得到了君主的保护,国家敞开了原料来源并向消费者开放。城市在欧洲大地如雨后春笋般复苏和发展,从事商业和手工业的市民阶层重新兴起。到了12世纪,欧洲几乎所有的城市都建立或复兴起来了。此时的教会不但使社会公众的精神需要得到了满足,而且凭借其强有力的司法系统保障了基本社会秩序。凡此种种,为当时的民众提供了必要的自由和安全。"无疑从10世纪起,也许从9世纪开始,孕育中的城市,即'口市'(portus),就得到了发展,它们是独立的单位,或者是依附主教或军事'地方长官'的驻在地的城郊。"②在新兴的城市中,各种行会组织广泛成立,社会分工日益细化,商品交换、劳动有偿等观念日渐盛行。

中世纪后期城市的复苏和发展,对西方社会的发展产生了深刻的影响。尤其是对中世纪大学而言,城市构成了大学的社会基础。城市对中世纪大学的影响主要表现在如下几个方面。第一,城市的复苏和发展,为中世纪大学提供了栖息之地。城市是人口聚居的地方,无论是生活条件还是交通条件都

① 转引自宋文红:《欧洲中世纪大学:历史描述与分析》,博士学位论文,华中科技大学,2005。

② [法]雅克·勒戈夫:《中世纪的知识分子》,张弘译,5页,北京,商务印书馆,1996。

较为便利，这无疑为师生的食宿和往来提供了方便。因此中世纪大学，无论是博洛尼亚大学、萨拉诺大学，还是巴黎大学、牛津大学、剑桥大学，以及随后产生的各所大学，无不是产生在当时的城市里的。第二，城市中行会性质的组织为外国的学者提供了安全的保障，外国学者可以没有后顾之忧地在大学里生活、教学和学习。中世纪的城市有着以往从未有过的自治性。城市不仅拥有独立的司法权和立法权，而且拥有组织城市管理体系的权力。各个城市的市议会都是主权实体。每个城市都是一个自治的市民社会，各自制定法律，甚至根据各自需要结成政治同盟。随着商人群体财富和人数的增长，他们日益演化为一个可以脱离封建国家的常设机构而独立存在的、完善的、自给自足的组织。居民都受到保卫和平、维护共同自由、服从共同的首领这一誓约的约束。在自治城市里，有权处理自己事务的各阶层市民取得了独立地位，建立起了可以用集体力量维护自己利益的组织——行会制度。"在中世纪，一个人住在外国是要自己承担风险的。他没有对其进行冒险进入的国家提出任何要求的权利，而他最能保障安全的机会，则是与在该国的同胞联合起来。就是由于这个原因，外国学者的各种团体就在各个学习所在地联合成了许多独立的'行会组织'。"①第三，伴随着城市的复兴，手工业和商业贸易有了长足的进步和发展，无论是社会还是个人，都积累了一定的经济财富，这就为大学的产生提供了必要的经济基础。没有一定的物质经济基础，无论是教师还是学生，其生活、学习或教学的条件就无法得到保障。第四，伴随着城市的复苏和繁荣，城市中的市民阶级成为一个特权阶级，原有的基督教学校及其教育内容已经无法满足这种新兴阶层的需要，他们迫切需要能够满足其自身需要的、新兴的、世俗的教育机构和教育内容，这就为中世纪大学的产生提供了社会需求基础。第五，城市生活主要以工商业、贸易为主，人

---

① 转引自宋文红：《欧洲中世纪大学：历史描述与分析》，博士学位论文，华中科技大学，2005。

们在商业和贸易往来中，必然会产生利益的纷争；此外，在人口聚居的城市中，疾病的预防和治疗等，都需要有专门受过教育的人员来处理，这就为中世纪大学的产生(尤其是法律和医学学科)提供了契机。

(二)中世纪知识分子及其追随者构成了中世纪大学的人员基础

伴随着中世纪城市的复苏和发展，手工业者逐渐成为特殊的阶层。他们聚居在一起，从事手工业生产和交易。与此相应的是，在翻译阿拉伯文化、重拾古希腊罗马文化的过程中，西方社会出现了许多以知识和学术为业的知识分子团体。"一个以写作或教学，更确切地说同时以写作和教学为职业的人，一个以教授与学者的身份进行专业活动的人，简言之，知识分子这样的人"，作为专业人员出现了，"在实现了劳动分工的城市里安家落户"了。① 中世纪的城市逐渐聚集了一批知识的生产者，形成了知识阶层。在当时的城市里，一个典型的知识分子团体被称作"哥利亚德"。尽管这些知识分子在当时名声不是太好，往往被贬称为"流浪汉""浪子""花花公子""小丑"，但是他们的价值偏好是知识、学习，而不是战争，这就使他们在求知的过程中逐渐显露出了早期"学术专业人员"的种种特征。当时享有盛名的经院学者阿伯拉尔就是哥利亚德群体中的一员。这些知识分子既是知识的生产者，也是知识的传播者。他们在开展学术研究的同时，也在从事着教学工作。这些知识分子因其渊博的学识、新颖的思想、雄辩的能力，往往会吸引大批的追随者，如萨拉诺的非洲人康斯坦丁、博洛尼亚的伊尔内留斯(Irnerius)和格拉蒂安(Gratian)、巴黎的阿伯拉尔和香浦的威廉，其中尤为著名的是阿伯拉尔。阿伯拉尔在巴黎任教时，因在辩论中击败过唯名论者罗瑟林和唯实论者香浦的威廉而名噪一时，并因其雄辩、多才、练达、机变和智慧吸引了数千名追随者。②

① [法]雅克·勒戈夫:《中世纪的知识分子》，张弘译，4 页，北京，商务印书馆，1996。

② 据史学家估算，阿伯拉尔的学生中有 1 位教皇，19 位主教长，50 余位主教及大主教。参阅[美]格莱夫斯:《中古教育史》，吴康译，80 页，上海，华东师范大学出版社，2005。

这些讲课的知识分子和负笈求学的听课者为了维护自己的利益和安全，也效仿手工业行会的方式，组织起了教师或学生的行会，由此为中世纪大学的产生奠定了人员基础。"这些追求学术的教师和学生多是中世纪智慧成群、学识渊博的知识精英，正是他们在从过去继承下来的条件下的进一步创造，使'高级研究活动不再局限于师徒形式的孤立圈子里了。教师和学生逐渐组成了共同的集体。13 世纪欧洲的学生不再跟随某一位特定的导师学习，而是到某一所大学学习。大学里有几千名学生，而且有时有数百名教师生活在一个自治的知识分子共同体中，它有相当充分的资助和特权'。这使得中世纪大学最终从小国林立、政治格局多元化、政治势力多样化的'真空'地带破土而出了。"①

(三)中世纪后期学术复兴构成了中世纪大学产生的知识基础

大学是既有意愿也有能力的教师和学生开展知识教学的场所，是生产、应用和传播知识的场所。没有知识产生，也就没有大学的产生，没有学术的传承和复兴。西罗马帝国灭亡后，欧洲进入中世纪。在"蛮族"大肆破坏和摧毁下，到加洛林王朝时期，欧洲人的文化程度处于前所未有的最低点。尽管8—9 世纪时，经由加洛林王朝时期的查理曼的努力，欧洲出现了短暂的文化复兴，然而，从罗马陷落(公元 455 年)时起，到教皇西尔维斯特二世西方第一次学术复兴，这一时期被称为欧洲的"黑暗时代"，传统上都认为是欧洲文明史上比较贫乏的时期。伴随着中世纪后期的到来，战争和冲突逐渐减少，社会进入稳定时期。社会的稳定也促进了欧洲学术的进步和繁荣，"10 世纪代表了稳定的恢复，因此，从那时起，西方文明有了长足的进步。这个在文艺复兴中达到顶点时期的一个方面就是，西欧以一种独立的姿态，一个有意

① 宋文红：《欧洲中世纪大学的演进》，53 页，北京，商务印书馆，2010。

识的文化领导者的姿态出现了"①。"11 世纪的晚期，拉丁基督教世界开始了文化复兴的历程；生活的各个领域都表现了活力和创造性。12 至 13 世纪，从英格兰到西西里，形成了丰富的有独特风格的文明以及与之联系的受过教育的贵族阶层。"②中世纪后期欧洲出现学术复兴的原因如下。第一，拉丁语成为西欧各处尤其是学术界通用的语言。中世纪后期的学术复兴主要是对希腊-拉丁文化，尤其是拉丁文化的恢复。语言的统一有利于打通地域之间、宗教与世俗之间的界限，便于建立起相对一致的社会秩序。"人们当时还以拉丁语祈祷、歌唱以及在整个基督世界传教布道。拉丁语也是教育用语，这在当时的教材和演讲资料、学生之间的谈话以及学者之间的交流互动中得到了体现。……拉丁语还是当时的哲学用语、神学用语以及正统文学用语。13 世纪时，拉丁语几乎成了历史和法律(体现于当时的各种法规和记录上)以及契据、法院令状和国库收入账目管理(体现于地方司法官员或皇家财政记录上)的惟一语言。"③第二，修道院内收藏了许多古代文化典籍，为古代文化典籍的保存及研究做出了重要的贡献。修道院是基督教发展过程中隐修制度的结果。基督教中的隐修制度最早出现在埃及的尼罗河两岸，大约 3 世纪时传到欧洲，随后修道院大量在西欧出现，最终修道院成为西欧政治、经济和文化的重要中心。规模较大的修道院内还设有抄书室，有专人抄写从西欧各地收集来的书籍，其中包括古希腊罗马的古典著作。这对于古典文化的保存、传播和研究起到了重要的作用，为当时的学术繁荣提供了重要的条件。"通过教会，特别是通过修道僧，还使得古典文化的传统和古典作家的著作即所谓'拉丁古典

---

① [英]赫伯特·巴特菲尔德：《近代科学的起源》，张丽萍、郭贵春等译，157~158 页，北京，华夏出版社，1988。

② [美]马文·佩里：《西方文明史》上卷，胡万里、王世民、姜开君等译，319 页，北京，商务印书馆，1993。

③ [美]查尔斯·霍默·哈斯金斯：《大学的兴起》，梅义征译，141 页，上海，生活·读书·新知三联书店，2007。

作品'（the Latin classics）得以保存下来，积累了诞生后的大学活动的基本知识材料。"虽然这些修士对自己所抄写的内容几乎兴趣不大，但是他们"使这些古老的学问在修道院里找到了一个庇护所，因之修道院的学校和图书馆以及寺院缮写室成为西欧高等思想文化的主要机构"。① 第三，12 世纪前后的翻译运动为这一时期的学术繁荣提供了重要的知识材料。4 世纪尼西亚宗教大会后对异端的打击，5 世纪西罗马帝国灭亡后社会的动荡，6 世纪东罗马皇帝查士丁尼下令关闭柏拉图学园，大批受过教育的人开始流散到其他相对较为稳定的地区，其中就包括中东的阿拉伯地区。伴随这些人流散而来的是古希腊罗马的典籍及医学、数学、天文等方面的知识。在古希腊罗马文化的影响下，阿拉伯地区在中世纪后期一度出现文化的繁荣，出现了阿威罗伊、阿维森纳等著名学者。大约在 10 世纪之后，随着西欧社会走向稳定，在靠近阿拉伯地区的意大利、西西里和西班牙的一些城镇，一些学者把流散在阿拉伯地区的古希腊罗马的典籍及阿拉伯地区的文化翻译回欧洲，开始了翻译运动。"中世纪的欧洲由此开始了解到古典文化的面貌，如柏拉图和亚里士多德的著作、欧几里得的几何原理、托勒密的天文学、希波克拉底和盖伦的医学著作等。另外，一些伊斯兰文化的杰出成就，如阿维森纳的医学和哲学著作、阿威罗伊的著作，以及数学、化学、天文学、医学等方面的知识也都传入欧洲。大量的翻译特别是 12 世纪的古典翻译运动，在融合东西文化的过程中，使西欧的知识领域活跃起来，萌生了欧洲现代学术，为 12 世纪以后的西方思想家打开了一个崭新的知识世界，为大学的产生和发展奠定了知识基础。特别是 1200 年至 1225 年，亚里士多德全集被发现并被立即翻译成拉丁文，将这场伟大的文化传播的翻译运动推向了高潮。"②"沐浴在希腊和阿拉伯文化中的城市知识分子，正获取着精神的和思想方法的酵素，这些思想方法将标明西方国家的

---

① 宋文红：《欧洲中世纪大学的演进》，37~38 页，北京，商务印书馆，2010。
② 宋文红：《欧洲中世纪大学的演进》，46 页，北京，商务印书馆，2010。

特征,并构成它的知识的力量——推理的清晰,对科学精确性的关注,互相支持的信念与洞察力。这是一个决定性的因素:城市知识分子使得西方国家摆脱了另一个亚洲和另一个非洲的虚幻形象;摆脱了神秘的森林与荒漠的虚幻形象。"①第四,统治者对学术的重视,也是这一时期学术繁荣和发展的重要动力。在西欧中世纪加洛林王朝时期,在查理曼的支持和努力下,中世纪欧洲出现过短暂的文化教育复兴,社会开始由"尚武"向"尚文"转变。虽然查理曼激起的文化教育复兴较为短暂,但是他带动的社会文化复兴形成了良好的社会氛围和文化传统,成为后世统治者模仿的蓝本。在 12 世纪文化复兴的过程中,欧洲的许多统治者效仿查理曼的做法,都很重视知识,并在发展文化教育方面采取了积极的扶助政策,如法国国王菲利浦·奥古斯都、神圣罗马帝国的皇帝腓特烈一世、英国国王亨利二世(Henry Ⅱ,1154—1289 年在位)。正是在上述各种因素的影响下,欧洲中世纪后期出现了文化和学术的繁荣,为中世纪大学在这一时期产生奠定了文化和知识基础。

(四)基督教教育机构尤其是修道院及中世纪城市的行会组织为中世纪大学的产生奠定了组织基础

西罗马帝国灭亡后,国家作为一个权力机构逐渐失去了其应有地位,罗马帝国政治制度的崩溃留下了一个任何"蛮族"国王或酋长也不能弥补的巨大空隙,此时人们迫切需要一个全帝国都能接受的思想支柱,来行使原本只有国家才能发挥的功能,于是,这个空隙就被基督教会填补了。基督教在中世纪早期承担起了原本属于政府的职能,并最终发展为整个中世纪强有力的社会组织。

基督教大约产生于 1 世纪,4 世纪左右被立为罗马国教。到中世纪时期,教会成为社会政治、经济和文化中心,也成为学校教育的建立者和管理者。在基督教会的努力下,欧洲中世纪陆续出现了一些修道院学校、主教学校(又

---

① [法]雅克·勒戈夫:《中世纪的知识分子》,张弘译,19 页,北京,商务印书馆,1996。

称为座堂学校)和教区学校。这些教育机构的主要目的除了满足僧侣修炼的需求之外，就是培养神职人员。在教会的教育机构中，最主要、水平最高的教会学校是修道院学校。修道院学校经过长期的发展，形成了一套从教育目的、课程设置、教育教学方式、师生关系，到学校的管理、教师的管理、学生的管理等的学校组织管理模式，这为中世纪大学的产生提供了可供借鉴的组织模式，一些大学甚至就是由主教学校脱胎而成的。

中世纪大学早期，师生组织相对来说较为松散。师生往往处于动荡环境中，人身安全没有保障，迫切需要建构新的组织机构，按照新型运行机制开展教学、研究等学术活动。中世纪工商业和手工业的行会组织形式，为师生建构新型的组织机构提供了借鉴作用。"行会是中世纪倾向于社团联合的一种自然表现，仅此而已。但是，无论中世纪行会的根源——或诸根源是什么，有两个事实是很清楚的：即它们与市民阶级的产生和城市的形成同时发生；而且，在它们萌芽时，就是组织起来的自由商人或手艺人团体，以保护他们摆脱不自由的竞争和同等团体的竞争。"商人或手工艺工匠"这种集团聚合的原因，首先是职业的便利；其次是嫉妒——监视他人雇工数量和产品价格的愿望。但是渐渐的，然而却是相当迅速的，技术或职能分化的过程，导致各种行会的形成"。① 从事知识生产、传播的师生，也效仿商人和手工业者行会，组成了学者的行会，这便是中世纪大学。"大学社团组织的起源，正如其他职业的社团组织那样，常常很难弄清楚。它们靠积累的成果通过每次都提供了可能的偶然事件，慢慢地组织成功。这些成果经常在事后才以规章制度的方式固定下来。"②"大学，无论是教师的还是学生的，都仅仅是行会的一种特殊形式。大学的上升仅是十一世纪时期在欧洲城市中广泛盛行的巨大结社运动

---

① [美]詹姆斯·W.汤普逊：《中世纪晚期欧洲经济社会史》，徐家玲等译，539 页，北京，商务印书馆，1992。

② [法]雅克·勒戈夫：《中世纪的知识分子》，张弘译，60 页，北京，商务印书馆，1996。

的一波而已。"①甚至有学者认为:"在十一世纪时,'大学'一词和'行会'一词同样被用来专指一种学生团体。"②基督教会教育机构的组织形式及行会的结构组织,为中世纪大学的产生提供了借鉴。

三、中世纪大学的产生和扩散

在中世纪后期,伴随着西欧社会的不断稳定,政治、经济、文化等的持续发展和繁荣,中世纪大学产生了。中世纪大学的产生大约有三种形式:一是原型大学,二是衍生型大学,三是教皇或世俗王权直接设立的大学。

(一)原型大学

原型大学是指原初的大学。学者们自发聚集于某处探究学问,组成了学者行会,行会逐步发展为大学。这类大学都是自发产生的。属于这类大学的主要有:萨拉诺大学、博洛尼亚大学和巴黎大学。它们又被称为西方大学之母。

1. 萨拉诺大学

萨拉诺是意大利西海岸的一座临海小城,距离那不勒斯较近。这里空气新鲜,气温适宜,风景优美。这种得天独厚的地理位置和自然环境,使其很早便成为疗养胜地,吸引了许多医生前来开拓自己的事业。据说,在中世纪早期,萨拉诺便有人从事医疗工作,并吸引了一些医学爱好者,形成了医学学校。到 11 世纪末,大量的有关阿拉伯科学和医学的文章、希腊医学作品的拉丁文译本开始进入萨拉诺,其中非洲人康斯坦丁在这一时期萨拉诺医学教育发展的过程中发挥了重要作用。他翻译了大量的阿拉伯文的医学作品,为

---

① Hastings Rashdall, *The University of Europe in the Middle Ages*, *Vol*.1, Oxford Unversity Press, 1987, pp.151-152.

② [英]斯蒂芬·F. 梅森:《自然科学史》,上海外国自然科学哲学著作编译组译,94 页,上海,上海人民出版社,1962。

萨拉诺的医生提供了充足的医学材料，随后萨拉诺出现了大量有关医学文章的评注。通过康斯坦丁获得的希腊和阿拉伯医学文本，以及对医学文本的评注，成为13世纪下半叶大学中确立的医学课程的基础，也逐渐促进了医学由直接的实践向学术性发展。到12世纪时，萨拉诺作为医学中心，已经声名远扬。当然，这时的萨拉诺学校作为医学教学的中心，只是限于医生的私人教学活动，还没有获得作为大学的合法地位。到13世纪，萨拉诺学校才真正获得了法律地位。1231年，皇帝腓特烈二世在梅尔菲(Melfi)颁布了一项法令，其中规定了萨拉诺授予医学许可证的程序，即候选人必须在萨拉诺的教师面前通过一场公开的考试，然后拿着有教师和皇家代理人签名的忠诚和知识证书来到国王或者国王代理人面前获得许可证。由此可见，此时萨拉诺学校还没有颁发医学许可证的权力，这项权力依然在国王手中，萨拉诺的教师拥有的只是考查权和推荐权。1241年前后，腓特烈二世又颁布了一项法令，其中规定了医学学习的条件、学习的年限、实际训练的时间及考试要求等。[①] 至此，萨拉诺学校获得了世俗或教会权威的法律认可，成为一所原生型大学。1269年，安茹的查尔斯一世(Charles Ⅰ)为所有居住在萨拉诺的学生授予了税收豁免权。1280年，该特权扩展到所有萨拉诺医学教授的身上。同年，查尔斯二世(Charles Ⅱ)也给萨拉诺学校颁布了一项法令，其中规定了学位获取的条件、学习时间及基本要求。"这是萨拉诺学校接受的第一个正式规章，是萨拉诺学校第一次明确被认可为医学'大学馆'。"[②]

2. 博洛尼亚大学

博洛尼亚是意大利北部的交通枢纽，人口流动频繁，很早就具有社会和经济上的国际性。这里由于自然条件优越，交通便利，因此在罗马人统治时

---

① 孙益：《西欧的知识传统与中世纪大学的起源》，93~94页，北京，北京师范大学出版社，2012。

② 孙益：《西欧的知识传统与中世纪大学的起源》，95页，北京，北京师范大学出版社，2012。

期就成为欧、亚、非的商业贸易中心、交通要道；特别是作为前往罗马朝圣
者的必经之道，很早就成为社会经济发展的中心，同时也是文化交流和知识
传播的有利之地。随着经济的发展，城市贸易的增多，各路商旅络绎不绝，
商业贸易纠纷时有发生，诉讼案件不断增多。此外，新兴市民和国王的权利
意识增强，反对教会专制统治的斗争日益激烈。由此，法学的学习和研究在
博洛尼亚开始复兴起来。据说，在博洛尼亚，与法学复兴运动息息相关的是
法学家伊尔内留斯（其教学生涯在 1100—1130 年）。他被认为是博洛尼亚法律
学校的建立者、博洛尼亚大学首批教师中著名的学者。伊尔内留斯在博洛尼
亚法律教学中的卓越贡献主要有两个方面：一是全面评注了查士丁尼的作品
（主要包括《查士丁尼法典》《法学纲要》《法学通诠》和《法学汇编》等）；二是
收集整理了官方的罗马法律和民间的罗马法律，并成功地将其综合起来，以
完整的形式、当时通用的语言呈现出来，并通过讲学教授给学生，开创了把
系统学习《民法大全》（包括《查士丁尼法典》《法学纲要》《法学汇编和《新律》）
作为普通法律教育形式的时代。欧洲各地学生不远万里前来求学，博洛尼亚
作为法律教学的中心声名鹊起，大批教师和学生从欧洲各地涌入这座城市。
在博洛尼亚大学成为以法律著称的大学的过程中，另一位名师是格拉蒂安。
格拉蒂安原本在圣菲利克斯（Saint Felix）的修道院学校教授宗教法规。受伊尔
内留斯的影响，1140 年左右，格拉蒂安在博洛尼亚把教皇敕令、书信、宗教
会议决议、教父作品等共 3945 篇系统汇编成《教令集》（Decretum，又译《教
会法典》）。该书一经出版便成了学校和教会法庭公认的教材。这样一来，
宗教法作为一门学科也在博洛尼亚大学确立起来，罗马法和宗教法并驾齐
驱的形势逐渐形成。

　　伊尔内留斯和格拉蒂安的工作只是为博洛尼亚大学的出现奠定了学科和
知识的基础，博洛尼亚大学的出现还需要从教会或者世俗权威那里获得执照
或认可。明确认可博洛尼亚大学的第一个法律文件是皇帝腓特烈一世于 1158

年在龙卡利亚会议上颁布的特许状，即《安全居住法》（*Authentic Habita*）。在这一法令中，首先，德国皇帝肯定了知识的价值，在钦佩那些为了知识甘愿离乡背井的人的同时，愿意为这些人提供人身安全的保护，并授予民法学教授和学生自由迁移和在任何学习地点安顿下来的特权；其次，禁止任何人伤害和侮辱学生，本国人欠学生的债务必须到期偿还，所有违规者都将受到制裁；最后，任何被传唤出庭的学生都可选择是由自己的教师审理还是由当地的主教审理，原告如果不尊重学生的选择，即使在法庭上有理，也将被判败诉。该特许状通常被看成博洛尼亚大学真正建立起来的标志。1189 年，克莱门特三世（Clement Ⅲ）颁布训谕，确认了于 1176—1177 年及 1182 年由教皇使节颁布的法令，即禁止教师或学生给房东更高的租金以租赁给学者的房子，再次对学者的地位给予了官方的认可。至 13 世纪初，博洛尼亚大学学生已近万人。它除了设有法律学院外，还有艺科院，并于 12 世纪末萨拉诺势力开始下滑时增设了医学院，于 1364 年增设了神学院。

3. 巴黎大学

在"蛮族"入侵的过程中，罗马文明被彻底摧毁了，基督教组织完全承担起了保存和延续文明的重任。法兰克王国在查理曼的统治下，文化和教育得到了复兴，建立了以修道院学校和主教座堂学校为主体的教育体系。在加佩王朝时期，巴黎成为王国的首要城镇、法国的首都。随着城镇求取特权过程的不断推进，对于王国的年轻学者而言，巴黎学校具有的吸引力远远超过国内其他学校，甚至是邻国的学校。在当时的巴黎，比较著名的学校有：圣热纳维埃夫修道院（Abbayede Sainte Gnevieve）学校、圣维克多修道院（Abbayede Sainte Victor）学校、附属于巴黎圣母院（Notre Dame）的大主教教堂学校。12 世纪时，巴黎成为西欧神学思想较为活跃的中心，众多著名的经院哲学学者来到这里招徒授课以传播自己的学说，吸引了众多学生慕名前来求学。其中较有影响的学者有：香浦的威廉和阿伯拉尔。香浦的威廉是巴黎圣母院教堂学校有记载的第一位校长，也是当时著名的经院哲学者，是唯实论的代表。据说他在讲授神学科时，"好像天上来的天使"，吸引着大批的年轻学者。这些学者中便有对巴黎大学的产生有着重要影响的阿伯拉尔。1103 年，阿伯拉尔慕名来到巴黎，跟随香浦的威廉学习，但是威廉的唯实论并不能让阿伯拉尔感到满意，双方发生了激烈的冲突，阿伯拉尔用三段论推翻了威廉的理论。阿伯拉尔在威廉的权势的压迫下，不得不离开巴黎，先后在默伦(Melun)和科贝尔(Corbeil)开办学校，收徒讲学。几年后，阿伯拉尔回到巴黎，在和威廉的论战中击败了威廉，威廉的学生都转投到阿伯拉尔的门下。阿伯拉尔便在威廉所在的圣热纳维埃夫山上招徒授课，声名鹊起。巴黎学术中心也由城区的小岛上转移到了塞纳河左岸的圣热纳维埃夫山上。阿伯拉尔的名声将一大批学生吸引到巴黎来，教师数量也由此而成倍地增长。面对成群结队求学问教的学生，当时巴黎的学校已经无法为他们提供所需的教育，也无法容纳下如此多的学生。于是，获得许可证的教师开始把授课地点移到私人宅邸、自家居所乃至塞纳河的桥上。在这种情况下，势必会有一种全新的学术生活形式诞生。于是，当时公共活动各个领域中盛行的享有一定特权却受制于严格纪律约束的行会组织形式提供了一种借鉴。1200 年，菲利普二世承认了巴黎大学教师和学生社团的合法性；1215 年，教皇英诺森三世批准了巴黎大学的条例；1231 年，教皇格里高利九世(Gregory Ⅸ)授予巴黎大学教师制定章程和实施章程的特权；1246 年后，巴黎大学获得了拥有团体印章的权力；1249年，同乡会达成共识，由同乡会会长选举产生一位共同的领袖，校长职位也得以确定。此后，巴黎大学成为北部欧洲大多数大学的模式和标准。[①] 在巴黎大学鼎盛时期，师生达 5 万多人。

(二)衍生型大学

11—12 世纪，在欧洲某些城市自发地产生大学后，其他有条件的城市也

---

① 孙益：《西欧的知识传统与中世纪大学的起源》，169~180 页，北京，北京师范大学出版社，2012。

具有了创办大学的意念。12 世纪中后期，欧洲逐步出现了模仿或复制的大学，这些大学主要是由学者从原型大学中走出，到另一个城市建立的大学，或因原型大学师生迁移建立大学后，又迁移而建立的大学。例如，雷吉纳大学、维琴察大学、阿雷佐大学、帕多瓦大学、锡耶纳大学都是由于博洛尼亚大学的教师或学生迁移而建立的，维尔切利大学是由帕多瓦大学迁移的师生建立的，牛津大学、剑桥大学、奥尔良大学、昂热大学等大学的诞生都与巴黎大学师生的迁移有关。除了萨拉诺大学外，13 世纪上半叶的大学基本上是由博洛尼亚大学或巴黎大学的师生迁移而建立起来的衍生型大学。萨拉诺大学的医学教育成为后来大学医学教育的圭臬。① 当然，在中世纪时，衍生型大学的产生并非是件轻而易举的事情，学者从一个城市到另一个城市不仅需要有一定规模的人群，在当地城市还需要有一定的学术知识基础，需要当地社会的支持，如牛津大学便是一个实例。事实上，牛津大学并不完全是在巴黎大学学习的英国学者出走后建立的，而是在牛津当地学术群体汇集的基础上建立起来的。因为在牛津大学出现之前，当地已经汇集了相当数量的学者研修神学和法学，而且在莫雷的丹尼尔（Daniel）和亚历山大·尼考姆（Alexander Neckam）等学者的努力下，牛津大学的学术研究已经不同于修道院学校。从巴黎大学出走的学者到来之后，与当地的学者结合，增强了牛津大学的实力，使牛津大学成为一所中世纪有影响的大学。即便如此，牛津大学也并没有刻意模仿巴黎大学，只是在其发展的过程中实现了与巴黎大学的重合。"牛津大学的诞生有两个诱因，其一主要是 1167 年巴黎驱逐外国学者，其二是当时的英国国王亨利二世禁止英国国内的学者出境，引起在本来聚集了不少学者的牛津有了更多的人汇集。根据 1192 年的记录，在英国其他城市，人们很难供养得起这么多的学者。但是不管怎么说，巴黎大学的影子

① 宋文红：《欧洲中世纪大学：历史描述与分析》，博士学位论文，华中科技大学，2005。

在牛津身上重新出现了。"①

以下是 12—15 世纪兴盛的大学的名称、出现的时间以及所处地域。②

大学名称	出现时间	所处地域	大学名称	出现时间	所处地域
博洛尼亚	12 世纪末	教皇国	卡塔尼亚	1444	那不勒斯王国
巴黎	13 世纪	法兰克王国	巴塞罗那	1450	西班牙
牛津	13 世纪初	英格兰	格拉斯哥	1451	苏格兰
蒙彼利埃	13 世纪初	法兰克王国	瓦伦斯	1452	法兰克王国
剑桥	1209—1225	英格兰	特里尔	1454	神圣罗马帝国
萨拉曼卡	1218	西班牙	格莱夫瓦尔德	1456	神圣罗马帝国
帕多瓦	1222	威尼斯公国	弗莱堡	1457	神圣罗马帝国
那不勒斯	1224	那不勒斯王国	巴塞尔	1459	瑞士联盟
图卢兹	1229	法兰克王国	因戈尔特斯塔特	1459	神圣罗马帝国
萨拉诺	1231	神圣罗马帝国	南特	1460	法兰克王国
奥尔良	1235	法兰克王国	布尔日	1464	法兰克王国
锡耶纳	1246	神圣罗马帝国	热那亚	1471	米兰公国
安格斯	1250	法兰克王国	萨拉戈萨	1474	西班牙
巴利亚多利德	13 世纪末	西班牙	哥本哈根	1475	丹麦
里斯本	1290	葡萄牙	美因茨	1476	神圣罗马帝国
莱里达	1300	西班牙	图宾根	1476	神圣罗马帝国
阿维尼翁	1303	法兰克王国	帕尔马	1483	米兰公国
罗马	1303	教皇国	斯古恩萨	1489	西班牙
科英布达	1308	法兰克王国	阿伯丁	1495	苏格兰
佩鲁贾	1308	教皇国	法兰克福	1498	神圣罗马帝国
卡奥尔	1332	法兰克王国	阿尔卡拉	1499	西班牙
格勒诺布尔	1339	法兰克王国	巴伦西亚	1500	西班牙

---

① 转引自李海龙：《大学为何兴起于西方》，博士学位论文，南京师范大学，2016。
② 转引自李海龙：《大学为何兴起于西方》，博士学位论文，南京师范大学，2016。

续表

大学名称	出现时间	所处地域	大学名称	出现时间	所处地域
比萨	1343	神圣罗马帝国	圣安德鲁斯	1411	苏格兰
布拉格	1347	捷克	帕尔马	1412	米兰公国
佩皮尼昂	1350	法兰克王国	罗斯托克	1419	神圣罗马帝国
韦斯卡	1354	西班牙	多勒	1422	法兰克王国
帕维亚	1354	米兰公国	鲁汶	1425	法兰克王国
克拉科	1364	波兰	普瓦捷	1431	法兰克王国
奥兰治	1356	法兰克王国	卡昂	1432	法兰克王国
维也纳	1362	神圣罗马帝国	波尔多	1441	法兰克王国
卢卡	1369	教皇国			
爱尔福特	1379	神圣罗马帝国			
海德堡	1385	神圣罗马帝国			
科隆	1388	神圣罗马帝国			
费拉拉	1391	威尼斯公国			
都灵	1404	神圣罗马帝国			
莱比锡	1409	神圣罗马帝国			
艾克斯	1409	法兰克王国			

（三）教皇或世俗王权直接设立的大学

伴随着原型大学的产生及由其衍生的大学的出现，大学在社会上的影响力与日俱增。无论是原型大学，还是衍生型大学，大多数都是学者管理下的自治团体。虽然它们与教会和世俗国王保持着某种关系，甚至还会利用这些外部权威之间的矛盾争取一定的权利，但是外部权威无法控制这些大学。鉴于大学发展及其作用日益显著，教皇和世俗国王开始想方设法控制大学，并且开始建立由自己直接控制的新大学。这类大学大多数是由教皇或国王颁布敕令，在确切的时间和确切的地点成立的。由世俗权力创办学校最早可以延伸到加洛林王朝时代，查理曼设立了一系列修道院学校。在12—13世纪大学出现的时候，这种趋势被当时的皇帝和教皇发现并利用。欧洲第一所由国王颁布特许状而建立的大学是 1224 年在意大利建立的那不勒斯大学，其建立者是神圣罗马帝国皇帝腓特烈二世。腓特烈二世认为，要维护帝国的统治，保持帝国的强大与繁荣，需要培养大批接受过高等教育的专业人才，而且只有本国培养的人才才能更好地为本国的发展服务。于是，腓特烈二世颁布了皇帝特许状，创办了这所由国家或王权控制的大学。"唯恐他四周学者的学问随着他们的离世而消失，腓特烈在 1224 年设立一所那不勒斯大学，那是中世纪大学不受教会约束罕有的一个实例。他聘请在科学及各种艺术方面的学者任教，酬以高薪，并设立奖学金以使清寒而优秀的学生得以就学。他禁止在其统治下的两西西里的青年到别处去受更高等的教育，并希望那不勒斯能很快地成立一所法律学校，与博洛尼亚竞争，以训练公共行政的人才。"①那不勒斯大学也是腓特烈二世反教皇的一件工具。在世俗权力创办大学之际，基督教的最高领导层也不会放过通过大学影响社会的机会。1245 年，教皇格里高利九世在法国南部的图卢兹创办了图卢兹大学，1245 年在意大利北部地区创办了罗马教廷大学，1248 年建立了皮亚琴察大学，1308 年创办了佩鲁贾大学。"从英诺森三世（Innocent Ⅲ）到博尼法斯八世（Boniface Ⅷ），几乎所有教皇本人都在巴黎大学或博洛尼亚大学学习，甚至一些教皇，如英诺森四世（Innocent Ⅳ）或者若望二十一世（Jean ⅩⅪ）还曾担任教授。他们完全意识到其时代对知识分子的需求，也完全意识到大学发展神学、哲学、法学思考的力量。"②虽然在大学产生之后的一段时间内，由教皇和国王等外部势力建立的大学的数量不断增加，但是这些大学仍然效仿博洛尼亚大学和巴黎大学，甚至教皇在给罗马教廷大学和卡塔尼亚大学创建的批示中，明确指示必须效

---

① ［美］威尔·杜兰特：《世界文明史：信仰的时代》下，台湾幼狮文化译，745 页，北京，华夏出版社，2010。

② 转引自李海龙：《大学为何兴起于西方》，博士学位论文，南京师范大学，2016。

仿博洛尼亚大学的模式。

在中世纪大学产生并得到权威机构认可后，大学的数量迅速增长，12 世纪有 6 所大学，13 世纪有 23 所，14 世纪有 45 所，15 世纪达到了 79 所。[1]

第二节 中世纪大学的组织形式及特点

中世纪大学在形成和发展的过程中，与当时的各种社会力量，如教会、皇权及市政当局等，不断进行博弈，并利用这些外部力量的矛盾获得了许多特权，尤其是自治权；同时又不同程度地依附于这些外部力量，和它们有着千丝万缕的联系，保持着某种特殊的关系。大学有了自治权，不仅保障了大学内部组织形式的建立和运行，而且保障了这些组织形式的建立和运行不会受到外部各种力量的干涉和钳制。

一、中世纪大学的特权

中世纪大学的特权是指在中世纪大学形成和发展的过程中，由教会、世俗统治者及自治城市授予学者个人和大学团体的各种恩惠和豁免权。把本属于某些特殊群体的特权赋予学者和教师，并非中世纪的首创。"维斯帕芗（Vespasian，1 世纪罗马帝国皇帝）时就有这种特权。在首都和行省的大城市里教授自由艺术的教师都免除帝国税，免除劳役，免除城市税，除非他们愿意做这些事。"[2]在大学产生之前，某些团体（如商人）获得法律或其他方面特权的事例已经存在了。中世纪大学的特权主要有三个来源：一是教皇的训令，主要有教皇亚历山大三世（Alexander Ⅲ）、教皇格里高利九世、教皇洪诺留三

---

① 宋文红:《欧洲中世纪大学: 历史描述与分析》，博士学位论文，华中科技大学，2005。

② 转引自石广盛:《欧洲中世纪大学研究》，博士学位论文，复旦大学，2017。

世(Honorius Ⅲ)和教皇尼古拉斯四世(Nicholas Ⅳ)等几位教皇的训令;二是皇帝和国王的赦令,主要有 1158 年神圣罗马帝国皇帝"红胡子"腓特烈一世颁布的赦令,1200 年法国国王"奥古斯都"腓力二世颁布的有关授予巴黎大学特权的赦令等;三是大学特许状,如 1340—1341 年法国国王腓力四世给巴黎大学的特许状,1386 年海德堡大学获得的特许状。① 中世纪大学所获得的特权如下。

(一)居住权

中世纪大学的学生具有国际性的特点。大学的师生经常往来于各个大学之间讲课或求学。除了旅途充满艰辛之外,这些作为外国人的师生往往不能享受当地民法的保护,也不能自由居住。而大学所在城市的市民又属于特权阶层,他们热衷于自己的特权,敌视自己的一切邻人,更何况那些来自异国他乡、思想开放甚至放荡不羁的陌生人。因此对于大学师生来说,首要的是获得在当地居住的许可。鉴于师生的这种需要,1158 年,"红胡子"腓特烈一世接受博洛尼亚大学部分学生的请求,颁布了《安全居住法》这一具有历史意义的文件,其中规定:"他们……可以平安地到学习的地方并安全地居住在那里……保护他们免受任何伤害。"②1200 年授予巴黎大学的训令规定:"凡巴黎市民一旦发现有人侵害学生时,应立即报告,并有权将犯法者扭送治安机关。城市居民须维护大学生的权益,市民不得将变质肉卖给学生,不得在啤酒内掺水,不得缺斤短两,违者亦由大学教授加以审理。"③这些寄居在城市里的大学师生的某些行为甚至特权也会引起城市市民或其他社团成员的不满。地方上的市民不喜欢看到大学人士摆脱他们的管辖。他们为某些大学生扰乱治

---

① 张斌贤、孙益:《西欧中世纪大学的特权》,载《北京师范大学学报(社会科学版)》,2004(4)。

② 转引自张斌贤、孙益:《西欧中世纪大学的特权》,载《北京师范大学学报(社会科学版)》,2004(4)。

③ 滕大春:《外国教育通史》第二卷,137 页,济南,山东教育出版社,1989。

安、拦路抢劫和入室盗窃而感到不安，极不情愿地容忍教师和学生，要求他们交纳租税，尽可能多地向他们征收粮食税，在进行贸易时照章办事。在海德堡大学，市民会通过提高房租等对师生实行敲诈。统治当局担心师生受到利欲熏心的市民的压制，规定每年圣诞节后，从大学请一位专家代表学生与一位公正、虔诚、通情达理的公民协商确定学校宿舍的租金，而且通过法警、法官和属下的公务员，保证他们的宿舍安静。此外，师生的住所还可以免除噪声和恶劣气味的骚扰；有的地方为了防止干扰教学和学习活动，禁止在学校周围或学者住所周围经营手工业；有的地方甚至禁止在靠近城市的地方进行各种各样的比赛和马术活动。获得居住权为师生安全地开展教学活动提供了基本的条件。

（二）司法自治权

大学在其发展的过程中，充分利用外部各种力量的斗争及自身与这些外部力量的博弈，获得了司法自治权。这种权利是指大学的成员不受城市普通司法体制的管辖，大学有自己一套独立的司法程序。这种权利是大学各项特权中最重要也是最根本的权利，大学对其权利的争取及教会和王室对大学权利的许可，通常都是从这一权利开始的。腓特烈一世在授予博洛尼亚大学的《安全居住法》中规定，如果有人由于商业方面的问题要起诉学生，学生可以享有选择的权利：可以传唤起诉者到教授面前，也可以传唤其到本市的主教面前，统治者已经给了教授和主教对于这类事件的审判权。此后这项权利先后被授予各地的大学。① 1158 年，德国皇帝弗雷德里克·巴巴罗萨(Frederick Barbarossa)在颁布的宪法中规定，任何人只要受到学生的指控，不管他是否该受刑法或者被罚款，也不管他住在多么远的省份，都要来到学生的所在地；一个人如果要控告一个学生，不管他出于什么原因，都必须根据这个学生的选择在教师或城市主教前进行诉讼。这样，学生是原告时，就可以让被告接

---

① 张斌贤、孙益：《西欧中世纪大学的特权》，载《北京师范大学学报(社会科学版)》，2004(4)。

受大学所在地的司法审判；他们是被告时，由于有权在教会法庭和大学法庭间做出选择，因此就免于受到普通法庭的审判。这些特权及其他一些类似的条款旨在庇护教师和学生。1170 年，兰斯大学的一些学生遭到了人身伤害并被开除了教籍。他们向教皇亚历山大三世求援，教皇立即明确提出禁止任何人以任何方式侵害学者们的自由权，由他们的教师对他们进行司法审判。1198 年，教皇塞勒斯汀三世(Celestine Ⅲ)颁布的教令规定，对于住在巴黎的学生，只要他们牵涉到有关钱的诉讼，都应该在教会法庭审判。1200 年，巴黎学生与市民发生争斗，导致一名学生被杀。面对这种情况，法王菲利·奥古斯都(Philip Augustus)站在学生一边，在给予学生赔偿的同时颁布法令，规定巴黎学生的人身不可受到市民的伤害，普通的法官不能逮捕任何学生，如遇到紧急情况，必须马上把案件交到教会法官手中，学生只能由宗教法庭审判。1244 年，英王亨利三世(Henry Ⅲ)授予牛津大学教师以广泛的司法权，如可以审判债务纠纷、确定住房租金、租用马匹、违反合同、购买食物等诉讼案中涉及大学人员的案件。

　　这项权利使得大学在司法中处于有利的地位，师生得到了有效的保护。但是这项权利又是不公平的，因为被传唤人可能会住在偏远的地区。因此，为了防止这项权利被滥用，有的地方对其进行了限制。这些地方规定，当路程超过两天、四天或六天时，有关人员不必再前往。[①]

　　(三)罢课权和迁徙权

　　罢课权和迁徙权是中世纪大学重要的特权，是其自治权的重要体现，是大学确认知识合理性或合法性、保护学术自由和良好学术环境的权利。在中世纪，大学师生与校外有关机构，如城市当局或教会发生矛盾，或者学习、教学活动受到干扰时，可以进行罢课以表示抗议。如果问题得不到满意解决，大学可以自由地把学校迁徙到满意的地方。

---

　　① 石广盛:《欧洲中世纪大学研究》，博士学位论文，复旦大学，2007。

罢课权是大学享有的以终止讲课、停止履行日常的职责作为对抗城市当局或教会迫害、干涉和控制大学的权利，是中世纪大学争取内部管理自由权的最有效的权利之一。例如，1231 年，格里高利九世在一项授予巴黎大学的敕令中指出，如果学生受到了什么不公的对待，如丢失东西、被谋杀、身体受伤等，除非在 15 天内他们得到了公平的补偿，否则他们就可以罢课。在巴黎大学，罢教和罢课权一直适用到 1499 年举行的最后一次罢教。1499 年，路易十二世(Louis XII) 鉴于巴黎大学屡次出现罢课和罢教事件，给国王和教皇带来了困扰，解决这些问题使人疲惫不堪，在 1432 年教皇庇护二世(Pius II) 发布禁止罢课的命令的基础上，决定要出台规定禁止滥用这种权利。大学师生闻听这一消息又开始反抗，贴出告示表示要罢课，但是这次国王没有做出让步，而是带来了全副武装的部队巡视全城。

迁徙权是指如果大学师生与校外力量发生冲突，没有得到满意的解决，或者大学的利益在某个城市或国家受到威胁，那么大学整体或部分可以离开原所在地，迁徙到别的任何一个令人满意的地方的权力。由于"一个大学不是一块土地、一群建筑甚至一个章程，而是老师(被称为"学者")和学生的社团或协会。大学在开办时没有真正的地产，这一事实使得大学极富流动性，早期的大学因此能够以停办或迁址到其他城市作为交涉手段，而使地方当局作出某些让步。"①比如，1209 年，当时在牛津大学学习的一名教士，由于偶然杀害了一名妇女，畏罪潜逃。城市执法警没有抓住凶手，反而逮捕了与其同住的三名教士，并将他们关入监狱。几天后，英王下令将三名教士驱出城外并处死。为了对此事件表示抗议，近三千名教士、教师和学生离开牛津大学，整个大学未留一人。其中有些人到了剑桥大学学习，有些人到了瑞丁，牛津

---

① ［美］戴维·林德伯格：《西方科学的起源：公元前六百年至公元一千四百五十年宗教、哲学和社会建制大背景下的欧洲科学传统》，王锟、刘晓峰、周文峰等译，215 页，北京，中国对外翻译出版公司，2001。

城空了。① 牛津大学甚至规定，对那些在师生罢课、迁移后仍然上课的教师禁课三年，以此作为不遵守校规的惩罚。

(四)颁发教学许可证(Licentia docendi)的特权

颁发教学许可证的特权是中世纪大学对自身活动结果进行评价的权力，也是大学自治权的表现之一。颁发教学许可证制度在大学组织出现之前就已经存在了，这种教学许可证是对在特定城市或主教辖区进行教学的一种认可，这种对教师资格进行审查和颁发教学执照的权力原本是掌握在教会代表手中的。例如，在巴黎，根据宗教法的规定，只有巴黎圣母院大主教享有颁发教学许可证和审核教师资格的权力。后来，随着大学势力的不断壮大，在教皇的支持和庇护下，大学逐渐从大主教的手中接管了这项权力，教师资格的审核开始由教授负责，大学逐步获得了独立颁发教学许可证的权力。1219 年，教皇洪诺留三世规定，只要学生达到了毕业的标准，并经过教授会的认可，无论巴黎的大主教(教务长)是否同意或愿意，大学都必须授予其教学许可证。到 1252 年时，大学从教皇英诺森四世(Innocent IV)手中完全获得了此项权力。起初，获得教学许可证的毕业生在整个教皇统治下的基督教世界中从事教学工作，往往会受到限制。后来，教学许可证逐渐演变成了可以在整个基督教世界传播和交流知识，顺利地从事教学的资格证(Licentia ubique docendi)。这样一来，学生学位考核及授予的权力也成了大学拥有的权力，获得学位者也就拥有了通行的教学权，可以在任何地方不受妨碍地讲授自己所修的学科而无须经过学校所在城市的考试和检查。1292 年，教皇尼古拉斯四世颁布教皇训令，正式授予巴黎大学此项权力。"我们希望鼓励巴黎城内知识界的学生为获得硕士学位而努力，不论他们来自什么地方，都可以在他们获得学位的系科担任教学——根据这一文件的精神，我们命令在上述城内的任何学生，在

---

① [美]E.P. 克伯雷：《外国教育史料》，任宝祥、任钟印译，179 页，武汉，华中师范大学出版社，1991。

教皇的指引下，通过具有授予各该系科讲授权的人们，按照一向奉行的惯例进行考试并得到批准，可获得从事神学、民法、医学和文学等系科教学的许可证。——并且今后在上述城市以外的其他地方，享有教学权利而不经考试和检查，不论是公立和私立或关于教学和讲学的任何其他新规定，他将不受任何人阻拦，尽管有与此相反的惯例或规定；不论他是否愿在有关系科讲学，总是把他作为博士看待。"①此后，牛津大学、剑桥大学等大学也获得了这项权力。教学许可证的颁发使得人才流动成为可能，并提供了制度上的保证。

（五）免税和免除兵役权

在中世纪，大学拥有保障师生经济支付能力及闲暇时间的免税和免除兵役权，进而保障师生能够专心致志地学习和研究，这是大学拥有确认知识合理性或合法性权力的另一种表现。欧洲中世纪的税收名目繁多而且繁重，税收的主要负担者是平民和农民，贵族和教士不必纳税。事实上，在中世纪大学中，师生普遍具有教士的身份，有时候在谈到大学生时，"教士"和"学生"通常会被看成同义词，即大学的师生也逐渐享受到了贵族和教士的待遇。例如，1340—1341 年，菲利普四世（Philippe Ⅳ）对巴黎大学颁布的一份特许状中规定："我们授予前述（巴黎）的教师和学生，现在大学的和今后要到这个大学的学生，或真正地准备着要来的学生，不论是留在大学里或回家的人们以下述权利……任何俗人，不论他们的地位如何，也不论他们有多大声望，不论他们是平民、是高级长官或执行官，对前述教师和学生不得进行打搅干扰，或擅自用其他方法进行敲诈勒索，不论对他们人身、家庭或财产都是一样，不准以捐税、地方税（封建制下的一种特殊税收）、关税以及人头税或其他形式的苛捐杂税为借口，不论他们本人是上大学，或真诚地准备要上大学，或

---

① ［美］E.P. 克伯雷：《外国教育史料》，任宝祥、任钟印译，181~182 页，武汉，华中师范大学出版社，1991。

回自己的家，都一样对待。他们的学生身份，将由正式的宣誓被确认。"①在1385 年海德堡大学成立时，鲁伯特一世(Rupert Ⅰ)在授予该大学的特许状中，也赋予该大学的师生类似于巴黎大学享有的特权。"我们准予教师和学生，……在我们所属的土地上自由往来，其所携带求学所需要的一切东西和生活所需要的一切物品都免除捐税、进口税、租税(封建君主及领土课的税)、监务税以及其他所有苛捐杂税。我们希望他们或他们中的一个人在购买粮食、酒类、肉、鱼、布匹以及为维持他们的生活和他们的地位所必需的一切东西时都免除上述的税收。"②

在中世纪，大学师生不仅获得了免税的权力，而且获得了免除兵役的权力。这项权力不仅指战争时不需要服兵役，还包括无须承担城市防卫的义务，旨在让大学师生能够心无旁骛地从事教学和研究工作。例如，菲利普四世的特许状中规定，除非危险即将来临，否则大学所有成员都免除各种巡查和放哨的义务。而对于危险时刻的解释则不尽相同。例如，1448 年，查理六世(Charles Ⅵ)在关于奥尔良大学的诏书中指出，除非敌人在十里格以内，否则其成员不必拿起武器。1577 年，亨利三世对普瓦提埃大学明确指出，敌人在五里格内算是危险时刻。③ 意大利的大学虽然也有免除兵役的权利，但是其范围没有法国那样广泛，只是大学中学位高的学者享受该项权力，如费拉拉大学 1264 年的一条章程将兵役豁免权授予了法律、医学和文学的博士。大学师生虽然有免除兵役权，但是有时候为了大学的荣誉，在城市遭遇威胁时，会自愿履行兵役的义务。例如，1356 年，当巴黎城被英国重重包围时，大学师生在校长的带领下武装护城；在 15 世纪，当普瓦提埃地区发生暴乱时，大学

---

① [美]E.P. 克伯雷:《外国教育史料》，任宝祥、任钟印译，176 页，武汉，华中师范大学出版社，1991。

② [美]E.P. 克伯雷:《外国教育史料》，任宝祥、任钟印译，175 页，武汉，华中师范大学出版社，1991。

③ 石广盛:《欧洲中世纪大学研究》，博士学位论文，复旦大学，2007。

师生向市政官员表示已有 500~600 名学生武装了起来。

此外，大学的特权不仅对教师和学生有效，还被扩展到了学校所有的"服务人员"（supposita），如敲钟人、订书人、图书馆员、低级职员、抄写员、登记员、装饰图书的人员、照明人、仪仗官、理发师、厨师、教师和学生的仆人、清洁工及往来的信使等。

（六）其他的特权

除了以上大学所获得的主要特权之外，大学师生还有其他一些特权，如大学具有制订内部规则的权力。大学具有校长选举权，通过教授会和同乡会一起推选的方式产生校长。教授具有参与国家行政管理权，如蒙彼利埃大学的法学教授在执教 20 年后可以成为伯爵，巴黎大学、牛津大学、剑桥大学等大学的教授在国会中占有固定的席位。1319 年，英王亨利二世授予教龄达 40 年的大学教师在他管辖的领域内享有同公爵、侯爵和伯爵一样在公共场合和私人场合携带武器的特权，而且有保留 4 个有武器装备的侍从或奴隶的特权。1412 年，都林大学享有这样的特权，即来此城表演的喜剧团必须送给大学 8 张票。在主显节，每个酒商都要送给大学一瓶白兰地，每个糕点制作者都要给大学做一张饼。在奥尔良大学，大学有权送 12 名学生去剧场免费看剧，也就是说每个同乡会去 3 个人，因为奥尔良大学有 4 个同乡会。在奥尔良大学，英王亨利四世（Henry Ⅳ）批准德国民族团可以佩戴剑和匕首等武器。1420 年，西班牙国王阿方索五世（Alfonso Ⅴ）授予巴伦西亚大学的博士和获得民法从业资格证书的人以骑士特权。在欧洲南部的意大利，大学里的许多博士都是俗人且已结婚成家，博洛尼亚大学的法学博士甚至试图使他们的地位成为世袭的，让后代可以继承父亲的教学职位。

中世纪大学拥有的这些特权，曾经是大学自卫最好的武器，对于大学初期的发展有过重要的贡献。但是从 15 世纪后期开始，随着大学财产和固定设施的增加，大学逐渐失去了迁移的可能性；再加上西欧各国政体逐渐趋向专制化，王权日益得到加强，到 16 世纪，欧洲大陆各国政府纷纷废除了中世纪遗留下来的地方性豁免权和阶级特权，大学的各种特权也随之消失了。

二、同乡会和教授会

大学在与校外各种力量博弈的过程中，获得了诸多特权，其中较为重要的特权便是自治权。自治权是指大学可以按照学术组织的要求，组建大学的内部结构，以期更好地传播知识和发展学术。自治权对于各地大学内部组织结构的发展有着重要的影响。由于中世纪欧洲各地区经济、政治、文化具有差异，因此各地的大学在组织结构上呈现出多元化的特征。中世纪大学的多元特征最主要的还是表现在以下两个方面：首先从大学行政的角度来看，中世纪的大学大致呈现出"学生大学"与"教师大学"两种类型；如果从学术研究和学科教学的角度来看，则又会区分为法学渊薮博洛尼亚、神学中心巴黎、人文大学牛津以及医学之城萨拉诺等不同类型的院校。① 无论是在学生大学还是在教师大学，其内部组织结构都有由学生组成的同乡会、由教师组成的教授会等组织结构要素。

(一)同乡会

同乡会是中世纪大学中由学生组成的一个严密的组织，可能是在博洛尼亚大学首先形成的。大学之所以会形成同乡会，是因为大学生具有自我保护的需要。在中世纪，大学的数量不多，只有少数城市有大学。可供学生选择的机会也不多，当时年轻人对于知识的热情推动了他们奔向大学。这样一来，当时仅有的大学中，不仅有全国各地的学生，还有大量的外国学生，而且人数众多。大量的学生聚集在一起，年龄不同，境遇不同，国籍也不同。来自相同国家或地区的人自然会有一种亲切感，他们由于交往较多而逐渐住在一起，以至于最后形成了一个团体。

---

① 邓磊：《中世纪大学组织权力研究》，博士学位论文，西南大学，2011。

在博洛尼亚，受伊尔内留斯的影响，大批学子从世界各地来到这个地方学习法律。这些年轻人由于不属于本地，因此无法获得当地法律的保护。这些学习法律的学生便仿效城市里其他行会组织形式，组成了学生行会。这些学生行会是按照学生的地域来源而组建的，所以被称为"同乡会"。学生组建同乡会的目的是致力于（行会成员）亲如手足、和睦相处、互帮互助、救危济困、消怨解愁、安葬亡者、护佑博士学位候选人往来考试所在地以及提供更高层次的精神慰藉，其主要行使的是互助、保护、娱乐和宗教的职能。① 博洛尼亚的同乡会产生于 12 世纪末 13 世纪初。在来自各地的学生组织中，来自德意志的学生出于彼此帮助和共同协作的目的创建了正式的社团组织。不久之后，来自其他国家和地区的学生组织以德国学生行会为核心，以依附的方式逐渐形成了自己的社群。最初，博洛尼亚大学有 4 个同乡会，它们分别是伦巴底（Lombards）同乡会、教皇权利主义同乡会、托斯卡纳（Tuscans）同乡会和罗马（Romes）同乡会。② 这些同乡会下面又分为更小的团体。大约在 13 世纪中叶，这些同乡会开始合并，组成了两个联系密切但区别明显的学生大学：一个是阿尔卑斯山以南的大学（山南联盟），这是由来自意大利半岛的学生组成的；另一个是阿尔卑斯山以北的大学（山北联盟），这是由非意大利的学生组成的。每一个大学都选出一名学生作为自己联盟的领导者，他们被称为"校长"（Rector）。这两个学生联盟仍然按照更小的地理区域划分为各种同乡会。"山南联盟"最初由三个同乡会组成，即伦巴底同乡会、托斯卡纳同乡会和罗马同乡会，后来这些同乡会被分割为较小的区域团体。到 1432 年，这些团体数量达到 17 个，每个小团体选举一或多名顾问。"山北联盟"包括更多的同乡会，1265 年有 14 个，1432 年有 16 个。博洛尼亚大学的医学和文科的学生最

---

① ［英］海斯汀·拉斯达尔：《中世纪的欧洲大学——大学的起源》，崔延强、邓磊译，114 页，重庆，重庆大学出版社，2011。

② ［英］海斯汀·拉斯达尔：《中世纪的欧洲大学——大学的起源》，崔延强、邓磊译，111 页，重庆，重庆大学出版社，2011。

后被细分进四个同乡会：山北联盟、伦巴底同乡会、托斯卡纳同乡会和罗马同乡会。到 14 世纪的时候，博洛尼亚的两个学生大学虽然名义上还是两个大学，但事实上它们有一个共同的章程，举行共同的集会，甚至有共同的印章。除了没有共同的首领外，两个大学实际上已经融合为一个整体了。

巴黎大学的同乡会出现在 12 世纪晚期和 13 世纪早期。巴黎大学包括四大系科(或教师团)——神学、法学、医学三大高级系科及人文这个低级系科。其中人文系科根据教师和学生的原籍和语言自然组成了四个同乡会，分别是法兰西(French)同乡会、诺曼底(Norman)同乡会、庇卡底(Picard)同乡会和英格兰-日耳曼(England-German)同乡会。这些同乡会是文学学科部的基本组成单位，教学、辩论、考试都是在同乡会中进行的，由常任教师来管理。每个同乡会选举一名会长作为其首领，有自己的章程、财产、印章、集会地点和斋日等。不过，在当时的巴黎大学，同乡会的界限划分并不是非常严格，也不是来自每个民族的学生都有各自的同乡会。有些地方来学习的学生很少，难以组织起来，只能加入其他的同乡会，这也体现了早期巴黎大学的国际性。此外，与博洛尼亚大学不同，巴黎大学的教师同乡会里既有外国人，也有本地人，虽然医学、法学、神学等高级学科没有建立同乡会，但是正在进修高级学科的文科教师都被看成文学系科同乡会中的会员，一直到取得高级系科的博士或硕士学位为止，这也说明了人文系科在巴黎大学的地位。在早期，每个同乡会选出一个会长(Procurator)，由四个同乡会选出校长，每个同乡会一票，校长是四个同乡会中的领导者，后来随着教师团的出现，校长也成了其他三个高级系科教师团的领导。每个同乡会都独自行动，只有在全体大会时由会长作为代表参加。每个同乡会都有自己的规则，财政收入和支出也由各同乡会自己决定。因此，同乡会之间矛盾不断。1266 年，因为校长的选举问题，巴黎大学几乎发生了分裂，最后解决矛盾的办法是选出两个校长：一个是法兰西同乡会的，另一个是其他三个同乡会的。

为了保护自身的利益，约束成员的行为，博洛尼亚大学和巴黎大学的师生组成了同乡会，其他后来的大学纷纷效仿。例如，帕都瓦大学有 22 个同乡会；1338 年蒙彼利埃大学有 3 个同乡会，其中每个同乡会又分为中等及小型的集团；奥尔良大学有 10 个同乡会；普瓦提埃大学和布拉格大学各有 4 个同乡会。

同乡会虽然数量不一，组织形式也不完全相同，但是都反映了一种相互结合的形式与特点。通过这种结合，它们对大学产生了重大的影响。随着时间的推移，同乡会为了争取更大特权的和势力，常常进行更大规模的联合。同乡会的首领每年选举一次，被称作"顾问"，其职责是代表本行会全体成员行使某些权力，维持本行会权力并约束行会成员的行动。每一个同乡会都有自己的标志、印章、规则和经费来源，经由同乡会的首领推选的人组成大学评议会，代表各同乡会的利益，直接参与大学的行政管理，这对于维持大学正常的教学秩序、保证大学的正常运转，都有着重要的意义。但是，同乡会的存在妨碍了民族间的融合和交流，从而使得大学里各国学生的界限始终很清晰。同乡会之间常常矛盾重重，甚至两个分属不同同乡会的学生个人间的矛盾有时候会上升到两个同乡会之间的冲突。

（二）教授会

教授会（Faculty），顾名思义，是一个教师团体，中世纪大学中教师联合成的专业行会组织。Faculty 一词源自拉丁语中的 facultas，本意是才能，即教授某种科目的能力。其最早的意思更接近于学科，指某一个特定的学问分支，如 1251 年牛津大学出台的一项规定中提到"神学、教会法学、医学、人文、语法"后，说道"在上述学科学习的人"。但是当中世纪大学中教师团形成后，由于教师团是根据教授的学科进行划分的，因此该词逐渐被理解为致力于教授某个特定主题的学术群体或组织。中世纪大学中，一般来说有人文系科（faculty of arts）、法律系科（faculty of law）、医学系科（faculty of medical）、神学系科(faculty of theology)四个教授会或教师团。这四个教授会或教师团出现的时间先后不一。其中,神学教师团或教授会出现最早,时间大约在1260年,起因是1257年,亚历山大三世提出大学对所有的宗教团体开放的要求,该要求受到神学教师的拥护,但遭到人文教师的反感(他们认为神学家是入侵者),于是神学教师决定脱离人文专业,组成自己的教师团。法学教师团直到13世纪才有自己的印章;医学教师团直到1274年才有自己的印章,它的第一个主任产生于1265—1268年。至此,到1275年时,在经过长期的发展后,巴黎大学终于形成了四个同乡会和四个教授会。当然,在当时的大学中,并非所有的大学都有以上四个教师团,完全拥有这四个教师团的只是少数大学。虽然教师团在中世纪大学中是一种普遍现象,但是对这个组织所用的名称却不同。例如,博洛尼亚大学不使用faculty,而使用college;在意大利,有些大学使用university来称呼该组织,有的地方依然保留着其学科最初的含义。

教授会形成后,其内部实行自治的形式。每个教授会发布各自的命令,规划自己的课程,召集私下的聚会,有权颁发本学科的教学许可证,决定本学科的教学规则和学生纪律,参与会商大学的重大事务。每个教授会均推选一位"主任"(decanus)为该会在大学组织中的代表。只有高级的教师团才有自己的主任,人文专业教师团的主任由校长兼任。1267年和1268年,巴黎大学分别出现了法学和医学教师团的主任;1290年,首次出现神学教师团的主任。神学教师团的主任通常是世俗教师中年龄最大的;法学教师团根据资历从教师中选择主任;从1338年起,医学教师团可以自由选举一位任期两年的主任。主任的作用非常重要,是该团体的实际管理者、集会的主持人,同时也是大学议会的成员。教授会逐渐成为实施专业教育的教学组织单位,是大学的基本教学机构。该词后来被译为学科或系、院。

三、学院

到中世纪后期,随着国家意识的增强及各国家大学的建立和发展,大学国际化程度降低，大学间相互交流的机会也逐渐地减少，同乡会组织也就逐渐失去了其存在的基础，其教学和行政管理职能为后来的系和学院所取代。

中世纪大学的学者不受国籍的限制，游学、迁徙频繁。当时的大学都没有宿舍，因而住宿无疑成为一个大学首先需要解决的问题。当时大学解决住宿问题主要有三条途径：一是在旅馆或居民家租一间房间单独居住，二是把整栋房子都租下来与仆人同住，三是住在寄宿舍里。就当时的住宿情况来看，除了那些非常富有，或非常贫穷及非常不喜欢交际的学生外，寄宿舍向所有学生开放，成为最常见的住宿类型。在中世纪早期，学院和寄宿舍难以区分，有着千丝万缕的联系。最初的学院主要是为无力承担食宿费用的学生提供膳食的。来自同一地区或学习研读同一学科的师生共同生活在捐赠的房子里，组成了自治或半自治的教师和学生社团，这就是学院。

最早的学院出现在 12 世纪末期的巴黎大学。1180 年，一位英国教士花钱购买下了巴黎圣母院主教座堂附近一个慈善会馆的一间房子，将其捐赠给 18 名贫困的学生永久使用，这间房子被称为"十八人学院"（Collège des Dix-Huit）。在法国，较为著名的学院是索邦学院。1257 年，法王圣路易九世的忏悔教士罗伯特·德·索邦（Robert de Sorborn，1201—1274）为已经获得文科硕士学位，但是还想继续学习神学的学生建立了索邦学院，招收专攻神学的贫困子弟。学院最初有 16 名学生，后来成员发展到了 36 人。由于巴黎大学以神学为主要学科，因此到 16—17 世纪时，索邦逐渐成为巴黎大学的代名词。英国的高等教育因学院制而闻名于世。英格兰的学院大体上出现在 13 世纪下半期。在英格兰，学院是一个自治的、自我管理的法人团体，有稳定的捐赠，有自己的章程、特权和共同印章。13 世纪和 14 世纪，英国的牛津大学有两种重要的学院。一种是修士学院。第一所修士学院是于 1283 年建立的格洛斯特（Gloucester）学院，是为 13 名来自格洛斯特的圣彼得修道院的修士建立的，后来也对来自整个坎特伯雷教区修道院的本笃会修士开放。另一种是个别捐赠者建立的世俗学院。其中最早的也是影响最大的是默顿(Merton)学院。默顿学院创建于 1263 年，创建者是温彻斯特的主教、亨利三世的大法官沃尔特·德·默顿(Walter de Merton)。大约在 13 世纪中叶，默顿大法官在萨里的莫尔登(Maldon of Surrey)为其 11 名年轻的亲属购买了一些地产，以支持他们在获得硕士学位后继续学习神学。1264 年，默顿为该学院制定了第一部规章，并将其在牛津购置的地产称为默顿学者之家(House of Scholars of Merton)。规章规定学院人数不能超过 20 人，创建者的亲属和属于温彻斯特教区的学生享有优先入学的权利。学生在学院里共同生活，穿着同样的衣服，并且每年还可以从学院领取 40 先令的津贴。默顿的全体成员共享财产，遵守共同的规章制度，并且拥有共同的学习目标，组成了一个自治的独立世俗社团。默顿学院模式后来几乎被牛津所有的学院效仿。

学院最初并不是一个教学机构，而仅仅是为学生提供住宿的地方。随着大学的不断发展，规模的不断扩大，尤其是学生人数的不断增加，学院逐渐演变为大学教学活动制度的基础。学生在这里不仅能找到吃住的地方，而且能找到他们所要求的教育。例如，博洛尼亚大学的基本制度为："教师拥有考核求职者资格的权力，教师对求职者进行考试、发放证书或者制定公共试用期；求职者考核通过后，就可以被接纳入民事或宗教法学院工作，接纳就职仪式需要全体人员参加，协会领导人授予本协会的标志证书。"[1]

到中世纪后期，伴随着大学的不断扩张，大学经费增多，膳宿条件改善，逐渐有了自己的固定建筑。14—15 世纪，许多新学院建立。1300 年之前，巴黎大学设立了 14 所世俗性质的学院，14 世纪设立了 36 所，15 世纪又设立了 12 所，到 1500 年时，学院多达 68 所；牛津大学到 1500 年时已有学院 10 所，剑桥大学有学院 13 所。[2] 英国的牛津大学和剑桥大学至今依然以其独特的"学

---

[1] 宋文红：《欧洲中世纪大学：历史描述与分析》，博士学位论文，华中科技大学，2005。

[2] 宋文红：《欧洲中世纪大学：历史描述与分析》，博士学位论文，华中科技大学，2005。

院制"和"导师制"闻名于世。

四、教会代表和大学校长

在宗教氛围浓厚的中世纪，虽然大学在与教会的博弈中具备了内部自治的特权，但是，根据普通教会法，在巴黎大学产生前，只有巴黎圣母院的教会代表才有权颁发在巴黎执教的许可证。随后这样的权力扩大到了昂热和奥尔良等地。教会代表的主要任务是传达巴黎圣母院大主教的意见。他有着较大的资格，既可以认可或者否定教师教书的资格，也可以把作乱者开除教籍，甚至还可以把作乱者送入监狱。但是随着大学的形成与发展，教会代表的权力开始下降。1219 年，洪诺留三世指出，学生只要真有能力就可以拥有执教的资格，而无须顾及教会代表是否同意，同时还禁止教会代表在不取得教皇同意的情况下开除任何学生。1231 年，格里高利九世在其颁布的教会赦令中再次对教会代表的权力进行了限制。1252 年，巴黎大学从英诺森四世手中取得了拥有自己印章的权力，巴黎大学拥有了完全独立的地位。在中世纪，几乎所有的大学都有一位教会代表，有时候教会代表由教皇直接指派，如 1219 年，教皇洪诺留三世下达命令，在没有得到博洛尼亚大主教的同意及参加考试的前提下，任何人不得取得学位；1347 年，教皇克莱门特六世指派布拉格城的大主教担任教会代表的职务；在那不勒斯大学，由于该大学是由王权建立起来的，因此教会代表实际上是由王权指派的。中世纪大学中，既有教会代表，也有校长，这两者通常会为了谁该是大学中的最高权威展开斗争。虽然在两者的斗争中，胜利者通常会是校长，但是教会代表依然有着重要的权力，通常掌握着教师许可证的发放权。

在中世纪，每所大学都有校长，校长是大学内部选举产生的最高代表。大学最初的领导人可能叫 consul，后来又改为 rector，完整的称呼是 rector scholarium，即学者的领袖。中世纪时，在不同大学，校长的选举和身份是不同的。在博洛尼亚大学,由于其内部存在着教师和学生两个社团,而外界通常把这两者作为一个整体来看待,因此,学生大学选举的主要行政长官——校长也是学生。其校长候选人必须是学生,年龄在 25 岁左右,不能属于任何一个僧侣团。有的大学甚至规定,校长不能是僧侣,不能属于任何一个宗教团体,不能结婚,也不能是教师。巴黎大学作为一所教师型大学,其校长通常与同乡会有关。最初每个同乡会都有一位会长,归一个受董事会管辖的代表(prokuror)领导,四个同乡会的共同领导者被称为校长。由于巴黎大学人文学科人数众多,此时高级学科还没有自己的首领,因此,到 13 世纪末,人文学科的领导实际已成为大学校长了。但是,大学校长是由教授会的主任与同乡会的顾问共同选举产生的,只能行使受委托的权限,不得支使各团体,各个团体仍然享有自由独立权。巴黎大学大约从 1245 年开始出现校长。校长最初只能由人文系科教授担任,开始时每月改选一次,后来改为 3 个月选一次,16 世纪以后改为一年选举一次。选举的程序是先由各民族团的首领、各学院的院长参加,再由各民族团和学院选举出的代表参加。中世纪大学中,校长通常有许多特权。例如,在巴黎大学,校长有权召集和主持常务会议和特别会议,在会上提出议题并最终决定;有权在人文系科专业的全体大会的休会期间帮助各个同乡会的会长处理紧急事务;有权设立法庭,审判大学里的纠纷;有权处理一部分从学生那里收取的用于人文专业日常开销的钱。在意大利的大学中,校长的权力更多。例如,在博洛尼亚大学,校长不仅可以对学生进行民事审判,而且可以进行刑事审判;可以对学生进行罚款或开除学生;有权主持各种考试以及学位颁发的仪式;有权调停和解决师生之间的矛盾。在中世纪大学中,总体来说,因为任期比较短,往往只有几个月的时间,所以校长难以建立起自己的权威,其所发挥的作用并不如想象中的那么大。此外,校长的薪水也不高,如在帕都亚大学,校长的收入开始是 50 杜卡特

（ducat），后来是 60 杜卡特或者是 100 杜卡特。①

五、教师和学生

在 12 世纪，教师被称为"magister"，即手工业的师父、工厂的领导。在法国社会学家涂尔干（Durkheim）看来，当时教师的"处境与其他某种手艺或行业里的师傅们并无不同，也是通过从事同样的职业来谋生，也要为确保自身存在下去的权利而被迫奋争。因此，他们必然要以同样的方式，将自己组织成一个法团"②。由此可见，中世纪大学是效仿中世纪时期手工业等行会的形式组成的学者行会，教师和学生的关系就像师父和徒弟的关系。从词汇学的角度来看，中世纪时期，与大学教师有联系的词主要有 master、doctor、professor，这三个词几乎没有什么意义上的区别。在巴黎大学及其衍生出来的大学里，神学院、医学院和人文学院通常使用 magister，professor 一词也常被使用，而 doctor 使用不多。在博洛尼亚大学，法学社团教师尤为喜欢使用 doctor，他们也喜欢用 professor 或 domini，使用 magister 的不多。教会法学院的法规中，使用 doctor 一词的较多。但是到 15 世纪，称呼大学教师的词发生了些许变化。例如，在英国，doctor 被用于所有卓越的学院，magister 被用来称呼低等的人文学院和语法学院的教师；在意大利，doctor 从法律学院流传到了其他学院；在德国，人文学科的 master 仍然被称为哲学的 doctor，德国的毕业证书上有"哲学博士和文科硕士"这样的头衔。

在早期的中世纪大学，教师的任教资格没有严格的限定。在博洛尼亚大学，只要能招到学生，并找到教学地点，任何学者都可以进行教学；在巴黎，只要大教堂学校的首领——圣母院的司法官批准即可任教。随着大学的不断

---

① 石广盛：《欧洲中世纪大学研究》，博士学位论文，复旦大学，2007。
② ［法］爱弥儿·涂尔干：《教育思想的演进》，李康译，111~112 页，上海，上海人民出版社，2003。

发展，中世纪大学逐渐建立起了教师资格制度。大学将相当于一种美德和才能证书的授课资格或执教权(licentia docendi)授予各成员。在中世纪，获得教学许可证的前提是取得学位。硕士学位与博士学位的取得年限是一样的，差异是博士要经过一场公开的考试。据法国学者勒戈夫考证，博洛尼亚大学的学生要通过两次考试才能获得博士学位。首先是个别考试，通过后再进行公开考试。学生首先要申请参加考试的资格，向副主教宣誓自己达到了章程所规定的需求，经过评审团的考查，具备考试资格后才能在一周后参加考试。考试内容是文献评注，考生研读两份文献并对文献进行评述，向考官宣读自己的评注，然后由考官提出问题，学生口头解答，教师投票表决考生是否通过，如果获得了多数同意就进入公开考试阶段。考生将在教堂以教师的身份为"学生"进行法学方面的演讲和报告，然后解答"学生"提出的问题。如果考生的教学水平得到了考官的认可，那么学生就能得到副主教授予的大学授课许可证，也就是能成为一名真正的大学教师。在最初的大学里，博士、硕士与教师几乎是同一含义，而且巴黎大学、博洛尼亚大学和牛津大学的教师(硕士和博士)具有到任何地方任教的资格，无须参加考试。其他大学后来也逐步接受了这些原型大学建立起来的传统。

中世纪大学分为教师大学和学生大学两种。在这两种类型的大学中，教师的地位不尽相同。教师型大学的代表是巴黎大学。在这类大学里，一切与教学相关的规章制度和活动都由教师自己安排，学校按照籍贯将教师和学生分配为不同的团体，大学的管理权由教师行会掌控。学生型大学的代表是博洛尼亚大学。这类大学是基于学生行会而建立的，因此大学中的大小事务，如学费、学时、教学模式、财务管理、人事任免等，其决定权都掌握在学生手中，学生完全可以不服从教师，教师必须被迫宣誓效忠学生大学的校长，遵循大学规定的规章制度，否则将被禁止教学、剥夺收入，无权在大学大会上投票的教师会被开除出学校并失去特权；教师可能随时被执仗官打断讲课，被传唤面见校长，或者对学生宣读校长声明或学生大学的新章程，这些都是在不征得教师同意的情况下进行的，教师只能服从；教师被明确禁止"随意度假"，学生必须检举偷懒的教师，否则将受到处罚；教师若请假，首先要得到学生同意，然后争取院长和会长的批准，若打算外出离开所在的市镇，必须付一笔押金以确保能够返回。

在中世纪最初的大学里，教师一般是修士，通常是不能结婚的。大学也有要求师生独身的校规。早期的大学是自发产生的，尤其是在一些原型大学里，师生一般不受不能结婚的束缚，随着教会介入大学后，才有了师生不能结婚这样的规定。在意大利以北的西欧，教授独身的规定执行得比较严格，如果违规，教授就会失去教授的席位，学生也会失去获得学位的资格。但是，随着皇权势力的增强，大学的世俗化发展和世俗教师的增多，在中世纪大学发展后期，师生不能结婚这条规定逐渐变得宽松起来。

中世纪大学的教师生活在城市里，无论是食宿、衣着、装备，还是使用的书籍等，都需要花钱购买，因此中世纪大学教师的物质生活成了一个问题。当时，教师薪资的来源主要有两个：一是教会的薪俸；二是工资收入，主要包括学生的学费、地方当局或封建王侯支付的工资及赞助者的捐款。从中世纪大学教师的收入来看，他们的收入普遍比较低，而且教师之间的薪水差别较大。在15世纪的费拉拉大学，教师的收入为25～800里尔，工资的数目往往取决于教师和学生订立的合同。"对15世纪帕维亚大学情况的研究表明，30%至50%的教师每年的收入不到50个金币(florins)，而这样的收入并不比当地一位干体力活的工匠的收入高出多少。毫无疑问，教师们就需利用各种方法来增加自己的收入。他们被免除了城市社会其他成员应缴的税赋。尽管如此，这种收入水平尤其在文学院教师当中相当普遍，与城市阶层所拥有的报酬相比，他们的这点薪酬是远远不够的。比这些低收入的文科教师高的是一些年收入在50到200个金币的教师。这些教师的收入或许相当于一个市镇中层官员的收入。大约有 20% 的教师年收入在 200 至 600 个金币，可以与市镇当局高层官员并肩。只有 5% 的教师，主要是知名的法学家和医生，其收入可以达到 600 至 2000 个金币，能够过着奢侈的生活。显而易见，对于帕维亚大学大多数教师而言，教学的薪酬是微薄的。……在 15 世纪的鲁汶大学，最初教师的平均收入介于 150 至 200 个金币，后来降低到 100 至 150 个金币，这说明报酬的平均值仅仅是中等收入而已。"①

中世纪大学的学生是当时大学中的另一个重要的组成部分，在大学中占有重要的地位。中世纪早期的学生没有现代意义上的学籍，他们可以根据自己的探究兴趣和需要，自由地云游求学，周游遍布欧洲的各个大学和各地的小酒馆，追求一种漫游、闲逛的学者生活。他们常常独立与教授订立雇佣和支付教师报酬的协定。中世纪大学的学生没有严格意义上的入学考试，但凡是想要进入大学的学生，需要具有一定的基础，这就是在文化上要具备一定的阅读以及写作能力，其中最为主要的要求是阅读、写作及理解拉丁语的能力，因为在中世纪的欧洲大学里，拉丁语是教学语言，而且被规定为日常使用的语言，当时的书籍也是用拉丁语写成的。在 13 世纪以前，懂得拉丁语与受过教育是一回事。新入学的年轻人首先需要在大学中给自己找到一位教师。例如，在巴黎大学，如果没有一位特定教师的话，任何人都不能成为学生。这是为了防止有人冒充学生骗得学生的特权。一个人如果来到大学后的 15 天内没有找到教师，或者没有让自己的名字被记录在其教师的学生名录上，就不能成为学生。1276 年，主教艾黎(Ely)用命令的方式使该规定具有了强制力。鉴于巴黎大学人文专业的学生太多，学校根本不知道学生的名字，也无法区分哪些学生是合法的，哪些是不合法的，巴黎大学在 1289 年出台了入学注册制度，要求教师发誓将学生的名字记录在学生名录上，而且要对学生加

① [英]艾伦·B. 科班:《中世纪大学: 发展与组织》，周常明、王晓宇译，222~223 页，济南，山东教育出版社，2013。

以指导。这种入学登记规定要由助理员在所有教师面前宣布，校长要记录所有学员的名字，并且标明其是贵族、穷人还是教士。学生在找到教师后，与教师交流和沟通。教师满意并将其注册后，他就是一名真正的学生了。而后教师会带着学生去见校长，以便能够得到校长的认可。见完校长后，新生还要去自己所属的同乡会，拜见老生和同乡会会长。

在拜见了上述各种人等之后，大学新生还要参加一种被称为革除礼（depositio）的入学仪式。革除礼一词的来源是 depositio cornuum，意为"去掉牛角"。这种仪式的意思是，从乡下来的新生是一些未经教化的野兽，危险又粗俗不堪。在被新家园的优雅社团接受之前，他们必须先行革除或清扫仪式，清除身上粗俗的习气甚至是野蛮的兽性，使自己从野蛮到开化、从粗野到文明，成为和其他同学一样的人，从而为课程的开始做好准备。革除礼后是晚宴，晚宴的费用通常由新生自己负担。在博洛尼亚大学，这笔费用按规定是 12 索利迪，参加晚宴的人几乎是同乡会的所有成员。这笔费用对于贫困学生而言无疑是个沉重的负担，一些大学不得不出台规定对此加以限制。

中世纪大学的学生年龄实际上是 13~16 岁，有的学生甚至小于 13 岁。学生必须先在人文系科学习，用三四年的时间学习文法、修辞、逻辑，通过考试后获得学士学位，然后才能继续攻读医学、法学和神学。学士再花几年时间读完算术、几何、天文和音乐，就能获得硕士学位。中世纪早期大学里的学生既不是贵族子弟，也不是贫民子弟，大多是中产阶级的子弟。随着社会对知识的认同度的提高，听课的学生越来越多，来自社会各个阶层，尤其是穷苦学生为追求知识而充当仆役或乞讨的做法极为普遍。直到中世纪后期，人文系科引入大学的课程，贵族子弟才陆续进入大学。在中世纪，由于西欧北部地区世俗职业的律师及教会律师都是神职人员，而国王或主教或世俗权贵奖励给为其服务的人员以圣俸的职位或住宅比大笔的酬金更为便宜，因此对于牛津大学和巴黎大学的毕业生来说，获得一份神职是他们终身的归宿。

而对于与西欧北部不同且世俗性稍强的西欧南部的大学毕业生而言,意大利的民法学位是通向每一种世俗公共职位的通行证,医学学位是从事医生的保证。

六、办学经费来源

中世纪大学是由教师和学生组成的社团。最初大学既没有固定的资产,也没有校园,师生上课的地方或者是临时租借的,或者是某位慈善者捐赠的,重大的活动通常都是借用教堂活动场所。直到 15 世纪时,大学才拥有了固定的教室,结束了教师在自己的住处上课的历史。由此,早期中世纪大学只要解决好吸引并留住学生的问题,解决好教师的薪资及师生的住宿问题,就可以办学了。中世纪大学办学经费的主要来源有:城市资助、教产补助和学生的学费(其中有捐赠及赞助)。

在中世纪大学的办学经费中,支付教师的薪水是其主要的花费。在学生大学中,教师的薪水起初是由学生筹集的;在教会大学中,则是由教会出资。伴随着城市生产力的发展,财富的日益增加,大学影响力的不断扩大,13 世纪之后,城市当局开始重视大学。为了罗致知名的教师,城市开始出资支付教师的薪水。例如,1228 年,维尔切利城为了欢迎由帕多瓦大学迁徙而来的师生,与他们签订了一份合同。按照合同,维尔切利城为教授提供薪金,其金额相当于两个学生和两个市民的生活费用。1348 年,佛罗伦萨为了聘请优秀的教师,每年拿出 2500 弗罗林用于维持学校。博洛尼亚更为慷慨,据说用城市税收的一半——约 2 万金币支付教授的薪金和其他教师的费用。[1]

在中世纪大学中,学生并非都是富人家庭的子弟,很多学生处于贫困的境地。针对这种情况,教会尤其是教皇认为理应资助神学和人文系科的师生。

---

① [美]E.P. 克伯雷:《外国教育史料》,任宝祥、任钟印译,177~178 页,武汉,华中师范大学出版社,1991。

教皇亚历山大三世在 1179 年的拉特兰教廷会议上宣布了"教学无偿"的原则，该原则也被他的继任者沿用。为了鼓励学习神学的教士，洪诺留三世在 1219 年颁布的教令中要求，主教们应该选派有志者接受神学教育，教会章程要保证职员和学生学习神学，为教会培养神学教师；为了帮助教师和神学学习者解决所面临的生活困难，教师在讲授或研习神学的时候，可以连续 5 年享受神职俸禄，不必到任履行神职义务。1234 年，教皇格里高利九世在教令中指出，教会不仅要帮助教徒获得身体所需的食粮，还要为他们提供精神进步的手段，没有父母资助的孩子有权接受教育，教师的收入问题由教会赐予的领地，即牧师薪酬的方式解决。[①] 神职俸禄逐渐在一些地区成为人文系科教授主要的生活来源。由此，中世纪大学在 14 世纪发展出一种教会奖学金制度。每年大学各系科向教皇呈递一份需要资助的学生的名单，发放时既考虑学生的品行能力，也考虑其经济状况。一旦教会有带俸职位空缺，他们就可以在教皇的支持下申请。每位具有教士身份的学者都可以享受教产补助。此外，在中世纪，有些虔诚的牧师和垂危的病人会把自己的房产或固定收入捐献出来，定期对贫困学生进行资助，资金由捐款人自行管理；或者是一些垂危的病人留下遗嘱，设立基金为某个或更多的符合一定条件的学生提供一定的经济援助，将管理权和对获奖者的推荐权委托给亲戚或大教堂。资助是个人或社会直接向大学生提供临时性的资金或物质馈赠。这些资助既有来自国王的，也有来自个人的，还有来自教会慈善机构及城镇成立的社会福利机构的。

中世纪大学的学费是指学生与学校当局（教师）因为教学产生的相关费用。学费主要包括：一次性支付的注册费和其他一些杂费，如考试和学位费、课时费、书本费、膳食费等。

中世纪大学的注册费一般分为三类：第一类是每个学生都必须支付的"大

---

① 晏成步：《西欧中世纪大学学费探析》，载《现代大学教育》，2015(6)。

学入学注册费",第二类是学生所属学院的注册费,第三类是学生所属同乡会的注册费。在博洛尼亚大学,新生入学费用总计 12 古罗马币。此外,许多大学还存在一种"勒索"性收费,即老生要求新生必须缴纳"入门费"。中世纪大学入学注册费都不是太高,而且各大学也不尽相同,但是各大学在注册费上的共同特点是对相关条例的执行较为灵活。一方面,大学的章程明确规定,对那些有身份和地位者(特别是高级教会人士)要多收费,有些还要求他们提供各种捐助。多交费者或按校方要求及时交纳全部费用者,入学后便可以享受到更多的特权和好处。另一方面,校长可以根据有关情况决定是否免除学生的学费。通常校长会针对那些特困学生,根据"教会法"规定的特权免除其学费,当然,校长更愿意招收有特殊地位的权贵者和高级教士,他们的到来能够给大学带来很大声望和社会利益。大学虽然会对贫困学生实行救济和优惠,但是条件相对来说较为苛刻。

各个大学的讲课费不尽相同。一般而言,意大利大学的讲课费比较高,其他地区大学的讲课费相对较低。对于贫困的大学生来说,学校往往还会免收讲课费。最初,讲课费通常是由师生口头或契约商定。在一般情形下,教授会雇佣两到三名学生代表自己与学生组织商讨课程讲座的费用问题;有时候规模较大的学生组织也会直接自行制定讲座酬金,然后再去雇佣教授,需要支付的费用由集体内部分摊。至于讲课的酬金,师生双方并没有确定固定的价格和水平,即使是当时有影响力的教授,也会为了酬金与学生讨价还价。后来,大学章程里明确规定了学生需要缴纳的课程费。根据国王胡安一世(Juan Ⅰ de Castilla)于 1392 年颁布的法令,里斯本–科英布拉大学法学院富裕的学生应付讲课费 40 磅或里弗尔(Livre),中产阶级学生付 20 磅,贫困学生付 10 磅;其他大学由地方当局决定。此外,中世纪大学对不同课程有不同的教学安排,教师身份的不同,讲课费也不尽相同。资深教授承担主干课的教学任务,他们根据所承担的不同课程收取不同的课时费,部分教授还可能享受来自公共税金的俸禄。1405 年，博洛尼亚人文与医学大学的课程设置条例规定，一名大学生修完全部课程所需费用共为 1226 博洛尼亚索里达（合 61.3 里拉，约 40.87 金弗洛林），约占其四年总费用的 30.65%。因为讲课费太高，一些学生设法逃避交费，所以一位博洛尼亚法学家说："他们想学习，却不想交费。所有的人都想学习，但是没有一个人会交费。"①

在中世纪大学的学费中，考试费和学位费占了相当高的比例。获取学位的花费通常包括考试费和获得学位的庆典费。中世纪大学关于考试费的法令规定出现在 14 世纪上半期。到 15 世纪时，学生交纳考试费的现象已经普遍存在。在英国各大学，一名学生获得学士学位所需的费用大约相当于其一年的膳食费，或其年度花费的 75.2%，即 2 磅 9 先令 4 便士；在欧洲大陆地区的大学内，学生获得学士学位的费用大约相当于其年度花费。如果与当时的工匠收入相比较，在图卢兹大学，一个法学博士学位的开销与工匠 100~140 天的工资相等；在阿维尼翁大学，几乎达到工匠一年的工资薪资水平。② 由于当时的学费昂贵，因此中途辍学的人较多。一项研究表明，中世纪大学从入学读到"bachelor"的人只有不到四分之一，读到"master"或"doctor"的人只占四分之一。③ 通常情况下，学生在人文学院学习 2 年才能获得学士学位，再花 2 年半的时间才能获得硕士学位。如果硕士要想在神学院获得博士学位，至少还需要读 12 年的书；要想获得法学院或医学院的博士学位，也得要花 6 年的时间。最后能取得博士学位的人寥寥无几。尽管许多大学制定了相应的条例加以限制，但是仍然有众多的学生无法获得学位。

书本和纸笔是大学生学习的必需品。在书籍印刷和纸张广泛运用之前，书籍的价格相对昂贵，而且数量较少。针对这种情况，多数学生是通过租借

---

① 转引自黄旭华、盛世明、孙元：《中世纪欧洲大学学费政策》，载《高教探索》，2014(1)。
② 转引自晏成步：《西欧中世纪大学学费探析》，载《现代大学教育》，2015(6)。
③ 转引自黄旭华、盛世明、孙元：《中世纪欧洲大学学费政策》，载《高教探索》，2014(1)。

或者复制来满足对书籍的需要的。由于纸张和书籍的价格与质量会关乎学生和教师的切身利益,因此各大学纷纷制定了相关的条例,形成了教科书的租借、复制条例。大学往往规定文具商们应该严格按照大学的相关条例出租样本书以供学生复制,这样把书籍价格控制在一个基本合理的价位。结果书籍费和入学费一样,成了大学生预算中最少的部分。

早期的大学并没有固定的场所,教师在私人庭院或者租赁屋舍授课,外地学生只能租住在城市居民或教师家里。学者租住屋舍的租金一般由仲裁人和税务官共同决定,这样博洛尼亚、巴黎等地形成了通过大学和市民双方代表参加的委员会来商讨并确定房屋的价格的形式,学生根据自己的经济状况来租住不同的房屋。通常情况下,房租里已经包含了一定的伙食费。房主所提供的房屋往往取决于租金的多少。1368—1500 年,神圣罗马帝国的大学人文学院和神学院学生每人每年的食宿费大约是 12 弗洛林,后来增加到 20 弗洛林以上,这样的标准相对来说算是较低的(富裕学生的零用钱至少为 50 弗洛林)。除房租和饮食费用之外,学生的费用还包括购买衣服、鞋子、被单、个人洗漱和美容保洁等日用品,以及往返学校的交通费、书信往来的邮资、各种各样的休闲娱乐活动支出等。学生往往通过兼职,如做打字员或抄写员、教授的助手或者家庭教师等,来获得一定的经济收入,以应付沉重的生活开支。

七、中世纪大学的特点

中世纪大学从其产生之日起,便与中世纪其他教育机构有所不同,其中有的特点一直延续至今。这些特点如下。

(一)学术自由和大学自治

在大学发展的历史和现实中,学术自由和大学自治是两个既有联系又有区别的概念。学术自由主要是指大学师生教学或研究的自由,大学自治是指大学机构本身不受外来干涉而享有自主决定和管理内部事务的权利。1158 年，神圣罗马帝国皇帝腓特烈一世颁布一项保证学者安全的法令，规定学者在国内受到保护，对遭到任何不合法伤害的学生予以补偿。这是大学发展史上向学者保证其学术活动不会招致惩罚的最早的法令。1219 年，教皇颁布敕令，规定未经其许可，巴黎主教不得开除任何教师的教籍或学生的学籍。1361 年，法国国王释放了一名因被指控为异教徒而遭到监禁的学者。就大学自治来看，中世纪大学主要有两种典型的自治组织。一种以巴黎大学为代表，成立了以教师为主导的教授会。教授会有权决定学校的一切事务，包括教师的聘任、学生的录取、课程的组织、学位的授予和校长的选择等，欧洲北部，如英国、德国、瑞典和丹麦等地的大学基本属于这种类型。这也是国外大学"教授治校"的由来。另一种以意大利的博洛尼亚大学为代表，形成了以学生为主导的学生会。学生有权决定学校的一切事务，他们付给教授薪水，并制定关于教师的纪律。意大利、法国南部、西班牙和葡萄牙等地的大学多属于这种类型。上述大学的特权便是学术自由和大学自治的例证。当然，学术自由和大学自治通常都是短暂的，教会和世俗统治者常常对大学进行多方面的干预，以期能够控制大学。例如，法国国王 1437 年下令取消巴黎大学免税的特权，1445年下令免去巴黎大学的司法特权，1449 年下令取消巴黎大学师生罢课的特权等。

（二）宗教性和国际性

在中世纪上半期，西欧处于混乱的状态，基督教的修道院和教堂成了保存知识的唯一场所，僧侣取得了知识的垄断权。许多中世纪大学都是由天主教学校和修道院发展起来的。例如，巴黎大学是以巴黎圣母院为基础的，绝大多数教师是由僧侣担任的。中世纪大学的教学渗透着浓厚的神学精神，培养神职人员是大学的重要职责之一。由此可见，中世纪大学的宗教色彩非常浓厚，基本上是教会的侍女和附庸，继承和保留了教会的特点。中世纪大学

"是按照教会的独特生活方式去活动，特别重视教会的世界性质和国际性质。这是很自然的，因为大学，至少德国的大学，无例外地是在基督教会的土壤上蒙受天主教会的庇荫而成长起来的。教会的教义成了它们教学的基本原则，教会的通用语言也是它们的语言。大学的成员，无论教师或学生，多数都是享受'僧侣生活待遇'的在职人员或预备人员；大学讲座，至少在德国，多数都享有不必强迫居住寺院的僧侣的俸给。因为大学具有教会和宗教团体一样的国际性质，遂使教师和学生养成乐于到国外居住的习惯和勇于冒险的精神"①。鉴于教会具有国际性，中世纪大学在某种程度上又承担着教会的功能，因此中世纪大学也具有国际性。再者，大学是以存储和传播知识为目的的，它所招收的学生、聘请的学者都超越了地区和种族，没有国籍和地域的限制，游学的风气又十分盛行，教师和学生可以到世界各地区游学。例如，博洛尼亚大学的学生根据生源地的不同，分为伦巴底人(Lombard)、托斯卡纳人(Tuscans)、罗马人和信奉教育集权的人(Ultramontanes)四个民族团(Nations)；巴黎大学是由四个同乡会组成的。随着大学的不断发展，中世纪大学的宗教性逐渐减弱，国际性一直保留至今，并成为衡量大学的水平和影响力的重要尺度。

(三)职业性和实用性

中世纪大学是不同于教会学校的一种职业或者专业性质的教育机构，为满足世俗和教会的管理及统治等多方面需要培养人员。大学的人文系、医学系、法学系和神学系等系的毕业生在各级国家机构或教会机构就职，有的担任政府的主要官员、王室的顾问和牧师、主教、修道院院长、教会团体的领导等；有的担任世俗和教会法庭的法官、议会成员、高级官员、大教堂的牧师和名誉牧师、主教和副主教及贵族家庭中的各类职务；有的在低一级的职

---

① [德]弗·鲍尔生:《德国教育史》，滕大春、滕大生译，18页，北京，人民教育出版社，1986。

业中，就职于公共的公证机构，担任学校的校长、教区牧师、附属小教堂牧师、家庭教师等。① "从一开始，中世纪的大学就是依据功利性的社会需求而运作的。的确，在12世纪和13世纪，有一种流行的观点，即学术职业是社会中与众不同的职业，专攻某种专业技能并且不受世俗纠缠的困扰。……其功利性的原则在很大程度上代表着中世纪大学和社会的关系。"②中世纪大学的课程更是体现了其实用性或职业性的特点。

（四）民主性和平等性

中世纪大学是个相对民主和平等的教育机构，这和中世纪社会等级森严的特征是相悖的。中世纪大学组织建立的目的在于保障团体每个成员和团体本身的利益。这决定了其成员之间的平等权利。大学内部没有特权阶层，教师人人有权竞选院长或校长。大学中没有绝对的权威，学生对教师和他们讲的课有不满的时候可以罢课或辞退教师（博洛尼亚大学）。中世纪大学的学生更多来自市民或农民家庭而不是贵族家庭，上大学成为平民子弟晋级到上流社会的一条重要途径。皮科洛米尼（Piccolomini）出身于一个破落的贵族家庭。他通过大学教育，最终成为教皇庇护二世。他在批准建立巴塞尔大学的信中说："学习科学有助于帮助出身寒微者向上发展，使他们成为贵族。"③中世纪许多学者闻名遐迩，但无人知道其出身门第，这和大学的民主气氛不无关系。

（五）行会性

从词义来看，英语中的 university 出自拉丁文的 universitas，其原意是行会，直到14世纪中叶，才被引申为为学习和研究某种学问而自愿组织起来的教师和学生的共同体。根据基尔特（Guild）的学徒制，中世纪大学创设了各种

---

① 转引自贺国庆：《中世纪大学和现代大学》，载《河北师范大学学报（教育科学版）》，2004（2）。

② ［英］艾伦·B.科班：《中世纪大学：发展与组织》，周常明、王晓宇译，260~261页，济南，山东教育出版社，2013。

③ 李伯杰等：《德国文化史》，58页，北京，对外经济贸易大学出版社，2002。

资格称谓，如 bachelor、master、doctor 等，并逐渐发展成为一种相互衔接的制度。这种管理制度演变为现在的学士、硕士和博士学位制度。

第三节 中世纪大学的课程与教学

就大学而言，其内部组织形式除了保证大学正常运转的组织形式之外，还包括机构内部教授的科目以及授课的方式等。课程、教学、考试及学位授予构成了中世纪大学学术生活的重要内容。

一、课程

课程的英文是 curriculun，源自拉丁语，意即跑道，是指学校的课业及其进程，也就是教学的内容和计划。课程是教育活动的核心，是实现教育目的的主要手段和载体。课程会随着社会的变化而变化。与现代大学相比，中世纪大学的课程要简单得多。

就中世纪大学课程的总体情况来说，从 11 世纪到 12 世纪中期，主要沿袭古希腊(特别是古希腊后期)和古罗马的教育内容。从 12 世纪末期开始，经由这一时期的翻译运动，中世纪大学的课程发生了一定的变化，古典时期的希腊教育内容、阿拉伯世界的文明及阿拉伯世界的哲学与科学内容逐渐进入中世纪大学的课程。到 13 世纪初，大学规程或者教皇敕令将欧洲中世纪大学的课程内容逐渐固定了下来。随着知识的发展、教材的增多和流通，中世纪大学的课程逐渐形成了适合普通教育的文科课程和专业教育课程两种。文科课程通常是基础课程，其内容主要是"七艺"，即文法、修辞、逻辑、算术、天文、几何及音乐，高级学院(神学、法学、医学)开设神学、法学、医学等专业课程内容。"七艺"是中世纪大学课程中的基础学科，是学习其他专业课程内容的先导。学生只有学习完"七艺"课程后，才有资格进入专业课程的学习。学生在修完语法、修辞和逻辑"三艺"后，通过考试，获得文学学士学位；然后研修哲学的全部课程及天文、算术、几何、音乐"四艺"，通过考核后取得文学硕士学位。只有取得了硕士学位的学生才有资格选择神学、法学、医学等学科中的某一科进行再深造。中世纪大学教育的普遍特点是职业性、技术性、实用性及宗教性，中世纪大学的课程也带有上述明显的特点，这种特点从当时大学开设的课程的受欢迎程度可以窥见一斑。当时大学课程中，最受学生欢迎的是民法，其后是教会法，最后才是医学。

早期中世纪大学大都是单科大学，如巴黎大学以神学科为主，博洛尼亚大学以法学科为主，萨拉诺大学以医学科为主。"七艺"是学习和研究这些学科的基础。随着大学的不断发展，大学中逐渐形成了文学院、神学院、法学院、医学院四个学院，神学院、法学院、医学院通常被称为"高级学科"，文科通常被称为"初级"学科。学生只有先进入文科学习"初级"学科之后，才能进入高级学院学习"高级"学科。

（一）文科课程内容

文科课程内容主要是为获得学士学位或升入高一级学科学习做准备的。这些课程不仅要提供升入高级学科学习的基础知识，还要通过论辩训练培养学生的思辨与推理能力。文科课程内容主要以"七艺"为主。中世纪的"七艺"可追溯到古希腊。古希腊时期，智者派在讲学的过程中创造了文法、修辞和逻辑，柏拉图在其《理想国》中提出了算术、几何、天文和音乐等课程。到罗马帝国后期，"七艺"已经成为学校的主要课程。罗马帝国时期的学者凯佩拉在其著作《斐洛洛吉与墨丘利的婚礼》(*The marriage of Philology and Mercury*)中，讨论了"七艺"的特点及其功用。中世纪理论家波伊修斯翻译了亚里士多德的著作集《工具》，奠定了中世纪大学"七艺"课程的基础，且将神学纳入此教育蓝图，进一步确立了神学作为人文学科的科学性地位。"七艺"课程的主要内容来自希腊、罗马时期的经典教育。12世纪后，阿拉伯文化传入欧洲并影响了欧洲文化，"七艺"的内容得以充实和发展，大学教学内容逐渐丰富。后来，人们对哲学产生了更大兴趣，又增添了哲学学科(包括自然哲学、道德哲学和形而上学)。9世纪，一位潜心研究"七艺"、古典著作和宗教典籍的学者、美因兹的大主教拉班(Laban，784—856)在他的《牧师教育》一书中对"七艺"的内涵做了这样的解说:①

　　文法是"一门科学，使人学会解释诗人和历史学家的作品；它是一种艺术，使人能正确地写作和说话，人文学科之本就在文法"。基督教学校之所以应该教授文法，是因为只有学会文法，才能理解演说词的意义和文字、音节的意思；才能掌握韵律的音步、音节和诗体的知识；才能懂得清楚的讲演、修辞语言的妙处、构词的规划和词的正确形式；以及《圣经》中的寓言、谜语和比喻等。因此，"文法是世俗的，但无不有价值，对文法宁可学会而且娴悉不已"。在12世纪之前，文法的主要教材是两种初级读本，即多纳图斯(Donatus)的《初级文法》《高级文法》和普利西安(Priscian)的《文法汇编》。

　　修辞是"日常生活中有效地利用世俗谈话的艺术"，修辞不仅与世俗智慧有关，而且对教会教育来说也并非无关。"不管传教者和神圣律法的预言者教诲时以哪一种口若悬河的方式，不管他们传教时知道如何用充足而启人的语言表达，这都归于他们对修辞的娴悉。……谁娴悉修辞，就能传布上帝的圣言，做一件有益的事"。13世纪时，巴黎大学的修辞学指定阅读的书是多纳图斯的《原始语法学》、波伊修斯的《修辞学概论》、西塞罗的《论题篇》和亚里士多德

---

　　① [美]E.P.克伯雷:《外国教育史料》，任宝祥、任钟印译，119~124页，武汉，华中师范大学出版社，1991。

的《修辞学》。

辩证法是"理解的科学，它使我们能很好地思考、下定义、作解释和区别真假。它是科学之科学，它教人如何教人，它本身也给人以知识"。"辩证法使我们懂得人生及其本源，通过它，我们认识善、造物主和造物三者的来源和活动。它教我们去发现真理，揭露谎言，教我们作结论。它向我们表明，在辩论中，什么是正确的，什么不是，它教我们辨认与事理相悖的东西。它教我们在争辩中区别现实性、可能性和虚假……因此，牧师应懂得这绝妙的艺术，并要长久地推敲其法则，以便能看穿诡辩者的狡诈，拒绝其谬论"。13 世纪时，巴黎大学辩证法的教材主要有亚里士多德的《工具论》以及波尔菲里的《亚里士多德范畴篇导论》。

算术是"可以用数字测定的抽象广延的科学，是数的科学"，"教父们规劝，热切学习文学的人要有算术修养，因为它很大程度上使思想从肉欲方面回转过来，并进一步唤醒人的愿望，使其能理解在上帝的恩助下，我们诚心接收的东西"。而且，"对数的无知，就难以理解《圣经》中有引伸意义或神秘意义的段落和句子"。在 13 世纪的巴黎大学课程中，算术的主要教材是尼可马霍斯（Nicomachus of Gerasa，约公元 60—100 年）的《算术引论》的改编本。

几何学"解释我们所观察到的各种形式，它也是哲学家常用的一种论证方式"。"几何学在建筑教堂和神庙方面也有用途。测杆、圆形、球形、半球形、四角形以及其他形体都运用了几何学。几何的全部知识给从事这一学科的人在精神和文化上带来不少收益"。在 13 世纪，巴黎大学推荐的几何学的阅读书籍是欧几里得的《几何原本》。

音乐是"关于音调中被感觉的音程的科学。……对音乐无知的人是不能以合适的方式胜任神职的。在教堂里，口齿清晰地读经和优美的唱赞美诗都是由音乐知识加以调节的。……通过音乐，我们能以最庄严的方式举行每一礼拜仪式。……因此，对一个没有音乐知识的人来说，众多的事物对他都可能是关闭的和隐藏的"。在 13 世纪，巴黎大学指定的音乐教材是波伊修斯的《论音乐》。

天文学是"说明天穹中星体的法则"的学问。"各星体只能按照造物主所确立的方式取得各自的位置或进行运行，除非根据造物主的意愿发生奇迹般的变化。……教士要努力学会建立在探索自然现象基础之上的天文学知识。探索自然的目的是为了确定太阳、月亮和星星的运行路线，也是为了准确地计算时间"。13 世纪巴黎大学天文学指定的阅读教材是托勒密的《天文学大成》、无名氏的《行星理论》等。

巴黎大学 1254 年规定的文学学士和文学硕士的指定书目如下。

内容分类	指定书目	著述人
"旧"逻辑	亚里士多德的《范畴篇》引论(入门)	波菲利尔斯
	《范畴篇》和《解释篇》	亚里士多德
	分论和论题篇(除第 4 卷)	波伊修斯
"新"逻辑	《前分析篇》《后分析篇》	亚里士多德
	《论诡辩式的反驳》	
	《论题篇》	
道德哲学	《伦理学》四卷	亚里士多德
自然哲学	《物理学》	亚里士多德
	《论天国和人世》	
	《气象学》	
	《论动物》	

续表

内容分类	指定书目	著述人
	《论灵魂》	
	《论生育》	
	《感觉与可感事务》	
	《睡与醒》	
	《记忆与回忆》	
	《生与死》	
	《论植物》	
形而上学	《形而上学》	亚里士多德
其他	《论六项原则》	吉尔伯特·波雷
	《非规范语言》（大文法，第 3 册）	多纳塔斯
	《文法》	普丽森
	《论原因》	科斯塔·本卢·卡
	《论精神与灵魂的差异》（《论原因》另一译本）	科斯塔·本卢·卡

资料来源：［美］E. P. 克伯雷：《外国教育史料》，任宝祥、任钟印译，183~184 页，武汉，华中师范大学出版社，1991。

莱比锡大学 1410 年规定的文学学士和文学硕士指定书目如下。

	内容分类	指定书目	修读时间
文学学士必读书目	文法	《普丽森文法》后 2 册	2 个月
	逻辑	论文（tractayus）（summulae）皮鲁斯·希斯帕纳斯	2.5~3 个月
		《"旧"逻辑》	3~4 个月
		《"新"逻辑》，《论题篇》除外	6.5~7 个月
	自然哲学	《物理学》	6~9 个月
		《论灵魂》	2 个月
	数学	《论物质世界》（萨克罗博斯科）	5~6 个月

续表

文学硕士必读书目	逻辑	《海蒂斯堡的逻辑》	
		《论题篇》(亚里士多德)	3~4个月
	道德和应用哲学	《伦理学》	6~9个月
		《政治学》	4~9个月
		《经济学》	3周
	自然哲学	《论天国和人世》	3.5~4个月
		《论产生和消灭》	7周~2个月
		《气象学》	3.5~4个月
		小自然(Parva Naturalia) (1)《感觉与可感事物》;(2)《睡与醒》; (3)《记忆与回忆》;(4)《长寿与短命》	2.5~3个月
	形而上学	《形而上学》	5~9个月
	数学	天文学:《行星学说》	5~6个月
		《几何学》(欧几里得)	5~9个月
		算术:《普通算术》(萨克罗博斯科)	3周~1个月
		音乐:《音乐》(约翰·穆丽斯)	3周~1个月
		光学:《普通透镜》(比萨的约翰)	3~3.5个月

资料来源:[美]E. P. 克伯雷:《外国教育史料》,任宝祥、任钟印译,184~186页,武汉,华中师范大学出版社,1991。

(二)法学课程内容

法学教育是中世纪大学教育的主要内容之一,法学科是欧洲中世纪大学中历史最悠久和影响最大的学科之一。法学科之所以重要,是因为满足了当时社会发展的需要,尤其是适应了城市运动对法律体系及法律人才的迫切需要。博洛尼亚大学是当时以法学著称的大学。到12世纪中期,博洛尼亚大学已经成为欧洲教会法和罗马法教学与研究最为重要的中心,培养了亚历山大三世和英诺森三世两位教皇。后来,巴黎大学、牛津大学、蒙皮利埃大学等也都开设了法学课程,法学教育在欧洲中世纪逐渐兴盛起来。

中世纪大学法学院在教学过程中使用的语言是拉丁语,但是从 13 世纪开始,一些重要的法律著作是用本国语撰写的,这些著作也会被用作大学的教材。当然,使用拉丁语与本国语进行法律教学和写作事实上并不矛盾。中世纪大学法学院的课程内容主要分为教会法和民法(罗马法)两大类,不同的大学所讲授的法学课程并不完全一致。例如,博洛尼亚大学的法学课程分为教会法和民法,巴黎大学在教会法方面享有盛誉,但是并不讲授民法,因为教皇洪诺留三世在 1219 年禁止巴黎大学讲授民法。[1]

中世纪大学学习与研究法律的基本教材是《民法大全》和《教会法大全》。《教会法大全》包括 12 世纪中期格拉蒂安的囊括了教会出现千年以来颁布的法规的《教会法汇要》,格里高利九世的教令集或 1234 年的《附编》,教皇克雷芒的教令集(包括从 1305 年开始教皇克雷芒五世颁布的法规和 1311—1312 年维也纳会议颁布的法规),教皇约翰二世于 1317 年认可通过的教会法汇编本,教皇博尼菲斯八世(1298 年)的《第六册》,《教皇圣言汇编》(1325 年),《圣言集》等。从所学的内容来看,既有存在了几个世纪并一直在实行的古老的法规,也有 12—15 世纪新颁布的法规。[2]

在中世纪大学法学教育中,民法包含的内容主要是从 6 世纪早期查士丁尼法律全集开始的,其中包含大量古老的法典。在中世纪,法学家把全集分为四个部分,即《法典》《学说汇纂》《法学阶梯》及《新律》,其中《学说汇纂》囊括了罗马法学中较成熟部分的内容。法学家将《学说汇纂》分成三个部分,即《旧学说汇纂》(从第 1 卷到第 24 卷 2 分册)、《补遗》(从第 25 卷到 38 卷)、《新学说汇纂》(从 39 卷到第 50 卷)。他们把查士丁尼的《法典》分成《法典》1 至 9 卷和《散卷》10 至 12 卷,有时也用《散卷》的名称来表示,如《法学阶梯》《三书》

---

① [比]希尔德·德·里德-西蒙斯:《欧洲大学史:中世纪大学》,张斌贤译,123 页,保定,河北大学出版社,2008。

② [比]希尔德·德·里德-西蒙斯:《欧洲大学史:中世纪大学》,张斌贤译,435 页,保定,河北大学出版社,2008。

和《新律》。在博洛尼亚大学,根据文献功用排列,民法课程的文献为《新法汇纂》《基本法》《法学纲要》《法典》的后卷、皇帝的《案例》和《封土之律》。①

(三)医学课程内容

医学教育同样是中世纪大学主要的专业教育内容,医学也是中世纪历史悠久和有影响的学科。中世纪大学的医学课程内容以书本知识为主,主要是罗马传统医学教材,经由阿拉伯人传播引入的东方医学也被允许在大学里讲授,主要包括阿拉伯人和希腊人的医学著作,如康斯坦丁在 11 世纪编的希波克拉底与盖伦的著作集《医学论》。从 13 世纪开始,在所有这些学者的作品中占据重要地位的是阿维森纳的医学著作。中世纪大学医学教育中,除了书本理论知识学习外,还包括医学实践这一重要的内容。所有大学医学教师在教育学生的过程中都很重视医学实践,他们本身也是身体力行的践行者。

我们在《巴黎大学档案》中可以看到 1270—1274 年医学必修课程规定的书目。②

(1)听课

①制药方法(可能是盖伦的小册子)在正规课程中听两次,在特别课程中听一次,除西奥菲勒斯外(西奥菲勒斯是拜占庭医生,据说生活在 7 世纪)。

②关于泌尿,不论在正规课程或特别课程中听一次就够了。

③"临终的圣餐"(艾萨克的门徒阿布·贾法·阿霍麦德所编)。

④艾萨克的其他著作(艾萨克是犹太医生,写了几本医学书,由君士坦丁从阿拉伯文翻译过来)在正规课程中听一次,在特别课程中

---

① [法]雅克·韦尔热:《中世纪大学》,王晓辉译,45~46 页,上海,上海人民出版社,2007。

② [美]E.P.克伯雷:《外国教育史料》,任宝祥、任钟印译,190~191 页,武汉,华中师范大学出版社,1991。

听两次。饮食篇除外，它在特别课程和正规课程中听一次就够了。

⑤听尼古拉斯关于消毒的书一次(这本书后来视为与行医的书同义，是萨拉诺的尼古拉斯写的)。

⑥艾吉迪阿斯的诗不作必修(艾吉迪阿斯，菲利浦·奥古斯都时期在巴黎教过书。他的著作是用诗写成的)。

(2)他还应该读

关于理论和实践的书(指的是阿莉·本·阿巴斯的。这本书分为理论和实践，常常把它归功于君士坦丁)。

他应该宣誓保证，并且如果任何人被证明有发假誓或说谎的罪行，他纵然得有许可证也会被降级。

牛津大学攻读医学专业硕士学位的培养计划如下。①

对医学士

许可在牛津大学实习：

对文学硕士候选人，修业 4 年

通过由博士议员所进行的考试

对其他人，修业 8 年

准备许可证和学位：

对文学硕士候选人，修业 6 年(总共)

读一种理论的书(即盖伦或希波克拉底斯的著作)

读一本实践的书(即希波克拉底斯，或艾克萨的《热症篇》或尼古拉斯的《消毒述要》)

---

① ［美］E.P. 克伯雷：《外国教育史料》，任宝祥、任钟印译，189~190 页，武汉，华中师范大学出版社，1991。

　　在评议员学校回答问题 2 年

　　对其他被许可实习者，修业 8 年(总共)作以上的讲演。

(四)神学课程内容

　　在欧洲中世纪大学里，神学同医学和法学一样，都属于高级学科。神学也是历史悠久和影响重大的学科。在中世纪大学里，神学教育的权威最初属于巴黎大学的神学院。到 13 世纪 80 年代，牛津大学的神学教育开始和巴黎大学平起平坐。到 14 世纪前半期，牛津大学的神学教育已经处于优势地位了。1347 年，布拉格神学院的出现打破了巴黎大学和牛津大学对神学教育的垄断。即便如此，那些古老的神学院依然享有特殊的地位。

　　中世纪大学中，神学院使用的权威教材是《圣经》及对《圣经》的解释。解释《圣经》有着悠久的历史。从 2 世纪开始，解释《圣经》就已经成为基督教学者们的主要任务。经由若干世纪的努力，至 12 世纪时，研究《圣经》的作品越来越多。人们把这些研究的成果汇编成册，其中较早的对《圣经》的注释是安瑟姆在 11 世纪编的《普通注释》。对《圣经》的研究和解释进行汇编的集大成者是彼得·伦巴德。彼得·伦巴德的《格言大全》围绕主要教义论题，以问题形式系统地展开论述，分为上帝和三位一体(第一卷)、创世纪(第二卷)、美德与化身(第三卷)、圣典和最后的大审判(第四卷)。《格言大全》一经问世，立刻成为各学校研究的对象，而且在 1215 年的拉特兰会议上被确定为学校的教材。这部教材在相当长的时间内享有盛誉。它作为一本标准教材，是对《圣经》的有力补充。[①]

　　牛津大学攻读神学专业硕士学位的培养计划如下。[②]

---

　　① 刘河燕：《欧洲中世纪大学课程内容探析》，载《甘肃社会科学》，2012(6)。

　　② [美]E.P. 克伯雷：《外国教育史料》，任宝祥、任钟印译，188~189 页，武汉，华中师范大学出版社，1991。

（1）神学

准备同对方辩论：

文学硕士候选人，修业 4 至 5 年（即将从第 5 年开始），大体上分"圣经"和"箴言"，因为学位的取得，要求听 3 年圣经。

对于其他人，学习文科 8 年；学习神学 6 至 7 年。

攻读神学士：

文学硕士候选人，加修 2 年，即共修 7 年。

对其他人，加修 2 年，即共修 8 年

同对方辩论，数量不定。

准备许可证：

加修 2 年。

讲一篇圣经和箴言。

关于圣玛利亚的检查性讲道。

对未毕业的对手进行文学士学位 3 次考试的初试。

对每位大学评议员进行答辩。

晚祷曲。

在 15 世纪按规定附加讲道。

（2）宗教法

攻读法学士：

修习民法 5 年。

听教令集 2 次，学习教皇法令 2 年。

攻读法学博士：

读 2 或 3 种特别"案例"或 de Simonia 或 de Consecration 或 de paenitentia 的论文。（教皇法令的部分）

回答每位评议员的问题。

对每位评议员作一次讲演。

(在 2 年取得学位之后，接着有一年强制性的代理期)

《巴黎大学档案》记录了一份 1291 年的遗嘱，该遗嘱列出了捐赠给巴黎大学贫苦而优秀的神学学生的书单，反映了神学院学生学习的教材和内容。①

书目如下：

(1)旧约全书，附词汇表。

(2)创世纪和出埃及记，附注，一卷本。

(3)所罗门的书，附注，一卷本。

(4)出埃及记，附自注。

(5)约伯纪，附自注。

(6)以西结书，附自注。

(7)福音，附自注，一卷本。

(8)诗篇(旧约圣经中的诗篇)，附详注。

(9)箴言 4 卷(彼得·朗巴德著)。

(10)民数纪。

(11)约书亚，士师记，路德纪，申命纪，附注，一卷本。

(12)列王纪(上、下)、历代记(上、下)。

(13)以斯拉记和尼希米记，麦卡比(圣经伪经的最后 2 本)第 1、2 册，阿摩司书，附注，一卷本。

(14)十二先知，附注，一卷本。

(15)诗篇，附补注。

(16)保罗的使徒书，附注。

---

① [美]E.P. 克伯雷：《外国教育史料》，任宝祥、任钟印译，192~193 页，武汉，华中师范大学出版社，1991。

（17）诗篇，附补注。

（18）经院史。

（19）四福音，附注。

（20）保罗的使徒书，附注及小词汇表。

（21）诗篇，附补注。

（22）麦卡比第 1、2 卷，前 10 章有注。

（23）马可福音。

（24）福音，附注。

（25）（26）圣经 2 卷集，有主教史提芬的旁注。

（27）朗巴德格言的原文，在第一卷中，小牛皮书壳，现已用旧，封皮上有圆铜钉。

二、教学

大学的教学都是按照课程表有条不紊地开展的。现代大学的日常生活中，无论是教师还是学生，都是严格地按照学校的作息时间表、课程表、校历等安排自己每天的生活的。但是，在中世纪大学早期，学校还没有形成一定的制度，上课也没有课程表，课时的长短完全由教授自己做主。后来，随着教学内容的日趋丰富，为了避免教学安排的冲突，大学开始出现细化教学计划或安排课程表的趋势，也就有了上课的时间表，如图卢兹大学 1309 年的文科系课程表。不过，该课程表还没有注明讲课的时间，只是区分了学年和季节。随着钟表的发明，计时的不断精确，大学的课程表不仅规定了不同季节学习的内容，还规定了具体的上课时间（如莱比锡大学 1519 年的文科系课程表）。严格又精确的时间安排，既保证了教学有秩序地进行，也有助于提高教育教学的质量。

图卢兹大学文学系 1309 年课时间表如下。

节次		第一年	第二年	第三年	第四年
1	冬季	《分析前篇》与《分析后篇》	《论题篇》《论诡辩式的反驳》	同第一年	同第二年
	夏季	《伦理学》(前 5 卷)	《伦理学》(后 5 卷)	《论灵魂》	《伦理学》(重新开始)
2	冬季	波尔菲里的序言《范畴论》《论解释》普丽森·小文法			
3	夏季	吉尔伯特·波雷的六项原则 色伊喜阿斯的分论或《论题篇》前 3 册 学完普丽森的书			
4		在教师讲课之后,指定某些学生复习上午教师布置的作业。学生分为两组做作业,一组从冬季到复活节,另一组从复活节到夏季 没有列入计划表的作业,在这个时间内,可能是由学士们讲关于普丽森的著作和旧逻辑			
午餐					
5		时间留给学士们开会或从事教师指定的其他工作			
6	学士们所作的特别演讲	《论题篇》《论诡辩式的反驳》	《分析前篇》与《分析后篇》	同第一年	同第二年
7	学士和硕士们所作的特别讲演	《物理学》	论产生和消灭 小自然 Parava Naturia 1.《感觉与可感事务》 2.《记忆与回忆》 3.《睡与醒》 4.《长寿与短命》 5.《生与死》 6.《呼与吸》 7.《青年与老年》 《动物运动的原因》 《动物运动力》	《论天国和人世》《气象学》	《形而上学》

资料来源:[美]E.P. 克伯雷:《外国教育史料》,任宝祥、任钟印译,196 页,武汉,华中师范大学出版社,1991。

莱比锡大学 1519 年文科系课程表如下。

夏季	冬季	夏季	冬季
上午 6 时		下午 1 时	
《形而上学》序言(波尔菲里)《范畴论》《论六项原则》(吉尔伯特·波雷)《物理学》(阿尔柏塔斯·马格那作的亚里士多德物理学的摘要)	《形而上学》《解释篇》《逻辑》(阿奎那)	《分析后篇》《感官与感觉》《记忆与回忆》《睡与醒》《长寿与短命》《雄辩术原理》(昆体良)	《论题篇》(4 册)《论产生与消灭》《存在与本体》(阿奎那)
上午 8 时		下午 2 时	
《物理学》(原文为 Physical Hearing)文学士和文学硕士候选人的阅读和辩论		《论灵魂》(3 册)《普通算术》和《论天体》(萨克罗博斯科)	《论天地》《论世界的本质》(艾弗罗伊斯)《普通透镜》(比萨的约翰)
上午 11 时		《行星学说》(克里莫纳的杰拉德)《伦理学》《政治学》《经济学》Magna Mora Lia 即据亚里士多德和尤德马斯缩编的《伦理学》	
《逻辑》(皮勒斯·希斯潘纳斯)《修辞学》(西塞罗到赫伦尼阿斯)	《论雄辩家》(西塞罗)《论生命力》(塞米斯蒂阿斯)		
(塞米斯蒂阿斯)		下午 4 时	
		狄奥克里塔 希洛多德 维吉尔 亚里士多德, 问题	

资料来源:[美]E. P. 克伯雷:《外国教育史料》,任宝祥、任钟印译,198 页,武汉,华中师范大学出版社,1991。

　　课程表是大学教学有序性的表征，教学是课程实施的基本途径。中世纪大学统一的教学语言是拉丁语，这就使来自不同地区的学生一起学习成为可能。中世纪大学的教学环境非常简陋，教师上课有时会在自己的家里，有时会在租来的房屋中，有时租用私人的房子。师生有课时集中在一起，课程结束后，大家各回自己的住处。直到 15 世纪，博洛尼亚大学才有了自己永久的、堂皇的专用建筑，结束了教授在私人庭院或者租赁屋舍里授课的历史。

　　中世纪大学不同学科虽然在教育内容上有着较大的差异，但在教学方法上却大致相同。主要的教学方法是一种通行的固定化、程序化的经院方法，包括讲授和辩论。"讲授"一词来源于拉丁语动词"阅读"，是指阅读指定的教材。它是指由教师诵读教科书原文及其注释，逐章阐明内容梗概，并举例释疑。教学的一般程序如下：第一，讲述原文之前，先给学生说明原文的梗概及主要思想；第二，用简要的语言叙述本章的知识；第三，诵读原文；第四，复述本章内容梗概；第五，释疑及举例。由于中世纪时期的社会经济不发达，书籍还没有普及，制作成本也十分昂贵，且中世纪大学的教材多使用的是权威人士的著作，内容晦涩难懂，因此课文中通常会有大量的注释，甚至注释会超过原文。故而，教师在讲授的时候，通常会迁就学生，讲得很慢。学生会逐字逐句地记笔记，抄在羊皮纸上，教师授课的内容被记录、整理为"注释集"。讲授一般分为普通讲授和特别讲授。普通讲授是中世纪大学里规定的正式讲授，一般在上午进行；特别讲授往往是非正式的，一般在下午进行。在中世纪大学中，作为讲授法的补充，"重读"也是常见的教学方法。"重读"实际上就是在教师的带领下进行复习，是就最近的讲座中引出的特定问题进行更加详尽和深入的讨论。因此，"重读"不仅需要重新讲授这门课程的重点，还需要帮助学生掌握必须牢记的内容。当时几乎所有教师都会为学生安排"重读"课，而且按照规定，学校里的著名教授必须每周轮流为学生上一次"重读"课。当时的博洛尼亚大学非常看重"重读"教学，为此还任命了专门负责"重读的"教师，为学生就授课知识进行"重读"与问答。

　　辩论最初只是一种口头训练，后来演变为一种正式的教学方法。"辩论"一词最早见于希腊语 dialektike，意为"讨论的艺术"。中世纪大学的辩论式教学源于经院哲学。在每次辩论发起之前，主持活动的教师会为所有参与者布置一个论题。论题在人文系科一般涉及逻辑学、数学等学科，常见的辩论多基于自然哲学。在高级学院，教师和学生一起寻求如何解决哲学、神学和医学中有争议的问题，或是两种法律中有争议的问题。在中世纪大学中，辩论的方法主要有三种。第一种是正反论辩法，这种方法源自阿伯拉尔典籍的相反引证。正反两方先呈现各种观点，通过分析提出自己的主张，并对其他观点加以评说。在辩论过程中，双方依据亚里士多德的三段论方法进行推理、演绎、辩论，主要依靠不断地引经据典，为辩护或者反驳一个特定的观点或者事例服务，可以在辩论中解答和阐发哲学、法学、神学等问题。第二种是对答式的辩论。在这种辩论中，首先由一名提问者提出问题，然后驳论者与提问者围绕该问题展开辩论。这种方法凭借"辩析"和"论证"层层递进，深入展开，有助于训练逻辑思维。第三种是诡辩术，这种辩论的方法通常会在逻辑辩论中用到。这种论辩大部分以一个错误的判断为前提，企图论证它是正确的，或者是将其作为论据去论证其他判断的正确性，这就构成了诡辩。

　　中世纪大学辩论的形式主要有以下几种。第一，师生辩论，这种辩论通常分为三种。第一种是在课堂上展开的"问题辩论"，通常会有一种固定的程序：教师选定一个题目，由他本人或者学生引经据典做出一个否定性的答案；助教对这一论点进行正面论证，并答复反驳意见；学生或者教师可以针对助教的论证提出新的问题；经过反复发问与回答、论证与反驳，最后由教师做出最初的论点是否成立的结论。第二种是在公共场合举行的"自由辩论"，这属于非正式辩论。师生集聚在某个公共场所，就学术性或者非学术性问题，通过运用经院哲学的方法进行辩驳。大学里一年至少需要组织两次辩论会，一般是在降临节后的第二周和四旬斋后的第四周或第五周举行。自由辩论的规模较大,并不局限于学术问题,任何问题都可提交讨论,参加的人包括学生、教师及其他著名的访问学者。辩论的题目最后整理、汇集为"辩论集",各种题目的辩论集进一步总汇为"大全"。第三种是一种小范围的辩论,这种辩论活动一般是教师在下午的讲授结束之后在他自己的房间或学生的宿舍或校外住房进行的。师生以回忆、复习在讲座中讲习的内容为主,相互切磋适合课堂上的辩论及辩论的技巧,师生必须要以引用权威话语及其他各种合理依据和评注去论证自己的观点。第二,生生辩论。这种辩论更加接近于讨论,通常是以自发性的和组织性的方式呈现的。自发性的辩论通常出现在课后,学生就课上的问题继续展开追辩;组织性的讨论会由教师指定题目并预设提纲,学生可以在规定的时间进行准备,之后开展相互间的讨论或质疑,最后由教师点评并进行总结。第三,师师辩论。这种辩论分为两种。第一种是在每周一次的大辩论课上,由一位教师主持,提出辩题,学生只是旁听。所有教师参与争论,互相辩驳。如有必要,主持的教师会以指导者的身份介入,并在最后通过他的权威分析,总结正反双方的观点。第二种是教师们的辩论,类似于学术研讨会,每年两次,会上就学问的相关问题进行辩论。第四,与校外人士的互动。它也分为两种:一种是布道,另一种是放学。布道不仅针对在校人员,还要对社会人士进行宣讲,在传播教义的过程中经常需要对提问进行辩解,由此会引起辩论和讨论,这也是检验神学院学生实际演讲能力的一种考核手段。放学是指大学学者经常参与社会工作,社会中的知名人士也常常会对大学的教学提出要求或建议,尤其是在神学和法学领域,一个重大的论题往往会吸引社会精英人士的眼球,从而使辩论会变成全社会共同关注的焦点。无论哪种形式的辩论,都使得中世纪人的心智更为敏锐,培养了欧洲人说理论辩的思维习惯。①

---

① 宋文红:《欧洲中世纪大学的演进》,159页,北京,商务印书馆,2010。

三、考试

考试是评价学生学习情况的一种手段，也是检验教师教学水平的一种手段，是学校教学工作中的重要一环。中世纪大学中已经有了考试制度，当然，每所大学都有自己的惯例和规定，并随着时间的推移有所变动。

在早期中世纪大学中，学士学位还没有正规化之前，学生要获得学士称号，一般无须参加考试。任何学生入学学习四五年之后，只要经过教师的许可，就可以从事教学活动，这就说明他可以被称为学士。随着时间的推移，为了防止不合格的学生参与教学工作，各大学开始颁布法规，使得学士学位的授予走向正规化，考试也就成了获得学士学位必不可少的一个环节。在巴黎大学，一名学生如果认为自己有资格成为学士了，那么首先应该请自己的教师开一张凭证，证明自己已经学完指定的课程了。这张凭证由主考官仔细审核后，学位申请人便可以参加在圣诞节前举行的初试（又称问答），即他要同一位教师讨论语法和逻辑问题。申请人如果通过了问答，就可以参加"预考"（examen determinantium）或者"学士学位考试"（baccalarian dorum），此时他需要证明自己符合规定的要求，并且应该通过回答教师委员会的提问，表明他已掌握大学大纲中规定的著作。最后是获得学士学位的决定性考试（determinatio，又称大考），候选人要在四旬斋期间讲几堂课，以证明他有能力继续自己的大学生涯。① 如果通过了考试，候选人便有权称自己为学士，也就具有正式参与教学活动的权利了。

在巴黎大学，学士在从事学习和教学两年之后，有望结束自己的学业，获得正式的大学授课许可证和硕士学位。最后的考试分为几个不同阶段，其中最为重要的是做出一系列评注和回答教师委员会的提问。通过的候选人在几天后的庆典上由大学学监授予许可证，此时候选人要发表一篇报告，但这

---

① ［法］雅克·勒戈夫：《中世纪的知识分子》，张弘译，72 页，北京，商务印书馆，1996。

只是一种形式而已。大约六个月后，他在"试讲"过程中正式成为硕士。"试讲"的前一天晚上，他要参加一场隆重的讨论，这次讨论被称为他的"初夜"。在"试讲"那天，他在学院全体人员出席的情况下，进行他的第一次讲课，并得到他的学位荣誉证书。①

博洛尼亚大学的学生要获得博士学位必须经过两关：一关是不公开的考试(Private Examination，又称个别考试)，另一关是公开的考试(Public Examination)或答辩。不公开的考试是真正的个人能力测试，公开的考试事实上只是一种形式。不公开考试十分严格，由副主教或其代理人与另外四名教师主持。这种考试的形式是发表演讲或者对准备好的两篇文章进行讲解评注，主考官可以提一些问题并要求候选人作答。考试过程主要包括三个阶段：首先，考生要宣誓遵守考场规则，不徇私舞弊；其次，考官严格地主持考试；最后，考官对考生的考试结果进行秘密投票，以决定该生是否具有资格获得教学许可证和博士学位。候选人如果通过了不公开的考试，那么这时还只是一个获得应试准许证的人。只有通过公开的考试之后，他才能取得博士学位，并作为教师授课。不公开的考试后不久，该考生就可以参加公开的考试了。他被隆重地引入大教堂或类似的集会场所，在那里对底下的听众发表讲演，还要做一场关于法学问题的报告。随后他必须对那些提出反对意见的学生给予回击，为自己辩护。这样，他就第一次在大学的辩论中充任了教师的角色。然后副主教致赞美词表示祝贺，以"三圣"(Holy Trinity)的名义代表教皇庄重授予考生授课准许证。在博洛尼亚大学，毕业资格的获得必须经过考试，且获得学位实属不易，只有不到半数的学生能够通过最后的考试并获得学位。

四、学位及学位授予

学位是指由大学或学院颁发的，表示受教育程度及质量、学术水平或知

---

① [法]雅克·勒戈夫：《中世纪的知识分子》，张弘译，72 页，北京，商务印书馆，1996。

识能力等级等的标志和称号，代表着一个特定学术领域中的某种程度的学术水平。学生受教育过程结束后，经过一定的考试，获得某种学位，这是学生应有的权利。大学的学位授予仪式与学生的毕业仪式是大学学术活动的重要组成部分。

"中世纪大学的学位制度模仿了在工商业中已然形成的制度。'行会的成员分成 3 个部分——学徒（apprentices），帮工（assistants 或者 companions），师父（master）。一个帮工要成为师傅，必须完成师傅交给他们的任务。只有他们的"代表作"被认为满意才能最终成为师傅。这要举行一个仪式，而后进行宴会。刚刚具备师傅资格的人也第一次有权开展他自己的业务，同时具备了行会成员的权利'。"①

学士、硕士和博士是三种基本的学位。在中世纪大学中，学士学位（baccalaureate）的产生要比硕士学位和博士学位晚一些，时间大概是在 13 世纪。学士学位最初根本就不是一种学位，而是用来称呼那些能帮助教师开展教学活动，但是还没有获得硕士学位的学生的。获得学士学位是在大学第一阶段学习结束的标志。有了这种身份的学生才可能继续申请硕士学位（licentiate）和博士学位（doctorate）。1215 年以前，巴黎大学的学生已经开始使用"学士"这一称号了，后来学士体制逐渐正规起来。博洛尼亚大学规定一个学生在没有获得法律系学监同意的情况下不能担任助教，这种允许也只对特定的时间和特定的教学大纲有效。到 13 世纪中期，这一体制已经被各地的大学采纳，且因为当时人文系科的学士都很年轻，通常只有 18 或 19 岁，为了防止不合格的学生混进教学的队伍，学士考试开始实行。1253 年，巴黎大学英国同乡会颁布法规明确了这一要求。1275 年，一项类似的法规将这一做法推广到了所有的系。

在中世纪大学中，硕士和博士早就出现了。硕士原意是一个行业中的师

---

① 石广盛：《欧洲中世纪大学研究》，博士学位论文，复旦大学，2007。

父，在大学中指教师；博士源起于拉丁文 doctus，是"教学"的意思。在中世
纪大学产生早期，硕士和博士都是用来称呼大学教师的，没有程度上的高低
之分，只是不同的大学或者专业用法不同而已，甚至硕士、博士和教授这三
个头衔完全就是同义词。在早期的巴黎大学和以巴黎大学为模式建立的其他
大学中，硕士是神学、医学和文学系流行的对教师的称谓，但博士称呼用得
较少；在博洛尼亚大学，法学系的教师特别喜欢用博士头衔，教授头衔也经
常使用，但是硕士称呼用得较少。后来，这两个头衔才逐渐开始产生差别：
巴黎大学文科的毕业生，凡是通过考试并被认为具有当教师的品德和才智的，
被授予硕士称号；对于神学、法律、医学等的毕业生，考试合格的被授予博
士称号。鉴于文科在中世纪大学中是基础学科，只有先在文科毕业后才能继
续在神学、法学和医学等方面深造，结果硕士和博士开始成为高低不同的两
个等级，硕士是较低的等级，博士是较高的等级。到 15 世纪时，博士已经成
为高级系科教师的专用头衔，硕士成为低级系科教师的专用头衔。至此，原
本可以互用的称号，演变成了具有高低之别的学位等级。

伴随着大学的不断发展，大学中学位的级别逐渐正规起来。第一级学位
是学士学位，类似于行会中准许学徒满师；第二级学位是硕士学位或博士学
位，类似于行会的师父，获得这一学位后便有资格在母校任教。学位的高低
级别形成以后，对学位的要求也有了差异。一些学生已经不满足于学士水平，
想继续深造，获得高一级的硕士学位或博士学位。由于种种因素，攻读博士
学位的学生往往很难坚持到最后，因此，中世纪大学中最终获得博士学位者
只是少数。在中世纪，虽然学生进入大学学习并取得学位是为了成为一名教
师，获得在大学中教学的资格，但是并非所有取得学位并获得教学资格的人
都继续在大学任教，大学也无法接纳这么多教师。所以，获得教学资格对于
一些人来说，只是提高社会地位的一种有效途径，是开始新的职业的准备。
但是对于很多人来说，目的常常是为以后的学习筹措资金或者是等待更好的

升迁的机会。

中世纪大学的学习最后以隆重而又昂贵的学位授予仪式结束。从理论上来说，大学的学位应该是由大学来颁发的，但是早期欧洲大学的情况并不是这样的，尤其是巴黎大学。起初，巴黎大学的学位授予权掌握在巴黎教会中负责教育事务的教务长手中。一个人取得学位，必须得到教务长的批准，这就使得巴黎教会的教务长经常利用这种职权干涉学校的事务，压制学校的师生。这种做法常常引起大学师生的不满。为了摆脱教务长的控制，巴黎大学的师生在12—13世纪进行了长期的斗争，大学最终从教务长手中夺取了学位授予权。1219年，教皇洪诺留三世规定，只要学生达到了毕业标准，不管教务长是否愿意，大学都可以向他颁发教学许可证；1252年，巴黎大学又从英诺森四世手中完全获得了此项权力。在博洛尼亚大学，公开考试事实上就是一种学位授予仪式，表示学位候选人已经通过了考试，可以获得作为任教或从业资格的博士学位，成为正式的博士。在巴黎大学，这一仪式是在"试讲"时举行的。在"公开考试"或"试讲"这一天，大学要举行盛大且隆重的典礼。

在学位授予仪式的前一天，候选人在仪仗官的带领下绕城一周去邀请市镇官员或他的私人朋友来参加仪式，然后请一些吹喇叭或其他乐器的人来助兴。庆典的基本步骤如下。候选人在教师的陪伴和同伴的簇拥下，由仪仗官从他的寓所带出来，参加早晨的弥撒，然后来到大教堂。候选人在大教堂中发表演讲，然后与事先从学生中选出的对手进行辩论，这是他第一次在大型辩论中担任教师的角色。接下来是他的引荐人向副主教推荐他，副主教表达一番赞美之词后开始隆重地授予他授课准许证。"在获得执事长授予的教师资格之后，教师行会的引荐人便会向新晋教师颁发教学办公机构的徽章，每一个徽章上自然都会表示相应的行会标识。然后新晋教师在主教座堂的裁判椅落座，并接受一部打开的书籍……与此同时，新晋教师还会被赠予一枚金戒指，这既象征他从此献身于科学，也表示其拥有了与骑士同阶的地位。最后新晋教师将被授予四角学位帽(biretta),引荐人还会给予他一个父亲般的拥吻和赐福。至此,授位仪式全部结束。""葡萄牙科英布拉大学法学院与医学院的博士学位据说更是至今保留着中世纪授位盛典的全套仪式——书本与戒指、主教座堂、四角帽与赐福之吻。"①授予博士学位后,还要举行一系列的庆祝活动,如被簇拥着浩浩荡荡地上街游行,举行招待宴会,喝酒助兴等。同时,获得学位者还需要给参与典礼的人一定的礼品,所有这些都需要花费昂贵的费用。也正因为花费不菲,所以许多已通过不公开的考试的申请人不得不推迟公开的考试的时间,有的申请人会选择离开博洛尼亚到一些花费较少的大学去完成自己的公开的考试。例如,1299 年,维阿尼索斯(Vianesius)被拒绝授予学位,主要是因为他与那些负责接纳他的博士没有亲属关系,而此时为了给他们买斗篷,他已经花了 500 里尔了。在 16 世纪有人抱怨,一名医学学生在取得学位的过程中要花掉 900 里尔,其中就有 300 里尔用在宴会上。一个人要取得教师资格,往往要花光他父母及亲友所有的钱,常常在余生处于负债状态,这也是中世纪大学学生毕业率低的一个原因。为了避免这样的铺张浪费,一些地方下令降低毕业的费用。例如,1311 年,维也纳议会专门通过了一项准则,要求此后该类活动的消费应该控制在 3000 图尔币;同年,教皇克莱门特五世要求申请者发誓不能为了晋升学位花费超过 500 里尔的钱财。②

第四节　中世纪大学的意义与影响

中世纪大学在西方文化史和教育史上的地位是举足轻重的,"从本质上来

① [英]海斯汀·拉斯达尔:《中世纪的欧洲大学——大学的起源》,崔延强、邓磊译,158、159 页,重庆,重庆大学出版社,2011。

② 石广盛:《欧洲中世纪大学研究》,博士学位论文,复旦大学,2007。

说，中世纪大学不仅是西欧国家本土的产物，而且也是中世纪留给当代世界最为宝贵和最富有成果的遗产"①。中世纪大学的产生和发展具有深远的历史意义，它是欧洲社会开始走向繁荣昌盛在文化上的初步表现，是当时社会进步的缩影。大学的发展又反过来推动了社会的前进。中世纪大学虽然还不是现代意义上的建立在初等教育和中等教育之上的高等教育机构，但是为近代大学的发展打下了基础，并对当时普通教育的发展有着重要影响。

中世纪大学在其形成和发展的过程中，形成了与教会教育不同的教育理念，这种教育理念一直延续至今。一是大学是教师和学生共同组成的团体。中世纪大学是一个学者的社团，在与教会和世俗政权的斗争中获得了一些特权，取得了类似于行会甚至超越行会的地位。通过社团这种形式，大学对外倡导自治，对内给栖身其中的学者以学术自由。学者的社团的独特地位和性质使宁静的大学与喧嚣的社会之间保持一个冷静思考的距离，使大学成为一个独立探究学问、追求真理的场所。二是大学是探究学问，并把学问传授给学生的场所。在中世纪，一所学校要被称为大学，必须有作为基础的文科及一个以上的高级学科。如果单就高级学科而言，最初的大学都只有一科。随着大学的不断发展和演变，大学的学科开始趋向多样，一般都设有文、法、医、神四科，这些学科都包含了当时的高深学问。大学成为探索学问的场所，也是愿意求学者学习高深学问的场所。这对于知识的传承、创新和普及有着重要的影响。

中世纪大学是欧洲重新获得和了解古代希腊罗马的哲学和科学知识的重要媒介，促进了西欧文化的发展和繁荣。在"蛮族"的不断冲击下，西罗马帝国灭亡，尤其是529年希腊的阿卡德米学园关闭后，欧洲文化进入了黑暗时期，希腊和罗马的众多典籍流传到阿拉伯地区。经过阿拉伯人200年左右的

---

① ［英］艾伦·B. 科班：《中世纪大学：发展与组织》，周常明、王晓宇译，259页，济南，山东教育出版社，2013。

努力，欧洲古代的主要经典几乎都被翻译成了阿拉伯文，促进了阿拉伯世界哲学和科学的发展与繁荣。这些著作被翻译为拉丁文并为中世纪的学者所了解后，重新点燃了欧洲人的智慧和对学习的热情。通过翻译运动，希腊哲学家和科学家，如柏拉图、亚里士多德、欧几里得、托勒密、希波克拉底、盖伦的著作重新回到了欧洲，"欧洲各民族都出现了真正的思想欢腾"①。欧洲人的"游牧习性融合了欧洲所有思想力量中的这种欢腾，这种普遍弥漫的过度兴奋，不可能不有助于对学术研究的兴趣。不仅是期望成为受教育者的人数增加了，而且，由于没有国界的障碍阻止他们，他们自然可以成群结队地游历到一些特定的地方，在那里，他们最有机会找到这种为自己需要的教育"②。这些求知之人不仅认识了自己祖先的文化和学术，也促进了使这些知识和文化发展与繁荣的场所的形成。

中世纪大学直接促进了经院哲学的发展与繁荣，形成了主宰西方文化的专业知识分子阶层，造就了一批把基督教带进理性之海的哲学-神学家，也培养了一批管理教会和国家的行政人员、律师和教皇。伴随着中世纪社会的不断发展和社会的不断稳定，中世纪早期的以柏拉图，尤其是新柏拉图主义为理论基础的奥古斯丁主义已经难以满足社会发展的需要。12世纪，经由翻译运动，欧洲人重新认识了亚里士多德的哲学理论，基督教的修道院里出现了经院哲学。随着大学的产生和发展，教会势力慢慢地渗透进了大学，经院哲学在成为大学主要的教育内容的同时促进了自身的发展。当时兴起的两个托钵修会，即法兰西斯修会和多米尼克修会，更是积极向各个大学渗透。它们在大学的活动造就了一大批经院哲学的学者。在这些学者中，属于法兰西斯修会的学者有"不可辩驳的博士"哈列的亚历山大、"六翼天使博士"波纳文图

---

① [法]爱弥儿·涂尔干：《教育思想的演进》，李康译，90页，上海，上海人民出版社，2003。

② [法]爱弥儿·涂尔干：《教育思想的演进》，李康译，93页，上海，上海人民出版社，2003。

拉、"悲惨博士"罗吉尔·培根、"精微博士"约翰·邓斯·司各脱以及威廉·奥卡姆(Ockham，约1285—1349)等，属于多米尼克修会的学者有"全能博士"大阿尔伯特、"天使博士"托马斯·阿奎那、约翰·艾克哈特等。这些学者既是当时大学教育的产物，也是中世纪神学哲学的中坚力量。他们的著作和思想成为近现代哲学的重要源泉。此外，欧洲中世纪大学还塑造了欧洲人说理论辩的思维习惯。在大学产生之后，西方世界获得了其辉煌的文化成就所依赖的基础——新的理智与科学的训练。宗教文化学家克里斯托弗·道森认为，西方那种批判的理性和无休止的探索精神，并非出现在15世纪的文艺复兴时期，其真正的转折点可以推回到三个世纪以前的大学和城市时代。在大学的课堂上和校园内，师生之间、师师之间、生生之间的争辩及公共场合的自由辩论，不仅提高了才智的敏捷性和思维的准确性，而且发展了一种批判和方法上的怀疑论，西方文化与近代科学在很大程度上正是由此而兴起的。

中世纪大学的诞生，打破了宗教神学在教育上的垄断权，活跃了当时的思想文化生活，在相当程度上为文艺复兴时代的文化运动做了准备。在西欧封建社会早期，不仅教会是经济上、政治上的统治力量，而且宗教神学思想在上层建筑和思想领域也居于统治地位。教会垄断了教育，只有僧侣才能读书识字，世俗封建主的教育也渗透着宗教神学的精神。这使得科学和哲学在中世纪长期屈从于教会的权威，宗教蒙昧主义的黑暗统治严重扼杀了人类的智慧活动，阻碍着科学文化的发展。中世纪大学的出现，无论从组织上还是思想上，都打破了教会对教育的垄断局面。热心学习的市民或者学者聚集在一起探讨学问，交流思想，制定规章制度，成立行会。行会组织使得学术研究别开生面，也为学术或意识形态的论战提供了论坛，活跃了当时的思想文化生活。中世纪的大学体制为学者从事学术活动提供了各方面的保证。13世纪的牛津大学就是当时欧洲的科学中心，西方近现代的科学在那里萌芽。牛津大学的第一任校长罗伯特·格罗斯泰特(Robert Grosseteste，约1170—1253)

和他的学生罗吉尔·培根将柏拉图对数学的强调和亚里士多德对实验观察的强调结合起来,奠定了现代科学兴起的基础,他们也因此成为现代科学的先驱。此外,文艺复兴时期的许多著名学者,如但丁、薄伽丘、哥白尼、伽利略、弗朗西斯·培根、牛顿等人的思想,也都是在大学的土壤中诞生的。关于大学在培养人才方面的历史贡献,科班写道:"总之,中世纪大学培养既具有专业素养又对社会有用的人才,即大学毕业生形成中世纪社会的一个劳动贵族阶层(an aristocracy of labour)。它是观念的提出者,也是引领社会活力的那些人的不可或缺的支持者。中世纪大学的毕业生奉献的是训练有素的大脑,影响着政治观点和塑造着教会政策。在意识形态冲突的领域,作为中世纪社会的基本元素,它为大学培养出那些有创新能力的毕业生提供了空间。然而,中世纪大学的大多数毕业生担任的职位似乎更多的是现存社会的专业人员,而不是革命式的思想和行动的发起者。从 13 世纪开始,大学就是中世纪欧洲公共辩论有争议的政治和意识形态问题的传播舞台,而且,大学作为一个学术共同体的观点是不可小觑的。"①

　　大学的形成和发展对中世纪的城市发展也起到了极大的推动作用。中世纪城市和中世纪大学应该说是互相成就的关系。一方面,中世纪城市为中世纪大学提供了栖身之地;另一方面,中世纪大学(尤其是著名的大学,如博洛尼亚大学、牛津大学、巴黎大学等)使所在城市的影响不断扩大,从而吸引来新的居民。居民人数的多少是衡量城市繁荣程度的重要标志之一,这也反过来强化了大学在城市中的地位和作用。大学对于城市来说,无疑是一种宝贵的财产。也正因为如此,每当大学与校外的各种势力发生矛盾、冲突、斗争时,大学往往都是胜利者。大学也正是仰仗着自己的这种地位,为自己争取到了众多的特权。城市不仅鼓励大学建立,而且鼓励大学迁徙。1229 年,英

---

① [英]艾伦·B. 科班:《中世纪大学:发展与组织》,周常明、王晓宇译,257~258 页,济南,山东教育出版社,2013。

王亨利三世写信给巴黎参加罢课的学生，表示他们如果愿意到英国，他会确保他们的自由和居住权利。这部分学生迁到英国剑桥后，与牛津大学的部分师生合并，正式成立了剑桥大学。剑桥大学的成立，促进了其所在城市的发展。到中世纪后期，教会与国家之间的争端和国家的重大事务大多提交给大学，由大学仲裁。大学也经常被咨询裁决教义或异端的问题，巴黎大学甚至被查理五世称为"国王的大公主"。

中世纪大学的产生和发展对于后世有着重要的影响。现代大学是中世纪大学的直系后代，现代大学的许多特征都源于中世纪大学，如部分大学的理念、教学组织、课程、考试、学位制度等。由此可见，中世纪大学奠定了现代大学的基础，这应该是欧洲中世纪大学最为直接的影响。在中世纪，虽然大学还没有形成完整的、严密的组织和机构，但是现代大学的组织系统却与中世纪大学有着直接的历史联系。例如，"系"是现代大学组织的基本单位，是根据学科不同而划分的组织。这种组织在 13 世纪下半叶的巴黎大学就形成了。最初的系是指知识和科学，后来逐渐演变为指人的机构。虽然中世纪大学和现代大学中的系级组织有所不同，但是两者都是一种师生组织，而且是按照学科来划分的。大学机构中的另一个重要单位"学院"，最早产生于博洛尼亚大学，但当时它并非教学机构，只是为学生解决住宿的问题而设立的，后来才逐渐演变为正式的、与教学有关的机构，其主要的作用是授予学位。此外，中世纪大学学位制度是现代大学学位制度的前身，是行会影响的产物。在行会，要成为首领或业主，必须经历两个阶段，即学徒和帮工；要想成为教师，也需要经历两个阶段，即学习四至六年后，获得学士学位和初步的教学资格，在此基础上再经过六至十年的学习，获得硕士或博士学位，取得教学资格。这种早期的学位制度经过若干年的演变，最终成为现代大学中的学位制度。获得学位标志着一个学习阶段的结束，而且从学士到硕士再到博士，学位之间是相互联系的。

大学发展过程中遇到的问题具有延续性，中世纪大学的管理者着力解决的问题在今天的大学中依然存在。"中世纪大学的管理者们耗费心力一直考虑的许多问题也是今天大学所面临的问题，这些问题同样需要当代的大学管理者们费尽心思去解决。为了保证足够的学校经费，为了吸引大批的有才华的教师和学生以保持现有学科的生命力，为了使学校成为本地区关注的中心，成为具有国际影响的大学，以及为了对校外机构保持自治而进行的不懈的努力等，是中世纪大学和现代大学共同具有的问题。毋庸置疑，现代大学这种与过去的中世纪大学保持着密切的延续性的程度，为现代大学的决策者提供了有益的参照。"[1]"中世纪的大学历史极其重要，不仅对学生是这样，对于现代高等教育的管理者也是如此。因为二十世纪大学里的日常行为在很大程度上受到了 6 个世纪以前大学的影响，关于这一点，中世纪大学研究的权威人士海斯汀·拉斯达尔先生曾说：'……如果我们想完全理解这个被称为大学的最现代、最实用的机构中所存在的机构、称号、仪式、组织等，我们必须回到大学存在的最早期岁月，然后探询它的后继者所走过的 7 个世纪，这段时间从波洛尼亚和巴黎大学的兴起直到德国新的斯特拉斯堡大学或者英国的维多利亚大学的建立'。"[2]

大学作为欧洲中世纪社会和文化复兴的产物，具有与生俱来的自由精神，这也是大学这种社会组织一直保持到现代并日益繁荣的重要原因之一。对于中世纪大学教师来说，大学是智慧的领地，是自由精神的堡垒，他们可以在这个堡垒中向教会或者世俗政权提出挑战。大学教育活动包括授课和辩论两项基本活动，这两项活动把教学自由、研究自由和学习自由三者紧密联系在了一起。在中世纪，大学当局一方面向教会和世俗当局争取大学的自治权；

[1] Alan B. Cobban, *Universities in the Middle Ages*, Liverpool University Press, 1990, p.1.
[2] Arthur O. Norton, *Readings in the History of Education*, Cambridye University Press, 1909, p.2.

另一方面通过获得教会和世俗当局的特许状保护大学的自由，实现大学自由的制度化。学术自由和大学自治至今仍是大学秉持和追求的办学原则。正是因为大学拥有了自由的学术传统，大学这种社会组织才能延续至今，而没有像中世纪其他组织那样消失在历史的长河之中。"在 85 个创立于公元 1520 年之前、至今仍然一脉延续、拥有相似功能和不间断历史的西方组织名单中，包括少许主教座堂，爱尔兰、冰岛议会，以及大不列颠、瑞士的几个州议会；另外，就是接近 70 所的大学。当那些曾经不可一世的专制王朝、封建领主和垄断行会都已烟消云散，这 70 所大学，依然矗立在相同的地址，沿袭着同样的称谓；仍然有教授和学生在一些古老的房子里做着大致相同的事情，遵循着一脉相承的治理方式。"①

　　当然，大学在社会发展的过程中也起过消极的作用。例如，中世纪大学并没有摆脱宗教的束缚，有些大学甚至直接被控制在教会手中，成为顽固守旧的堡垒；大学由于坚持知识的传统形式，排斥一切新知识，因此被教会和国家当作维持现状的工具。但是瑕不掩瑜，中世纪大学的诞生是中世纪教育制度谱写的辉煌篇章，也是中世纪欧洲对人类文化做出的贡献。它对于欧洲文化乃至整个人类文化的发展、理性的张扬、科学的进步等，都产生过重要的影响。

---

　　① Clark Kerr, *The Uses of the University*: *Fifth edition*, Harvard University Press, 2001, p.1.

第九章

中世纪西欧城市里的教育

　　"封建社会以及与它相关的制度，特别是骑士制度的发展，只代表了中世纪西方文化复兴的一个方面。而改变了西欧的经济生活与社会生活的城市复兴也同等重要。在黑暗时代，特别是在加洛林王朝以及后加洛林王朝时代，西欧已经变成一个几乎是完全意义上的农业社会，城市生活在这个社会中所起的作用，或许比它在任何处于同等文明阶段的其他社会中所起的作用更小。但是12世纪往后，中世纪世界再一次成为城市的世界，其中城市生活与市民精神几乎与希腊罗马的古典时期同样浓厚。中世纪城市也不再是先前消失了的事物的翻版，而是一次新的创举。"①中世纪城市里的教育是和西欧中世纪后期城市的发展密切联系在一起的，这种教育是在基督教会垄断一切文化教育的背景下萌生和发展起来的。这种教育虽然带有宗教的特性，但是归根结底与教会提供的教育有着根本不同。从性质上来看，城市里的教育和教会教育是不同的，城市里的教育属于世俗性的教育；从意义上来说，城市里的教育和大学的出现一样具有划时代的历史意义，城市学校的教育属于大众化教育，城市教育的兴起和发展对于普及大众教育、丰富普通群众的文化知识、

---

　　① ［英］克里斯托弗·道森：《宗教与西方文化的兴起》，长川某译，183页，成都，四川人民出版社，1989。

促进整个社会的发展，都有着普遍和广泛的影响。

城市教育是城市发展带来的必然要求和结果。"城市是古罗马政府的命脉所在。中世纪早期以教堂为中心的城镇就是从古罗马的城市发展而来的。"[1]从根本上来说，欧洲的古典文明即希腊罗马文明是一种城市文明，这不仅因为城市是政治活动、社会活动和宗教活动的中心，而且在政治社会观念及制度上，无论是市民还是农民，都拥有同样的政治和社会权利，即公民权。在希腊罗马文明中，城市的功能主要是政治和社会活动的中心。人们不仅在这里讨论国家或城邦事务，召开公民大会，进行法庭审理，庆祝各种公共节日和宗教节日，而且在这里观看戏剧和决斗表演。罗马帝国时期，随着手工业、商业和贸易的发展，城市还成了生产和商业中心。但是，日耳曼人入侵罗马，最后导致它解体。而后由穆罕默德的后继者们建立的伊斯兰阿拉伯帝国开始向西进行大规模征服战争，来自斯堪的纳维亚的北欧海盗和来自东方的马扎儿人席卷整个欧洲。欧洲大陆内部南北之间的交通和贸易受到了严重的冲击，商路中断，商业衰退，进而造成了城市生活的衰落。到 8—10 世纪，随着加洛林帝国的分裂，社会治安的进一步恶化，商业经济进入衰落阶段，自给自足的庄园经济成为此时西欧的主要经济形式。

到 10 世纪，欧洲大陆上的各种威胁逐渐得到遏制，政治格局逐渐确定下来，社会逐步进入稳定与和平时期。"随着农作物产量的提高，人口渐增，分工日细，人们的需求更大，因此贸易也发达起来。甚至在查理曼的帝国灭亡之后的动荡岁月里，欧洲的一些城市贸易也没有中断过，特别是在几条大河——莱茵河、塞纳河、波河、洛瓦河、多瑙河与泰晤士河——的沿岸地带。"[2]到 11 世纪，商业与贸易再次兴盛起来。在意大利和佛兰德斯，商业最

---

[1]　[美]朱迪斯·M.本内特、[美]C.沃伦·霍利斯特：《欧洲中世纪史》，杨宁、李韵译，181 页，上海，上海社会科学院出版社，2007。

[2]　[美]朱迪斯·M.本内特、[美]C.沃伦·霍利斯特：《欧洲中世纪史》，杨宁、李韵译，180 页，上海，上海社会科学院出版社，2007。

先发达起来。意大利的商人重新打开了同东方的贸易通道,在西欧与拜占庭和阿拉伯世界之间架起了一座通商的桥梁。佛兰德斯是波罗的海沿岸地区同西欧各地贸易的中转站。正是在这两个地区,城市又开始复苏了。"宗教、商业与城市政府并存在城墙以内,但是把城市改变为欧洲的经济中心,并让城市第一次只依靠商业和工匠的活动生存下来的,则是商业活动。"①在意大利,以威尼斯、热那亚和比萨为代表的商业城市成为繁荣的国际性都市,吸引了来自东西方的商人。"到了中世纪中期,亚平宁半岛的城市生活已经非常发达,有好几个城市的人口数达到了 10 万。"佛兰德斯、布鲁日、根特、依普热、里尔等成为南北方货物的主要集散地,是法国、英格兰、意大利的商人经常出没的地方。"那时,佛兰德斯已是北欧的工业中心,其中纺织业更是代表了当时最先进的制造工业。"②市场的需要、商业和贸易的发展反过来刺激了手工业的发展。随后,手工业生产和手工业者也加入城市生活的行列,结果城市的人口不断增加,规模不断扩大。"到 13 世纪中叶,在欧洲业已形成了前工业时代的城市网络。在最大的城市巴黎,人口达到 10 万以上;人口超过 5 万的城市将近 10 座,其中绝大部分都在意大利;人口超过 1 万的城市达到 60、70 座,而拥有几千人口的小城镇则更是多达几百座。"③

随着城市的发展,商业和贸易越来越频繁,范围也越来越广,于是自由成为以商人为首的城市居民斗争的目标。"他们强烈要求能够拥有更适合商业人士的特权:免付一些费用、行动上的自由、免费过路(过桥费和'过堡费')、拥有城镇财产而无须履行封建主或领主的职责,以及自治的自由。"④

---

① [美]朱迪斯·M. 本内特、[美]C. 沃伦·霍利斯特:《欧洲中世纪史》,杨宁、李韵译,181~182 页,上海,上海社会科学院出版社,2007。

② [美]朱迪斯·M. 本内特、[美]C. 沃伦·霍利斯特:《欧洲中世纪史》,杨宁、李韵译,182 页,上海,上海社会科学院出版社,2007。

③ 黄洋、付昱:《欧洲中世纪城市的兴起与市民社会的形成》,载《探索与争鸣》,1998(2)。

④ [美]朱迪斯·M. 本内特、[美]C. 沃伦·霍利斯特:《欧洲中世纪史》,杨宁、李韵译,187 页,上海,上海社会科学院出版社,2007。

由此，城市居民与封建主展开了不同形式的斗争。尽管这种斗争有时候会发展到使用暴力，但是在多数情况下还是采取较为和平的方式进行的。有时候，商人甚至不得不用金钱向封建领主购买城市的自由。从封建主的立场来看，给予城市自由并不完全是权力的丧失。于是有的封建主会主动给予城市自由。城市取得自由的标志是取得"特许状"（urban charters），它是城市与封建领主之间订立的宪章或条约。"到12世纪时，地主们已经开始赋予商人们上述权力的一部分，甚至全部；这些规矩被写进'自由特许令'，或称'城市特许令'。有的贵族是迫于城市暴动和反抗的压力，才发布这些法令的；有的认识到他们辖地内这些繁荣的商业中心能带来的经济利益，而自愿发布这些法令；还有的贵族则主动在新城镇发布特许令，他们规划街道的划分，建起城墙，另外通过给予优惠条件的形式吸引商人们的到来。"①以致有史学家认为，12世纪发生过一次"自治运动"（communal movement）。实际上，每一个城市特许状都造就了一个半自治的政法实体，其在欧洲的许多地方被称为"市自治体"（commune）。中世纪特许状的内容丰富多彩，"它确认了市民的身份自由；保障市民的人身安全；确认市民在城市中的土地自由和土地所有权；免除市民各项封建税赋；确认市民享有某些特定的经济特权；确认城市享有独立的司法审判权；明确城市享有一定政治和行政管理权等等"②。城市特许状的要义是，城市必须向封建领主纳税，但是后者放弃对城市的统治权和司法权，"城市居民通过他们自己的法庭实施他们自己的法律，有自己的税收方式，把所有的账都收齐之后，一次性付给领主。简单地说，他们有了处理自己事务的权力，这才是最有意义的。聪明的贵族们当然也乐得收取这样的年金，因为

---

① ［美］朱迪斯·M. 本内特、［美］C. 沃伦·霍利斯特：《欧洲中世纪史》，杨宁、李韵译，187页，上海，上海社会科学院出版社，2007。

② 冯正好：《中世纪西欧的城市特许状》，载《西南大学学报（社会科学版）》，2008(1)。

他们不用花力气管理他们"①。

中世纪的城市是一个自治的团体,这种自治有两层含义:一层是相对于封建领主统治的自治,另一层是自我管理或自我统治。城市自我管理的核心是市民群体。在中世纪的城市中,"市民"(burgher 通常指男性,burghess 通常指女性)表示享有公民权的城市居民,市民群体便是城市的公民群体。市民的公民权赋予了他参与城市事务和城市管理的权利。城市公民群体的范围很广,包括城市里所有的合法居民。即使是逃到城市里的奴隶或农奴,如果在城市里生活了 1 年零 1 天以上,也会获得公民权。"城市居民主要都是从富裕的农民阶层走来的,但也包括流浪者、逃跑的农奴,还有小贵族们那些雄心勃勃的子女;总之,就是快速增长的人口中多余的人全都聚集到城市里。11 世纪时,城镇正在不断产生和发展之中,……妇女是入迁人口的重要组成部分,到 13 世纪时,城镇里女性居民的数量通常高于男性。……原因可能是城里有更适合女性发展的职业(比如纺纱),也可能是因为农村的资源实在有限,比如遗产传男不传女的不利规则。"②城市的复苏和发展产生了市民阶层。市民阶层基于生活、工作、管理等方面的需要,要求接受一种不同于教会学校提供的教育。城镇的发展,尤其是市镇机构的建立、管理权限的扩大、经济能力的提升,为提供这种不同于教会学校的教育奠定了基础。

中世纪城市里的教育是指城市兴起和发展后,为了满足新兴市民阶层的需要而实行的教育,为中世纪城市提供教育的便是中世纪城市学校。中世纪城市学校是指出现于中世纪后期,以适应市民阶层掌握初等文化知识、训练工商业技能的各类世俗学校。城市学校按照组织类型可分为两类:一类是致力于职业教育的行会学校或基尔特学校,另一类是致力于基本文化知识传授

---

① [美]朱迪斯·M. 本内特、[美]C. 沃伦·霍利斯特:《欧洲中世纪史》,杨宁、李韵译,187 页,上海,上海社会科学院出版社,2007。

② [美]朱迪斯·M. 本内特、[美]C. 沃伦·霍利斯特:《欧洲中世纪史》,杨宁、李韵译,186~187 页,上海,上海社会科学院出版社,2007。

和基本读写技能培养的城市学校(拉丁文法学校和读写学校)。

第一节　行会教育

在中世纪城市里，公民对城市事务的参与首先是通过行会或兄弟会来进行的。行会和兄弟会是城市里较早出现的自治机构。随着商业的发展，城市规模越来越大，人数也越来越多。商人们为了保护自己的利益，对商业活动进行规范，组成了行会和兄弟会。"行会对中世纪城镇来说起着很重要的作用。一些商人组织起来从贵族手中争取特权时，一些最早的行会就诞生了。之后，这些行会就一直具有一定的政治功能。换句话说，如果要加入到城市政府，通常就需要加入某个或某些有影响力的行会。其他的行会也很快发展起来，特别是工匠行会。这些行会都具有许多功能——社会交际、慈善事业和执行行规，其中在经济方面的功能才是最主要的。"[①]入会的会员必须宣誓，遵守行会的章程，维护团体的共同利益。行会和兄弟会的组成各不相同，有的行会由从事同一行业的商人组成，有的由从事不同行业的商人组成，兄弟会的成分要复杂一些。从制度上来说，中世纪的城市就是由这些行会和兄弟会组成的。城市公民也必须宣誓，遵守城市法律，维护城市利益。在法国，这种由誓言约束、以共同利益为基础的城市公民自治群体被称为"公社"。行会和兄弟会由会员推选出来的代表进行管理，并设财务官来管理行会的财政。每个行会都有一个行会大厅，会员定期在这里聚会，讨论行会的事务。

西欧各国的行会都曾随着生产力水平的不断提高而改变自身的组织形式，大致经历了商人行会(merchant guild)、手工业行会(craft guild 或 guild)和公会

---

① ［美］朱迪斯·M.本内特、［美］C.沃伦·霍利斯特：《欧洲中世纪史》，杨宁、李韵译，189~190 页，上海，上海社会科学院出版社，2007。

(company)三个发展阶段。在中世纪的城市里，一般来说商人行会问世最早。据记载，1050年，尼德兰圣奥梅尔的商人行会已经相当强大，并拥有自己的会馆；1060年，斯堪的纳维亚的商人在乌德勒支建立了行会；1087—1107年，英国授予伯弗特市的特许状中提到了商人行会；13世纪，大部分英格兰城市都已建立了商人行会。商人行会成立的原因，大体上在于其职权范围主要局限在商品交易方面，而且其成员基本上都兼有商人的身份，即使是直接生产者也不例外。在中世纪早期，每个城市通常只有一个商人行会，它们基本上是由其所在城市从事工商业的市民组成的，而在西欧中世纪早期的城市首先是作为一个经济实体存在的。大多数市民都必须务工、经商才能生活下去，也只有这样才能保持其市民的身份，因此他们必然构成了商人行会的主体。也就是说，当时"公民""市民"或"城市公社和商人行会的市民"几乎算是同义词。手工业行会在个别城市出现的时间也很早。比如，1099年和1112年，德国美因茨和科隆便记载有织匠行会；1150年，法国巴黎有5个属于皮革行业的手工业行会；1130—1131年，英国伦敦、温彻斯特、林肯、牛津、诺丁汉、亨丁顿的织匠行会和温彻斯特的漂洗匠行会便开始向王室金库缴纳款项。手工业行会真正取代商人行会始于13世纪下半叶。其原因在于随着各手工业从业人数的增加和势力的壮大，商人行会的控制力削弱，手工业者纷纷按行业组建各自的行会，原来掌握在商人行会手中的管理权逐渐被若干个独立的和平等的手工业行会瓜分了。到14世纪时，伴随着各国开始出现资本主义生产关系，自我封闭、缺乏活力的手工业行会已经不适应时代的需要了。从15世纪开始，公会逐渐成为西欧行会组织的主导形式。公会形成的途径，除少数由单个手工业行会直接演变而来外，大多数是多个手工业行会合并的产物。1415年，伦敦的刀匠行会、鞘匠行会和刀片匠行会合并为刀匠行会；1436年，考文垂的铁匠行会、制动器匠行会、腰带匠行会和铁丝匠行会共同组建了一个公会。

"基尔特(guild)是由众人组成的一种共同体(association)，这些人加入这一共同体，旨在寻求相互帮助和保护，达到社会的目的，举行共同礼拜仪式，规范贸易和手工业的标准。"①商人和手工业者之所以要组成基尔特或行会，是"为了限制竞争，保护质量，行会——其实是各行会的师傅们——提出了很高的入会条件以及价格、薪资、品质与操作规范等方面的要求"②。"手工业者行会目的在于保护技术专利，使之不受价格变动、工资变动的影响。在行会内部，提倡会员之间利益的均衡，禁止个人自行利用广告手段，自行减价。行会内也具有宗教的精神，进行宗教祭祀活动。行会内实行互助、济贫，对病者、年老者进行救援。"③

行会教育主要是采取艺徒制的方式进行的，也就是师父带徒弟的方式。一般来说，师父的作坊或者家庭就是一所学校，"一位工匠要经历三个阶段——学徒期、为人打工、当上师傅，这只是许多男性工匠所要面临的生活，很少有女性也要经历这些。偶尔会有女性进入一个男人的行当当学徒，但是一般来说，她最后会和一个师傅结婚，而不是自己当上师傅。有些女性行业（比如刺绣和纺织等）虽然也形成了行会，也有女师傅、熟练工和女学徒，但这些行会通常全部或部分由男性管理；而且，女性行会数量本来就很少，只在少数几个中世纪城市里出现过。"④"师傅们经营着自己的行当，同时监督着其他两种工匠。年轻人在师傅开的店铺里，通常要先当学徒。学徒期可长可短，最长的有时候要七年；结束之后，才可能出师开店，另外还要靠运气和父母的财力。一般来说，出师的年轻工匠在开店之前，还得花几年时间受雇于人，打打零工，一方面磨炼技艺，一方面筹集资金。这些人被称为熟练工（journeyman，即'短

①　Eby and Arrowood, *The History and Philosophy of Education—Ancient and Medieval*, New York, Prentice-Hall, Inc., 1940, p.808.

②　[美]朱迪斯·M. 本内特、[美]C. 沃伦·霍利斯特：《欧洲中世纪史》，杨宁、李韵译，190 页，上海，上海社会科学院出版社，2007。

③　滕大春：《外国教育通史》第二卷，146 页，济南，山东教育出版社，1989。

④　[美]朱迪斯·M. 本内特、[美]C. 沃伦·霍利斯特：《欧洲中世纪史》，杨宁、李韵译，190 页，上海，上海社会科学院出版社，2007。

日工'。Journeyman 一词来自法语的 *jouree*，即'日、天'之意)。有许多人一辈子都没有机会当上师傅、开自己的店；在 13 世纪经济开始萎缩之后，这种情况就更为普遍了。之后，许多工匠不得不一辈子靠受雇于别人过活。"①

具体来说，行会中的正式成员为行东，行东之下有帮工和学徒。行东与学徒之间存在着封建性的师徒关系。按照行会的规定，要想进入城市从事某种行业的人必须加入某一个行会，学习一门手艺，接受艺徒训练。一般行会教育要经历三个阶段。

第一个阶段是学徒(apprentice)。学徒的期限是二到十年不等，通常为七年。每位师父每次招收的学徒数是有限的，除了其儿子外，每次招收的学徒是两至三名。每个学徒期满后才能出师。由进入师父的作坊接受师父的手艺训练到出师的过程就是接受职业教育的过程。艺徒教育一般由行会主持。"在中世纪，学徒教育完全是通过法律和习俗对其加以详细地认证和规定，当计划给孩子以一种商业(trade)的教育时，就要去为其寻找一位师傅——通常是一位能够教导和资助他的商人和工匠。"②确定师父好后，师父与学徒的父母或监护人之间需要签订一份协议——"学徒条款"。条款规定了师父的义务，如师父应训练学徒掌握本行业的某种职业技术，并教授读、写以及一些计算知识和宗教知识。在学徒期间，师父为学徒提供房舍、食物、衣服等，要关心学徒的身体，善待学徒。师父对学徒拥有权威，如果学徒的表现不能令师父满意的话，师父可以体罚学徒。条款还规定了父母应交给师父的费用、学徒期的长短及学徒应尽的义务，如学徒应勤奋学习和工作，学徒期间不得结婚，遵循师父的教诲，服从师父，维护师父的利益，保守本行业的秘密，恪守行会的道德规范，信奉本行会的教派，杜绝不道德的行为，等等。"学徒条款期限的执行情况，可能是市

---

① [美]朱迪斯·M. 本内特、[美]C. 沃伦·霍利斯特:《欧洲中世纪史》，杨宁、李韵译，190 页，上海，上海社会科学院出版社，2007。

② Eby and Arrowood, *The History and Philosophy of Education—Ancient and Medieval*, New York, Prentice-Hall, Inc., 1940, p.810.

政当局的责任，或者可能委托给各种基尔特的官员。学徒制培训的各种规定表征着中世纪后期，公权力干预世俗教育的最为典型的例证。"①

学徒期满并在职业技能和品德等方面考核合格后，由师父发给证书，成为帮工(也称为熟练工，旅游者)，进入学徒训练的第二个阶段。帮工既可以继续在师父的作坊里工作，也可以外出自由寻找工作，按照行会规定的标准领取薪酬，并把自己收入的一部分作为对师父和行会的报偿。此后，在实际工作中，帮工经过不断历练，掌握了熟练的技巧，向行会呈交自己的"精心之作"(masterpieces，或称出师作品)，经行会有关大师的考核合格后，经过一定的仪式，可以成为工匠，优异者也可以成为师父(master)，进入艺徒训练的第三个阶段。

师父有权独自开设作坊，经营某些手工业，招收学徒和雇佣帮工。"假如学徒经过了基尔特成员的培训，并意欲进入其师傅的行会，就需要在行会官员的面前证明自己的技艺。一旦学徒做到了这点，便宣布他为有能力的工匠，他就可以作为自由的手工业者或商人，自由地开设(作坊)。"②"学徒、帮工和师傅，到此时形成了一种制度(fellowship)。到中世纪结束的时候，通向师傅之路不再开放。……商业和制造业的管理由生产者(producer)向拥有者(owner)的转变，手工业和商业教育的伟大时代走到了尽头。"③"这种传授生产劳动知识技能的学徒制度，目的在于训练青年人获得谋生的技能，学得生活和职业的一些必需的知识。这种制度对传播生产技术知识，培训技术人员，起过巨大的作用。"④

"在中世纪，与职业有关的教育，在基尔特所提供的训练中，得到了最完

① Eby and Arrowood, *The History and Philosophy of Education—Ancient and Medieval*, New York, Prentice-Hall, Inc., 1940, p.812.

② Eby and Arrowood, *The History and Philosophy of Education—Ancient and Medieval*, New York, Prentice-Hall, Inc., 1940, p.812.

③ Eby and Arrowood, *The History and Philosophy of Education—Ancient and Medieval*, New York, Prentice-Hall, Inc., 1940, p.810.

④ 滕大春：《外国教育通史》第二卷，147页，济南，山东教育出版社，1989。

美发展的同时，许多未加组织的工作人员，通过自己谋生的经历，教给其儿
子或其他年轻人以有关商业的知识技能。"①受家庭日常生活、工作场所及工
作经历等的影响，年轻人也学到了许多与手工业者及商人相关的知识和技能，
增长了才干。"对大多数商人和工匠来说，店铺就是自己的家。换句话说，制
造、出售货物的地方也就是他们过日子的地方，吃饭、睡觉、家庭生活全都
在一起。城市里的这种'家庭'……除了有血缘关系的亲属之外，工匠的店铺
里通常还住着学徒、仆人和寄宿者。中世纪的店铺里，事业和家庭生活界限
非常模糊，有时候对女性有好处。一个师傅的妻子和女儿通过观察、练习和
实际操作，也可以学到学徒们学到的技术。当然，学徒学来的技术是得到正
式承认的，而师傅的女儿从父亲那里学到的东西却得不到正式承认。……城
里孩子也很小就开始工作了：只要他能跑跑小差，在工作椅上做点小活，或
者帮忙看店，他就开始工作了。从小工作虽然辛苦，但好处不少。孩子们跟
在父母身边干活，能学到许多工作技巧。到了十几岁时，很多孩子就到别处
做学徒或者当仆人；也有些人在家干活，或者当熟练工。孩子长大之后，通
常会继承父母的事业。本来，男孩子学父亲的手艺就是常事，女孩子的婚姻
也会有相似的方式来安排。家庭关系就这样通过贸易关系和行业关系得到
加强。"②

　　上文说到的行会教育主要是指手工业和制造业方面的行会进行的教育。
行会教育中还有一种教育，即商人行会教育。商人行会教育与手工业和制造
业行会的教育既有相同的地方，也有不同的地方。两者相同的地方在于，都
重视职业技能方面的知识和技能的培训，抑或都需要充当一段时间的学徒；
两者不同的地方在于，商人需要懂得经营，懂得如何用少的投入获得更多的

---

① Eby and Arrowood, *The History and Philosophy of Education—Ancient and Medieval*, New York, Prentice-Hall, Inc., 1940, p.809.
② [美]朱迪斯·M.本内特、[美]C.沃伦·霍利斯特：《欧洲中世纪史》，杨宁、李韵译，190页，上海，上海社会科学院出版社，2007。

利益，懂得算账和计算利息，懂得如何与客户打交道，需要走南闯北等，所以相对来说，商人行会还重视文化知识教育和待人接物方面的训练。也就是说，商人行会教育的特点是把进入学校学习文化知识和充当学徒结合起来。在商人行会教育中，有志成为商人的青年首先要进入文法学校，学习基本的读、写；然后大约到十岁，再进入专门教授算术的学校，学习简单的计算法，并学习分数算法、利息推算和记账法；在经历这种文化知识学习、具备作为商人所需要的基本文化知识后，就到一个商户或银行家的字号里，充任一定时期的学徒，从事各种差事杂役，并熟悉贸易活动的复杂细节。有的青年在学徒期满后，还要到外商办事处，学习从事国际贸易的本领。经过长期的学徒生涯和经营业务的实践，青年人掌握了丰富的经验。合格的商人一般能熟练掌握至少一门外语，透彻了解各种银钱、税收制度、度量衡，以及各地的商业行情。如果想成为高级的或精明的商人，还应该懂得如何与本地的及外国的企业家建立良好的关系，了解他们的经济能力和忠实可靠的程度，学会与当地政府的官员、税务人员、法庭推事等周旋的本领。显然，商人接受的教育，比手工业和制造业从业者接受的教育，要复杂和多样。

行会也资助或自行兴办学校。起初，有的行会提供资金，扩大已有的城市学校规模，使行会成员的子弟得以享受较好的普通教育。随着生产规模的扩大，有的行会自行筹款，聘用教师，建立职业学校或艺徒学校。基尔特创办的学校主要有两类：一类是致力于知识传授的学校，如拉丁中等学校；另一类是职业学校或学徒学校。前者通常被称为"中世纪基尔特学校"，数量众多。里奇（Leach）研究发现，英国 33 个基尔特中，有 28 个基尔特建立了基尔特学校。这类学校属于拉丁文法学校的行列。这类学校通常具有慈善的目的，一般不对男孩子进行商业教育，而是进行一定的知识教育，为他们以后进入大学及学习某种职业做准备。在英国，较为著名的是商人泰勒学校（Merchant Taylors School），后来该校演变为公学，成为英国九大公学之一。后者在英国著名的有伦敦的出版业行会学校和绸缎商学校。德国建立起补习艺徒制学校，在作坊中进行的艺徒制教学被各种类型的学校授予的正规商业教学取代。例如，慕尼黑的工匠联合会建立了为数众多的技术学校；柏林的商人联合会建立了6所补习学校，对学徒进行商业教育；航海联合会建立了相应的职业学校。随着行会学校的发展，不同类型的学校中的职业技术训练逐渐取代了作坊中的艺徒制度，职业技术教育逐步走向正规化。到1900年，慕尼黑的职业技术培训甚至被纳入了公立学校体系。

基尔特众多的教育功能中的一项重要功能是，对其成员开展政治教育，尤其是在自由的城镇或团体中。基尔特通常和处境不利群体联合起来，反对富人和有权势者。基尔特还会涉及基尔特之间、基尔特和城市之间的斗争，以及选举、征兵、税收等权利和义务之间的问题。为了让其成员适应这种政治斗争的需要，行会也会让其成员接受实际的公民教育，训练他们的演说技能、政治技巧和领导能力。

第二节　城市学校

城市学校是和中世纪大学在同一社会背景下几乎同时出现的。它们的出现是城市发展与市民阶层产生对教育提出的必然要求，是适应新兴市民阶层需要的世俗学校。城市学校可以追溯到罗马帝国时代，那时一些城市建立过世俗性的城市学校，但是随着日耳曼各族的入侵及城市的破败，城市学校几乎消失殆尽。在中世纪早期，虽然曾经的罗马废墟上存在着的意大利的某些市镇尚有城市学校的存在，但是在欧洲大多数地区，世俗教育并不常见。教会创办和管理的学校，尤其是教区学校和主教学校随处可见。教会的神职人员与本地区的儿童有着频繁的联系。在教堂里举行宗教仪式之余，他们会让神职人员或另请教师给儿童讲授简单的文化知识。这种教育完全是宗教性质的、与学生的日常生活及市民阶层的需要几乎没有什么联系。"直到 12 世纪末，学校仍然是主教座堂、修道院和教区教会的附属物。如果没有经院教师（scholasticus）的许可，任何人都不得从事教学工作，经院教师则是在主教的监督下，负责管理教区内的所有学校、遴选教师，以及分发收入。在许多地方，他也是公共事务的执笔者（public writer）或者说是秘书，拥有这样的身份，不仅是因为他具有写作的能力，而且还因为他占有了这个职位。"①"直到那时，文化知识一直仅限于教士阶层。"②

史学家伊比等人认为，在教育发展的历史中，最为重要的事情，并不是建立了多少种特殊类型的学校，也不是课程领域发生了什么样的变化，而是隐藏在这些事件背后的原因。③ 城市学校产生的原因是什么呢？随着城市的发展，新兴的市民阶层出于发展工商业的需要，越来越不满足于教会学校传授的贫乏的、脱离实际的知识，希望自己的子弟能学到多方面的、实用的知识和技能。到此时，法律文书或书信的书写、合同和契约的拟定、诉讼和交易的记录、账单和账目的生成等，还都是由牧师或教士来完成的，这严重地阻碍了商业和其他行业的发展。为了改变这种不利的局面，市民阶层迫切需要学会读和写。此时的教会拉丁文法学校（Church Latin Grammar School）是唯一可利用的学校，但是这类学校完全不去关注民众所需要的教育和教学。鉴于此，"在中世纪后期，每一位父母都想要自己的儿子能够学会书写，这样一来，他们就能够摆脱对教士的依赖，能够在生活的世界里获得更大的成功，

---

① Eby and Arrowood, *The History and Philosophy of Education—Ancient and Medieval*, New York, Prentice-Hall, Inc., 1940, p.818.

② Eby and Arrowood, *The History and Philosophy of Education—Ancient and Medieval*, New York, Prentice-Hall, Inc., 1940, p.817.

③ Eby and Arrowood, *The History and Philosophy of Education—Ancient and Medieval*, New York, Prentice-Hall, Inc., 1940, p.817.

以及能够参与更高层次的文化活动"①。"从 12 世纪末到 13 和 14 世纪这段时间内，在北欧所发生的最为重要的文化现象，乃是涌动着的对阅读和书写的强烈愿望。……在自由的市镇中特别是民事生活的发展、基尔特组织的运行、商业和贸易的巨大进步、注重更高级职业培养的大学的建立，以及最后对宗教文学兴趣的深入——所有这一切结合在一起，刺激和促进了社会每个阶层中对于阅读和书写的愿望。"②能满足这些强烈愿望的不可能是教会学校，只能是由市镇当局建立和管理的世俗学校。

市民阶层需要一种不同于教会学校的新式学校，社会现实也为这种学校建立的合法性提供了依据。首先，在整个中世纪发展的过程中，意大利的一些城市仍然保持着对古代市政学校的管理，许多世俗教师一直在开办私立学校。比如，米兰有不少于 80 位世俗教师在教育男童；在佛罗伦萨，教育男童的世俗教师比米兰还多，他们自己成立了小型的基尔特。这些事实表明，在基督教垄断教育的年代，意大利的某些市政当局确实设立或支持过世俗学校，而且后来通过各国间的往来，这种教育传统被带到了欧洲北部。其次，经由 12 世纪的翻译运动，希腊的一些古代典籍，尤其是亚里士多德的逻辑学和哲学等作品，如《政治学》和《伦理学》，被翻译到了欧洲，其中的公共教育思想对当时教育界产生了重要的影响。13 世纪的科隆那(Colonna)深受亚里士多德的影响，发表了自己的教育观；比利时僧侣加尔都西会(Carthusian)的迪奥尼修斯(Dionysius)在其文章《生活、道德和学生教育》中认为，乡村和市镇当局应该负起监督的职责，让学生受到知识的训练，并由有能力的教师来训练他们。此外，马其顿国王菲利普邀请亚里士多德教育年轻的亚历山大，这对世代的皇帝和国王都产生了深刻的影响。最后，世俗统治者管理教育成为上至

① Eby and Arrowood, *The History and Philosophy of Education—Ancient and Medieval*, New York, Prentice-Hall, Inc., 1940, p.817.

② Eby and Arrowood, *The History and Philosophy of Education—Ancient and Medieval*, New York, Prentice-Hall, Inc., 1940, p.817.

皇帝下至侯爵等世俗管理者的一项活动，其中具有代表性的是法兰克王国的查理曼大帝和英国的阿尔弗烈德大帝。查理曼大帝在主政期间，领导并发动了法兰克王国的教育改革，并使教育在整个帝国发展开来。虽然，法兰克王国的教育仍然是在修道院、主教座堂和教区开展的，而且执行教育政策和教育计划的人也是僧侣和教会人士，但是发动这次教育改革的恰恰是皇帝，而不是教会。英国的阿尔弗烈德大帝宣称，帝国境内任何出身自由且足够富裕的年轻人，都应该接受教育，直到他们能够流利地阅读英国文学作品，然后让他们接受拉丁语的教育。他们将会继续学习，一直向上到更高的学习阶段。基于此，有学者认为，阿尔弗烈德大帝是首位民族教育改革家。① 这些世俗的统治者对教育的热忱为继任者树立了榜样。

11 世纪，世俗权力还不够强大，教会对教育的控制在逐步增强，而且在大多地方，这种控制是不容置疑的，因此教师必须由教会当局颁发许可证，否则无权从事教学工作，学习知识仍然是教士的特权。但是，在 12 世纪，在世俗事务上皇权战胜了教权，这为国王和世俗当局管理教育事业的合法性奠定了基础。当各种商业活动和民事生活需要教育形式多样化时，世俗权力管理教育也就成为理所当然的事了。读、写、算越来越成为中上阶层必须掌握的能力。

比如，尼德兰的港口城市是北欧文明发展程度较高的地方，这些地方早就实行了民主式的管理模式。12 世纪之前，这些城镇已经从封建领主的手中获得了特许状，取得了继承权、司法权、税收权、木材经营权、水务权及其他的一些特权。在尼德兰，按照祖先的定则，世俗的王子或公爵对所有的学校进行管理，如多特勒支（Dortrecht）和莱顿（Leiden）的学校隶属于公爵，公爵也像管理其他世俗事务一样管理学校，任命学校教师。1290 年，弗洛里斯五世（Floris Ⅴ）授予多特勒支的学校"可爱的忠诚的公民"的称号。在尼德兰，

① Eby and Arrowood, *The History and Philosophy of Education—Ancient and Medieval*, New York, Prentice-Hall, Inc., 1940, p.819.

城镇对学校的管理主要通过两种形式：一种是作为礼物的赠予，另一种是市政当局花钱购买。早在 14 世纪的时候，尼德兰人便自豪地宣称，教学是市政部门的特权，每个人都能读会写。城镇委员会提供教学设施，规定学费金额，遴选教师并支付教师的工资，规定学生入学资格等。再比如，13 世纪中期，建立城镇或市政学校的做法已经扩展到了德国，但是碍于德国教会势力一直比较牢固，市镇在参与学校管理方面较为缓慢，因而，市镇不得不为争取学校的管理权而斗争。在德国，1250 年，布列格(Brieg)从布雷斯劳(Breslau)公爵亨利三世那里获得了市镇管理权，随即市镇委员会建立了学校。位于阿尔萨斯低地(Lower Alsace)的斯雷特斯塔德(Schlettstadt)学校建于 15 世纪中叶。该校深受共同生活兄弟会的影响，曾在德文特(Deventer)接受教育的路易斯·德林根堡(Louis Dringenberg)作为校长达 40 年之久。这所学校是德国第一所由世俗人士从事教学工作的学校，这也证明了在德国，学校管理权由教会向世俗政权转移成为一种趋势。到 15 世纪末，德国几乎所有城市均有一所城市学校，即使是小镇和乡村，设立这种学校的也不少见。

为了满足市民阶层对文化知识的渴求，城镇和市政当局建立了各种形式的学校。其中较有代表性的是城市拉丁文法学校、读写学校、私人学校。

城市拉丁文法学校。这类学校主要向市民阶层提供处理商业事务、城市管理方面的知识。中世纪一些规模较大的城市中，原先存在由教会创办和管理的拉丁文法学校。拉丁文在当时的地位颇为重要，因为在中世纪，有文化就意味着掌握拉丁文。拉丁文是学校、文化、外交、商业及科学方面的通用文字，广泛地应用于各个领域，是人们进入上层社会的阶梯。然而，教会创办的拉丁文法学校变化少，课程和教法往往一成不变，不符合新兴市民阶层的需要。因而，城市当局也创办了城市拉丁文法学校。无论是在教学内容、课程安排，还是在教学方法上，城市拉丁文法学校与教会拉丁文法学校都没有太多的差别，两者的区别主要是在管理权和服务对象上。城市拉丁文法学校的管理权掌握在城市当局手中，它是为社会中市民阶层的儿童提供同样的普通教育机会的学校。因此，多数城市同时存在着两种拉丁文法学校：一种是教会建立和管理的；另一种是城市建立和管理的，其学生是商人和其他富裕市民的子弟，他们在这里学习处理商业事务、政府部门的事务及行会内的行政事务。

读写学校。在城市中，市民迫切需要掌握基本的读写知识和能力，要求用本族语而不是拉丁语进行教学。为了满足民众的这些要求，一些城市拉丁文法学校开设了特别班，然而这种做法并不能让民众满意，城市当局不得不建立初等学校，用商业生活中的共同语言来教授读、写、算的知识。根据历史文献，尼德兰的根特等是第一批建立使用本族语教授读、写的学校的城镇；1320年，布鲁塞尔专门为男孩建立了高级学校，为女孩建立了低级学校，这形成了该市最初的教育机构。据说，在布拉本特，未经经院教师的许可，私人教师一直在开办读写学校，居然还得到了民众的捐助和支持。经院教师一怒之下把这一事件报送给公爵约翰三世(Johan Ⅲ)，请求他就其合法性加以裁决。约翰三世解决的办法是，为男孩建立5所学校，为女孩建立4所学校，这些学校只允许用本族语进行教学，校长有权检查、监督、解雇和任命这些学校的教师，从这些学校的学生那里收取的学费的三分之一必须支付给校长。14世纪以后，城市读写学校迅速增多，至1500年以后，已十分普遍。在城市中，女童的教育已经不再局限于修道院。尼德兰早已为女童建立了初等学校，她们在这类学校中可以学习拉丁语和法语。在德国，在为男童建立读写学校的同时，城市当局也为女童建立了读写学校。在有的城市，女童甚至可以和男童同校学习，当然这种做法并不常见。

私人学校。私人学校可以分为两种类型。一种是由私人创办的学校。一些教师设立初等学校，教授读、写、算的基础知识。教师收取费用，学校设备简陋，没有固定的教室。这种学校通常被称为"露天学校"，教会不予认可，但是却受到下层民众的欢迎，并能得到他们的捐助和支持。德国也出现了"德语读写学校"。这类学校数量较多，男女兼收，各大市镇均有设立。① 这些私立学校被称为"篱笆学校"(winkel school，Klipp school 或 Hedge school)。另一种是由富裕商人捐资创办的歌祷堂学校。在中世纪，一些有钱的商人笃信宗教及灵魂不死的观念，往往将其一部分遗产捐出，或者是教会为某位富人或某人的富友筹措资金，为其死后的灵魂超度。这项资金也用来资助修建歌祷堂学校。受聘教士还要利用业余时间教歌祷堂附近的居民和儿童识字、学算术等。例如，在英国，"1489 年威廉·钱伯用一部分遗产雇佣了一位教堂牧师，让他在北安普敦郡的奥尔德温克尔教区的教堂内每天做弥撒，以拯救他和他的妻子伊丽莎白的灵魂。他还要求该牧师免费教导镇上最穷的六个孩子学习拼写和阅读"②。在 16 世纪时，这种学校仅英格兰就有百所左右。③ 这种学校一般有两名牧师：一名教授语法，一名教授歌唱或本国语言。这种学校起初对学生完全实行免费教育，后来只对贫穷人家的孩子实行免费教育。这种学校系初等水平，由神职人员任职，受世俗的支持和监督。某些富人或团体，如行会，也在大学之内用捐款建立"学院"。1342 年，牛津建立了一所新的"学院"，这是一所为有才华的男童设立的拉丁文法学校。1440 年，伊顿(Eton)建立了一所同样性质的学校，主要教授"七艺"。它们就是后来英国公学的开端。④

在城市学校建立和发展的过程中，市政当局和教会进行过长期激烈的斗争。以前，教育权都是掌握在教会委派人员或教堂祭司手中的，他们不愿意放弃拥有的特权，如对教育的管理权。他们有权决定招收学生和聘用教师，并把聘任教师或任命校长当作敛财的工具。市政当局为满足市民阶层对文化知识的需要，为学校筹措资金，建立教舍，或者为教师捐赠薪资，从而取得

---

① 滕大春：《外国教育通史》第二卷，152 页，济南，山东教育出版社，1989。

② [英]奥尔德里奇：《简明英国教育史》，诸惠芳、李洪绪、伊斌茵译，66 页，北京，人民教育出版社，1987。

③ 戴本博：《外国教育史》上，238 页，北京，人民教育出版社，1989。

④ 滕大春：《外国教育通史》第二卷，153 页，济南，山东教育出版社，1989。

了对学校的监督权。教会神职人员或祭司也不愿意失去这独有的赚钱机会。地方教士和教堂的神职人员是当地能读会写的人，为教区的成员读信和写信、订立契约、拟定遗嘱、誊写商业报告等，从中收取佣金。他们不愿意看到普通百姓学习和掌握这些基本的技能，从而影响自己的收入。城市学校的建立不仅威胁到了他们的利益，而且会让他们失去修道院和教会提供的教育服务带来的许多礼物和捐赠。损失这些财富让僧侣和教士痛心不已，他们极力反对这种城市学校运动。

针对教士的反对，城市当局据理力争，提出了自己建立城市学校的理由：教会学校距离太远，孩子又小，不利于孩子来去学校；街道太过危险，桥梁失修，孩子的安全无法得到保证；教区学校规模太小，无法满足日益增长的人口的需要。在市民力量还不强大、无法对世俗事务产生影响的城镇里，市政当局和教会势力之间的冲突最为激烈。在一些地方，这种冲突持续了许多年，甚至导致了流血事件。教士通常会以开除教籍威胁市民，市民以把他们赶出城镇回应之。由于双方的冲突只是涉及本地区的教育权和经济利益问题，并没有从根本上涉及教会和教义，因此市政当局往往能够得到教会方面高级领导人的支持。当创办城市学校的申请书呈送到教皇处时，教会方面高级领导人往往会和市政当局站在一起，做出具有妥协性的判定：城市有权建立学校，但是为了保护教士和祭司的利益，拉丁语学校只能由教士从事教学工作；市政当局要求教师应置于自己的管理之下，且是作为公共雇员；在一些地方，市政当局还必须保证，在新学校建立后，教会人员的收入不能减少；在城镇学校建立后，其收入的三分之一必须给教堂的祭司，祭司仍然保留选择教师和监督其工作的权利。此外，城镇学校禁止教授拉丁语，这使得城市学校纯粹成为一种职业性质的教育，失去了文化的特征。正是在市政当局的不懈努力下，在市政当局和教会的共同妥协下及教会中的头面人物的支持下，城市学校才能够堂而皇之地得以发展。

　　除了市政当局与教会间为了建立学校进行了激烈的斗争之外，到中世纪行将结束之际，各种类型的学校之间也爆发了激烈的冲突。在中世纪，大学与拉丁语学校之间没有明显的界限，两者都向同样年龄的年轻人传授自由七艺的内容，因此大学和拉丁语学校之间经常会发生冲突。教会拉丁语学校强烈反对市政拉丁语学校，而教会拉丁语学校和市政拉丁语学校又联合起来共同打压私人学校。但是即使受到了来自教会拉丁语学校和市政拉丁语学校的打压，由于深受人民的支持和捐助，私人学校仍然在每个城镇建立起来，并且繁荣开来。在中世纪后期，地方对教育有着极大的兴趣，每个兴旺发达的城镇都以建有学校为自豪。它们为众多文盲提供奖学金，市民们慷慨地为穷苦学生提供捐助，有时候还把这些学生接到家里，为他们提供住宿。共同生活兄弟会不仅在其办公场所为许多学生提供住宿，而且毫不困难地说服市民免费接收一到八名不等的学生，为他们提供住宿的地方。富人设立奖学金，建立学院，支付教师的薪资。"对于读写能力的要求如此强烈，如果不是全部，至少是在许多地方，没有一座城镇没有建立一所由市政当局资助，以及由其管理的学校。事实上，所有中等阶层的人都学会了读和写。"①到 15 世纪中叶，纸张、墨汁、鹅毛笔的发明及在学校中的广泛使用，更是促进了欧洲城市学校、私人学校的发展，书写、计算、音乐等成为这些学校教育的重要内容。

　　城市的复苏与繁荣是西欧发展史上的一件大事。中世纪城市的发展需要一种与教会学校完全不同的教育，这种教育具有如下一些特点。

　　第一是世俗性。从领导权来看，城市学校的管理权由教会转向了世俗当局。起初，校舍的修建、教师的聘用、校长的委派、儿童入学资格的审查、学费金额等事宜都是直接由手工业行会和商业行会负责的。随着城市的发展，尤其是市政当局全面负责城市里世俗事务的管理，城市学校的领导权逐渐转

---

　　① Eby and Arrowood, *The History and Philosophy of Education—Ancient and Medieval*, New York, Prentice-Hall, Inc., 1940, p.824.

移到市政当局的手中，校长和教师也改由城市自治机关任命和选派。虽然教会采用各种手段，阻挠城市学校的发展，但是由于城市学校的发展顺应了民众的需要，因此得到了政府的支持。例如，1391 年，英王理查德二世（King Richard Ⅱ）拒绝了禁止下等阶级子弟入校学习的请求，认为这是中等阶级自私的做法；1406 年，英国政府颁布的法律规定，所有父母，无论其身份和地位如何，只要有能力支付子女的学习费用，都有权送自己的孩子——无论男孩还是女孩——进入英国的任何学校接受教育；在 1410 年的格劳塞斯特案（Gloucester case）中，法院裁决，教育年轻人是件"行善积德、造福于人民的事儿"，教会不得垄断教育，任何人经过政府批准备案都有权建立学校，家长有权为儿童自由选择学校。① 政府的支持为英国城市学校的发展打开了方便之门。到 15 世纪，欧洲各国城市的世俗学校基本上都摆脱了教会的控制，这为欧洲教育的世俗化奠定了基础。

第二是民族性。中世纪城市学校民族性的特点集中表现在使用本族语进行教学上。起初，无论是教会学校还是城市学校，都是用拉丁语进行教学的，这严重不符合城市下层市民要求掌握一般的读写知识和能力的愿望，也给中下层市民子弟的学习带来了一定的困难。因此，一些市镇当局授权教师教授本族语，用民族语言教授基本的读、写、算，以适应市民商业生活和社会的需要。到了后来，使用民族语言进行教学成为城市学校的惯例，拉丁语则成为一门单独的学科。正是由于民族语言教学的广泛开展，才使得在城市行政事务中使用民族语言成为可能。

第三是实用性。中世纪的教会学校不能满足市民阶层的需要，市民迫切需要的是与商业和行政事务有关的读、写、算等实用知识和能力的培养与训练，城市里的学校正是顺应这种需要而产生的。"基尔特之所以在社会史和教

---

① Eby and Arrowood, *The History and Philosophy of Education—Ancient and Medieval*, New York, Prentice-Hall, Inc., 1940, p.832-833.

育史这两个方面都是重要的，是因为它们承担着中世纪职业教育体系的重任，并赋予中等阶级在自由和民主进程方面以教育的机会。"①随着城市的发展，市民生活的不断进步，文化知识越来越成为市民从事商业活动和参与民事生活必不可少的东西。对于大多数的手工业者和普通市民而言，迫切需要掌握的是用自己平时熟悉的、日常生活中的民族语言从事商业票据、借贷、租赁、房契、地契等实用文件写作的能力，城市里的学校恰恰是为了满足这种需要而诞生的。"它们存在的价值就在于促进实用的目的，以及改进生活。它们从来没有与真实的商业生活相脱离；它们承载着与贸易、商业、政府、战争、制造业、农耕，以及家庭的日常生活、村庄和农村等密切相关的职责。"②

　　城市里的教育有它自身的不足，如规模小，形式多样但规范化程度不高，科学和人文的内容欠缺等。但是城市学校是城市智力的中心，尤其对于中下层民众而言，更是如此。它的兴起不仅在教育史上有着重要的地位，而且在社会史上、文化史上及整个人类发展史上有着深远的影响。

　　首先，它突破了教会对教育的垄断地位，扩大了受教育对象的范围，提高了市民的文化水平。城市学校打破了中世纪教会对教育的垄断地位，教育走出了修道院的高墙，进入并反映了寻常百姓的生活。其所传授的知识由于符合市民现实生活的需要，因此受到市民的热烈欢迎，这也是其得以存在和发展的基础。城市学校的创办为广大市民提供了更多的教育选择的机会，对在下层人民中普及文化知识起到了重要的作用。到15世纪时，城市学校在欧洲国家，如尼德兰、比利时、瑞士等得到普遍发展，并成为近代初等学校的雏形。其次，城市学校的创办拉开了欧洲教育世俗化的序幕。城市学校是应广大市民对职业技术、手工技艺、经商之道及文化知识，尤其是读、写的需

---

　　① H.G.Good, *A History of Western Education*: *Vol.one*, New York, The Macmillan Company, 1947, p.96.

　　② Eby and Arrowood, *The History and Philosophy of Education—Ancient and Medieval*, New York, Prentice-Hall, Inc., 1940, p.815.

要而产生的，是为世俗社会培养人才的，而不再为教会培养神职人员。其教育内容虽然包含着宗教教学和宗教活动，但是宗教教育已经不再是教育的主要内容了，各种手艺、商业所需的内容等成为这些学校重点学习的对象。城市学校的教师也不再是教士或祭司，普通的世俗人士也可以进入教学的行列，这打破了教会对教育的垄断。城市学校的管理权由教会转向了世俗的市政当局，教育越来越成为世俗社会的事务，这为近现代欧洲教育在发展过程中逐渐脱离教会的控制提供了先例。然后，城市学校为欧洲职业教育和公民意识的培养奠定了基础。最后，城市市民智力的发展使城市成为新思想萌芽的主要阵地。在中世纪后期，城市逐渐发展为智力教育的中心和政治活动的主战场。市民注重现实经济利益的世俗性决定了他们今后要与封建教会分道扬镳。随着城市教育的发展，市民得到了智力上的启蒙，更加务实、更加理性地看待城市生活。人们在商业交往的过程中，注重的是效益和实际利益，这就必然要求突破禁欲主义和蒙昧主义的禁锢。因此，城市里最容易出现激进的运动，12世纪起出现的异端邪说也缘起于城市。城市学校为在下层人士中普及文化知识起到了重要的作用，城市学校的兴起与发展是导致文艺复兴最主要的因素之一。此外，后来随着印刷术的传入，文化传播进一步加快，这也为文艺复兴和宗教改革思想在城市得以广泛传播创造了条件。① 总之，"这些教育体系(指城市学校——引者注)对于西方文明做出了真正的贡献。它们在制造业、商业、宪法、议会制政府，以及精美艺术等方面发展的过程中，起到了重要的作用。再者，它们对于提升生活的标准，改变各阶层的行为方式，也发挥了不小的作用。结果是，至少和其西部地区以前曾经有过的相比，中世纪后期的欧洲成了更为美好和更为幸福的地方"②。

① 喻冰峰：《试论欧洲中世纪城市学校的兴起及其影响》，载《哈尔滨学院学报》，2011(3)。
② Eby and Arrowood, *The History and Philosophy of Education—Ancient and Medieval*, New York, Prentice-Hall, Inc., 1940, p.815.

参考文献

一、中文文献

《马克思恩格斯全集》第六卷，中共中央马克思恩格斯列宁斯大林著作编译局编译，北京，人民出版社，1961。

《马克思恩格斯全集》第十九卷，中共中央马克思恩格斯列宁斯大林著作编译局编译，北京，人民出版社，1963。

《马克思恩格斯全集》第二十二卷，中共中央马克思恩格斯列宁斯大林著作编译局编译，北京，人民出版社，1965。

《马克思恩格斯选集》第一卷，中共中央马克思恩格斯列宁斯大林著作编译局编译，北京，人民出版社，1995。

白乐天：《世界通史》2，北京，光明日报出版社，2002。

北京大学哲学系外国哲学史教研室：《西方哲学原著选读》上卷，北京，商务印书馆，1981。

曹孚、滕大春、吴式颖等：《外国古代教育史》，北京，人民教育出版社，1981。

陈志坚：《西欧中世纪骑士的起源和演变》，载《首都师范大学学报（社会科学版）》，2002（4）。

戴本博：《外国教育史》上，北京，人民教育出版社，1989。

邓磊：《中世纪大学组织权力研究》，博士学位论文，西南大学，2011。

范明生：《晚期希腊哲学和基督教神学——东西方文化的汇合》，上海，上海人民出版社，1993。

冯正好：《中世纪西欧的城市特许状》，载《西南大学学报（社会科学版）》，2008（1）。

冯作民：《西洋全史(五)中古欧洲(上)——黑暗时代及其以后》，台湾，燕京文化事业股份有限公司，1976。

郭守田：《世界通史资料选辑·中古部分》，北京，商务印书馆，1981。

贺国庆：《欧洲中世纪大学》，北京，人民教育出版社，2009。

贺国庆：《中世纪大学和现代大学》，载《河北师范大学学报(教育科学版)》，2004(2)。

黄旭华、盛世明、孙元：《中世纪欧洲大学学费政策》，载《高教探索》，2014(1)。

黄洋、付昱：《欧洲中世纪城市的兴起与市民社会的形成》，载《探索与争鸣》，1998(2)。

李伯杰等：《德国文化史》，北京，对外经济贸易大学出版社，2002。

李海龙：《大学为何兴起于西方》，博士学位论文，南京师范大学，2016。

李秋零、田薇：《神光沐浴下的文化再生》，北京，华夏出版社，2000。

林被甸、董经胜：《拉丁美洲史》，北京，人民出版社，2010。

刘河燕：《欧洲中世纪大学课程内容探析》，载《甘肃社会科学》，2012(6)。

刘文明：《上帝与女性——传统基督教文化视野中的西方女性》，武汉，武汉大学出版社，2003。

吕渭源、李子健、苏兵民：《中外著名教育家大全》，北京，警官教育出版社，1995。

毛峰：《神秘主义诗学》，北京，生活·读书·新知三联书店，1998

苗力田：《亚里士多德全集》第一卷，北京，中国人民大学出版社，2016。

倪世光：《"封建制度"概念在西方的生成与演变》，载《世界历史》，2014(5)。

任钟印：《世界教育名著通览》，武汉，湖北教育出版社，1994。

沈文钦：《西方博雅教育思想的起源、发展和现代转型：概念史的视角》，广州，广东高等教育出版社，2011。

石广盛：《欧洲中世纪大学研究》，博士学位论文，复旦大学，2007。

石中英：《教育学的文化性格》，太原，山西教育出版社，2001。

史静寰、李淑华、郭法奇：《外国教育思想通史》第三卷，北京，北京师范大学出版社，2017。

宋文红：《欧洲中世纪大学：历史描述与分析》，博士学位论文，华中科技大学，2005。

　　孙绍武：《西方哲学史》，呼和浩特，远方出版社，2010。

　　孙益：《西欧的知识传统与中世纪大学的起源》，北京，北京师范大学出版社，2012。

　　滕大春：《外国教育通史》第二卷，济南，山东教育出版社，1989。

　　滕大春：《外国教育通史》第三卷，济南，山东教育出版社，1990。

　　王德林：《试论西欧中世纪的骑士教育》，载《河北大学学报》，1992(2)

　　王景全、王卓：《论骑士制度产生的原因》，载《北华大学学报(社会科学版)》，2000
(4)。

　　王挺之、刘耀春：《欧洲文艺复兴史：城市与社会生活卷》，北京，人民出版
社，2008。

　　王亚平：《论西欧中世纪的三次文艺复兴》，载《东北师大学报(哲学社会科学版)》，
2001(6)。

　　王亚平：《西欧中世纪社会中的基督教教会》，北京，中央编译出版社，2011。

　　王亚平：《修道院的变迁》，北京，东方出版社，1998。

　　吴式颖、任钟印：《外国教育思想通史》第三卷，长沙，湖南教育出版社，2000。

　　武建奎：《中世纪时期"骑士精神"衰落原因探析》，载《承德民族师专学报》，2009
(3)。

　　肖明翰：《中世纪欧洲的骑士精神与宫廷爱情》，载《外国文学研究》，2005(3)。

　　延建林：《中世纪大学称谓的变迁》，载《教育学报》，2007(6)。

　　阎照祥：《英国贵族史》，北京，人民出版社，2000。

　　晏成步：《西欧中世纪大学学费探析》，载《现代大学教育》，2015(6)。

　　杨昌栋：《基督教在中古欧洲的贡献》，北京，社会科学文献出版社，2000。

　　杨孔炽：《百年跨越：教育史学科的中国历程》，厦门，鹭江出版社，2005。

　　叶秀山、傅乐安：《西方著名哲学家评传》第二卷，济南，山东人民出版社，1984。

　　于伟：《法兰克骑士制度的建立》，载《军事历史研究》，2000(3)。

　　喻冰峰：《试论欧洲中世纪城市学校的兴起及其影响》，载《哈尔滨学院学报》，2011
(3)。

　　张斌贤：《外国教育史》，北京，教育科学出版社，2008。

张斌贤、孙益：《西欧中世纪大学的特权》，载《北京师范大学学报（社会科学版）》，2004（4）。

张传有：《幸福就要珍惜生命：奥古斯丁论宗教与人生》，武汉，湖北人民出版社，2001。

张慧：《论中世纪教会对骑士精神的培养》，载《首都师范大学学报（社会科学版）》，2012（1）。

张绥：《基督教会史》，上海，生活·读书·新知三联书店，1992。

张绥：《中世纪"上帝"的文化——中世纪基督教会史》，杭州，浙江人民出版社，

张云玮：《试述中世纪骑士文化及其影响》，载《法制与社会》，2008（2）。

赵敦华：《基督教哲学1500年》，北京，人民出版社，1994。

赵敦华、傅安乐：《中世纪哲学》，北京，商务印书馆，2016。

周辅成：《西方伦理学名著选辑》上卷，北京，商务印书馆，1987。

[比]希尔德·德·里德-西蒙斯：《欧洲大学史：中世纪大学》，张斌贤译，保定，河北大学出版社，2008。

[德]毕尔麦尔等：《中世纪教会史》，雷立柏译，北京，宗教文化出版社，2010。

[德]弗·鲍尔生：《德国教育史》，滕大春、滕大生译，北京，人民教育出版社，1986。

[德]黑格尔：《黑格尔早期神学著作》，贺麟译，北京，商务印书馆，1998。

[德]黑格尔：《哲学史讲演录》第三卷，贺麟、王太庆等译，北京，商务印书馆，2017。

[德]文德尔班：《哲学史教程》上卷，罗达仁译，北京，商务印书馆，1997。

[法]阿兰·德利贝拉：《中世纪哲学》，姜志辉译，北京，商务印书馆，2004。

[法]阿敏·马洛夫：《阿拉伯人眼中的十字军东征》，彭广恺译，北京，民主与建设出版社，2017。

[法]埃德蒙·波尼翁：《公元1000年的欧洲》，席继权译，济南，山东画报出版社，2005。

[法]爱弥儿·涂尔干：《教育思想的演进》，李康译，上海，上海人民出版社，2003。

[法]菲利普·沃尔夫：《欧洲的觉醒》，郑宇健、顾犇译，北京，商务印书馆，2011。

[法]伏尔泰：《风俗论》上册，梁守锵译，商务印书馆，1995。

[法]亨利-伊雷内·马鲁：《古典教育史》罗马卷，王晓侠、龚觅、孟玉秋译，上海，华

东师范大学出版社,2017。

　　[法]基佐:《法国文明史自罗马帝国败落起》第二卷,沅芷、伊信译,北京,商务印书馆,1995。

　　[法]雅克·勒高夫:《中世纪文明(400—1500年)》,徐家玲译,上海,格致出版社、上海人民出版社,2011。

　　[法]雅克·勒戈夫:《中世纪的知识分子》,张弘译,北京,商务印书馆,1996。

　　[法]雅克·韦尔热:《中世纪大学》,王晓辉译,上海,上海人民出版社,2007。

　　[法兰克]艾因哈德、圣高尔修道院僧侣:《查理大帝传》,戚国淦译,北京,商务印书馆,1979。

　　[古罗马]奥古斯丁:《忏悔录》,周士良译,北京,商务印书馆,1997。

　　[古罗马]塔西佗:《阿古利可拉传日耳曼尼亚志》,马雍、傅正元译,北京,商务印书馆,2017。

　　[古希腊]柏拉图:《理想国》,郭斌和、张竹明译,北京,商务印书馆,1986。

　　[古希腊]柏拉图:《苏格拉底的最后日子——柏拉图对话集》,余灵灵、罗林平译,上海,生活·读书·新知三联书店,1988。

　　[古希腊]亚里士多德:《政治学》(1313b,1322b,1341a),吴寿彭译,北京,商务印书馆,2017。

　　[荷]维姆·布罗克曼、[荷]彼得·霍彭布劳沃:《中世纪欧洲史》,齐修峰、卢伟译,广州,花城出版社,2012。

　　[美]A.弗里曼特勒:《信仰的时代——中世纪哲学家》,程志民等译,北京,光明日报出版社,1989。

　　[美]C.沃伦·霍莱斯特:《欧洲中世纪简史》,陶松寿译,北京,商务印书馆,1988。

　　[美]E.P.克伯雷:《外国教育史料》,任宝祥、任钟印译,武汉,华中师范大学出版社,1991。

　　[美]J.L.埃斯波西托:《伊斯兰威胁:神话还是现实?》,北京,社会科学文献出版社,1999。

　　[美]S.E.佛罗斯特:《西方教育的历史和哲学基础》,吴元训、张俊洪、宋富钢等译,北京,华夏出版社,1987。

[美]爱德华·麦克诺尔·伯恩斯、[美]菲利普·李·拉尔夫：《世界文明史》第一卷，罗经国、陈筱、莫润先等译，北京，商务印书馆，1987。

[美]布莱恩·蒂尔尼、[美]西德尼·佩因特：《西欧中世纪史》第六版，袁传伟译，北京，北京大学出版社，2011。

[美]查尔斯·霍默·哈斯金斯：《12世纪文艺复兴》，夏继果译，上海，上海人民出版社，2005。

[美]查尔斯·霍默·哈斯金斯：《大学的兴起》，梅义征译，上海，生活·读书·新知三联书店，2007。

[美]戴维·L. 瓦格纳：《中世纪的自由七艺》，张卜天译，长沙，湖南科学技术出版社，2016。

[美]戴维·林德伯格：《西方科学的起源：公元前六百年至公元一千四百五十年宗教、哲学和社会建制大背景下的欧洲科学传统》，王锟、刘晓峰、周文峰等译，北京，中国对外翻译出版公司，2001。

[美]戴维·林德伯格：《西方科学的起源》，张卜天译，长沙，湖南科学技术出版社，2013。

[美]格莱夫斯：《中古教育史》，吴康译，上海，华东师范大学出版社，2005。

[美]坚尼·布鲁克尔：《文艺复兴时期的佛罗伦萨》，朱龙华译，北京，生活·读书·新知三联书店，1985。

[美]凯利·克拉克、吴天岳、徐向东：《托马斯·阿奎那读本》，北京，北京大学出版社，2011。

[美]马文·佩里：《西方文明史》上卷，胡万里、王世民、姜开君等译，北京，商务印书馆，1993。

[美]汤普逊：《中世纪经济社会史(300—1300年)》上册，耿淡如译，北京，商务印书馆，2017。

[美]汤普逊：《中世纪经济社会史(300—1300年)》下册，耿淡如译，北京，商务印书馆，2017。

[美]威尔·杜兰：《世界文明史·信仰的时代》，幼狮文化公司译，北京，东方出版社，1999。

[美]威利斯顿·沃尔克:《基督教会史》,孙善玲、段琦、朱代强译,北京,中国社会科学出版社,1991。

[美]约翰·巴克勒、[美]贝内特·希尔、[美]约翰·麦凯:《西方社会史》,霍文利、赵燕灵、朱歌姝等译,桂林,广西师范大学出版社,2005。

[美]詹姆斯·W. 汤普逊:《中世纪晚期欧洲经济社会史》,徐家玲等译,北京,商务印书馆,1992。

[美]朱迪斯·M. 本内特、[美]C. 沃伦·霍利斯特:《欧洲中世纪史》,杨宁、李韵译,上海,上海社会科学院出版社,2007。

[苏]约·阿·克雷维列夫:《宗教史》,王先睿等译,北京,中国社会科学出版社,1984。

[英]艾伦·B. 科班:《中世纪大学:发展与组织》,周常明、王晓宇译,济南,山东教育出版社,2013。

[英]爱德华·吉本:《罗马帝国衰亡史》,黄宜思、黄雨石译,北京,商务印书馆,1997。

[英]奥尔德里奇:《简明英国教育史》,诸惠芳、李洪绪、伊斌茵译,北京,人民教育出版社,1987。

[英]博伊德、[英]金:《西方教育史》,任宝祥、吴元训译,北京,人民教育出版社,1985。

[英]布罗尼斯拉夫·马林诺夫斯基:《巫术科学宗教与神话》,李安宅译,上海,上海社会科学院出版社,2016。

[英]大卫·瑙尔斯:《中世纪思想的演化》,杨选译,北京,商务印书馆,2012。

[英]海斯汀·拉斯达尔:《中世纪的欧洲大学——大学的起源》,崔延强、邓磊译,重庆,重庆大学出版社,2011。

[英]赫·齐·韦尔斯:《世界史纲:生物和人类的简明史》,吴文藻、谢冰心、费孝通等译,北京,人民出版社,1982。

[英]赫伯特·巴特菲尔德:《近代科学的起源》,张丽萍、郭贵春等译,北京,华夏出版社,1988。

[英]克里斯托弗·道森:《宗教与西方文化的兴起》,长川某译,成都,四川人民出版社,1989。

[英]罗伯逊:《基督教的起源》,宋桂煌译,上海,生活·读书·新知三联书店,1958。

[英]罗素:《西方哲学史及其与从古代到现代的政治、社会情况的联系》上卷,何兆武、李约瑟译,北京,商务印书馆,2009。

[英]马仁邦:《中世纪哲学———历史与哲学导论》,吴天岳译,北京,北京大学出版社,2015。

[英]诺尔曼·庞兹:《中世纪城市》,刘景华、孙继静译,北京,商务印书馆,2015。

[英]斯蒂芬·F. 梅森:《自然科学史》,上海外国自然科学哲学著作编译组译,上海,上海人民出版社,1962。

[英]温斯顿·丘吉尔:《英语国家史略》上,萨力敏、林林译,北京,新华出版社,1985。

[英]伊丽莎白·劳伦斯:《现代教育的起源和发展》,纪晓林译,北京,北京语言学院出版社,1992。

[英]约翰·马仁邦:《中世纪哲学——历史与哲学导论》,吴天岳译,北京,北京大学出版社,2015。

[英]约翰·马仁邦:《中世纪哲学》第三卷,孙毅、章平、戴远方等译,北京,中国人民大学出版社,2009。

[英]约翰·麦克曼勒斯:《牛津基督教史》,张景龙、沙辰、陈祖洲等译,贵阳,贵州人民出版社,1995。

二、外文文献

Bowen, J. , *A History of Western Education*：*Vol. I*, New York, Palgrare Macmillan, 1986.

Cicero, *Tusculanae Disputationes*, Harvard University Press, 1966.

Cobban, Alan B. , *Universities in the Middle Ages*, Liverpool University Press, 1990.

Eby and Arrowood, *The History and Philosophy of Education—Ancient and Medieval*, New York, Prentice Hall, Inc. , 1940.

Edward, J. P. , *Main currents in the history of education*, New York, McGraw Hill,

BookCo. , 1962.

Gaskoin, C. J. B. , *Alcuin: His Life and His Work*, New York, 1966.

Gautier, L. , *Chivalry*, London, Phoenix House, 1965.

Godden, M. , "*The Alfredian Project and its Aftermath: Rethinking the Literary History of the Ninth and Tenth Centuries*", in Proceedings of the British Academy, 2009, 162.

Good, H. G. , *A History of Western Education: Vol. one*, New York, The Macmillan Company, 1947.

Grabmann, Martin, *Die Geschichte der scholastischen Methode. 2 Bde.* , 1909, Reprinted Berlin, Akademie Verlag, 1956.

Hildebrandt, A. A. , *The External School in Carolingian Society*, Leiden, Brill, 1992.

Kerr, C. , *The Uses of the University*, Harvard University Press, 2001.

Mayer, F. , *A History of Educational Thought*, Charles E. Merrill Books, Inc, 1960.

Norton, Arthur O. , *Readings in the History of Education*, Cambridge University Press, 1909.

Rashdall, H. , *The University of Europe in the Middle Ages: Vol. 1*, Oxford University Press, 1987.

Schönberger, Rolf, *Was ist Scholastik*? *Hildesheim*, Bernward Verlag, 1991.

Seda ErkoÇ, "*The Content of Elementary and Higher Education in 8th–9th Century Frankish Monasteries*", in Sakarya University Journal of Education, 2014, 4(2).

Searing, M. E. , *Alfred of Wessex a study in accidental greatness*, PhD diss. , San Jose State University, 2009.

Sidney painter, *French chivalry*, New York, Cornell University Paperbooks, 1964.

Smyth, Alfred P. , *King Alfred the Great*, Oxford University Press, 1995.